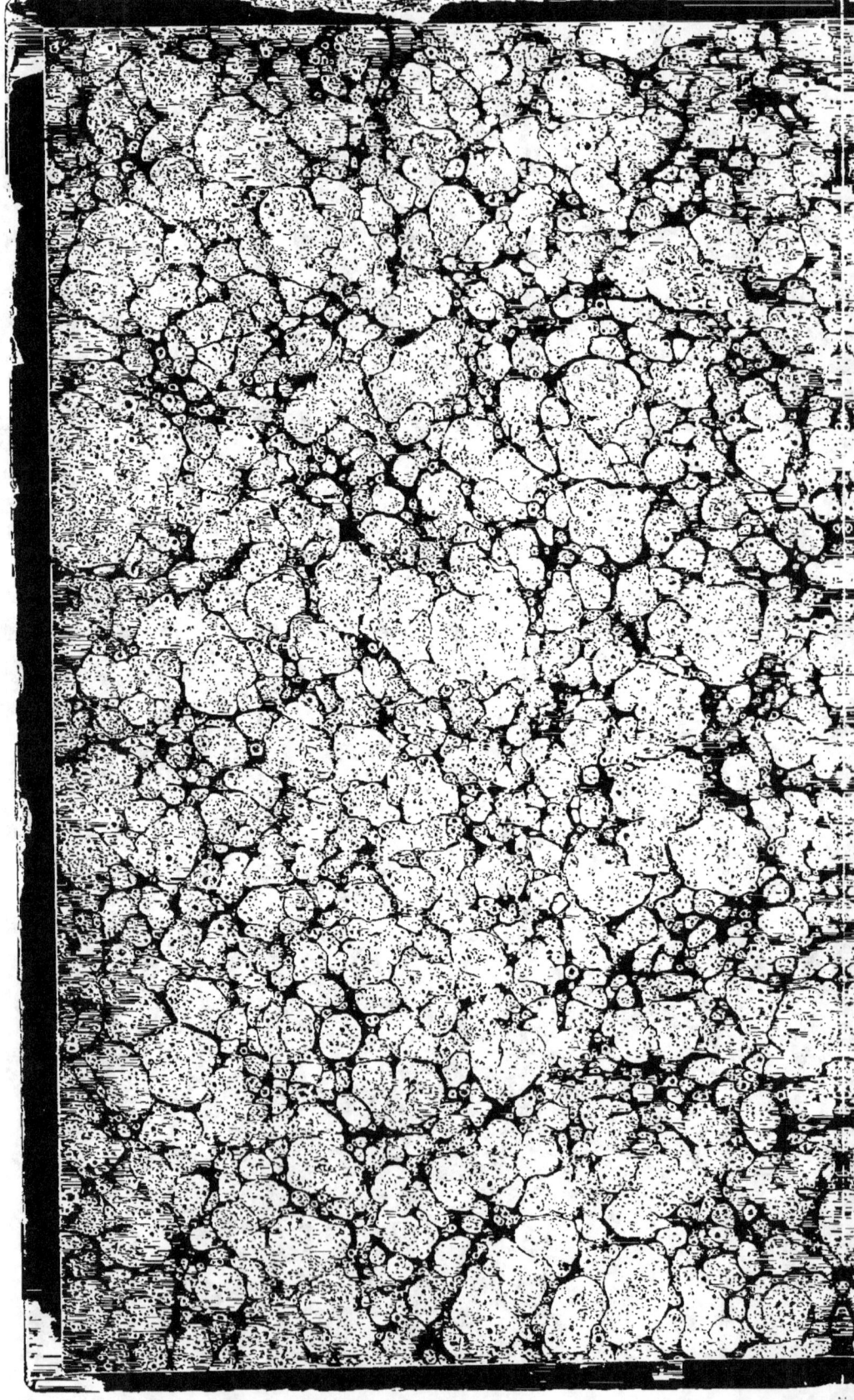

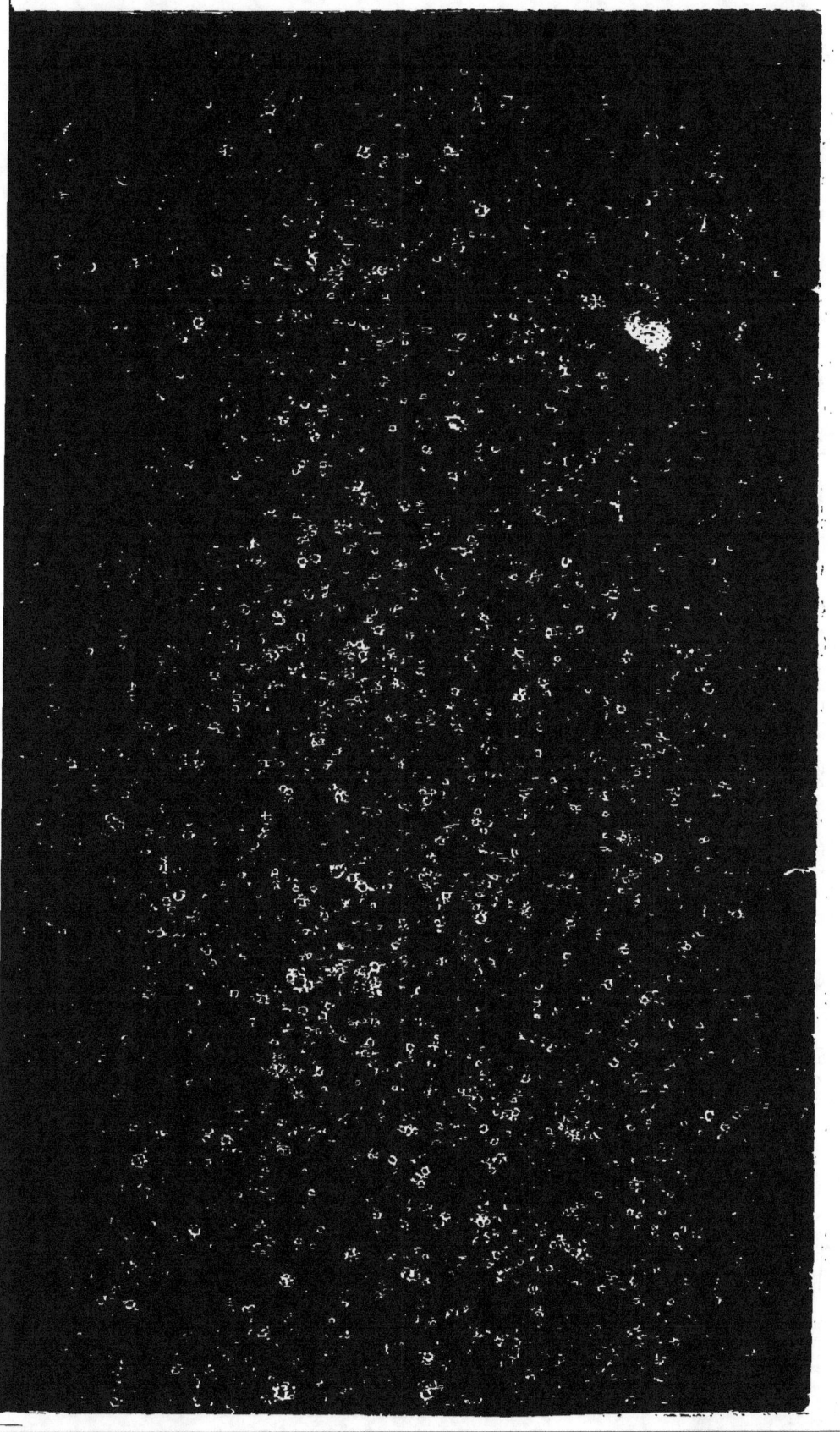

JOURNAL
DU
CANONNIER BRICARD

COULOMMIERS
Imprimerie PAUL BRODARD.

MÉMOIRES DE SOLDATS

JOURNAL

DU

CANONNIER BRICARD

1792-1802

PUBLIÉ POUR LA PREMIÈRE FOIS

PAR SES PETITS-FILS ALFRED ET JULES BRICARD

AVEC INTRODUCTION

DE LORÉDAN LARCHEY

PARIS
LIBRAIRIE CH. DELAGRAVE
15, RUE SOUFFLOT, 15

—

1891

Droits de traduction réservés.

INTRODUCTION

Les semelles de carton sont de tous les temps. — Un type de volontaire parisien. — Du vrai, du faux et du demi-faux dans les publications de *Mémoires*. — Comment on m'a aidé à découvrir des mémoires de soldats et pourquoi je les aime. — Ce qu'était autrefois l'artillerie des demi-brigades d'infanterie. — Grandes et petites misères des campagnes de 1792 à 1800. — Méthode et caractère particulier du journal de Bricard. — La vie militaire de son temps. — Un général en chef à 33 sous et 4 deniers en numéraire par jour. — Nos uniformes en campagne. — Les trois millions de Masséna. — Barbaries nécessaires de la discipline des armées. — Ce que coûtent les pillards. — La fin de la campagne d'Égypte et la politique anglaise. — Comment Bricard voulut laisser l'épaulette de lieutenant pour redevenir ouvrier.

On a beaucoup crié contre les semelles de carton de la guerre de 1870!

Comme si la semelle de carton était une nouveauté....

Mais elle aura bientôt cent ans. Lisez plutôt la page 211 de ce journal :

Nous recevions des souliers dont la semelle était garnie de carton, écrit le canonnier Bricard. *On peut juger ce qu'en faisait le soldat sans cesse en marche par des chemins affreux.*

Il va sans dire que cette révélation n'excuse en rien les cartonniers modernes. Elle montre seulement que, en l'an V, il ne suffisait pas d'une semelle de carton pour faire lâcher pied.

Le canonnier Bricard n'accorde point d'ailleurs une importance exceptionnelle à ce détail; il rentre, pour lui, dans un ensemble de faits couronnés par cette conclusion : *La République est toujours volée* [1].

Notez bien que Bricard écrivait cela en 1796, l'année des victoires de Mondovi, de Lodi, d'Arcole; l'année du passage du Rhin par l'armée de Moreau, l'année où les Anglais étaient chassés de la Corse, où la Vendée déposait les armes, où le Piémont abandonnait Nice et la Savoie, l'année où la Prusse, notre première envahisseuse (il ne faut pas l'oublier non plus), nous garantissait par

---

[1]. Il ne dit pas cela pour critiquer la forme du gouvernement. Non! Il aime franchement la République, mais il déteste d'autant plus les Français qui n'oseraient pas voler un particulier, et qui sont mille fois plus coupables en ne craignant pas de voler la France.

le traité de Berlin la neutralité du Nord de l'Allemagne.

Malgré ses mauvais souliers, on voit que la République marchait bien.

Bricard concourt puissamment aussi à la démonstration d'un fait souvent discuté : c'est que le peuple français, et en particulier l'ouvrier parisien, était plus modéré que ne le donnent à penser certains excès commis en son nom.

J'ai l'air de hasarder ici une idée difficile à prouver parce que les vrais représentants de la masse n'écrivent pas plus qu'ils ne parlent; ils ne travaillent ni de la langue ni de la plume, mais de la pioche, de l'outil, de la baïonnette, ou du canon, comme notre artilleur volontaire que je vous donne pour un chaud patriote.

Et voilà pourquoi j'aime son œuvre.

On sait que les canonniers de sections, surtout ceux de la section Saint-Merry, n'étaient pas des aristocrates; Bricard déteste d'autant plus ces derniers qu'il les rencontre dans les rangs ennemis. Il trouve naturel qu'on fusille les émigrés. Il n'aime pas non plus les réactionnaires, qu'ils soient à Paris, à Lyon ou à Marseille. Mais il n'aime pas davantage les massacreurs de septembre, et il ne se gêne pas pour le déclarer : « Leurs massacres font horreur à l'humanité *et à la Révolution* [1]. »

Autre signe caractéristique du temps. Bricard est ému par les grands souvenirs. Au milieu du fracas guerrier, la note littéraire vient vibrer chez lui d'une façon inattendue. On n'a pas le temps de lire au bivouac, on ignore l'art de rimer, mais on n'en respecte que mieux les poètes. Rien de curieux, de touchant, comme l'hommage solennel rendu par la garnison de Mantoue au tombeau de Virgile.

Un général ne craint pas de célébrer « le grand auteur ». Avec tous les camarades, Bricard admire de confiance « le vertueux Virgile » [2].

En trouvant cela touchant, je n'ignore pas que je donne le droit de me trouver ridicule. Allez donc, sans rire, parler vertu et vers latins aux hommes instruits de la troisième République ! C'était bon pour les ignorants de la Première.

Évidemment, ces admirateurs, d'autant plus sincères qu'ils sont naïfs, sont inconsciemment de l'école de Rousseau. Mais son ampoulure avait au moins sa noblesse, et vaut mieux que le

---

1. Page 2. — 2. Page 275.

cynisme voulu avec lequel on cherche à ridiculiser tout noble sentiment. La raillerie systématique n'a jamais fait de grandes choses. Ceux qui se font gloire de la cultiver me diront : « A quoi bon nous parler de vos hommes d'autrefois ! *On n'en fait plus, leur moule est cassé* », comme on dit dans le peuple.

Le peuple possède en effet le secret de caractériser une situation par un mot. Pour continuer à parler sa langue, je crois aussi qu'on n'en fait plus de ces hommes antiques, mais je ne crois pas que la graine en soit perdue. Elle peut germer aux heures de crise, les seules où les grands caractères trouvent la place libre pour s'affirmer.

Et si l'adversité ne suffit point alors pour relever chez un peuple la manière d'agir et de penser, ce n'est ni le progrès des sciences, ni l'étude des langues vivantes, ni les perfectionnements de la gymnastique, qui le sauveront.

Voilà bien des considérations pour le journal de marche d'un simple volontaire. Mais quand on s'intéresse à l'homme et aux hommes, c'est-à-dire à l'histoire des peuples comme à l'observation du cœur humain, je ne connais pas une lecture comparable à celle des mémoires.

C'est aussi une mine bien riche pour les chercheurs de vérité, cette vérité que les histoires proprement dites ne livrent pas toujours, parce qu'elles ne peuvent ni tout savoir, ni tout donner.

Où donc retrouver ce qu'on n'ose pas imprimer aujourd'hui, et ce qu'on aura demain tant d'intérêt à connaître? Où le retrouver sinon dans les mémoires, témoignages écrits de ceux qui ont voulu garder le souvenir de certains faits pour l'acquit de leur conscience ou pour l'édification de la postérité; quelquefois aussi, je l'avoue, pour la mieux tromper sur leur compte.

Précaution de vaniteux, dernier artifice du coupable ou de l'intrigant désireux de conserver après lui cette bonne réputation dont la recherche posthume semble un hommage indirect rendu par le vice à la vertu....

Ah! si on ne devait lire que lui seul, il pourrait vous tromper; mais en rapprochant ses écrits des témoignages contemporains, en examinant de près le passé du bonhomme, on ne tarde pas à reconnaître sa feintise, et on met cette rouerie de plus au compte de ses mauvaises actions.

Éclairé par la confrontation des textes, le lecteur s'élève alors à la dignité du juge.

———

Je n'ai parlé que des mémoires vrais, laissant de côté ceux qu'on invente, ceux qu'on allonge ou qu'on tripote pour en mieux trafiquer. Je pourrais citer ici des exemples assez récents, car cette industrie est encore florissante. Si la critique s'était maintenue comme elle, on n'aurait pas acheté de confiance bien des volumes toujours trop chers. Aux côtés de ces fabricants de faux et de demi-faux, on peut aussi réserver une section aux mystificateurs qui impriment *mémoires* sur leur couverture, qui les annoncent en gros caractères à la quatrième page des journaux et vous servent tout bonnement de vieux articles cousus ensemble, des pièces officielles qu'on peut retrouver au *Moniteur*, mais qu'on tient à vous donner parce que cela tient de la place.

Le journal du canonnier Bricard ne rentre dans aucune de ces catégories suspectes. C'est un bel et bon document. Quand j'ai publié *Fricasse* et *Coignet*, j'ai cru devoir tenir à la disposition du public incrédule mes documents originaux. On n'a pas abusé de la permission, sans doute parce que je la donnais de trop bon cœur, sans doute aussi parce que la bibliothèque de l'Arsenal, mon domicile d'alors, est située dans un quartier fort éloigné des lettrés fureteurs. S'ils demandent pour cette fois à voir le manuscrit du canonnier Bricard, ils seront plus à portée. C'est au cœur de Paris, à deux pas de la Bibliothèque Nationale, rue Richelieu, n° 39, que ce manuscrit est pieusement conservé par les petits-fils de l'auteur, MM. Alfred et Jules Bricard.

Je pose d'abord la question de confiance, parce qu'on croit malaisément à l'existence du manuscrit original quand il s'agit de simples soldats. Comme je viens de le dire, j'ai été au-devant du soupçon en ce qui regardait Fricasse et Coignet. Ces deux modestes héros trouvent aujourd'hui dans Bricard un frère d'armes non moins brave, non moins honnête, aussi prompt à toujours bien faire. Il est des sceptiques qui admettent peu la possibilité de rencontrer ainsi sur sa route trois types de probité. On dirait que cela les gêne. Ils me rappellent un peu les bonnes âmes qui accusent la Préfecture de police d'inventer, pour faire croire qu'on les rapporte, des listes d'objets trouvés sur la voie publique.

Pour moi, je reste plein de candeur; je crois aux trouvailles, en avouant toutefois que le bonheur d'en faire ne me serait jamais arrivé sans l'aide de confrères et d'amis auxquels je reste grandement obligé. C'est M. Francis Molard, l'archiviste d'Auxerre, qui m'a fait acquérir le manuscrit original de Coignet. Celui de Fricasse me fut donné par M. de Forges, qui l'avait reçu en héritage de M. de Coucy, conservateur des forêts, sous les ordres duquel le vieux sergent servait comme simple garde. De même, je n'aurais pas aujourd'hui le plaisir de présenter mon héros, si M. Alfred Bricard n'avait pris un matin la peine de monter mes trois étages pour me dire : « Voici le journal de notre grand-père. Sur le conseil de M. Ambroise Baudry, mon frère et moi avons pensé qu'il vous plairait d'en écrire l'introduction. Nous avons l'intention de le publier à nos frais. »

M. Ambroise Baudry ne se trompait pas. La lecture du *Journal de Bricard* a été pour moi un vrai plaisir. J'ai toujours aimé les mémoires dépourvus d'apprêt : leur rusticité, leurs incorrections même, me semblent une garantie de franchise. C'est comme ces goûts de terroir qui affirment la sincérité du vin. Et quand on a sous la main un document comme celui-ci, on peut mettre son auteur au premier rang de ceux que le maréchal-prince de Ligne appelait *mes soldats, société d'honnêtes gens plus purs et plus délicats que les gens du monde.*

J'ai entendu conter qu'à l'heure d'*enlever* ses hommes pour marcher à l'ennemi, un chef s'était écrié : « Soldats ! vous allez voir si mes vingt-cinq francs par jour m'empêchent de risquer ma peau. »

Et un petit fantassin aurait riposté : « Je la risque bien pour deux sous, moi. »

Il avait raison, ce petit fantassin. La vérité est que l'héroïsme compte double chez les pauvres diables exposés à mourir dans le rang, sur l'alignement des camarades, sans être soutenus par l'amour-propre de l'homme sur lequel tout un public a les yeux fixés.

C'est précisément parce que le premier rôle manque à ces humbles comparses, qu'il convient de les signaler à l'occasion. Ne leur faut-il pas au plus haut degré la religion du devoir, l'amour de la patrie? Pour eux, surtout, sont faits ces deux vieux proverbes que j'admire depuis le jour où je les ai lus dans le *Trésor* de Meurier, imprimé à Anvers en 1578 :

Vas où tu peux! Meurs où tu dois! dit le premier.

Et le second dit à son tour : *Le sang du soldat fait grand le capitaine.*

Quelle leçon d'héroïsme militaire dans l'un! Et dans l'autre, quelle tragique moralité! Comme il marque le sanglant étiage des victimes à entasser pour atteindre la célébrité du conquérant.

Ces deux proverbes saisissants, notre canonnier ne les a point connus. Et pourtant son journal en est le vivant commentaire. Nous connaissions l'histoire des généraux; il nous donne celle des soldats, qui est une partie vive de l'histoire du peuple. En établissant cette distinction, je n'ai aucune arrière-pensée de critique. C'est un juge impartial que le vrai soldat; il ne voit pas tout, mais du moins il n'a aucun intérêt à tromper, et personne ne rend aux bons chefs un hommage plus franc.

Au point de vue militaire, la première partie du journal de Bricard offre un intérêt spécial en ce qu'il nous fait assister à la marche d'une de ces compagnies d'artillerie qui suivirent les bataillons de volontaires. Néanmoins, elles se fractionnent à l'occasion. C'est ainsi que Bricard est détaché avec 18 hommes à un bataillon de la Haute-Vienne, puis revient à son bataillon de Paris. A la fin de 1794, ce dernier entrait avec un bataillon de la Somme et un du 1er de ligne dans la 2e demi-brigade. Au commencement de 1796, il s'amalgamait de nouveau avec la 161e demi-brigade.

La compagnie d'artillerie compte alors 48 hommes pour le service de trois pièces de quatre, ce qui fait à peu près une pièce par millier d'hommes. Jusqu'à juillet 1795, on avait eu deux pièces par bataillon [1]. Le nouveau cadre réduit comprend deux officiers : un capitaine et un lieu-

---

1. Page 181.

tenant; il a aussi un fourrier et un sergent-major, et le reste à l'avenant. Le capitaine était monté [1], et le charroi avait un chef particulier. La disproportion de ces cadres, l'inégalité d'instruction et de commandement, durent peser ensuite dans les considérations qui firent supprimer l'artillerie régimentaire. On verra qu'elle avait du bon cependant en soutenant le moral des fantassins, et en se trouvant toujours à portée de les appuyer. Leurs officiers et sous-officiers avaient également plus de cette initiative qui vient d'être remise en honneur dans notre armée.

D'autre part, il faut convenir que cette artillerie détachée n'est pas toujours à l'aise, avec une infanterie alerte qu'il faut suivre dans les terres labourées [2]. C'est encore pis dans les prés où les chevaux n'ont pas pied [3], sur le sol détrempé par les pluies où les attelages enfoncent quelquefois jusqu'au poitrail [4]. Alors on a beau pousser à la roue [5], ils ne tirent plus et finissent par se coucher dans la boue [6], sans force pour avancer. On devine ce que devient alors le matériel : les timons se cassent dans des embourbements; roues et affûts se brisent en roulant dans les ravins [7]. Sans parler des ferrures qui sautent, et des pièces

1. Page 182. — 2. Page 12. — 3. Page 241. — 4. Page 16.
5. Page 12. — 6. Pages 235, 241. — 7. Pages 135, 194, 241, 244.

qu'il faut relever par des manœuvres de force. Dans les mauvais pas, on est forcé de dételer pour tripler les attelages de chaque pièce [1]. C'est une perte de temps considérable. A certaines heures de surprise, on n'attend pas les chevaux, et on tire à la bricole [2] pour mettre en batterie dans la bonne direction. Et dans une retraite, quand on est serré de près, force est de déployer la prolonge et de faire feu à reculons, pour ainsi dire.

Il arrive encore que les artilleurs résistent (comme nous l'avons vu déjà dans Coignet) aux fausses manœuvres qui peuvent compromettre leur pièce. Bricard, sergent-major, est approuvé par son chef de brigade pour n'avoir pas voulu exécuter l'ordre de son commandant de bataillon [3]. Son capitaine, « qui n'a d'artilleur que le nom », ne sait pas même choisir un emplacement favorable pour parquer ses pièces [4].

Tout périlleux qu'il pût être, le service de ces compagnies d'artillerie n'offrait pas grande chance d'avancement. On était loin de l'œil des grands chefs, sans occasion de faire une action d'éclat. L'homme qui sert un canon est toujours moins remarqué que ceux qui cherchent à le prendre. L'avancement de Bricard n'eut donc

1. Pages 215 et 238. — 2. Page 7. — 3. Page 238. — 4. Page 6.

rien de la rapidité qui favorisait tant d'autres, et ce qu'on voit de son caractère montre qu'il n'était pas de ces habiles arrivant quand même.

Caporal et fourrier en 1793, sergent-major d'artillerie depuis la fin de 1794 [1], il ne fut nommé garde que cinq ans plus tard, en Égypte, au moment où toutes les compagnies de demi-brigades furent réunies en un bataillon qui porta le numéro du 4ᵉ régiment d'artillerie à pied. Employé par le directeur général [2], il est nommé lieutenant de pontonniers par Kléber, au printemps de l'année 1800, et c'est en cette qualité qu'il fait aux Anglais la remise des équipages et du matériel des ponts [3]. Les postes qu'il avait occupés le montrent également apte aux différents services du personnel, du matériel et de la comptabilité. Ce qu'on voit de son caractère montre aussi que Bricard était de la race de ces vieux artilleurs, types de droiture inébranlable, dont Eblé et Drouot sont restés les éclatantes personnifications. Et leurs soldats étaient dignes d'eux, car c'est aux pontonniers de la Bérésina que les débris revenus de Russie en 1812 durent leur salut.

---

1. Page 145. — 2. Page 378. — 3. Page 467.

Elle est restée légendaire, cette belle lithographie de Raffet [1], qui représente des fantassins, enfoncés à mi-jambe dans la vase d'un marais. Un vieux sergent leur donne la consigne : *il est défendu de fumer, mais vous pouvez vous asseoir.*

Quelle bonne charge! disaient en riant ceux qui la contemplaient aux vitrines des marchands d'estampes. Hé bien, non! cette scène est vraie. Je ne parle pas des bains d'eau glacée pris pour marcher à l'ennemi. On en trouve plus d'un dans ce livre, à ne citer que les pages 150 et 151; mais prenons la page 135, et lisons ensemble. :

> Nos vêtements n'étaient que boue, il tombait une pluie comme il n'y en a pas d'exemple. Nous étions dans une prairie où on enfonçait dans l'eau jusqu'à mi-jambe. Néanmoins, il fallut rester là. Les soldats étaient si fatigués que, malgré le froid, ils dormaient debout. La grande pluie ne cessa de tomber toute la nuit.

On le voit, c'est absolument le tableau de Raffet. Le manque de feu est de règle d'ailleurs aux avant-postes [2]. Et les marches forcées sous la pluie froide ne cessent guère dans ces régions brumeuses de l'Allemagne du Nord. On avance par des chemins peu praticables; bêtes et gens enfoncent dans la boue [3] des fondrières. L'heure tardive du bivouac groupe des hommes traversés jusqu'aux os, et souvent sans bois ni paille pour

---

1. Voir son *Album* de 1834. — 2. Page 145. — 3. Page 195.

se sécher [1]. Et quel bois! Des échalas, des jambages de porte, des débris de charpente incendiée.... Bien heureux quand on les trouve, car il arrive de rester plusieurs jours trempé [2].

Parfois, on en est réduit à se former en faisceaux humains [3]. Les corps s'arc-boutent et se maintiennent unis en prenant la forme d'un cône; la pluie, cette pluie sans fin, n'en mouillera du moins que la partie extérieure.

Car, avec la pluie, on ne peut pas même jouir du rare bonheur de coucher sur la paille qui est entraînée [4] par la violence des averses, ou qui reste à l'état de fumier [5]. Mieux vaut alors passer debout le peu de temps accordé. On creuse parfois, pour une nuit ou deux, de vrais terriers à lapins dans lesquels on s'engaine par escouades [6]. Encore est-on tout fier de voir que la voûte ne s'écroule point au passage des voitures.

Par le froid, on est tellement transi qu'on préfère marcher malgré la fatigue, et au besoin passer des gués où l'eau glaciale monte jusqu'aux reins [7].

Ah! il en faut convenir, les premiers soldats de la République ont su tout endurer pour elle.

---

1. Pages 138, 192, 197. — 2. Page 215. — 3. Page 136. — 4. Pages 213 et 215. — 5. Page 192. — 6. Page 113. — 7. Page 242.

De l'autre côté, on était plus tiède. J'en atteste ce billet du 31 octobre 1792, écrit à Grimm par l'impératrice Catherine. Elle y parle ainsi de la retraite des Prussiens :

> Mais quelle horreur et quelle cacade que ce duc de Brunswick est allé faire! Cette Champagne pouilleuse va devenir fertile par le fumier qu'ils y ont laissé.... Ah! mon Dieu, mon Dieu, qu'ils ont mal conduit leurs affaires, et celles des autres!

Le 7 décembre, la Sémiramis du Nord admire malgré elle la constance avec laquelle nos jeunes troupes soutiennent les rigueurs d'une campagne d'automne :

> Les démons, comme vous voyez, savent marcher où ils veulent aller malgré les pluies, les boues, le manque de vivres et de fourrage. Tandis que nos compassés ne parviennent nulle part.... Je me sens une telle humeur contre certaines gens que je les souffletterais.

Dans cette guerre sans pitié, dans cette marche pour ainsi dire ininterrompue, quelques éclaircies. C'est quand il s'agit de faire boire les hommes et les bêtes. On jouit alors du calme d'une trêve respective de quelques heures. On ne se canarde plus, on cause presque toujours en gens dignes de se mesurer face à face. On plaisante même avec les Autrichiens [1] ou avec les émigrés, ces hommes qu'on fusillera sans pitié le lendemain, s'ils se laissent prendre.

---

1. Page 191.

La nourriture vaut le coucher. On ne pense guère aux plats de viande et aux litres de vin que réclame aujourd'hui le dernier vendangeur ou le plus inhabile moissonneur. On n'écrit pas aux journaux pour se plaindre du menu de la caserne.

A chaque campement, sa pâture : qu'on tombe sur des pois verts [1], on ne mangera que pois verts. Une ration d'eau-de-vie tient une fois lieu d'aliment en vingt-quatre heures de marche et de combat [2]. A certains jours, on n'a que du pain [3] et encore par demi-rations. Et le lendemain on déjeune d'oignons, sans pain [4]. Dans les vergers de Francfort, l'oignon est remplacé par les cerises; on se bourre de bigarreaux sous les arbres. Mais la bonne aubaine, c'est la pomme de terre. Bien heureux ceux qui campent sur ses champs! Plus heureux encore ceux qui ont le temps de la cuire. Qu'il survienne une alerte [5], alors, adieu *kartoffel*! la marmite est renversée. Du côté des Autrichiens, même changement à vue, et quelquefois, on profite de leurs préparatifs comme ils profitent des vôtres.

Il peut arriver que la viande ne fasse pas défaut et que le sel manque; alors, nos canonniers y suppléent par une pincée de poudre à canon délayée dans la soupe [6]. Ils sont rares, ces

---

1. Page 122. — 2. Page 121. — 3. Page 138. — 4. Page 121. — 5. Page 240. — 6. Page 138.

jours de raffinement; le dénuement des paysans est parfois plus navrant que celui de leurs hôtes de passage. Le 19 messidor an II [1], la plus grande partie des soldats en arrivent à partager avec eux leurs rations [2] : c'était dans les environs de Gand, non loin de l'Escaut.

———

Quelquefois, la misère des temps fait que les grandes villes n'offrent pas plus de ressources que la campagne. A Aix-la-Chapelle, pendant l'été de 1795, nos soldats sont obligés de couper de l'herbe et de manger les chats des habitants pour subsister [3]. En 1794, à Cambrai, on donne un sou pour remplacer la ration de riz qui manque à la distribution [4].

Du moins, l'a-t-on en poche, ce sou. Une autre fois, on annoncera quinze sous de gratification; mais, quand on se présente à la caisse, elle est vide, comme de coutume. Il n'est question que d'arriérés de solde, et il faut tout l'entrain de nos troupes, pour que leur discipline n'en souffre pas davantage. A l'occasion même, elles font largesses au gouvernement; elles lui font solennellement remise en 1794 d'une partie

---

1. 1794. — 2. Page 117. — 3. Page 162. — 4. Page 106.

de leurs rations de viande salée [1]. C'est la revanche des quinze sous.

La remise ne peut s'effectuer, mais l'intention doit être réputée pour le fait.

Si encore on avait sa ration de sommeil complète. Mais, en campagne, à 2 heures du matin toujours, il faut se trouver rangé en bataille [2] sous la pluie perpétuelle, glaciale, des hivers du Nord. L'arme au pied, on attend le retour de la cavalerie envoyée en reconnaissance. Puis, on se met en marche, prêt à faire feu, sondant l'horizon, pressant le pas quand on pousse l'ennemi, le pressant plus encore quand une pointe trop hardie force à reprendre la longue route imprudemment parcourue, route déjà dévastée, n'offrant plus de ressources, bordée de paysans soulevés par le désespoir. Alors, la marche n'est plus réglée, il faut qu'elle continue malgré tout, jusqu'à ce que hommes et bêtes tombent face contre terre, sans souffle, sans forces, pour repartir au bout d'un court repos, abandonnant les moins valides, les éclopés, et les désespérés aimant encore mieux se faire égorger par le paysan, que se relever encore une fois [3].

Je m'appesantis bien sur le détail de ce qu'ont enduré ces jeunes armées de la première Répu-

---

1. Page 90. — 2. Page 127. — 3. Page 244.

blique. Puisse-t-il empêcher la multiplication des récits qui nous initient depuis quelque temps aux vilains côtés de la caserne, comme si on n'y devait pas faire son apprentissage des duretés de la vie en campagne. Mieux vaut passer sur ses épreuves, en considération du but, que chercher à attendrir le public en dévoilant les brutalités d'un caporal ou les exactions d'un sergent-major. C'est pur enfantillage, et cela sent par trop les griefs de la vie de collège, qu'on vient de quitter. Le soldat ne doit rien conserver des dépits de l'écolier.

Dans Coignet, j'ai retrouvé le type du soldat de Napoléon; dans Fricasse, celui du volontaire de la Haute-Marne sous la première République. Bricard peut passer pour l'idéal du volontaire parisien. Il a plus d'intelligence, plus d'instruction que les deux autres; il montre la même horreur de toute vilenie, et, disons-le bien, le même respect du devoir sans lequel ne saurait exister ce qu'on appelle l'*esprit* militaire, cette âme des bonnes armées.

Uniquement consacré aux faits de guerre, son journal comprend trois grandes parties : dans la première, on peut comprendre les campagnes du Nord, des Pays-Bas et d'Allemagne; puis, vient la campagne d'Italie, et enfin la campagne d'Égypte. Sa valeur est essentiellement positive, parce que tout ce que l'auteur a vu est noté à son jour et à son heure sans aucune idée de soutenir une thèse quelconque ou d'impressionner un lecteur. Il est difficile d'être plus rigoureusement impartial. C'est qu'aussi Bricard est avant tout homme d'équité. Rien ne l'empêchera de réprouver le mal quand il se produit chez les siens. On voit avec lui le désordre des premiers jours de campagne; on entend les cris des volontaires qui prétendent diriger la marche au milieu d'officiers incapables [1]; on voit les lâches se sauver en jetant fusil, habit et fourniment [2]; on assiste à ces paniques inévitables à la guerre qui font tirer sur des frères d'armes en croyant tirer sur l'ennemi [3]. En revanche, quand le narrateur rapporte une belle action, vous pouvez être sûr qu'il dit la vérité, et qu'il est heureux de la dire.

Les qualités de couleur manquent ici comme dans tous les journaux de marche rigoureusement tenus. La préoccupation du chiffre semble repousser comme secondaire tout ce qui peut donner du charme au récit. Quelquefois cette lacune n'a d'autre raison que l'absence de certains dons de l'esprit. Mais Bricard n'en est point

1. Page 6. — 2. Page 7. — 3. Page 229.

INTRODUCTION XXIII

là. Je le vois à son récit d'un départ d'Aix-la-Chapelle [1].

> Le 2 floréal fut employé à faire nos sacs et nos adieux; beaucoup de militaires avaient des maîtresses; il leur en coûta de se mettre en route. Le 3, départ à six heures du matin pour Juliers. Les larmes coulèrent des yeux de nos jeunes amants; les échos retentirent des cris de nos ivrognes. Cependant la longueur du chemin calma ces excès.

C'est dit en quelques mots, mais cela fait image. On a donc pleuré en quittant les bonnes amies d'Aix-la-Chapelle. La liaison avait duré là quelque peu; mais ailleurs, elle laisse en quelques heures des racines profondes. Les femmes d'Erlangen, du genre leste (il a soin de l'ajouter), font la conduite au soldat pendant deux lieues. C'est de la belle et bonne reconnaissance pour une nuit passée avec des misérables, honteux de leurs déchirures d'habits et noircis par le soleil. Vraiment, je ne sais trop si nos Françaises les plus lestes feraient aujourd'hui ces deux lieues.

On voit que Bricard aime à tout connaître.

Il veut goûter de la moutarde et du fameux vin à Dijon [2], et des dragées à Verdun, où l'amabilité des confiseuses le charme.

Les goitres de la Savoie lui serrent le cœur [3]; il apprécie mieux les Italiennes, en regrettant toutefois leur dédain des choses du ménage. Il

---

1. Page 183. — 2. Page 257. — 3. Page 260.

admire en passant les belles femmes de Menton qu'il appelle déjà ville française; il admire aussi les jolies femmes de Thionville [1], et en cela il tombe d'accord avec Hoche qu'on y vit épouser la fille d'un simple garde-magasin, tout général en chef qu'il était. A ce propos, disons que Bricard est comme tous les soldats de son temps, il ne peut admettre la mort naturelle de ce héros [2] qui fut, comme Kléber, adoré de ses troupes.

En ce qui concerne l'appréciation des peuples étrangers, Bricard s'accorde singulièrement avec Fricasse et Coignet. C'est surtout l'extrême mobilité italienne qui le fâche [3] : il ne peut digérer cette populace qui acclame du jour au lendemain tous les partis [4] et qui massacre les blessés dans les hôpitaux. Il trouve plus de sûreté dans les relations avec l'Autrichien ennemi [5] qu'avec l'Italien ami. Il place même l'Allemand au-dessus du Français [6], pour ses sentiments d'humanité et d'hospitalité. Mais ce qui le pénètre de reconnaissance est l'hospitalité flamande, et surtout la générosité des Wallons de la Belgique. « Il n'y aurait pas eu un Français capable de nous accueillir avec cette bonté [7], s'écrie-t-il, après

---

1. Page 255. — 2. Page 274. — 3. A toutes les époques, on a raisonné de même. Je le constatais naguère en relisant les lettres écrites en 1859 par Mérimée à Panizzi. — 4. Pages 282 et 286. — 5. Page 282. — 6. Page 256. — 7. Page 19.

une plantation d'arbre de liberté dans les environs de Charleroi. C'est le cri du cœur... et de l'estomac. Mais, à la guerre, l'estomac a si rarement complète satisfaction!

Ce journal a été tenu jour par jour; son auteur y a tout porté : l'heure de la prise d'armes, la durée de la pluie qui tombe, la longueur du chemin parcouru. On le suit à l'attaque, on rétrograde avec lui quand arrive l'heure de la retraite, on se chauffe à son feu de bivouac quand il en a un, ce qui n'arrive pas toujours. On compte les obstacles rencontrés sur la route, les difficultés de la lutte non seulement contre l'ennemi, mais pour les moyens d'existence. Le retour quotidien des mêmes informations permet seul de voir quelles sont les misères de la guerre et ce qu'il faut d'énergie morale et physique pour les supporter.

L'*hymne des Marseillais*, comme l'appelle Bricard, ne vient pas la surexciter aussi souvent qu'on le croirait. On chante plutôt le *Ça ira*, dont le refrain semble sonner la charge. Cependant un volontaire de Paris [1] entonne la *Marseillaise* dès qu'un boulet ennemi lui emporte les deux jambes. C'est son *Dies iræ*.

Pour marcher à l'ennemi, même en 1794, les

1. Page 41.

musiques préfèrent l'air de vaudeville qu'on affectionnera encore sous l'Empire :

*On va leur couper les flancs,
Ran, tan, plan, tire lire* [1].

Il est probable qu'il était mieux rythmé pour l'accompagnement des tambours, mais son exécution était parfois troublée. Ainsi la moitié des musiciens qui le jouent dans le bataillon de Bricard sont tués par une décharge meurtrière après avoir fini le morceau. Cette ironie funèbre vaut un tableau de la *Danse macabre*.

Quand on entend parler de la marche d'une armée, on ne sait jamais ce qu'elle représente d'efforts, de privations, d'existences sacrifiées. Il est salutaire de toucher cela du bout du doigt. Là surtout on reconnaît qu'il en a toujours été de même pour bien des choses. On se plaint déjà des ordres contradictoires [2], de l'incapacité de quelques chefs [3], on s'indigne contre les protégés qui se tiennent à l'abri dans les fonctions de plumitifs [4], on maudit déjà l'administration dont les employés trop nombreux ne délivrent rien (même dans les situations qui légitimeraient les mesures d'exception [5]), prennent les meilleurs logis,

1. Page 97. — 2. Page 284. — 3. Page 6. — 4. Page 181. — 5. Page 477.

ne se refusent aucune jouissance ¹, et traînent à leur suite des bagages trop considérables. Ils sont rendus responsables de la solde arriérée ², car on ne reçoit pas souvent ses deux sous par jour ³, des habits qu'on ne distribue pas ⁴, des casernements représentés par des cloîtres, des corridors ou des églises, sans paille, sans couvertures, sans marmites ⁵, des hôpitaux dépourvus du nécessaire où les malades abandonnés sollicitent de l'humanité du concierge un prêt de trois livres pour les frais d'une vaste soupe à l'oignon, seul remède à portée de leurs forces défaillantes ⁶. Ceci se passe en Italie. En Egypte, c'est pis encore; on vend pour payer un arriéré de solde ⁷ toute la provision de vin emportée de France, quatre cent mille pintes. Tant pis pour les malades et les convalescents. S'il y a des médecins héroïques, d'autres le sont beaucoup moins, et on les punit d'une façon si originale qu'elle perdrait à l'analyse. Voici l'extrait ⁸ :

Le nommé Boyer, officier de santé de la marine, ayant refusé de traiter des blessés atteints de la peste, fut condamné à être destitué de ses fonctions, promené dans les rues d'Alexandrie, habillé en femme et monté sur un âne, portant devant et derrière un écriteau avec ces mots : *Il est indigne de porter le nom de Français, il a peur de la*

---

1. Pages 159, 177, 214. — 2. Page 214. — 3. Page 184. — 4. Page 253. — 5. Page 271. — 6. Page 272. — 7. Page 346. — 8. Page 351.

XXVIII JOURNAL DU CANONNIER BRICARD

mort. Après quoi, il devait être conduit en prison et renvoyé en France par le premier bâtiment expédié, avec invitation au président de son département de le rayer comme citoyen français.

Autre châtiment qu'on ne pourrait plus renouveler aujourd'hui. En 1796, le général Collot inflige à un canonnier, comme punition, une coupe de cheveux [1].

On voit que la queue passionne les troupes au plus haut degré. Bien avant que Bonaparte s'en mêlât, elle avait déjà ses ennemis et ses soutiens. Déjà en 1793, on se battait, on se tuait pour elle [2]. Notre locution populaire : *défends ta queue!* pourrait bien être un souvenir de cet acharnement. C'est comme les épaulettes d'argent et les grandes capotes blanches ; certains officiers d'ancienne infanterie résistent à l'injonction officielle de les changer [3] ; ils préfèrent sortir du rang et se faire licencier [4]. On le croirait difficilement si Bricard n'avait circonstancié et daté les faits.

Pour les soldats, on ne les chicane point sur la couleur de leur habit qu'ils perdent assez vite aux bivouacs de leurs campagnes d'hiver, et qu'ils remplacent souvent avec ce qui leur tombe sous la main [5], car ils sont nu-pieds [6] et vêtus de lambeaux [7]. Ils coiffent le feutre du

---

1. Page 215. — 2. Page 81. — 3. Page 72. — 4. Page 79. — 5. Pages 24, 113. — 6. Page 211. — 7. Page 201.

paysan, endossent sa houppelande au besoin et se taillent des gilets ou des pantalons dans la première étoffe venue [1]. Quant aux Autrichiens, ils se battent en casquettes [2] malgré les gravures officielles qui nous ont habitués à les regarder comme inséparables de leurs bonnets plaqués à l'aigle, tandis que nos soldats portent en colonne de superbes bicornes à panache rouge. Double coquetterie contraire à la réalité. Sous le Consulat, on envoie encore en Égypte comme troupes de renfort des conscrits sans uniforme. Notez qu'en Égypte, il y avait si peu de drap disponible dans le commerce du Caire qu'on ne s'arrêtait pas à la couleur. Les corps étaient habillés de rouge et de vert [3].

Dans ces premières campagnes du Nord, il est intéressant aussi de savoir ce que faisait penser aux soldats le changement continu de généraux. C'est Dumouriez, c'est Houchard, c'est Custine, c'est Pichegru.... Les dénonciations pleuvent. Il leur faut passer à l'ennemi ou passer à la guillotine. Décapité ou transfuge! Pas de milieu. Et comme toujours ce sont les plus innocents qui vont offrir leurs têtes. A peine l'un est-il installé

1. Page 24. — 2. Page 262. — 3. Page 382.

à la place de l'autre que le représentant du peuple vient annoncer son départ en jetant encore une fois à la face des troupes le grand mot de trahison.

On est porté à le croire quand on entend les discours de Dumouriez revenant sous la protection d'une escorte autrichienne pour inviter l'armée à faire cause commune avec lui contre la République. Comment cette armée peut-elle tenir bon quand même, devant l'ennemi, et comment l'ennemi n'en profite-t-il pas davantage? On n'y comprend rien.

Le privilège d'être dénoncé n'est pas acquis seulement aux grades élevés. Les chefs de bataillon ne sont pas plus épargnés que les généraux; on les mène à Paris et on les guillotine comme eux [1]. Ceux qui sont accusés de lâcheté devant l'ennemi sont plus honorablement traités. On les fusille [2].

Les gradés ne sont pas couverts d'or.... Au 11 floréal an IV (1796) nous voyons qu'un général en chef ne touche pas plus d'un franc treize sols et quatre deniers en numéraire par jour. Le chef de bataillon a le franc tout juste. Le sous-lieutenant a dix sous. Le surplus est payé en mandats. Et que pouvait valoir un mandat en un temps

---

1. Page 101. — 2. Page 103.

INTRODUCTION   XXXI

où l'on donnait plusieurs centaines de francs en assignats pour une livre de chandelles [1]?

Bricard honore les bons chefs comme Kléber, qu'il se plaît à nommer « le vertueux Kléber » [2]. Mais il n'aime ni la brutalité, ni l'injustice, ni l'indélicatesse. Quels que soient les grades, il ne se gênera jamais pour dire ce qu'il pense. Ainsi de son temps Masséna était encore moins *chéri de la victoire* (pour employer l'expression consacrée plus tard) que méprisé par les officiers et les soldats de sa division. En parlant de ses abus de pouvoir, de ses extorsions, Bricard n'exagère

---

1. J'ai vu une quittance de ce genre dans les comptes de l'armée d'Italie que j'ai ramenés d'Aix-les-Bains, et que M. le Dr Jean Guilland a bien voulu offrir, sur ma demande, à la bibliothèque de l'Arsenal.

2. Desaix n'est pas moins estimé par les Égyptiens que par les Français. Il faut lire, page 442, la lettre de son ami Yacoub qui s'engage à doubler la somme recueillie pour son monument, si haut qu'elle puisse monter. Un tel hommage donnait une haute idée du général qui l'avait inspiré. Il donne aussi le droit de suspecter la mesquinerie de l'ancien monument de la place Dauphine; sa vue pouvait faire demander où était passé l'argent de la souscription. L'armée d'Égypte seule avait donné cinq jours de solde.

La pierre, le marbre et le bronze sont plus que jamais prodigués au besoin de multiplier à nos yeux le nombre de nos grands hommes. On a même souvent l'air de leur décerner une statue pour les grandir. Desaix aurait-il paru trop au-dessus des autres pour en avoir besoin?

point. Ceux qui en douteraient n'ont qu'à se reporter à deux pages des souvenirs du général Lamarque, chargé à un certain moment d'aller notifier à Masséna l'ordre de rendre les millions mal acquis. Les détails sont curieux et valent la lecture [1]. En parlant de l'indignation publique, Bricard n'est pas poussé par le désir de trouver un supérieur en défaut. Il n'épargne pas davantage ceux qu'il appelle les *mauvais soldats*. Nulle part on ne trouve une condamnation plus énergique, plus saisissante des maux causés par l'indiscipline du soldat.

1. « Je l'ai beaucoup connu à Naples, dit Lamarque. C'est sous ses ordres que j'ai fait le siège de Gaëte. En 1806, après le siège, le roi Joseph me chargea auprès de lui d'une commission bien désagréable. Le roi me fit appeler un soir à onze heures et me dit : « Le maréchal « déteste mon chef d'état-major Berthier, mais il a beau-« coup d'amitié pour vous; et je vous ai choisi pour lui « annoncer que l'Empereur a fait saisir et confisquer trois « millions que Masséna avait déposés chez un banquier « de Gênes; ces trois millions proviennent d'échanges de « monnaies faits dans les provinces vénitiennes, et le « vice-roi s'en est plaint comme d'une exaction. »

« Cette commission était délicate, je priai en vain le roi de la confier à un autre; il insista; je dus obéir. Me voilà donc à minuit au palais Acton, errant à la faible lueur d'une lampe à moitié éteinte, dans une grande salle qui servait d'antichambre à la chambre à coucher du maréchal. Je frappe trois fois à sa porte d'une main timide, je me nomme à demi-voix, et il vient m'ouvrir, coiffé d'un bonnet de coton et enveloppé dans une grande robe de taffetas vert.

« Monsieur le maréchal, je suis chargé par le roi de vous annoncer une bien mauvaise nouvelle. — Qu'est-ce?

A cette indiscipline il n'est malheureusement qu'un remède. Si le pillard n'est point fusillé, l'armée est compromise. Bricard le démontre, sans le savoir, par le contraste de la marche de Jourdan en Allemagne, et de la marche de Pichegru en Hollande. Cette campagne de Hollande fit l'admiration de l'Europe.

Lombard de Langres l'atteste dans cette page de ses Mémoires :

Quand j'arrivai en Hollande, dit-il, Pichegru était encore adoré. Sa modération dans la conquête, et la dis-

---

parle. — C'est bien malgré moi que j'ai accepté une mission aussi désagréable. — Parle donc, viens-tu m'arrêter? — Ah! monsieur le maréchal, je me serais plutôt brûlé la cervelle devant votre palais que d'exécuter un pareil ordre. — Qu'as-tu donc à me dire? parle; je suis résigné à tout. »

« Je lui expliquai alors les ordres de l'Empereur; ses yeux étincelèrent de fureur; il se maîtrisa pourtant et me dit ces mots que je n'ai jamais oubliés : « Tous les guer« riers, depuis Romulus, ont fait leur fortune en versant « leur sang pour leur pays. L'Empereur croit donc que « nous ne nous battons que pour l'assurer sur le trône et « donner un royaume à ce freluquet de vice-roi d'Italie? « Ce n'est pas pour moi que je veux de l'argent; Masséna « n'a pas oublié qu'il fut soldat et qu'il vécut avec cinq « sous par jour; je saurais vivre encore avec ma solde, « mais le luxe nous a envahis; l'Empereur nous a donné « des titres, un rang à soutenir, et mes enfants ont été « élevés dans le faste, qui sera un besoin pour eux. »

« Je cherchai à le consoler par des lieux communs; je lui dis que les grands hommes de tous les temps avaient été persécutés; je l'engageai à lire Plutarque, à peu près comme le valet du joueur engage son maître à lire Sénèque. »

cipline sévère qu'il avait su maintenir dans une armée dénuée de tout lui avaient concilié l'amour et l'estime de chacun.

Dans le fort d'un hiver rigoureux, après avoir passé le Mordeck sur la glace, ses soldats, l'habit en lambeaux, le pantalon usé, sans souliers, les jambes et les pieds entortillés de foin, n'ayant dans la poche que du papier dont ils ne pouvaient faire usage chez l'étranger, et pressés par mille besoins, ne se permirent pas la plus légère entreprise sur la propriété d'autrui. Un seul vol fut commis. En traversant une *kermesse*, un grenadier, qui avait perdu son bonnet, voulant se garantir d'un froid cuisant, prend un mouchoir étalé sur le devant d'une boutique, s'en enveloppe la tête et passe son chemin sans le payer; il est aperçu, un conseil de guerre est convoqué, et le coupable est condamné à passer par les armes. Les autorités accourent vers le général en chef et lui demandent grâce.

« Volontiers, mais si ce soir la ville est au pillage, rappelez-vous, messieurs, que c'est vous qui l'aurez voulu! »

Le soldat subit son jugement.

Lombard croit le fait unique parce qu'il n'était pas à l'armée, mais avec Bricard nous voyons bien d'autres sacrifices humains à la discipline. Si vous voulez savoir comment on fusillait les pillards, recourez aux pages 113, 115, 127, 130, 132. — Page 127, vous verrez deux petits tambours, deux enfants (comme l'étaient alors tous nos tambours), fusillés devant les vieux soldats qui pleurent en entendant leurs cris de désespoir. Ils étaient six, ils ont volé une vieille femme, les deux plus âgés serviront d'exemple aux plus jeunes qu'on met en face d'eux par ordre. Il faut que la leçon profite, et c'est la seule qu'on puisse donner à la guerre où la prison n'est pas plus prise au sérieux que la réprimande. Les enfants avaient volé, je l'ai dit; mais voici un chasseur qui ne vole pas; il laisse son vieux chapeau pour en prendre un neuf[1]. Cet échange non permis ne suffira point à sauver sa vie : il tombera comme les autres devant le peloton d'exécution.

Tout cela, c'est de la férocité, n'est-il pas vrai?
Et cependant elle semble humaine quand on place ces quelques victimes devant les monceaux de cadavres qu'entasse le système contraire du laisser-aller.
Pour en avoir idée, il faut suivre l'armée de Sambre-et-Meuse dans la retraite qui suivit la défaite de Wurzbourg (1796). On voit[2] ce que coûta l'indulgence de Jourdan comparée à l'inflexibilité de Pichegru : en fin de compte, celle-ci est mille fois plus humaine.

> Nous marchions souvent dans le plus grand désordre, dit Bricard, car la déroute était presque générale et occasionnée en partie par le brigandage d'une quantité de fuyards qui infestaient l'armée, et dont les infâmes excès étaient doublement préjudiciables. De braves militaires supportaient les attaques de l'ennemi, tandis que des lâches se livraient au pillage pour éviter le combat. Arrivés dans une position, les vrais soldats n'osaient aller dans les villages pour se procurer des vivres, craignant

---

1. Page 111. — 2. Page 239.

qu'on ne se vengeât des horreurs que ces scélérats commettaient tous les jours....

Ah! le brigandage! Voilà ce qui perd les armées, qui avilit le soldat. C'est l'effroi de Bricard qui ne cesse de le craindre et de le maudire [1].

On pille parfois parce que l'habitant a pris la fuite [2]. Le plus souvent, c'est par misère [3]. A une revue ordonnée par le général Bernadotte, on ne peut reprendre les habits de paysans volés parce que les voleurs n'en ont pas d'autres [4].

Cependant Bricard ne dissimule jamais ce qui lui semble impardonnable [5]. On voit qu'il souffre du déshonneur qui en jaillit sur l'armée [6] et de la haine qu'en conçoivent les victimes [7].

C'est qu'il faut bien l'avouer. Les brebis galeuses ne manquent pas dans ces troupeaux humains que représentent les armées en campagne. Devant une discipline de fer, les mauvaises passions se taisent; les gredins dissimulent quand le conseil de guerre n'est pas loin; mais que la répression mollisse, comme ils relèvent la tête! Aux heures critiques, ils trahissent leur drapeau avec une lâcheté que n'aurait pas un malfaiteur de profession.

1. Pages 184, 189, 208, 218 et 233. — 2. Pages 189, 207. — 3. Pages 191, 210. — 4. Page 246. — 5. Pages 197, 198, 231, 237. — 6. Page 207. — 7. Pages 206 et 246.

Au fort d'El-Arisch, cerné par une armée turque, ils descendront des cordes aux assiégeants [1] pour qu'ils puissent surprendre la place et torturer les camarades, car on sait que les Turcs ne se conforment pas aux lois de la guerre. C'est encore un groupe de ces Français criminels qui, à la grande révolte du Caire, guidera la populace contre les débris de notre armée. Ils sont trois cent mille contre six mille; nos transfuges grossiront la masse des trois cent mille.

Je n'exagère rien, je ne fais que reproduire Bricard. Ce qu'il dit, on ne le trouve pas partout, et, je ne saurais trop le répéter, ces aveux font le grand mérite de son journal, et c'est pour cela que je l'aime. Il faut le lire pour être bien convaincu qu'une armée va droit à sa perte en faisant grâce aux lâches et aux voleurs [2].

Le degré d'intérêt de l'œuvre dépend naturellement des positions dans lesquelles l'auteur se trouve placé. Il est considérable au début de sa carrière où tout est souffrances et privations. Une fois arrivé au grade de sergent-major, Bricard est,

---

1. Page 388. — 2. Comme celui des auxiliaires de la révolte du Caire, le nombre des traîtres d'El-Arisch fut malheureusement assez grand. Bricard n'a pas oublié de parler du brave qui fit sauter alors une partie de la garnison et des assaillants en mettant le feu aux poudres (page 387). Il est regrettable que son nom soit resté ignoré.

par obligation, moins militant, plus absorbé par les exigences administratives de son grade. Beaucoup de braves officiers laissaient alors à des sous-officiers instruits le soin d'une comptabilité qu'ils auraient été peu capables de tenir. Absorbé par ses écritures, courant d'un fournisseur à l'autre, allant souvent chercher au loin l'argent de la solde, Bricard n'est plus dans le feu de la mêlée. Il se contente de nous dire ce qu'il voit, et comme il voit juste, son journal est toujours précieux, bien qu'il n'ait plus le même mouvement.

Mais on y gagne un aspect nouveau des situations déjà connues. Pendant que Bonaparte conquiert l'Égypte, l'histoire particulière d'Alexandrie reste bien dans l'ombre. Il fallait le journal de Bricard pour montrer ce qu'on y a souffert Bonaparte parti, l'intérêt de cette campagne semble avoir disparu pour le gros du public; le héros est ailleurs, et l'attention l'y suit. Sans doute on n'ignore pas que Kléber l'a remplacé, qu'il a été assassiné, remplacé par Menou qui ne le valait point. On sait que cela finit mal, et il n'en faut pas davantage. On ne sent jamais le besoin de connaître les détails en pareil cas.

Le dénouement du drame vaut cependant la peine qu'on s'y arrête. Il est même, à bien juger, plus digne d'admiration que le commencement, car il nous offre le spectacle inoubliable d'une poignée d'hommes luttant jusqu'au bout dans la situation la mieux faite pour abattre les âmes ordinaires. Au début des expéditions aventureuses, tout est beau, ou du moins permet de caresser un espoir de fortune. Mais à la fin, quand l'adversité s'en mêle, quand la confiance dans le commandement n'y est plus, quand le cercle ennemi se resserre, quand la peste et la guerre éclaircissent assez les rangs pour qu'on en vienne à se dire comme aux temps antiques : « Encore une victoire comme celle-là, et nous sommes perdus », — alors on voit plus clairement ce qu'il y a de grand chez certains hommes. La personnalité de Kléber se dégage si éclatante à ces heures dernières de l'armée d'Égypte, qu'on se demande quelle eût été sa fortune s'il avait survécu.

Ce n'est pas à lui qu'un général blessé à mort aurait osé dire : « Va! je suis f..tu, et ta colonie aussi![1] » Menou méritait cette prophétie par une sotte irrésolution qui est le pire défaut à la guerre.

---

1. Page 452.

Ce qui frappe aussi dans ces dernières pages, c'est le rôle odieux joué par le gouvernement anglais. Allié de la Turquie, il ne marchande pas la vie des Turcs quand il s'agit de se battre. Leur laissant tout le choc à soutenir, il se contente au besoin de faire tirer de loin sur leurs fuyards, afin de les contraindre à sacrifier les vies dont il est si ménager pour ses propres soldats. C'est du reste le rôle qu'il a joué en Hollande, qu'il a joué à Quiberon, à Toulon, et ailleurs encore. Le gouvernement anglais se charge encore volontiers du travail occulte qui consiste à démoraliser nos troupes par de mauvaises nouvelles et à soulever les indigènes par de faux bruits. Mais son coup de maître est de laisser la Turquie régler amiablement l'évacuation de l'Égypte à des conditions honorables, recevoir de nos mains, comme garantie, les forts et le matériel qui constituaient nos moyens de résistance. Puis, quand il nous croit bien désarmés, cet ennemi loyal déclare que les conventions conclues avec son allié ne le regardent point, et qu'en perdant l'Égypte, nous perdons du même coup la liberté.

C'est alors que Kléber répondit à l'amiral anglais par la publication de sa propre lettre, n'y ajoutant que ce cri de colère : « Soldats, on ne répond à de pareilles insolences que par des victoires. »

Le mot *insolence* n'est pas de trop quand on lit cette épitre [1] incroyable. La proclamation de Bonaparte aux Pyramides est restée fameuse, mais combien fut plus grande cette explosion indignée de la bonne foi trahie! Et comme les faits d'armes qui la sanctionnent sont plus mémorables devant l'histoire!

Ce qu'y gagna la Turquie, on le sait : la perte d'une grande bataille, la destruction de son armée et d'une grande partie du Caire, l'extermination d'une partie de la population, après huit jours d'une guerre de rues sans exemple et d'un bombardement implacable. Qu'importaient au cabinet anglais ces ruines fumantes et ces milliers de victimes! Ce qu'il voulait, c'était mettre le pied en Égypte et se substituer à son allié quand il s'agirait de recueillir les dépouilles du vaincu. Sa politique fut toujours de laisser les autres à la peine, et d'en retirer tout le profit [2].

En toute occasion, Bricard a toujours soin de séparer le bon soldat, le vrai militaire, comme il

---

1. Page 399.
2. L'histoire de cette tactique ne tardera point à paraître; elle a tenté le directeur de la *Revue rétrospective*, M. Paul Cottin, dont le livre portera ce titre : *L'Angleterre et ses alliés*.

l'appelle, de ceux qu'il appelle avec indignation *les scélérats* [1], c'est-à-dire les pillards.

Le vrai militaire, nous le retrouvons dans ce récit d'une retraite qui ne perdra pas à être relu [2] : il relève les cœurs.

> Un petit bois nous favorisa beaucoup contre la cavalerie ; à la sortie, les ennemis serrèrent de très près ; mais, avec nos pièces à la prolonge, nous ne cessions de tirer, ce qui arrêtait leur marche. Cependant nous faillîmes perdre une pièce de canon. Chargés par un peloton de cavalerie ennemie, et obligés de passer un petit fossé, les sus-bandes d'un de nos affûts se levèrent et la pièce tomba ; nous fûmes assez lestes pour la replacer vivement dans son encastrement.
>
> Notre premier bataillon reçut l'ordre de s'embusquer à l'angle d'un bois pour arrêter la cavalerie qui menaçait de mettre la colonne en déroute. Lorsque cette cavalerie se présenta, le bataillon embusqué fit un feu de file qui lui détruisit beaucoup de monde ; mais elle revint en forces sur le bataillon qu'elle somma de se rendre ; celui-ci ne répondit que par un feu roulant. Néanmoins abandonnés par la colonne qui était déjà loin, ils furent contraints de déposer les armes.
>
> Comme plusieurs reçurent des coups de sabre, le chef de bataillon commanda aux soldats de ressaisir les armes ; et le combat redevint meurtrier, mais ces malheureux furent obligés de céder enfin. La plupart furent hachés, entre autres, le chef de bataillon qui fut coupé en morceaux.
>
> Ce brave et estimable chef se nommait Laforest ; il était âgé de soixante-dix ans et fut bien regretté de la demi-brigade.

Je ne sais si ce fait d'armes figure à l'historique du 2ᵉ régiment, ni si on l'a honoré comme il le

---

1. Page 218. — 2. Page 238.

méritait, mais l'héroïsme de ce vieillard sacrifié avec son bataillon au salut de l'armée, mérite bien qu'on ne craigne pas de lui rendre un double hommage.

———

Et puisque nous rendons justice à nos anciens, reconnaissons qu'ils ont donné le premier exemple d'une simplicité et d'une sagesse trop vantées comme des vertus nouvelles après la guerre de Sécession des États-Unis.

Je veux parler de ces officiers redevenus cordonniers ou tailleurs, sans en être plus fiers.

Cette preuve de sens pratique était imposée par la nécessité, puisque le licenciement des armées entraînait celui de leurs cadres.

Sans remonter à l'ancienne Rome, on eût pu dire alors que notre première République avait offert le même spectacle. Jourdan, général en chef, futur maréchal d'empire, redevint petit mercier à Limoges après la victoire de Wattignies. Au bas de l'échelle hiérarchique, nous pourrions citer encore l'auteur de ce journal.

Tapissier, puis canonnier volontaire, parvenu de grade en grade à l'épaulette, Bricard la laisse après dix ans de guerre pour reprendre le tablier de travail. Sa dernière ligne le dit sans pose et sans phrase : « Je retournai à mon métier de tapissier. »

Son ambition avait-elle été déçue? Redoutait-il une mise en non-activité? L'armée française allait-elle regagner ses foyers? Non, rien de tout cela! Bricard était content de ses chefs comme ses chefs étaient contents de lui. On avait cherché en vain à le retenir; l'ancien volontaire n'avait marché que pour la libération du territoire, et non par ambition. Certes il n'avait pas prévu dix ans de guerre. Mais enfin elle était finie, et finie glorieusement pour son pays. Notre officier n'avait plus rien à souhaiter.

Ne passons donc plus l'Océan pour aller chercher des modèles. Mais du moins sachons les retrouver parmi nos aïeux, recueillons pieusement leurs souvenirs, et, surtout, tâchons d'en profiter.

Lorédan Larchey.

JOURNAL

DU

CANONNIER BRICARD

DE LA SECTION DE SAINT-MERRY

SEPTEMBRE 1792

Les armées autrichiennes et prussiennes déjà s'étaient emparées de Longwy. L'Assemblée nationale fit faire des proclamations pour annoncer l'invasion faite par l'armée du roi de Prusse sur le territoire français. En peu de temps, les registres d'enrôlement des sections de Paris furent remplis des noms de citoyens de tout âge, et même mariés, qui se dévouaient pour la chose publique.

La majorité de notre compagnie de canonniers étant décidée à marcher à l'ennemi, nous fûmes nous présenter à la Municipalité de Paris pour la prier de vouloir bien donner une destination qui nous mît, sous le plus bref délai, à même de combattre. Après nous avoir accueillis, elle promit de nous faire partir dans les premiers jours de septembre, et nous prévint de nous tenir prêts à passer la revue du commissaire des Guerres.

Dans cet espace de temps, arriva le massacre des prisons; je passe sous silence ce triste récit qui fait horreur à l'humanité et à la Révolution française.

Le 3 septembre, nous nous assemblâmes à l'effet de savoir combien nous étions, décidés à partir. Plusieurs y amenèrent leurs frères; d'autres y amenèrent leurs amis. J'étais convenu avec mon frère Honoré de partir seul; lui resterait à Paris pour consoler notre chère mère. Il voulut, contre mes intentions, s'enrôler avec moi. Un de nos amis, nommé Hervé, avec qui nous étions étroitement liés, se décida à partir avec nous.

Le même jour, nous fûmes à la place Royale pour passer la revue du commissaire des Guerres, et notre départ fut fixé au 5 septembre.

Le 4 fut employé à faire nos adieux et nos paquets; le soir nous soupâmes, une partie de la compagnie ensemble, chez notre traiteur Dufour, dont le fils partait avec nous.

Le 5, à quatre heures du matin, nous nous assemblâmes à notre caserne, rue Bar-du-Bec, et fûmes chercher à l'Arsenal deux pièces de 4 avec un caisson à munitions. Nous nous rendîmes sur la place de la maison commune, où se trouvaient neuf compagnies de fusiliers, de différentes sections. Nous apprîmes que notre destination était

Châlons-sur-Marne, où se faisait un rassemblement de troupes très considérable.

Les ordres et la feuille de route donnés, nous nous mîmes en marche par la rue Saint-Martin, accompagnés de beaucoup de citoyennes qui pleuraient en faisant la conduite, les unes à leur mari, les autres à leurs amis. Arrivés à la barrière Neuve-de-Saint-Martin, il fallut se rendre chacun à son poste; les femmes rentrèrent dans Paris, la larme à l'œil, et nos charretiers fouettèrent leurs chevaux. Les plus fous d'entre nous se mirent à chanter des chansons patriotiques.

Connaissant la sensibilité de notre père et de notre mère, nous fûmes obligés de leur cacher notre éloignement, afin de ménager leur chagrin. Nous laissâmes donc nos meubles et nos effets d'habillement entre les mains de notre cousin germain, Arnoult, avec l'intention de le débarrasser sous trois mois, terme jugé suffisant pour repousser les ennemis et rentrer victorieux.

Arrivés à Claye, distant de six lieues de Paris, nous prîmes notre étape en argent, et fûmes souper à l'auberge. Notre hôtesse qui, sans doute, avait l'intention de nous former de suite aux privations de la guerre, eut la bonté de nous faire coucher à six sur une botte de paille.

Le 6, à la pointe du jour, nous nous rendîmes à Meaux, en Brie. Dans le courant de la journée, la populace de Meaux pilla les vins de l'évêque, qui avait émigré.

Le 7, coucher à la Ferté-sous-Jouarre.

Le 8, départ pour Château-Thierry.

Le 9, séjour.

Le 10, mon frère et moi, partîmes avant le bataillon pour arriver le matin à Dormans, afin d'aller voir le citoyen Lejeune, un ami de la famille; nous y trouvâmes une de nos tantes, qui était enfant de la maison (L.-Françoise Lejeune avait épousé en 1776 Louis Bricard, architecte, dont Joseph hérita en 1836). Nous fûmes très bien reçus par lui et ses demoiselles.

Le 11, après avoir reçu les plus grandes honnêtetés, il fallut quitter, non sans regret, Dormans pour Épernay, où nous arrivâmes le soir par une pluie affreuse.

Le 12, partis de grand matin, et arrivés près de Châlons, nous vîmes un camp très considérable. On annonça que nous devions y coucher sous la tente. On distribua les ustensiles de cuisine : marmites, gamelles, bidons, haches, pioches, couperets, etc.; nous fûmes prendre modèle sur les anciens soldats pour la construction de nos cuisines. — C'était le général Luckner qui commandait en chef les armées françaises.

Dans la ville de Châlons, nous ne trouvâmes rien de remarquable, sinon la maison commune. Nous rentrâmes au camp, où se passa fort mal la nuit, car il survint une grosse pluie qui traversa nos petites habitations.

ANNÉE 1792

Le 13, les neuf compagnies parties avec nous furent formées en bataillon; on nomma l'état-major, et les citoyens qui eurent les suffrages furent Chopplet, commandant; Grandjean, commandant en second; Ducrotoir, adjudant-major; Andrieux, quartier-maître.

La nuit du 13 au 14, on nous fit relever pour distribuer des cartouches aux volontaires, et remplir notre caisson à munitions.

Le 14, à la pointe du jour, départ pour l'armée campée à Grandpré; nous fûmes coucher à Suippes.

Le 15, en marche à cinq heures du matin; les fourriers partirent en avant pour tracer notre place dans le camp. Arrivés près de Grandpré, des paysans nous dirent que, la veille, l'armée avait eu une forte affaire avec l'ennemi, et avait été obligée d'abandonner la position de Grandpré; ils présumaient qu'elle avait été sur les hauteurs de Sainte-Menehould. Nous poursuivîmes notre route. Arrivés sur une hauteur qui domine Grandpré, nous vîmes une nombreuse cavalerie qui bordait un bois situé dans un fond; mais nous ne pouvions distinguer si c'était l'ennemi. Des paysans vinrent dire que c'étaient des cavaliers français, en nous excitant à descendre. Nous ne nous en rapportâmes pas plus à ceux-ci qu'aux premiers. Dans l'incertitude où nous étions, nous nous rangeâmes en bataille, et mîmes nos pièces en batterie. Nous avions beaucoup de traînards, car il est à observer qu'il n'y avait point encore d'ordre établi; les uns criaient : « Retournons à Suippes! » les autres disaient : « Marchons en avant! » D'autres, plus sages, proposaient d'aller à Sainte-Menehould.

Après avoir attendu un quart d'heure, pendant lequel chaque soldat tira son plan de bataille, nous vîmes arriver les fourriers partis le matin; ils dirent que les troupes du bois étaient des ennemis qui n'attendaient que le moment de nous voir descendre pour nous cerner et nous attaquer; les habitants venus à nous avaient été envoyés par eux.

Aussitôt, nous fûmes rallier dans un petit village appelé Perthes, à trois lieues en arrière. Le commandant dit que nous resterions dans ce village en attendant le retour d'une ordonnance qu'il venait d'expédier à Châlons, pour savoir du général Luckner la marche qu'il devait tenir.

Le peu d'expérience qu'avait ce bataillon faillit lui causer un revers irréparable : notre capitaine qui n'avait d'artilleur que le nom, au lieu de faire mettre ses deux pièces sur les monticules qui dominaient le village, les fit mettre sous la remise d'un château situé dans un fond; les soldats, au lieu de rester réunis, s'éparpillaient dans le village pour chercher des vivres, faire des omelettes, des soupes à l'oignon, etc. Au moment où tous ces petits fricots étaient sur le feu, des volontaires se mirent à crier : « Aux armes! aux armes!

ANNÉE 1792

Voilà la cavalerie ennemie! » Les soldats effrayés jetèrent les fricots dans les cendres, coururent à leurs armes, et nous canonniers, à nos pièces; les chevaux étant absents, nous traînâmes nos pièces et caissons, à la bricole, sur les hauteurs. Plusieurs lâches du bataillon jetèrent fusil, habit, veste, giberne, dans les fossés pour mieux se sauver. La majorité, heureusement, fit bonne résistance, et se rangea en bataille sur la hauteur où étaient nos pièces. Effectivement, nous vîmes une colonne de cavalerie dans le lointain. Le commandant fit filer les équipages sur Suippes, et le bataillon suivit son mouvement. Les chemins étaient affreux; nos chevaux ne pouvaient sortir des boues les pièces. Arrivés à Suippes à dix heures du soir, nous nous attendions à rester dans cette ville, mais les habitants dirent qu'un escadron de cavalerie ennemie s'était approché, et avait causé la retraite, sur Châlons, d'un bataillon de Paris. Malgré notre grande fatigue et notre grand besoin de prendre subsistance, il fallut poursuivre sur Châlons. Nous arrivâmes aux portes, à quatre heures du matin, harassés de fatigue.

Un détachement du bataillon des Lombards, posté en avant avec deux pièces, avait manqué de faire feu sur nous à notre approche, disant qu'on avait rapporté, à Châlons, que notre bataillon avait été égorgé ou pris, et qu'ils avaient ordre de faire feu sur la troupe qui s'avancerait de ce côté.

Enfin, après nous avoir reconnus, le commandant de place se refusa à notre entrée, disant qu'il ne pouvait le faire sans compromettre la sûreté de la place. Cependant, après lui avoir exposé la fatigue et les besoins du bataillon, il se décida à faire ouvrir les portes. La ville était illuminée; toute la troupe, sur pied; le tocsin et la générale avaient été battus à notre approche.

Le 16, des bataillons de l'armée du Nord arrivèrent et furent camper sur le mont Saint-Michel. Ces troupes qui avaient fait des marches forcées pour faire jonction avec l'armée des Ardennes, étaient très fatiguées. Nous y trouvâmes de nos amis partis dans les premiers bataillons de Paris; ils n'étaient pas reconnaissables, la plupart nu-pieds et leurs habits déchirés. Leur situation nous fit connaître qu'avant peu nos habits neufs seraient en lambeaux; nous fûmes tous dîner ensemble pour renouveler connaissance.

Le 17, on distribua des souliers à toute l'armée; je ne voulus pas en prendre, ayant pour raison que si je prenais quelques effets de la Nation, je serais comme engagé, et, par conséquent, je ne pourrais pas me retirer à la fin de la campagne.

Le 18, au matin, les troupes réunies au camp de Châlons se mirent en marche pour rejoindre l'armée campée à Sainte-Menehould. Elles défilèrent dans Châlons aux sons d'une musique guerrière; les soldats à moitié nus chantaient des chansons patriotiques, et d'une voix unanime répétaient tous : « Ah! ça ira! » etc.

A quatre heures du soir, ordre de suivre le même mouvement que les troupes parties le matin. Sur les neuf heures, halte au milieu de la plaine; nous passâmes le reste de la nuit au bivouac. Cette fois nous aurions été bien heureux d'avoir les tentes dédaignées à Châlons; cependant, il fallut se résigner à s'étendre sur la plaine, ayant pour lit une terre bien dure, et le ciel pour couverture.

Le 19, à la pointe du jour, poursuivant notre route, nous arrivâmes à Sainte-Menehould dans un camp considérable. Le général Dumouriez qui commandait en chef, vint nous passer en revue; il fit une petite harangue très énergique, et termina en nous engageant au respect, à l'obéissance, à n'avoir, à l'avenir, la bouche ouverte que pour déchirer la cartouche. Nos tentes arrivèrent ainsi que la paille, et nous prîmes notre rang de bataille. De tous côtés, les troupes arrivaient et campaient de suite. De notre camp, on voyait une hauteur. Sur notre gauche, une armée, aux ordres du général Kellermann, occupait une plaine très vaste et faisait face à l'armée prussienne; son camp portait le nom de *la Lune*.

Le 20, à la pointe du jour, forte canonnade du côté du camp de la Lune. L'armée de Kellermann était aux prises avec l'armée prussienne. Aussitôt la générale fit mettre notre camp sous les armes. Le général Dumouriez envoya plusieurs divisions, pour renforcer Kellermann. Dans la matinée, le feu fut on ne peut plus vif; une grande partie de nos troupes filèrent pour prendre position contre l'ennemi; nous restâmes en réserve sur une hauteur. Dumouriez était au centre de notre colonne; surveillant le mouvement de l'ennemi, il donnait des ordres en conséquence. La bataille fut extrêmement sanglante et ne se termina qu'à la nuit; cette journée fut honorable pour l'armée française; l'ennemi fit une perte considérable en hommes et en chevaux; les Français perdirent aussi beaucoup de monde. Deux caissons remplis de munitions, auxquels un obus de l'ennemi communiqua le feu, causèrent une grande perte en faisant explosion.

Le 21, il y eut suspension d'armes.

Le 22, on nous fit lever le camp; la troupe resta en bataille une partie de la journée, sur une hauteur où nous reçûmes la pluie. Le soir, on donna l'ordre de redresser nos tentes.

Les 23 et 24, toute la troupe fut employée à faire des retranchements, et à creuser des trous contre la cavalerie.

Le 25, temps de pluie si affreux que l'on ne pouvait se retirer des boues. Cependant le général Kellermann attaqua l'armée prussienne avec une colonne de grenadiers de tous les corps, et la chassa jusque sous les murs de Verdun.

Dans cette position, souvent l'armée manquait

de pain, car, outre les chemins impraticables pour les voitures, souvent la route était interceptée par la cavalerie ennemie.

Le 26, à la pointe du jour, nous nous aperçûmes que la hauteur occupée par l'ennemi avait été abandonnée pendant la nuit. Nous y trouvâmes quantité d'hommes et de chevaux enterrés derrière le camp, ce qui avait occasionné une contagion affreuse; quantité de meubles des paysans, dispersés çà et là, avaient été apportés par les Prussiens pour en faire du feu.

Le 27, on fit assembler sur le front du camp, toute la troupe, sans armes; aussitôt, nous vîmes arriver, avec Dumouriez, deux commissaires de la Convention nationale. Ils annoncèrent aux troupes que la France venait d'abolir la royauté, et qu'un gouvernement républicain lui avait été substitué. Cette nouvelle fut reçue avec enthousiasme, aux cris mille fois répétés de : « Vive la République! Vive Dumouriez! »

Les 27 et 28, il fit toujours un temps de pluie; nous commencions à nous habituer à la rigueur de la saison; les privations ne nous étaient plus aussi sensibles. Nous restâmes trois jours sans pain, mais heureusement qu'une grande quantité de pommes de terre venait à notre secours.

Le 30, nous nous mîmes en marche en passant par Sainte-Menehould.

Le 1er octobre 1792, vers le midi, nous fîmes halte sur la côte de Briare, pour y faire la soupe, et nous poursuivîmes notre route toute la nuit.

Le 2, nous fûmes camper à Clermont en Argonne. Il faisait un temps de pluie si affreux qu'il nous fut impossible de dresser nos tentes; les piquets ne pouvaient tenir dans la boue; nous fûmes obligés de passer la nuit assis sur nos sacs et les pieds dans l'eau.

Le 3, à la pointe du jour, nous fûmes camper près Dombasle.

Le 4, nous fûmes bivouaquer près Sivry-la-Perche; les routes étaient si mauvaises que nos équipages restèrent embourbés. En cet endroit l'armée ne fut pas malheureuse, car nous étions dans un champ de pommes de terre.

Le 5, nos tentes arrivèrent, et nous campâmes.

Le 7, à la fin du jour, nous partîmes trois bataillons pour repousser un régiment de cavalerie ennemie, qui avait passé la Meuse pour venir fourrager sur la gauche de notre camp. Il faisait un temps de pluie continue, et les moments étaient précieux; il fallut passer à travers une terre labourée remplie de cailloux aigus; les roues de nos pièces entraient dans la boue jusqu'au moyeu; il fallait sans cesse pousser pour les retirer. En traversant un terrain inondé, nous eûmes de l'eau jusqu'aux reins. A notre approche, les ennemis prirent la fuite, emmenant avec eux des bestiaux et du fourrage.

Le général donna l'ordre aux trois bataillons de

retourner au camp, mais notre commandant de bataillon, voulant se faire valoir, demanda la permission de poursuivre l'ennemi. Enfin, quand il vit que les volontaires avaient, en majorité, perdu leurs souliers dans les terres labourées il se décida à retourner. Il faisait extraordinairement noir, et la pluie ne discontinuait pas; dans des chemins impraticables, nos chevaux ne voulaient plus tirer, et les volontaires avaient les pieds coupés par les cailloux. Après être resté très longtemps dans cette triste situation, cheminant tantôt à droite, tantôt à gauche, le bataillon se trouva égaré dans les terres labourées.

On fut obligé de faire des signaux en brûlant des bouchons de paille; heureusement ce signal fut compris, et on vint du camp avec des torches. Nous arrivâmes enfin dans une situation horrible; la plupart avaient les pieds ensanglantés. Pour moi, j'eus le bonheur, en rentrant dans le camp, de tomber dans un très grand trou de cuisine rempli d'eau par la pluie, j'étais mouillé des pieds à la tête, et il fallut passer le reste de la nuit dans cet état. Nos tentes étaient tellement remplies d'eau qu'il était impossible d'y rester.

Aussitôt le point du jour, nous fîmes, dans un petit bois, à un quart de lieue du camp, un si bon feu qu'en moins d'une heure j'étais séché; nous fîmes aussi cuire des pommes de terre, car, depuis vingt-quatre heures, nous n'avions mangé.

Les 8, 9 et 10, temps de pluie affreux.

Le 11, nous fûmes prendre position près le petit village du Regret, dans un camp que venait de quitter l'armée prussienne; leur paille nous fit gagner beaucoup de vermine.

Nos régiments de cavalerie et ceux de l'armée ennemie faisaient boire leurs chevaux dans la même rivière, sous les murs de Verdun; il était défendu de tirer les uns sur les autres.

L'armée s'attendait à faire le siège de Verdun, mais elle fut bien surprise de voir, pendant les 12, 13 et 14, que toutes les troupes ennemies évacuaient cette ville; obligées de passer sur une montagne, leur mouvement de retraite fut en vue de toute l'armée.

Le 15, l'armée française se mit en marche pour suivre le mouvement de l'ennemi. Nous traversâmes la ville de Verdun qui était digne de compassion; l'armée prussienne avait tout ravagé et y avait laissé une maladie contagieuse. La plupart des habitants n'osaient pas se montrer; à cause de l'opinion générale sur leur mauvaise conduite lors de l'invasion, ils redoutaient quelque châtiment. Je ne voulus pas traverser cette ville sans y manger des dragées; j'entrai chez plusieurs confiseurs où je remarquai qu'il y avait des jeunes dames aussi jolies qu'aimables.

Nous fûmes bivouaquer près le village de Fleury, par un temps extraordinairement froid.

Le 16, bivouac à Belleville.

Le 18, nous fûmes prendre position près le village de Pillon. Nous ne concevions rien à notre marche, obligés de faire de très petites journées, afin de ne pas passer les troupes prussiennes qui ne pouvaient pas se retirer des plaines. Les routes étaient couvertes de leurs cadavres; une diarrhée infectait leur armée; on attribuait cette maladie à la quantité de raisins et de cochon qu'ils avaient mangée.

Le 20, bivouac dans les bois de Longuyon; on y brûla tant de bois que le lendemain on aurait dit une plaine.

Le 22, nous nous mîmes en marche, toujours suivant le mouvement de l'ennemi; sa situation était des plus déplorables, obligé de briser son artillerie, d'enfouir les munitions de guerre dans les fossés; boulets et cartouches étaient semés sur leurs traces; bagages, chevaux, encombraient les chemins. Une grande quantité de soldats, malgré la marche lente de leurs colonnes, étaient obligés de rester en arrière; aucun d'eux n'était fait prisonnier de guerre, et on voyait clairement qu'il existait une indulgence que nous ne pouvions concevoir. Une armée qui venait de ravager notre territoire, et qui devait tomber en notre pouvoir était protégée par nos généraux [1].

Nous fûmes camper près du petit Xivry; de notre position, on voyait la citadelle de Longwy.

1. Ils ne faisaient qu'exécuter une convention.

Cette ville fut évacuée par l'armée ennemie, de manière qu'elle fut reprise sans obstacle, comme elle avait été livrée.

Le 23, on donna l'ordre de tirer, dans le camp, vingt et un coups de canon, en réjouissance de ce que l'ennemi était chassé du territoire français. Nous étions campés dans un champ de pommes de terre; beaucoup de nos soldats en mangèrent en si grande quantité qu'ils furent malades.

Le 25, nous nous mîmes en marche vers les Ardennes, passant par Marville. On prit position sous les murs de Montmédy : je fus voir la ville basse et la ville haute, qui est imprenable.

Le 27, à la pointe du jour, nous passâmes par Carignan, et fûmes camper dans un terrain marécageux où la nuit fut mauvaise; on enfonçait dans la boue jusqu'aux genoux et la pluie ne cessait pas. On fut obligé de mener les chevaux sur le pavé de la route, car ils entraient dans la terre jusqu'au ventre; plusieurs y périrent.

Le 28, on alla camper sous les murs de Sedan, ville très jolie et très fortifiée.

Le 30, l'armée passa dans Sedan. Notre bataillon fut cantonné dans le village de Villers; nous étions d'autant plus satisfaits de coucher sous un toit qu'il fit un temps de pluie affreux.

Le 31, nous passâmes par Mézières, et fûmes cantonner dans le village de Sormonne.

Le 2 novembre 1792, marche sur Rocroy et cantonnement au village de Liers-de-Couvin. Les habitants de cet endroit, dépendance du pays de Liège, nous reçurent à bras ouverts; tous les soldats furent nourris par leurs hôtes.

Le 3, à Marienbourg; puis, nous fûmes en garnison dans le fort Charlemont, citadelle de Givet, remplaçant le premier bataillon de la Haute-Vienne. L'armée avait été prendre position dans les plaines de Philippeville. Les jours suivants, nous fûmes voir Givet et ses dépendances; de chaque côté de la Meuse, cette ville est entourée de forteresses, telles que le Mont-d'Or, Charlemont, etc.

Le 9, le premier bataillon de la Haute-Vienne qui, depuis trois mois, était en garnison, reçut l'ordre de rejoindre l'armée campée à Philippeville. Ce bataillon n'avait point de canons ni de canonniers. Le général donna ordre que des pièces et le nombre de canonniers suffisant fût détaché du 5e bataillon de Paris, pour suivre jusqu'à nouvel ordre le bataillon de la Haute-Vienne. Cet ordre ne flatta point notre compagnie qui sortait de faire une campagne active, et dont une partie fut ainsi obligée de rentrer en campagne avec un bataillon qui venait de prendre du repos. Dix-huit hommes furent désignés pour partir avec les pièces; mon frère Honoré, notre ami Hervé et moi fûmes du nombre des partants, sous les ordres de notre lieutenant Orillac.

A quatre heures après midi, départ de Charlemont. Passant le grand et le petit Givet, on traversa la Meuse, et après différentes contremarches dans un bois, nous fûmes cantonner sur le duché de Luxembourg, dans un petit village, à deux lieues de Givet.

Le 10, nous arrivâmes à Philippeville, et fûmes bivouaquer à la gauche de l'armée du Nord, commandée par Dumouriez; son lieutenant général était Valence. Nous fûmes de la division Leveneur.

Le 11, l'armée se mit en marche, sur le pays ennemi. Après plusieurs lieues, on fit faire halte à la colonne, pour s'assurer de la position de l'ennemi, et ensuite on continua la route. Le soir, notre bataillon reçut l'ordre d'aller occuper le village de Walcourt. On planta l'arbre de la Liberté.

Le 12, après avoir fait jonction avec l'armée, nous passâmes, avec toute la colonne, dans la ville de Charleroi, aux cris mille fois répétés de : « Vive la Nation française! »

Notre bataillon fut cantonner dans le village de Ramsart; nous y fûmes très bien accueillis par nos hôtes. On arracha un carcan qui était sur la place publique, et nous plantâmes, à la place, un arbre de Liberté. Les habitants enthousiasmés de cette cérémonie vinrent danser avec nous, et firent apporter beaucoup de bière et de schnick pour boire à la santé de la République française. Nous passâmes la soirée avec notre hôte, qui fit le triste récit du désordre que la guerre du Brabant avait causé dans leur pays. Nous étions dix-huit logés chez ce brave homme. Le lendemain matin, nous demandâmes combien nous devions pour la bière, le café, le lait, le beurre, le schnick et enfin la bonne chère qu'il nous avait fournis; il ne voulut jamais rien accepter. Nous fûmes surpris de sa générosité; jamais Français ne nous avait reçus avec tant d'accueil et de bonté.

Le 13, départ, au regret de tous les habitants, et jonction avec l'armée. Nous suivîmes encore l'ennemi qui, à notre approche, abandonnait toujours ses positions. Nous passâmes par Nivelles et fûmes cantonner à Betlehem, petit endroit où il n'y avait que trois maisons. Faute de place dans les granges et écuries, nous passâmes la nuit debout ou assis sous les hangars. Dans cet endroit, on apprit que le général Dumouriez, avec une colonne, s'était emparé de la ville de Bruxelles, distante de trois lieues de notre cantonnement. Notre colonne, aux ordres du général Valence, reçut l'ordre de se porter sur Namur.

Le 16, notre bataillon fut camper au petit village de Villers.

Le 18, l'armée fut camper sous Namur. Ordre de faire des feux multipliés annonçant une force extraordinaire, et une grande surveillance. Notre bataillon, qui n'avait point de tentes, fut cantonné dans un château voisin, où nous fîmes également de grands feux sur les hauteurs.

Le 16, le bataillon fut cantonné dans une abbaye dite de Saint-Martin; les révérends pères nous traitèrent fort bien.

Le 20, les tentes arrivèrent et le bataillon fut camper à son rang de bataille; nous, canonniers, reçûmes l'ordre d'aller prendre position, avec nos pièces, dans le village de Soirlée (S. Servais?).

Déjà la ville de Namur avait été sommée de se rendre; les habitants s'étaient entièrement prononcés pour les Français; mais, maintenus par la force de la garnison, ils ne purent rien faire.

Le 22, on tira plusieurs coups de canon et on envoya quelques obus sur la ville. Les habitants voyant leurs propriétés en danger pour une cause qui était contre leur opinion, sommèrent le général autrichien d'ouvrir les portes; avec sa garnison de dix mille hommes, il fut contraint de se retirer dans la citadelle.

Le 23, la ville fut en notre pouvoir; on envoya plusieurs compagnies de grenadiers s'emparer des postes les plus importants.

Le 24, je pus me promener dans la ville avec mon frère et plusieurs camarades : nous eûmes beaucoup de peine à y parvenir, car l'entrée de la ville était interceptée par une grande quantité de tirailleurs autrichiens et une batterie de pièces de canon qui continuellement faisaient un feu considérable sur l'autre rive de la Meuse. Les Français y étaient bien accueillis; toutes les boutiques fermées pendant le séjour des Autrichiens furent ouvertes à l'entrée des Français; les marchandises étaient à bon compte.

Le 26, nous fûmes prendre position, de l'autre

côté de la citadelle. Après avoir traversé la Sambre et la Meuse sur des ponts de bateaux, nous marchâmes toute la nuit à travers un bois très épais, en observant le plus grand silence, afin de cacher notre mouvement à l'ennemi qui, avec peu de forces, aurait intercepté le passage, tant les issues étaient difficiles. Après une nuit de fatigue et de souffrances, nous arrivâmes dans les plaines de Malagne.

Les 27 et 28, nous eûmes de sérieuses affaires avec l'ennemi qui, malgré sa grande résistance, fut contraint de céder un défilé de bois et une hauteur garnie de retranchements, indispensables pour faire le siège du château de Namur. Aussitôt la tranchée fut ouverte, et la citadelle bloquée.

Le 29, nous fûmes de tranchée; nos grenadiers avec ceux du bataillon de Lorraine s'emparèrent de trois postes importants.

Le 30, après avoir été relevés à la tranchée, nous rentrâmes dans le camp.

Le 31, retour à la tranchée; si le temps était froid, en récompense, le feu de l'ennemi était chaud, car bombes, obus et boulets tombaient comme une pluie dans nos retranchements. Il était défendu de faire aucun feu, et même de parler haut, la nuit. Il fallait constamment recevoir la neige froide comme glace, sans pouvoir faire aucun exercice pour s'échauffer.

Le 1er décembre 1792, nous fûmes relevés.

Le 2, retour à la tranchée; l'ennemi tenta une sortie et vint jusque sur nos retranchements en faisant une fusillade bien nourrie ; le combat s'engagea, et après une résistance assez opiniâtre, il fut contraint de se retirer, abandonnant beaucoup de cadavres dans les boyaux de la tranchée.

Le 3, notre compagnie reçut l'ordre de faire le service avec le parc d'artillerie.

Le 6, nous fûmes à la tranchée pour le service des pièces de canon de siège.

De tous côtés, la ville fournissait des vivres aux troupes; les femmes, malgré la canonnade et la fusillade, apportaient dans les tranchées du pain, de l'eau-de-vie et de la *cochonaille*, le tout à un prix très raisonnable.

Pendant la nuit du 9, plusieurs compagnies de grenadiers furent attaquer l'ennemi; la canonnade et la fusillade furent violentes pendant quatre heures; le résultat de cette affaire fut une grande perte en hommes pour l'ennemi; le fameux fort du Diable resta en notre pouvoir.

Le 10, bombardement extrêmement vif; toutes les batteries firent un feu violent.

Dans la nuit du 10 au 11, les ennemis capitulèrent.

Le 11, avec une grande satisfaction, nous apprîmes que la garnison était faite prisonnière de guerre.

Nous fûmes voir ce château que nous trouvâmes dans un état pitoyable. La grande quantité de cadavres enterrés dans les puits causaient une infection insupportable, la plupart de leur artillerie était démontée, et cet état de détresse joint au manque de vivres, a contraint à rendre cette formidable forteresse. Le même soir, les troupes sortirent avec les honneurs de la guerre et déposèrent les armes; elles filèrent sous escorte pour Givet.

Ce siège ne coûta pas grand monde; la plupart de ceux qui entrèrent dans les hôpitaux étaient infirmes par les grands froids.

Dans la nuit du 13 au 14, il fit un si grand ouragan que la plupart de nos tentes furent enlevées; nous fûmes obligés de passer le reste de la nuit à la rigueur du temps.

Le matin, l'armée se rassembla au camp de Bellegarde, où nous fîmes jonction avec elle en repassant la Meuse. Nous restâmes plusieurs jours dans cette position par un froid affreux.

Le 18, nous levâmes le camp. Notre bataillon reçut l'ordre d'aller cantonner dans une abbaye, près la petite ville de Huy; nous passâmes dans la ville de Namur et côtoyâmes la Meuse par des chemins impraticables; nous fûmes très bien reçus par ces religieux.

Le 20, nous fûmes cantonner dans le château d'Egremont, situé sur une hauteur très escarpée sur la route de Namur à Liège. La plupart des militaires, qui malgré la rigueur de la saison étaient presque nus, prirent des étoffes dans ce château pour se faire des gilets et des pantalons.

Le 23, nous côtoyâmes la Meuse jusqu'à Liège et fûmes cantonner dans une ferme sur la route de Saint-Tron. En arrivant dans cette ville, on nous mit jusqu'à vingt chez un pauvre homme, nommé Rotoricat. Il nous fit coucher sur de la vieille paille qui marchait seule, par la quantité de vermine qui était dedans. La chambre était si humide et malsaine que plusieurs de nos camarades tombèrent malades. Nous fûmes porter nos plaintes à la municipalité, et, après beaucoup de démarches, nous fûmes logés deux à deux chez de bons bourgeois.

ANNÉE 1793

Le 8 janvier 1793, nous reçûmes l'ordre de quitter le parc, et d'aller rejoindre notre bataillon, cantonné dans le village de Moesmael; nous fûmes logés, mon frère et moi, chez un pauvre paysan qui n'avait pas de paille pour se coucher; cependant ce brave homme fit ce qu'il put pour nous garantir des rigueurs de la saison. Ce fut dans ce beau village que nous passâmes notre quartier d'hiver, qui fut de vingt jours. Toute l'armée était cantonnée dans le pays de Liège et dans une partie du Brabant; nous étions obligés d'aller chercher nos vivres dans un gros bourg à trois lieues de là.

Ce fut dans ce vilain endroit que nous eûmes la douleur de voir aller à l'hôpital notre ami Hervé, attaqué d'une fièvre putride.

Le 28, nous partîmes pour nous porter du côté de Maëstricht. Après avoir marché toute la journée, nous traversâmes Liège par une pluie extraordinaire, et fûmes cantonner dans l'abbaye de Robermont, près la Chartreuse.

Le 30, départ de grand matin par une pluie qui ne discontinua pas de la journée. Arrivés à Henry-Chapelle, les hommes et les animaux ne pouvaient plus marcher, et cependant nous avions encore deux lieues de traverse pour nous rendre à Sinnich, lieu de notre destination. Le chef de bataillon s'y rendit avec le drapeau et le plus d'hommes qu'il put emmener; les pièces d'artillerie restèrent avec les grenadiers à Henry-Chapelle.

Le 31, nous nous rendîmes à Sinnich. Tous les officiers et les canonniers du bataillon logèrent dans une abbaye de femmes nobles; ces dames, soit peur, soit générosité, nous traitèrent avec beaucoup d'égards. Nous n'avions pas beaucoup de bon temps dans cet endroit, car l'ennemi était toujours à rôder dans un bois voisin, où nous passions toutes les nuits sous les armes. Ce fut dans ce cantonnement que mon frère Honoré eut le malheur d'attraper une hernie qui, heureusement, ne fut pas considérable.

Le 10 février 1793, départ pour aller cantonner dans un village, proche Maëstricht. Des émigrés français qui occupaient cet endroit, n'eurent que le temps de se sauver sur leurs chevaux, à poil. Nos grenadiers entrèrent dans une grande maison et y trouvèrent une table couverte d'un repas superbe qui venait d'être servi, des malles pleines d'effets précieux, des épées et des pistolets très riches, ainsi que des habits d'anciens gardes du roi de France. Nos soldats eurent la précaution de ne point manger du repas préparé.

Nous nous trouvions très embarrassés dans ce village, car nous n'étions qu'à une très petite distance de Maëstricht, et nous n'étions que quatre bataillons dans ces contrées. Pour comble d'inconvénient, nous n'avions point de cartouches.

Le soir, un escadron de cavalerie hollandaise vint voltiger dans nos environs; aussitôt nous nous mîmes en bataille. La cavalerie ennemie rentra dans Maëstricht.

Nous voyant si près de nos ennemis, nous résolûmes de prendre le plomb de dessus les maisons et la poudre de nos cartouches à canon, pour faire des cartouches d'infanterie. Nous restâmes toute la nuit sous les armes.

Le 11, à la pointe du jour, notre commandant envoya une ordonnance auprès du général pour lui faire part de la position où se trouvait son bataillon. Le général regarda sur sa carte, et se mit dans une colère terrible, disant que, pour avoir ainsi exposé un bataillon, le commandant serait destitué. Cependant, il revint sur son ordre lorsqu'il fut instruit que c'était son adjudant général qui en avait donné l'ordre par écrit, et avait mis un village pour un autre.

Nous reçûmes l'ordre d'aller cantonner dans le village d'Itteren, situé sur le bord de la Meuse; notre guide, qui ne parlait ni entendait le français, nous conduisit par le plus court chemin et non le plus sûr, car sans y penser nous nous trouvâmes sous les glacis de la ville. On fit signe à notre guide que nous étions exposés; il fit entendre qu'il ne connaissait pas d'autre chemin. Au même moment, nous vîmes sortir de Maëstricht un escadron de cavalerie qui venait à nous. Nous nous rangeâmes en bataille et mîmes nos pièces en batterie; nous nous attendions à avoir une mauvaise affaire, car nous étions sous le canon de la ville. Heureusement que nous vîmes sortir de derrière un village un peloton de nos hussards qui venait à notre secours; ils firent face à la cavalerie ennemie, et nous nous tirâmes de ce mauvais pas. Nous arrivâmes dans le village de Itteren qui était inondé par les grandes eaux de la Meuse.

Le 13, il survint un débordement qui contraignit les habitants à abandonner le rez-de-chaussée; nous étions obligés d'aller chercher nos vivres à trois lieues, dans des petits bateaux.

Le 16, nous partîmes de cet endroit pour aller garder un pont, avec nos pièces, dans le village de Vertes.

De tous côtés, les troupes arrivaient pour le siège de Maëstricht; de notre côté, les troupes étaient sous les ordres du général Valence, et, sur l'autre rive de la Meuse, c'était le général Miranda qui commandait.

Dans la nuit du 16 au 17, le premier bataillon

de la Haute-Vienne fut en reconnaissance pour faciliter à nos sapeurs l'ouverture de la tranchée.

Les jours suivants, la tranchée fut continuée et poussée vers la place. Le 26, nous fûmes prendre position dans le village de Rotem, toujours près Maëstricht.

Le 27, nous fûmes de tranchée; le feu de l'ennemi était considérable afin d'interrompre nos travaux.

Nous fîmes rencontre de notre bataillon, le 5ᵉ de Paris. Il avait passé ses quartiers d'hiver dans le Limbourg; les officiers et les soldats manifestèrent un grand désir de nous ravoir : le commandant dit même qu'il allait en faire la demande au général Valence.

Le bombardement, du côté de l'armée de Miranda, allait toujours avec activité; une quantité considérable de bombes étaient lancées sur la ville; la ville faisait un feu continuel de toutes parts. Les boulets ennemis faisaient un mal étonnant, car les épaulements étaient si légers que tous les boulets traversaient de part en part. De notre côté, nous n'avions pas beaucoup de grosse artillerie; le terrain qu'occupait l'armée de Miranda était beaucoup plus propice pour établir des batteries.

Le 28, le feu fut violent de part et d'autre; l'incendie était constant dans plusieurs quartiers de la ville. C'était la nuit que l'on envoyait le plus de bombes, ce qui occasionnait des hurlements effrayants de la part des assiégés.

Les premiers jours de mars 1793, nous vîmes avec peine que le siège n'était pas suivi avec célérité; des canonniers de l'armée de Miranda vinrent à nos tranchées, et dirent que de leur côté on prétendait que c'était l'armée de Valence qui devait faire le siège, et qu'ils étaient seulement pour nous protéger. Ce qui nous surprenait beaucoup, c'était de voir aussi peu de troupes à un siège aussi considérable.

Le 2, il se répandit des bruits alarmants dans la tranchée : on assura que nos troupes, cantonnées dans le pays de Juliers, avaient été surprises dans ces contrées par une force bien supérieure et que quantité d'hommes avaient été égorgés. Vers la nuit, il vint des ordres qui confirmèrent cette malheureuse nouvelle.

Plusieurs bataillons partirent à la hâte de la tranchée avec ordre de se porter à la rencontre de l'ennemi. Soit que les assiégés eussent été instruits de notre revers par des espions, soit qu'ils eussent vu notre mouvement rétrograde, ils redoublèrent le feu de manière que nous perdîmes beaucoup de monde. Sur les sept heures du soir, il vint un ordre d'abandonner la tranchée; le premier bataillon de la Haute-Vienne demeura pour aider à enlever les restes de l'artillerie. L'ennemi fit une sortie vigoureuse, mais il faisait si noir qu'il ne put profiter de notre fuite; cependant il fit beaucoup de prisonniers.

Nous nous mîmes en marche par un grand

vent et un temps si noir qu'il était impossible ni de se voir, ni de s'entendre, même avec les personnes que l'on côtoyait. On marchait à tâtons comme si on eût été dans le caveau le plus noir. Nous pûmes passer la Meuse deux lieues au-dessus de Maëstricht, sur un pont de bateaux; l'armée se rallia de l'autre côté de la Meuse. Le lendemain, à la pointe du jour, toutes les troupes n'étaient pas encore arrivées; quantité s'étaient égarées, beaucoup avaient été faites prisonnières.

Le 3, on se reploya jusque sous les murs de Tongres. L'armée n'en pouvait plus de fatigue et de besoins, car, depuis trente-six heures, nous n'avions pris aucune subsistance.

Ce même jour, nous rentrâmes au 5e bataillon de Paris, emportant les regrets des officiers et soldats du bataillon de la Haute-Vienne; de notre côté, nous avions pour eux une estime particulière, en raison des égards qu'ils avaient pour nous. L'ordre et la discipline qui régnaient dans leurs rangs, joints à leur bravoure, les faisaient remarquer par les généraux.

Étant avec eux, nous partagions l'honneur et la gloire de leurs travaux.

Le 4, nous éprouvâmes un petit revers causé par l'inexpérience d'un aide de camp.

Notre colonne était sur deux lignes : la première était aux prises avec l'ennemi et avait déjà quelques petits avantages; notre bataillon occupait la droite de la seconde ligne, et nous avions la petite ville de Tongres derrière nous. Sur notre droite, un petit corps, cavaliers et fantassins, marchait sur Tongres. Un aide de camp arrive et dit de tirer des coups de canon sur cette troupe. Sur l'observation qu'il n'était guère possible que ce fût l'ennemi, il persista, et exigea que l'on fît feu. Craignant qu'un refus ne causât de grands malheurs, nous mîmes quatre pièces en batterie qui culbutèrent les cavaliers. Après une vingtaine de coups, on vint nous avertir que nous venions de faire feu sur des troupes françaises : c'étaient le régiment de cuirassiers, et des chasseurs à pied, qui venaient d'aller à la découverte. Cet événement fut d'autant plus malheureux qu'il contraignit la première ligne à rétrograder ; ayant entendu une canonnade derrière elle, elle crut qu'on cherchait à lui couper la retraite. Elle se replia, un peu en désordre, et, à la nuit, nous évacuâmes la ville de Tongres. Nous marchâmes toute la nuit. Arrivés le 5, à cinq heures du matin, sous les murs de Saint-Tron, nous nous rangeâmes en bataille.

Le 6, forte canonnade sur notre droite ; le soir, on apprit que l'une de nos colonnes avait eu quelques avantage sur l'ennemi, entre Liège et Saint-Tron.

Pendant la nuit, il arriva beaucoup de troupes.

Le 7, l'armée poursuivit sa retraite ; dans Saint-Tron, les troupes pillèrent les magasins qui devaient tomber au pouvoir de l'ennemi.

ANNÉE 1793

Notre bataillon fut cantonner dans le château de Dormael.

Le 8, ordre précipité de faire battre la générale et d'évacuer au plus tôt. Arrivés sur la grande route où l'armée défilait avec vivacité, on marcha jusqu'à Tirlemont dans un désordre affreux ; tout le monde commandait ; c'était à qui passerait l'un devant l'autre. Il semblait que nous n'étions plus dans le cas de nous mesurer avec l'ennemi ; on ne voyait aucun des généraux ; à chaque instant, des hommes malintentionnés venaient dire que la queue de l'armée était massacrée par l'ennemi, ce qui faisait redoubler le désordre. Les campagnes étaient pillées et ravagées par les brigands de l'armée ; la plupart des soldats ne voulaient plus obéir. Enfin, la situation faisait horreur à tous les vrais militaires ; il était douloureux pour des hommes d'honneur de voir une armée, extrêmement nombreuse, fuir devant son ennemi comme un troupeau de moutons.

L'armée vint bivouaquer dans les plaines de Tirlemont par un temps froid et pluvieux.

Le 9, départ pour aller prendre position dans un bois, près la ville de Louvain.

Le 10, l'armée se mit en marche, traversa Louvain et vint camper sur la côte de Fer, route de Bruxelles. Notre bataillon fut bivouaquer dans la prairie des Jésuites, près Louvain. Les corps furent formés en brigades ; nous fûmes avec les bataillons de Poitou et de la Sarthe. On cherchait à réorganiser l'armée, et à la mettre en état de marcher à l'ennemi.

Le 12, revue de notre général de division, Leveneur.

Le 13, l'armée entière passa la revue du général en chef Dumouriez; il fit une harangue, cherchant à encourager en faisant espérer de nouveaux succès, invitant à l'ordre et surtout à l'obéissance, promettant qu'avant peu nous posséderions le pays qu'on venait d'abandonner. Tout fut disposé pour se mettre, sous quelques jours, en état d'attaquer l'ennemi.

Le 15, à trois heures du matin, l'armée se mit en mouvement; la division Leveneur gagna des hauteurs en avant de Louvain; l'armée attaqua l'ennemi qui fut vivement repoussé sur tous les points, et qu'on suivit toute la nuit, par un temps pluvieux et froid.

Le 16, le canon se fit entendre dès la pointe du jour; notre division fit des marches et contre-marches toute la matinée. Vers deux heures après midi, l'armée française, postée sur une hauteur, faisait face à l'ennemi qui occupait une grande plaine. Nous étions harassés de fatigue et de besoins, car, marchant depuis trente-six heures à travers les terres labourées sans prendre aucune subsistance, nous aurions bien désiré un moment de repos qui permît qu'on distribuât du pain. Mais les malheurs qui survinrent dans le reste de la journée me prouvèrent bien que nous n'avions encore rien fait ni enduré. A l'angle d'un village, nous rencontrâmes le général Dumouriez, suivi de son état-major, posté derrière un gros buisson et observant les mouvements de l'ennemi. Il vint à la tête de notre colonne, et dit : « Allons, braves enfants de la Patrie, c'est aujourd'hui le jour de gloire! » Il donna ordre à nos trois bataillons d'attendre, derrière un chemin creux, l'ennemi qui s'avançait en forces. L'infanterie défila dans le chemin, et nous passâmes, avec l'artillerie, sur la droite, du côté opposé à l'ennemi. A peine arrivés à notre position, une nuée d'hommes à cheval fonça sur nous. Aussitôt nous mîmes en batterie. La cavalerie ennemie avançait au grand trot. Avec quatre pièces de canon de quatre, nous commençâmes à rompre les pelotons ennemis qui ne ralentissaient point le trot. Un adjudant général sans expérience, qui commandait les trois bataillons, ordonna trop tôt le feu de brigade; nos ennemis, voyant qu'on les mettait en joue, se courbèrent sur le cou de leurs chevaux pour essuyer avec moins de danger la décharge. La distance était si grande qu'aucun ne fut atteint. L'ennemi profita de cette mauvaise manœuvre pour arriver, bride abattue, tournant le ravin pour prendre la colonne en queue. Par malheur, les charretiers de nos caissons furent tués, ou s'enfuirent; les chevaux égarés vinrent avec les caissons se placer devant nos pièces et favoriser l'ennemi qui enfonça nos bataillons déjà

en désordre. Plusieurs voix firent entendre le
« sauve-qui-peut! » La cavalerie, massacrant une
partie des canonniers de Poitou, entra dans nos
rangs et fit une boucherie horrible. Notre armée,
en bataille sur la hauteur, fit, pour arrêter cette
marche en avant, un feu terrible sur nous puisque nous étions pêle-mêle avec eux. Après avoir
fait notre possible pour sauver nos pièces, nous
ne songeâmes plus qu'à fuir, en évitant les coups
de sabre. Toute mon attention, dans la mêlée,
était pour mon pauvre frère, servant à la même
pièce. Dans ce moment, un cavalier m'allongea
un coup de sabre qui, par hasard, fut paré avec
l'écouvillon que je tenais dans mes mains; la
brosse de mon écouvillon fit ombrage à son cheval qui se cabra, et donna le temps à un volontaire de me porter secours en tuant d'un coup
de fusil mon adversaire. Ce moment suffit pour
perdre de vue mon pauvre frère. Cependant une
de nos colonnes s'avançait en faisant sur l'ennemi
une fusillade meurtrière. Les régiments de dragons de Cobourg et de La Tour, qui nous chargeaient, étaient presque tous poussés de boisson;
ils firent une résistance opiniâtre, mais ils furent
contraints de prendre la fuite en laissant grand
nombre de leurs camarades sur le champ de
bataille. Notre brigade se rallia et reprit sa première position.

Mon premier mouvement fut de demander
à tous les camarades : « Où est mon frère?

L'avez-vous vu ? Tirez-moi d'inquiétude ? »

Un d'eux me dit avec surprise : « Comment, te voilà, mon cher Bricard ! on venait de me dire que tu étais tué !

— Oh ! m'écriai-je, sans doute, c'est mon malheureux frère ! »

Il s'efforça de me persuader le contraire, et, dans le doute cruel où je me trouvais, je poursuivis ma recherche sur le champ de bataille, couvert de morts et de blessés. J'appris qu'un de nos amis, nommé Blerzy, venait d'être tué ; la mort de ce brave et estimable camarade me fit verser les larmes qui m'étouffaient. Je continuai à courir, de cadavre en cadavre. Plusieurs camarades vinrent à moi et cherchèrent à me consoler en me persuadant que mon frère n'était pas tué. Puis la pluie vint, avec la nuit, répandre sur le champ de bataille l'obscurité.

Ne pouvant supporter l'incertitude cruelle où je me trouvais, je fus toute la nuit visiter les granges et les écuries où avaient été transférés nos pauvres blessés ; partout, j'appelais mon frère, pour toute réponse, je n'entendais que des gémissements.

Vers minuit, sur la plaine, par une pluie affreuse, sans m'apercevoir du danger, je m'étais égaré dans l'armée ennemie. Quelle fut ma surprise en entendant crier : « *Wer da?* » le « Qui vive ? » des Impériaux !

Revenant sur mes pas, je fus arrêté par nos

sentinelles, qui d'abord me prirent pour un homme qui cherchait à déserter à l'ennemi; elles m'indiquèrent mon chemin pour retourner au camp, où je passai le reste de la nuit assis, attendant avec impatience l'aube du jour. Dès que je l'aperçus, je me rendis à Tirlemont, pour m'informer à l'ambulance si on avait évacué des blessés de la veille; on me répondit affirmativement, les blessés étaient déjà évacués sur Louvain. Je revins avec une lueur d'espérance. J'arrivai à ma compagnie, harassé de fatigue et de douleur, tombant de faiblesse. Les camarades m'excitèrent à manger, mais il m'était impossible de prendre aucune subsistance. Je remarquais qu'on me regardait d'un œil triste et embarrassé; un ami vint à moi pour chercher de nouveau à me consoler. Je lui dis : « Il est inutile de me cacher ce que nécessairement il faut que je sache; au nom de l'amitié, tirez-moi de l'incertitude. Il me semble que si je connaissais son malheur, je serais soulagé, car si le sort de la guerre nous a séparés pour jamais, eh bien! nous le regretterons, nous le vengerons. »

Il ne me répondit rien et fut consulter les camarades. Un instant après, revenant à moi il me dit : « Ton frère a eu la mort la plus douce que puisse avoir un guerrier; tu sais que pendant la mêlée, notre armée, postée sur la hauteur, fit un feu considérable. Eh bien! un obus venant de cette hauteur prit notre ami à la ceinture et le coupa en deux; il reçut la mort sans avoir le temps de pousser un souffle. Enfin, les camarades viennent de lui rendre les derniers devoirs. » A peine avait-il achevé que je tombai sans connaissance. Cependant, les ennemis avaient fait un mouvement, et on battait la générale dans le camp. Je revins à moi; au bruit des tambours, du mouvement des troupes et de l'artillerie, je recouvrai mes forces, mais, un moment après, elles m'abandonnèrent. Cependant, il fallait partir; les camarades me montèrent sur une pièce de canon, et nous nous mîmes en marche. Depuis trois jours je n'avais pris ni repos, ni nourriture.

Après avoir fait environ deux lieues, nous nous rangeâmes en bataille. Le soir, notre division fut bivouaquer dans un ravin, afin de cacher notre position à l'ennemi. On passa une très mauvaise nuit, car il ne cessa de pleuvoir.

Le 18, à la pointe du jour, toute l'armée prit position sur des hauteurs; vers huit heures, elle attaqua l'ennemi sur tous les points, dans les plaines de Roncon. Jamais nous n'avions vu une multitude d'hommes rangés en bataille, comme ce jour-là. Notre armée, divisée en deux colonnes, se déploya sur trois lignes; l'artillerie légère, soutenue de la cavalerie, se porta en avant pour ébranler l'ennemi qui conserva sa position. Le feu s'engagea de part et d'autre; tout annonçait que la journée serait meurtrière.

Notre bataillon était de la colonne de droite et

occupait la première ligne; trois pièces d'artillerie légère, placées au centre, furent la cause d'une grande perte, car l'ennemi supérieur en artillerie dirigeait beaucoup de pièces sur les trois nôtres. Un renfort d'artillerie arriva de part et d'autre, et la canonnade fit un ravage affreux; chaque boulet venait du premier bond enlever une file de la première ligne, et, par le ricochet, allait culbuter la deuxième. Déjà la plaine était couverte de morts et de blessés, mais aucune des colonnes n'avait été ébranlée. Cependant, une nombreuse cavalerie s'avança sur nous dans un ordre imposant, soutenue par beaucoup de pièces d'artillerie légère. Le désordre commençait à se mettre dans nos rangs, ce qui allait donner jour à la cavalerie ennemie pour forcer la ligne et massacrer nos fantassins. Heureusement plusieurs pièces de douze, avec des obusiers, vinrent se placer en batterie devant l'infanterie ébranlée, et, par un feu soutenu à mitraille, contraignit la cavalerie ennemie à rétrograder, en laissant sur le champ de bataille une grande quantité d'hommes et de chevaux. La canonnade redoubla plus que jamais; la terre était labourée par les boulets comme par la charrue.

Morel, volontaire à la 1re compagnie du 5e bataillon de Paris, montra un grand courage : ce brave eut les deux cuisses emportées par un boulet et il eut la force de chanter l'hymne des Marseillais. Ce même boulet coupa une jambe à chacun des deux volontaires qui étaient en serre-file derrière lui.

Un instant après, un second boulet vint droit à moi. J'eus assez de bonheur pour le voir frapper environ six toises en avant, ce qui me donna le temps de fléchir les reins en avant, et par conséquent de m'éviter la mort, car, à peine avais-je fait le mouvement que le boulet passa près du ceinturon, en cassant la garde de mon sabre, le pommeau de mon pistolet. D'une capote il me fit un gilet. Le coup fut si terrible que je me crus d'abord blessé ; mes cuisses furent tellement engourdies que pendant une minute j'ai chancelé sur mes jambes. Mes camarades, qui avaient vu le boulet, furent encore plus surpris que moi ; tous me dirent : « Tu peux croire que nous te croyions coupé en deux. »

Le feu continuait plus fort que jamais ; la cavalerie ennemie tenta encore une charge, mais la nôtre, qui avait reçu un renfort assez considérable, se crut en état de soutenir le choc. Le carnage fut affreux et, après avoir laissé de part et d'autre un grand nombre de tués et de blessés, chacun reprit sa première position. Le général Valence fut blessé à la tête dans cette mêlée.

Un instant après, une colonne de grenadiers hongrois s'empara du village de Roncon, situé entre les deux armées. Plusieurs bataillons, le nôtre fut du nombre, reçurent l'ordre d'en chasser les ennemis. Nous avançâmes avec nos pièces de quatre, et après avoir fait débusquer les pièces de canon qu'ils avaient placées dans les angles, notre infanterie, sans brûler une amorce, entra dans le village au pas de charge, malgré une pluie de balles. Au bout d'un quart d'heure de massacre, on ignorait qui était vainqueur. Cependant les grenadiers hongrois furent obligés de prendre la fuite. Un moment après ils revinrent à la charge avec un gros renfort; ils s'emparèrent de nouveau du village, en chassant nos bataillons qui rétrogradèrent avec de grandes pertes. Pendant une demi-heure, ce village est disputé, mais il est de nouveau attaqué à la baïonnette, et les ennemis complètement battus sont obligés de se sauver en laissant dans Roncon un grand nombre de cadavres. Jamais on n'avait vu combat aussi meurtrier; maisons, rues et jardins étaient remplis de corps morts. Sur tous les autres points, les ennemis paraissaient avoir des succès. La nuit vint à propos, car, depuis la pointe du jour, nos soldats étaient sous un feu bien supérieur.

Notre colonne de droite, nous l'apprîmes le soir, avait été complètement battue [1].

Aussitôt la nuit tombée, le gros de l'armée se replia sur les hauteurs occupées la nuit précédente. Nous restâmes deux brigades en bataille sur le champ où nous nous étions battus toute la

---

1. C'était la défaite de Nerwinde, nom du village pris et repris plus haut.

journée; nous passâmes la nuit la plus affreuse. Je ne pouvais concevoir comment il était possible de supporter autant de fatigues sans prendre aucune subsistance. La force du combat avait pour un moment dissipé ma douleur, mais pendant la nuit, je retombai dans l'affliction.

A chaque instant, nos grand'gardes étaient attaquées. Il fallut rester sur pied toute la nuit dans une terre labourée, et par une pluie très froide.

Le 19, à quatre heures du matin, nous rejoignîmes l'armée, et nous fûmes bien surpris de sortir avec autant de facilité de ce champ de bataille, car nous nous attendions à y être bloqués le lendemain matin.

La journée se passa dans cette position; on reçut du pain pour deux jours.

Le 20, l'armée se mit en bataille à trois heures du matin, et y resta jusqu'à dix. Puis, nous continuâmes notre retraite jusqu'au soir; à la nuit nous fîmes une halte de deux heures et nous poursuivîmes notre route à travers un bois occupé par l'ennemi, car les balles de leurs tirailleurs passaient au-dessus de notre armée défilant dans un chemin creux. Vers trois heures après minuit, notre colonne fit une halte au milieu du bois, près d'un bivouac de l'ennemi. Le restant de la nuit se passa dans la plus grande surveillance.

Le 21, à la pointe du jour, on fit abattre beaucoup de bois pour faire des embuscades, et placer avantageusement douze pièces de canon sur le chemin.

La place devint respectable ; nous pouvions facilement arrêter, pendant vingt-quatre heures, les efforts de l'ennemi.

Dans la matinée, l'ennemi vint attaquer, mais partout il trouva une canonnade et une fusillade qui le contraignirent à se retirer.

Le soir, à quatre heures, on donna l'ordre d'abandonner cette position, et de se retirer de manière à cacher notre mouvement à l'ennemi. Une grande partie des troupes évacuèrent le bois, en ayant soin de retirer les baïonnettes et de porter l'arme sous le bras gauche, afin que les fusils ne fussent point aperçus de l'ennemi. Mesures inutiles, car à la sortie du bois les troupes défilèrent sur une hauteur où elles furent vues.

Aussi le peu de troupes restées dans le bois en furent victimes, car l'ennemi, suivant notre mouvement rétrograde, culbuta les bataillons restés pour protéger la retraite.

Ceux qui échappèrent nous rejoignirent dans le plus grand désordre. Nous arrivâmes, sur les onze heures du soir, dans le bois de Louvain ; notre bataillon fut de grand'garde sur la route de Louvain à Namur, avec nos deux pièces en batterie de chaque côté du pavé.

Le 22, à quatre heures du matin, l'ennemi vint attaquer nos avant-postes ; nos tirailleurs ripostèrent. Les ennemis avancèrent en force, nos bataillons arrivèrent également et la fusillade devint nourrie. Nos troupes étaient dans le bois en tirailleurs et, avec nos pièces, nous tirions tantôt à boulet, tantôt à mitraille, à travers le bois, dans la direction où nous supposions le plus d'ennemis. L'ennemi avait une artillerie bien supérieure, et nos deux pièces, placées sur le milieu de la route, étaient assaillies de projectiles. Nous perdions considérablement de monde dans ce maudit bois; quantité de soldats ennemis couverts avec nos habits de volontaires, pris dans les magasins de Saint-Tron et Aix-la-Chapelle causèrent des méprises funestes. L'après midi, feu vif; la canonnade et la fusillade n'étaient qu'un roulement. Vers quatre heures, environ cent Autrichiens habillés en volontaires s'acheminèrent dans le bois jusque sur nos pièces. Ne soupçonnant pas que ce pouvait être des ennemis, nous étions occupés à faire feu devant nous. Mais, quelle fut notre frayeur en voyant des balles arriver à bout portant! — Quantité de canonniers, de charretiers et de chevaux blessés, nous mirent dans l'impossibilité de continuer. Nous fûmes obligés de prendre une fuite précipitée, pour sauver nos pièces. Le roulement de nos voitures qui fuyaient au galop sur le pavé, donna l'alarme à nos troupes dans le bois, et les fit rétrograder dans le plus grand désordre ; cependant elles se rallièrent près d'une maison où était l'ambulance. Un instant après, un tambour, si petit qu'à peine il pouvait porter sa caisse, marchait en avant, battant la charge d'un pas précipité. Nos hommes s'élancent dans le bois, baïonnette en avant, comme des furieux, et non seulement reprennent le terrain que nous avions abandonné, mais chassent l'ennemi de son ancienne position. Derrière nous, il y avait une chaîne de petites montagnes où on avait masqué, à la hâte, plusieurs pièces de canon pour protéger la retraite de l'armée dans Louvain. Vers la nuit, on donna ordre aux troupes d'abandonner le bois et de se porter derrière la côte pour soutenir l'artillerie qui était masquée. L'ennemi, voyant la retraite de notre infanterie, la poursuivit avec acharnement, et lorsqu'ils furent en foule au pied du petit monticule, nos pièces jouèrent à mitraille. Ceux qui échappèrent à ce coup prirent la fuite; on profita du peu de jour qui restait pour faire filer le gros matériel et le centre de l'armée. L'arrière-garde resta sur les hauteurs jusqu'à ce que l'armée eût défilé dans Louvain. Les ennemis ayant aperçu nos mouvements, revinrent en force sur notre arrière-garde; ils en firent une boucherie horrible.

Les débris se replièrent en désordre sur Louvain, après avoir perdu beaucoup d'artillerie.

Le nombre d'hommes tués et blessés dans cette sanglante journée fut grand; notre bataillon, pour sa part, perdit cent cinquante officiers et soldats.

L'armée marcha une partie de la nuit, et passa

le reste au bivouac, trois lieues plus loin que Louvain.

Le 23, départ à cinq heures du matin, et bivouac sous les murs de Bruxelles.

Le même jour, à la nuit, on passa sous la ville de Bruxelles, et prit position à N.-Dame-de-Halle, où nous arrivâmes très fatigués. L'ennemi, qui suivait pas à pas, ramassait quantité de nos soldats qui ne pouvaient supporter la marche.

Le 25, départ à cinq heures du matin ; on passa par Halle ; on bivouaqua à Viller-Saint-Amand.

Le 27, l'armée vint prendre position dans les fameuses plaines de Fontenoy, près Tournay et Antoing.

Le 28, l'armée se posta en territoire français sur les hauteurs de Maulde. Aussitôt, on nous occupa à faire de grandes redoutes, des retranchements ; le lendemain les tentes arrivèrent.

Ce fut de ce camp que je résolus d'écrire à mes parents. J'étais dans un embarras inexprimable, car mon frère et moi étions habitués à signer tous deux nos lettres. J'avais de grands ménagements à prendre : connaissant la très grande sensibilité de mon père et de ma mère, j'avais lieu de craindre pour leur existence.

Je pris donc le parti d'écrire à la maison paternelle, qu'à la suite de nos extrêmes fatigues, mon frère Honoré avait été contraint d'aller à l'hôpital pour rétablir sa santé.

J'écrivis à un oncle et à un cousin que j'avais

à Paris, que la guerre avait causé la mort de mon frère, le 16 mars 1793, dans les plaines de Tirlemont. Je les priai de prendre toutes les mesures nécessaires pour cacher pendant quelque temps la mort.

Dieu sait combien il m'en coûta; car l'existence m'était odieuse, séparé pour jamais d'un frère, d'un ami; réduit à la dernière des misères, à moitié nu, n'ayant pas de chemise à mettre et rempli de vermine. La plupart des soldats, et j'étais du nombre, ayant perdu leur butin (contenu de leur havre-sac), étaient réduits à la mendicité.

Le 1ᵉʳ avril, revue du commissaire des Guerres. On affecta pour le soldat une complaisance et des soins extraordinaires; nous reçûmes du bois, de la paille, du pain et de la viande que l'on fit apporter devant nos tentes.

Le soir, nous apprîmes qu'il était arrivé, au quartier général, le ministre de la Guerre, Beurnonville, avec deux commissaires de la Convention nationale. Nous ignorions le motif de leur mission, car depuis longtemps nous étions privés des nouvelles de France; toutes les lettres étaient imterceptées.

Le 2, Dumouriez fit arrêter et conduire à l'ennemi, le ministre de la Guerre ainsi que les deux commissaires de la Convention nationale. A la suite de cette nouvelle, nous apprîmes qu'il y avait une suspension d'armes entre nous et l'armée ennemie. Nous ne savions qu'imaginer;

beaucoup de soldats soupçonnaient une trahison de la part de Dumouriez, mais l'incertitude où on était, jointe à la grande quantité de ses partisans dans l'armée, obligeaient les plus clairvoyants à garder le silence. Cependant, pendant la nuit du 3 au 4, il y eut quelque murmure dans le camp.

Le 4, Dumouriez, suivi des généraux Valence, Égalité, etc., vint haranguer l'armée, de bataillon en bataillon. D'abord, les généraux paraissaient préparer les chefs de corps, et ensuite Dumouriez prenait la parole, disant :

« Mes amis, mes enfants, mes braves frères d'armes, nous touchons à un moment attendu depuis très longtemps par les vrais amis de la Patrie. Tous voient avec bien de la douleur ce temps d'anarchie, où les bons citoyens ont tout à craindre, où les brigands et les assassins font la loi depuis trois ans. Notre malheureux pays est en péril; une représentation nationale, au lieu de s'occuper de vos besoins nécessaires, de vos subsistances, des lois qui vous assurent un avenir tranquille et paisible, passe son temps à intriguer, à employer les revenus publics, à faire voyager des factieux, sous le nom de *commissaires*. Ils viennent près des armées, non pas pour les secourir, non pas pour diminuer l'étendue de leurs besoins, mais pour les désorganiser par des rapports calomnieux, et envoyer à l'échafaud, en empruntant la forme des lois, vos braves frères d'armes, vos généraux que vous avez vus si souvent à votre tête braver les dangers de toute espèce. Il est temps de mettre fin à cette cruelle anarchie; il est temps de rendre à notre pays sa tranquillité; il est pressant de lui donner des lois; les moyens sont dans mes mains. Si vous me secondez, si vous avez confiance en moi, je partagerai vos travaux et vos dangers, et la postérité dira de nous : « Sans la brave armée de « Dumouriez, la France serait un désert aride; elle « l'a conservée, elle l'a régénérée. »

Il dit ensuite : « Demain, je ferai voir à l'armée un mémoire imprimé sur ma conduite, sur celle de la Convention nationale. On jugera qui a le plus à cœur l'intérêt de sa Patrie. »

Le soir, il fut à un petit camp sur notre droite pour tenir le même discours à la troupe; un bataillon l'accueillit par une fusillade, et il ne dut sa vie, ainsi que sa suite, qu'à une fuite précipitée en se sauvant à la nage du côté de l'ennemi.

L'armée se trouvait dans la situation la plus critique, partagée d'opinions, sans ordre, sans discipline, commandée par des généraux en majorité perfides, en se voyant, pour ainsi dire, à la merci d'une armée ennemie nombreuse qui était aux portes de France.

Le 5, Dumouriez revint au camp, avec les généraux de la veille, escorté par un régiment d'infanterie de ligne soutenu de ses pièces de canon, et par un peloton de dragons autrichiens.

Il tint le même discours que la veille, et fit part à l'armée de son projet de marcher avec elle sur la capitale, pour détruire l'Assemblée nationale, et rétablir la monarchie.

Un volontaire de notre bataillon, qui venait de rejoindre l'armée avec les contingents, fut assez hardi pour crier à travers la foule : « Surtout, général, point de roi ! » A l'instant les sabres furent levés, par l'escorte de Dumouriez, pour frapper ce militaire ; il fut assez heureux pour échapper à la scélératesse de ces ennemis de la Patrie.

D'autres dirent : « Mais, général, en marchant sur Paris, c'est marcher contre nos familles. » Il répondit avec témérité : « J'en suis fâché, mais lorsqu'il y a du mauvais sang dans une famille, il faut le purger. D'ailleurs, si je n'ai pas assez de troupes françaises pour seconder mes desseins, j'aurai à mon service dix mille, vingt mille Autrichiens, s'il le faut, pour réduire Paris et le forcer à accepter la paix. Si quelques-uns d'entre vous ne sont pas contents de me suivre, je leur donne la journée pour se retirer sans armes, comme des lâches. »

De pareils discours firent faire de grandes réflexions ; un tiers des soldats était dévoué à Dumouriez, un autre tiers regardait la réalisation de son projet comme inévitable, le troisième tiers, enfin, était décidé à fuir l'armée.

D'après un bruit répandu dans le camp, tous

ceux qui désertaient étaient massacrés par des régiments de cavalerie ennemie postés sur la route de Saint-Amand.

La journée fut affligeante; à peine osait-on se communiquer ce qu'on avait dessein de faire; des soldats insensés, plus bêtes que méchants, venaient provoquer les volontaires en les traitant de *carmagnoles*, de *marchands de papier*, de *coupeurs de têtes de rois*. Dans un régiment de ligne, le chef eut la scélératesse de recevoir un officier, au nom de Louis XVII.

Le lieutenant qui nous commandait était décidé, ainsi que la majorité de la compagnie, à partir; nous fûmes chez notre chef de bataillon pour le solliciter de partir en masse; il nous parut très indécis, en nous engageant à attendre. Nous nous décidâmes à partir le même jour.

Vers une heure après midi, je partis du camp avec deux camarades, Himbault et Simoneau, tous deux épiciers, de Paris. Avant d'arriver à Saint-Amand, nous fûmes rencontrés par plusieurs généraux qui, nous traitant de lâches, dirent que nous n'irions pas loin; nous passâmes droit notre chemin. Arrivés à Saint-Amand, nous rencontrâmes quantité de soldats de troupe de ligne qui nous dirent mille injures, et, croyant nous insulter, nous traitèrent de *foutus gueux de patriotes*. Nous continuâmes notre route. Chemin faisant, nous fîmes rencontre de trois camarades de notre compagnie qui partaient aussi; deux d'entre eux étaient des nouveaux arrivés à l'armée, nous fîmes route tous les six.

Sur la route de Saint-Amand à Valenciennes, nous rencontrâmes le grand parc d'artillerie de l'armée qui filait sur Valenciennes, afin de ne pas servir aux projets perfides de Dumouriez.

Arrivés à la hauteur de Valenciennes, nous nous consultâmes sur la route que nous devions tenir. Intérieurement, nous savions bien que notre devoir était de nous réunir aux troupes qui étaient en garnison à Valenciennes, mais nous avions un grand désir de revoir nos familles. Moi, en mon particulier, je désirais me rendre auprès de mon père et de ma mère. Privé depuis longtemps de leurs chères nouvelles et connaissant leur sensiblité, je craignais que la mort de mon pauvre frère ne causât de nouveaux malheurs. Cependant, lorsque je réfléchissais, je changeais d'avis, présumant que je serais témoin de beaucoup de tristesse, et qu'obligé de partir, je causerais de nouvelles douleurs.

Enfin, nous décidâmes que nous tâcherions de nous rendre à Paris, où nous espérions trouver beaucoup de camarades. Nous marchâmes toute la journée, et fûmes coucher dans une maison proche Cambrai.

Le 6, à la pointe du jour, nous nous mîmes en marche et, malgré nos intentions pures, nous eûmes l'attention de ne point tenir la grande route; les circonstances paraissaient nous excuser, mais on n'aurait pas manqué de nous arrêter. Nous évitâmes donc Cambrai, et nous fûmes coucher dans un village entre Bapaume et Péronne.

Le 7, coucher près de Roye.

Le 8, nous gagnâmes la route de Pont-Sainte-Maxence. En passant dans le faubourg de cette petite ville, un brave homme nous arrêta pour nous faire des questions sur l'armée de Dumouriez. Nous lui fîmes un abrégé des événements, et il nous força d'entrer dans un cabaret pour nous rafraîchir; il fit assembler une quantité de jeunes gens pour boire avec nous et, à chaque instant, il leur disait : « Buvez, mes enfants, à la santé de de ces braves défenseurs qui ont tant souffert pour la Patrie ! »

Quelquefois nous rougissions de recevoir tant d'éloges, tandis que nous tenions la route de traverse; moi, en mon particulier, j'avais des craintes; souvent je regardais au large pour m'assurer de l'extérieur. Un camarade, que la bonhomie de cet homme avait tranquillisé, lui confia notre situation; celui-ci nous conseilla d'aller à la municipalité pour demander des passeports, disant que, si nous craignions un refus, il viendrait avec nous. Nous le remerciâmes de ses bons services, car nous savions d'avance le résultat de notre démarche. Nous partîmes de ce village; tous les garçons nous conduisirent jusque dehors; tous les habitants étaient sur leurs portes pour nous voir passer (car ce jour-là c'était dimanche); ils nous indiquèrent un chemin de traverse pour éviter de passer dans Compiègne. Ce qui nous inquiétait le plus, c'était la traversée de l'Oise. Nous fûmes dans un petit village où on passait dans des bateaux. J'engageai mes camarades à passer l'eau sans nous arrêter, mais la plupart avaient des cloques (ampoules) aux pieds qui les empêchaient de marcher. Ils voulurent, contre mes intentions, coucher dans ce village qui était tout proche du faubourg de Compiègne. Jusqu'alors j'avais toujours, en qualité de caporal, été demander, aux maires des villages, des billets de logement, mais j'avais mauvais augure de cet endroit. Je ne voulus pas y aller, et je leur proposai de passer la nuit sous un hangar. Ils s'opposèrent à mon dessein et nous entrâmes dans une espèce de cabaret, où nous mangeâmes du pain et du lard pour notre souper. Comme nous étions là, à manger sur nos genoux, devant le feu, il entra une espèce d'ivrogne qui demanda à boire; l'hôte lui dit qu'il en avait assez. Comme nous avions des craintes qu'un homme mécontent n'allât plus loin raconter ce qu'il venait de voir, nous priâmes le cabaretier de lui donner chopine. En buvant, il nasilla qu'on cherchait après des militaires qui avaient fait du bruit dans le village; nous ne prîmes pas part à ce qu'il disait, vu que nous ne faisions que d'arriver, mais nous avions à craindre que cela nous portât préjudice. Notre ivrogne voulut encore boire, et continua par de si mauvais discours que le maître du logis le mit à la porte. Il s'en fut, en faisant beaucoup de menaces.

La soirée s'écoulait, et nous avions besoin de repos; nous demandâmes à coucher au cabaretier, il nous répondit que jamais il ne donnait à coucher parce qu'il n'avait point de lits. « Ah! lui dis-je, ce ne sont pas des lits que nous vous demandons, c'est une botte de paille dans votre grenier. » Il nous mit dans une espèce de grenier au-dessus de sa grande porte.

Deux heures après, je ne dormais pas encore, car il faisait si froid et j'étais si mal vêtu que je ne pouvais pas me réchauffer. J'entendis des cavaliers qui s'avançaient au grand trot. Arrivés devant notre porte, on crie : *Halte!*

J'éveille mes camarades. Nous entendons distinctement commander : « Deux hussards à la porte de derrière! deux au bout du village, sabre et pistolet en main!... » On frappe à la porte; personne ne répond; ils récidivent en faisant beaucoup de tapage, comme s'ils voulaient prendre des criminels de grande importance. Lassés d'attendre, ils jettent la porte en dedans, entrent et vomissent mille injures au maître du logis :

« Où sont les volontaires que vous cachez?

— Ne criez pas tant, camarades, votre prise n'est pas si belle! » dîmes-nous, de notre grenier descendant sans faire la moindre résistance.

L'officier nous fit désarmer de nos sabres et

nous fit mettre au centre du peloton, recommandant à ses hussards une grande surveillance. Nous lui observâmes que tant de précautions étaient inutiles. En peu de temps nous arrivâmes à la municipalité de Compiègne; on demanda qui nous étions, d'où nous venions et où nous allions. Nous contâmes ce qui avait amené notre éloignement de l'armée. Ils dirent : « Vous êtes louables d'avoir abandonné Dumouriez, mais vous n'auriez pas dû passer les villes frontières. » Comme eux, nous connaissions nos torts d'avoir rétrogradé, et encore plus de nous laisser arrêter.

Avec un grand plaisir, nous apprîmes de la municipalité que la trahison de Dumouriez n'avait pas eu grand succès; le lendemain de notre départ, les troupes étaient parties du camp en masse et sans ordre pour se rendre à Valenciennes sous les ordres du général Dampierre; Dumouriez, se voyant abandonné, était passé à l'ennemi avec son état-major, le trésor de l'armée et beaucoup d'officiers et soldats de son parti; l'armée était campée à Famars, et son avant-garde dans le bois de Bonne-Espérance.

Après une longue conversation, les officiers municipaux dirent qu'ils étaient fâchés de notre aventure, mais qu'il fallait coucher à la maison d'arrêt. Nous y arrivâmes à minuit et demi; il fallut boire la goutte, chez le concierge, avec les braves hussards qui nous avaient escortés, et nous reconnûmes qu'ils avaient plus fait les méchants qu'ils ne l'étaient en effet. D'ailleurs nous connaissions par principe que le soldat est obligé de faire ce qu'on lui commande; l'officier ne voulut point que personne payât, et chacun se rendit à son logis. Le nôtre fut bien triste, dans un endroit très obscur, fermé par de gros verrous. Il y avait déjà une vingtaine de personnes, des voleurs, des déserteurs et des indisciplinés. Je restai, jusqu'au point du jour, assis sur mon séant à pleurer comme une Madeleine.

Le 9, à huit heures du matin, on vint nous ouvrir la porte pour nous faire respirer dans une petite cour; le dernier entré fut obligé, comme d'habitude, de vider la *griache* (tinette); on distribua à chacun deux livres de pain, et de l'eau à discrétion, pour passer la journée. Nous fîmes connaissance avec plusieurs militaires qui, comme nous, avaient déserté le camp de Maulde, entre autres un nommé Garde-en-bas, capitaine des canonniers du 4e bataillon de Paris, ainsi qu'un lieutenant du même corps.

Dans la matinée, un officier municipal vint à la prison faire partir des volontaires pour l'armée; il demanda si nous voulions aussi partir. Nous ne voulions pas rejoindre avec la gendarmerie, comme des criminels. Il promettait bien que nous partirions librement, mais comme nous n'avions pas grande foi en ses promesses, nous demandâmes la permission d'écrire à nos sections respectives, à Paris, persuadés qu'elles s'empresseraient de nous rendre service en nous faisant mettre en liberté. Voyant que nos intentions étaient pures, il nous en donna la liberté. Il dit qu'il désirait bien nous donner la ville pour prison, en attendant la réponse, mais qu'il n'était pas le maître.

Nous écrivîmes de suite à nos sections en les priant de vouloir bien écrire à la municipalité de Compiègne de mettre en liberté, pour rejoindre le corps, des militaires qui ne s'en étaient absentés que par suite de circonstances malheureuses.

Cependant il fallait vivre, nous n'avions pas beaucoup d'argent, et dans une prison, six francs ne valent que trois livres ; nous réunîmes nos bourses légères entre nous six, et nous priâmes le concierge de nous faire la soupe tous les jours. Heureusement que j'avais quelques louis, car mes camarades n'avaient presque rien. Mais du moins ils avaient l'avantage de pouvoir en demander à leurs parents, au lieu que moi, je n'osais pas écrire à mon père et à ma mère. J'écrivis à un de mes oncles, à Paris, en le priant de ne communiquer ma lettre à personne.

Il fallut se conformer aux règlements de la prison et payer notre bienvenue aux prisonniers. Nous passâmes les premiers jours dans la plus grande impatience. Le 12, un d'entre nous, nommé Minier, reçut une lettre de son père qui lui annonçait que les sections des Arcis et de Saint-Merry avaient pris part à nos disgrâces et avaient député des commissaires pour Compiègne à l'effet de nous faire mettre en liberté et de subvenir à nos plus pressants besoins. Cette lettre nous fit un grand plaisir.

Le 17, les commissaires arrivèrent; ils furent à la municipalité faire viser leurs pouvoirs, et aussitôt on vint nous mettre en liberté. Un moment après, arriva le père de notre ami Simoneau, muni d'une autorisation du ministre pour mener son fils à Paris, afin de le faire habiller; il devait repartir de suite pour l'armée.

Le frère de notre camarade Pavie arriva également de Saint-Maximin, dans l'espoir de pouvoir emmener son frère avec lui.

Nous goûtâmes tous ensemble; j'étais le seul privé du bonheur de recevoir des nouvelles de ma famille. Ne recevant pas de réponse de mon oncle, je ne savais pas à qui m'adresser. Le soir, nous fûmes souper avec nos commissaires qui nous firent mille honnêtetés, disant qu'il était bien flatteur pour eux de venir mettre en liberté des citoyens dévoués à la Patrie, et qu'ils rendraient un compte exact de notre misère et de notre désintéressement.

Le 18, nos commissaires firent l'emprunt à la municipalité de Compiègne, d'une chemise et d'une paire de souliers pour chacun de nous, promettant qu'aussitôt leur retour à Paris, on ferait un envoi d'habillements à toute la compagnie.

En sortant de la municipalité, nous fîmes rencontre d'un nommé Leblanc, ancien canonnier de notre compagnie, blessé d'une balle à la tête, le 18 mars 1793. Depuis, il s'était engagé dans le 8ᵉ régiment de hussards.

Mon camarade Imbault fut à l'hôpital pour se faire visiter d'une infirmité dont il était atteint, et obtint une convalescence d'un mois à l'hôpital du Gros-Caillou.

Comme nous nous disposions à partir chacun de notre côté, quelle fut ma surprise de rencontrer, dans une auberge, mon ami Hervé que j'avais vu partir pour l'hôpital, à Mormael. Depuis cette époque, on nous avait assuré qu'au retour de l'armée ennemie dans Liège, il avait été jeté par les fenêtres de l'hôpital. Je fus tellement saisi que j'eus peine à croire que c'était bien lui. Après nous être embrassés tendrement, la première parole qu'il m'adressa fut pour me demander des nouvelles de mon frère; je ne pus lui répondre que par un torrent de larmes.

Revenus un peu à nous, je lui témoignais l'agréable surprise que j'éprouvais en retrouvant un ami tel que lui. Il répondit qu'il devait l'existence à la générosité d'un brave citoyen de Liège, qui, à l'approche de l'armée impériale, était venu le chercher à l'hôpital, et le faire porter chez lui, où il reçut tous les soins possibles. Après parfaite guérison, il était parvenu à se procurer un passe-port de comédien, ce qui le mettait à l'abri des Impériaux, et lui avait permis de traverser les armées autrichienne et française pour se rendre à Paris.

Il fallait nous quitter; nous pleurâmes encore en nous faisant nos adieux.

Hervé, Imbault et Simoneau prirent donc la route de Paris. Pavie, Minier, Comoy et moi, partîmes pour rejoindre l'armée. Par Avesnes, Saint-Quentin, Landrecies, le Quesnoy, nous arrivâmes à Valenciennes, où nous apprîmes que notre bataillon était campé à Famars. Nous fûmes, le même soir, rejoindre notre compagnie où je trouvai beaucoup de changements : les chefs, et beaucoup de camarades qui, comme moi, avaient quitté, étaient maintenant de retour; il y en avait encore une dizaine qui n'étaient pas revenus.

Le lendemain matin, je fus à Valenciennes avec plusieurs de mes amis du bataillon de la Sarthe.

Il arrivait à l'armée quantité de recrues du contingent des départements. Notre compagnie en fut complétée. On fit plusieurs nominations. Comme j'avais été remplacé en mon absence, au lieu du grade de caporal, la compagnie me fit l'honneur et l'amitié de me donner celui de fourrier.

L'armée se réorganisait de jour en jour.

Le 26, notre bataillon reçut l'ordre d'aller bivouaquer dans le bois de Bonne-Espérance; nous partîmes du camp à quatre heures après midi, et arrivâmes de nuit dans le bois. Nous mîmes nos pièces en batterie dans une petite prairie, et notre bataillon se dispersa dans le bois en tirailleurs. Il fallait surveiller l'ennemi qui était à une portée de fusil.

La nuit fut employée à couper beaucoup de bois pour barricader toutes les issues. Parfois des petites alertes faisaient mettre nos troupes sur pied.

Le 28, au matin, on fit placer nos pièces un peu en arrière, soutenues par les compagnies de grenadiers, afin de protéger avantageusement la retraite de nos tirailleurs en cas de revers.

Le 1er mai, dès la pointe du jour, la canonnade et la fusillade se firent entendre dans toute l'étendue du bois; notre bataillon, un du 1er régiment et un du 14e chasseurs, repoussèrent vivement l'ennemi et s'emparèrent du village de Renne. Malgré la mitraille, cinquante hommes de notre bataillon, baïonnette en avant, prirent à l'ennemi une redoute. La droite n'eut pas autant de succès; elle éprouva un petit revers qui força la gauche d'abandonner le terrain gagné.

L'après-midi, grand désordre causé par l'inexpérience des hommes nouvellement arrivés, qui composaient la majorité du bataillon. Aux prises avec l'ennemi, ces hommes fléchirent, firent un feu considérable sur les derrières du bois, et contraignirent ceux qui faisaient face à l'ennemi, à abandonner leurs positions, parce qu'ils se trouvaient assaillis par la fusillade mal dirigée sur l'ennemi. Les pertes furent considérables, et les résultats nuls. Officiers et soldats reprochèrent au commandant d'avoir demandé d'aller aux avant-postes, sachant que la plupart de ses hommes n'étaient pas aguerris. Le commandant en second fut le représenter au général qui donna l'ordre au bataillon de se rendre à Cambrai, pour y exercer ses recrues trois fois par jour.

Ce fut dans ce bois que je reçus la première lettre de mon père et une lettre de M. Blanche-tête, intime ami de la maison, à qui j'avais confié mes peines en lui recommandant ma famille; on lui avait dit que j'étais mort.

Le 6, je vis avec un grand plaisir mes deux cousins germains Arnoult; nous déjeunâmes à Valenciennes, lieu de leur garnison; tous deux étaient canonniers dans le bataillon du quartier des Gravilliers.

Notre bataillon partit, ce même jour, du bois de Bonne-Espérance, pour Cambrai, par un temps de pluie affreux. On nous caserna dans le quartier Quantinpré.

La garnison de Cambrai se composait du 83º d'infanterie, du 10º dragons et du 10º hussards.

Les 9 et 10, l'armée française eut quelques succès sur l'ennemi, après avoir fait des pertes considérables le 7. Le général Dampierre eut la cuisse emportée.

Le 11, cinquante hommes de chaque bataillon

de l'armée arrivèrent à Cambrai; ils partirent de suite en poste pour porter du renfort dans la Vendée, où les rebelles avaient de grands succès.

Avec peine nous apprîmes la mort du général Dampierre. Le 20, on fit à Cambrai un service en son honneur; cette cérémonie fut célébrée avec toute la pompe possible.

Le 23, l'ennemi attaqua l'armée campée à Famars; partout il fut victorieux et s'empara d'une grande redoute armée de canons d'un gros calibre. Nous perdîmes beaucoup de monde, et le résultat fut l'évacuation de Famars; l'armée vint camper au fameux camp de César, entre Bouchain et Cambrai.

Le 24, les ennemis bloquèrent Valenciennes; leur armée s'étendait depuis la plaine de Denain jusqu'à Condé, qui fut également bloqué.

Les Français ne savaient à quoi attribuer tous ces revers; il y avait une grande terreur dans l'armée qui, chaque fois qu'elle était aux prises avec l'ennemi, craignait la trahison.

Le 10 juin, notre bataillon reçut l'ordre de se tenir prêt à partir pour rejoindre l'armée au camp de César.

Le 11, le bataillon rassemblé, sac sur le dos, nous reçûmes contre-ordre et il fallut rentrer. Notre compagnie reçut dix-huit habillements complets que notre section de Paris avait eu la bonté de nous envoyer.

Le général Custine vint prendre le commandement en chef de l'armée. Il fit plusieurs proclamations et fit connaître un code pénal militaire extraordinairement sévère.

Le 25, pour la deuxième fois, nous reçûmes l'ordre de nous tenir prêts à partir.

Le 26, à midi, nous partîmes de Cambrai et fûmes au camp de César, de brigade avec le 98e d'infanterie et le bataillon républicain. Les généraux étaient Custine, Leveneur, Lamarche, Chamoran, etc. L'ennemi faisait toujours le siège de Condé et de Valenciennes ; le prince Charles commandait en personne l'armée impériale, et le duc d'York commandait également l'armée anglaise.

Dans notre camp, au lieu de chercher à porter secours à nos villes assiégées, on faisait faire aux bataillons l'exercice à feu deux fois par jour.

L'armée commençait à se réorganiser ; la discipline était suivie avec rigueur. Pour peu que la faute fût grave, le délit était puni de mort.

De notre camp, on voyait et entendait le bombardement de la malheureuse ville de Valenciennes. Chaque fois que le feu était plus vif que de coutume, on avait la hardiesse de nous dire que c'étaient nos gens qui, dans la ville, faisaient des réjouissances.

Le 10 juillet, deux commissaires de la Convention vinrent au camp pour soumettre à l'armée l'acte constitutionnel qui fut accepté de toute l'armée aux cris de : « Vive la République! » Cependant nous aurions désiré qu'au lieu de venir soumettre à l'armée des articles dont la plupart ne connaissaient pas les conséquences, ils vinssent s'occuper d'envoyer des troupes aux pauvres assiégés.

Dix sols furent donnés en gratification à chaque soldat, pour boire à la santé de la République. Dans notre demi-brigade, il fut arrêté que ces dix sols restaient à la masse et que l'argent servirait à fraterniser le lendemain.

Le 11, à la pointe du jour, les soldats furent chercher des grandes branches d'arbre qui furent plantées au centre du camp de la demi-brigade; on fit apporter des tonneaux de bière, de l'eau-de-vie, du pain et du fromage. Les compagnies se réunirent autour de l'arbre de Liberté; on fit un repas frugal, après lequel on chanta et on dansa au son d'une musique qui exécutait des airs patriotiques.

Le 12, par ordre du général Custine, tous les bataillons furent complétés à 450 hommes présents au drapeau; l'excédent de ce nombre servit à compléter les bataillons trop faibles.

Le 13, nous apprîmes avec peine que la ville de Condé avait été obligée de se rendre à l'ennemi, faute de subsistances, et que la garnison était prisonnière de guerre.

Dans la nuit du 14, canonnade et fusillade des plus extraordinaires. Des hauteurs de notre camp on aurait dit que Valenciennes était tout en feu. Nous passâmes une partie de la nuit sur pied à observer avec douleur ce cruel bombardement; les soldats murmurèrent hautement de se voir dans l'inaction pendant que nos frères d'armes attendaient sans doute de jour en jour du renfort de notre camp.

Le lendemain, on fit répandre un bruit dans le camp, que la canonnade et la fusillade entendues la nuit précédente, avaient été faites par les Anglais en réjouissance d'une fête du duc d'York; les soldats ne furent pas dupes.

Les exercices à feu se faisaient toujours deux fois par jour.

Le 21, forte fusillade du côté de Bouchain. Aussitôt, on nous fit mettre sous les armes; nous restâmes en bataille sur le front de bandière, de six heures du matin à trois heures après midi; et ensuite on nous fit rentrer dans nos tentes.

Valenciennes continuait toujours à résister; les ennemis perdaient considérablement de monde à ce siège.

Le 25, à quatre heures après midi, on donna l'ordre de s'assembler par brigades, en bataillons carrés, sans armes, sur le front de bandière. Les troupes rangées dans l'ordre ordonné, il se présenta des commissaires de la Convention. Après une petite harangue à l'armée, ils firent part que des dénonciations avaient été portées contre le général Custine et plusieurs généraux de division, et qu'ils venaient, au nom du peuple français, mettre ces généraux en arrestation, pour qu'ils fussent livrés à un conseil de guerre, et qu'on connût qui étaient les coupables, des dénonciateurs ou des accusés. Le gouvernement mettait provisoirement à la tête de l'armée le général Kilmaine. Ils engagèrent l'armée à se maintenir dans l'ordre et dans l'obéissance. Ils promirent qu'en cas d'innocence, notre général en chef nous serait rendu, et que ses dénonciateurs seraient punis d'une manière exemplaire.

L'armée, dans cette circonstance, observa le plus morne silence, parut triste et consternée de se voir à chaque instant trahie en face l'ennemi.

Les commissaires terminèrent leur discours par des cris réitérés de : « Vive la République ! » Ce cri ne fut que froidement répété par les soldats qui rentrèrent sous la tente profondément affligés.

Le 2 août, il se répandit des bruits les plus affligeants : on assura que Mayence et Valenciennes étaient tombées au pouvoir des ennemis. Ces bruits occasionnèrent beaucoup de murmures. Effectivement, il était dégoûtant pour des militaires de se voir dans l'inaction ; il semblait que l'armée n'avait plus de chef.

Le 3, la nouvelle répandue la veille de la reddition de Valenciennes ne se confirma que trop ; nous apprîmes qu'après avoir souffert un siège des plus opiniâtres, soutenu et repoussé beaucoup d'assauts, résisté plusieurs jours malgré l'écroulement des murailles, et perdu, par le feu de l'ennemi, moitié de la garnison, les Français avaient été obligés de céder Valenciennes qui n'était plus que ruines.

La garnison sortit de la ville, sans armes, et fut renvoyée en France après avoir prêté serment de ne point porter les armes, contre les ennemis alliés, pendant un an et un jour [1]. En conséquence de leur serment, ces troupes furent envoyées pour rétablir l'ordre et combattre les revoltés dans le département de la Vendée.

Les ennemis firent une très grande fête en réjouissance des prises de Condé et de Valenciennes. Ils ne perdirent pas un moment pour travailler à rétablir les fortifications de ces fortes places de guerre.

Les 5 et 6, il y eut plusieurs escarmouches dans les environs de notre camp; nous soupçonnâmes que ces petites attaques avaient pour but de venir reconnaître nos positions qui étaient respectables; les retranchements de César avaient été relevés, un boyau avait été poussé de notre camp jusqu'à Bouchain. L'Escaut était bordé de redoutes garnies de canons et d'obusiers.

Le 7, à la pointe du jour, nous fûmes attaqués sur tous les points. Notre cavalerie et nos artilleurs, répandus dans la plaine de l'autre côté de l'Escaut, furent d'abord vivement poussés par

---

[1]. C'était ce qu'on appela, en 1870, *signer le cartel*. On a été peu indulgent pour ses signataires; en 1794, on paraît trouver la chose plus simple.

une cavalerie ennemie supérieure en nombre, qui eut l'audace de les charger jusque sous nos retranchements. Mais notre artillerie des redoutes la fit bien repentir de sa témérité, car elle fut contrainte de se retirer en abandonnant beaucoup de cadavres.

La canonnade dura toute la matinée. On fit lever le camp et charger tous nos équipages, car on s'était aperçu qu'un corps de troupes très considérable filait sur la droite de notre camp, afin de le cerner. Vers midi, notre brigade se mit en marche pour s'opposer au mouvement de l'ennemi. Après beaucoup de contremarches, nous fîmes rencontre, dans les environs de Cambrai, de nos troupes qui avaient entièrement évacué le camp de César. On prit la route de Douai, et ensuite celle d'Arras. Enfin, de nuit, nous fîmes encore contremarche pour aller sur les hauteurs de Fontaine-Notre-Dame; mais on y trouva l'ennemi qui déjà s'en était emparé. On se rangea en bataille, observant le plus grand silence. Les soldats étaient découragés d'avoir abandonné un camp formidable. Ne voir presque jamais de généraux à la tête des colonnes inspirait des craintes de trahison.

Vers trois heures du matin, reconnaissance de la position ennemie et ensuite retour sur la route d'Arras à Cambrai. A la pointe du jour, en bataille pour protéger la retraite de la grosse artillerie.

Dans cette position, notre bataillon reçut l'ordre

d'un officier supérieur d'aller occuper une redoute, à trois quarts de lieue de la route. On se mit en marche à travers les blés. Heureusement qu'à moitié chemin, nous fîmes rencontre d'un général. Surpris de notre marche, il nous fit retourner avec lui, en disant mille injures contre celui qui allait, par son inexpérience, causer la perte du bataillon. Il dit que cette position était occupée par une cavalerie nombreuse, soutenue par plusieurs pièces d'artillerie légère, qui nous auraient culbutés.

Nous regagnâmes notre colonne, et, aussitôt, les équipages d'artillerie et d'effets de campement passés, on se mit en marche, laissant de l'artillerie légère et de la cavalerie pour arrière-garde.

A la sortie du village de Vise (Oisy?) en Artois, des hussards accoururent disant qu'il fallait forcer la marche, car la queue de la colonne était assaillie par une nombreuse cavalerie. Cela donna une grande terreur aux troupes qui déjà marchaient en désordre. On gagna à la hâte les hauteurs de Mont-Chipreux; l'ordre se rétablit, les soldats éparpillés sur la route rejoignirent. On apprit qu'effectivement notre arrière-garde avait éprouvé des pertes, mais qu'elle n'avait pas été massacrée, comme des fuyards s'étaient plu à le dire.

On resta quelques moments dans cette position; les soldats ne perdirent pas un moment pour mettre la soupe sur le feu, car nous étions faibles de besoin. Mais à peine fut-elle à moitié cuite, qu'il vint des ordres pour se mettre en bataille. On disait que l'ennemi s'avançait en force. Nous restâmes les trois quarts de la nuit en bataille, et, à la pointe du jour, on nous fit partir sur trois colonnes; on arriva vers midi dans les plaines de Vitry et de Montauban. On donna l'ordre de couper les blés avec des sabres sur l'emplacement des tentes et de l'artillerie; invitation fut faite aux propriétaires d'enlever les grains coupés.

Le 10, à six heures du matin, on fit prendre les armes pour célébrer l'anniversaire du 10 août; une salve d'artillerie des pièces de positions annonça cette cérémonie. Des représentants du Peuple vinrent visiter l'armée; trois coups de canon furent tirés par chaque pièce et, pendant cette canonnade, les troupes prêtèrent le serment de rester fidèles à leur drapeau jusqu'à l'anéantissement des ennemis de la République. On annonça que c'était le général Houchard qui prenait le commandement de l'armée. Les représentants adressèrent de grands éloges, ils félicitèrent l'armée sur son courage et sa constance à supporter les fatigues, les dangers et les privations. Ensuite, ils firent une petite harangue à la troupe de ligne qui, contre les vœux du gouvernement, conservait un esprit et des distinctions d'uniforme. Ils se plaignirent amèrement de voir encore porter, par les officiers, des lévites et des épaulettes blanches, ce qui avait été défendu par un décret de la Convention nationale. Ils donnèrent un temps limité pour les faire disparaître, sous peine de destitution.

Effectivement, il était ridicule de voir certains officiers qui, sous l'ancien régime, n'auraient jamais été sergents affecter un air de dédain pour l'uniforme national.

Le 21, le général en chef Houchard, accompagné de représentants, vinrent visiter l'armée. Ils firent un discours vraiment énergique à tous les bataillons; ils annoncèrent que cinquante mille hommes de l'armée de la Moselle se rendaient à grandes journées à l'armée du Nord; que la Convention nationale venait de décréter que tous les jeunes gens, de 18 à 25 ans, étaient obligés de partir de suite pour se rendre aux armées.

Cette nouvelle fut accueillie de l'armée par des cris mille fois répétés de : « Vive la République! »

Le même jour, on annonça que, du côté de Lille, nos gens avaient eu une forte affaire avec les ennemis. D'abord, ils s'étaient emparés de vingt-deux canons, mais une partie des troupes s'étant amusée à piller, l'ennemi put se rallier et reprendre son artillerie.

Le 26, les troupes furent prévenues que les commissaires devaient venir pour s'assurer de la qualité des aliments du soldat. Chaque compagnie s'empressa d'aller chercher beaucoup de branchages pour former des abris à des tables travaillées en terre et à des bancs en gazon. La soupe fut faite comme d'habitude, et un bidon d'eau fit la boisson de ce repas frugal. Après les avoir attendus très longtemps, le général Davesne vint prévenir que les représentants ne pourraient pas venir au camp; ils avaient été obligés de partir précipitamment pour une expédition du côté de Lille.

Le 27, plusieurs bataillons de notre camp partirent, à la pointe du jour, pour se porter du côté de Lille.

Le soir, à la nuit, ordre de partir. Nos tentes chargées sur les voitures, le sac sur le dos et prêts à se mettre en marche, nous reçûmes contre-ordre.

On apprit par différentes lettres que, dans les départements, il y avait eu plusieurs insurrections causées par les jeunes gens de la première réquisition qui se refusaient à partir; cependant, le gouvernement avait pris des mesures très promptes pour les former en bataillons et les envoyer de suite aux armées.

Le 29, on apprit avec une grande satisfaction que les Anglais avaient été battus à Tourcoing, près Dunkerque; après avoir effectué leur débarquement, ils avaient été attaqués par une colonne de l'armée du Nord, et le tout avait été tué, noyé ou fait prisonnier; le duc d'York, qui commandait, s'était sauvé sur un petit bâtiment, ainsi que sa suite.

Cette heureuse nouvelle ranima singulièrement la troupe qui, depuis longtemps, n'avait éprouvé que revers et trahisons.

Les bataillons de notre camp étaient exercés aux manœuvres, et, plusieurs fois, par les généraux, à de grandes évolutions militaires.

Les 30 et 31, temps de pluie affreux.

Le 1er septembre 1793, toute la ligne prit les armes pour reconnaître les membres de la Commission militaire.

Le 2, le temps était si mauvais qu'on fut obligé de changer de position le parc d'artillerie. Les plus grosses pièces partirent pour Lens, près Lille; le quartier général partit le même jour de Gravelle.

Le 4, on fit lever toutes les tentes du camp et ensuite on les fit redresser sur deux rangs seulement, avec beaucoup d'intervalle, afin de donner plus d'apparence et d'en imposer davantage.

Le 5, on entendit le canon du côté d'Arleux. Dans l'après-midi, on coupa les ponts sur la Scarpe, pour couper tout passage à l'ennemi.

Le 9, à deux heures du matin, notre brigade partit pour aller en découverte; on resta jusqu'à midi en bataille dans les plaines d'Arleux, et ensuite nous retournâmes dans notre camp. A notre arrivée, nous apprîmes que le général Houchard, suspecté de trahison, avait été mis en arrestation. Nous étions tellement habitués à la trahison des généraux en chef que nous apprîmes cette nouvelle sans aucune surprise.

Le 11, on partit du camp à une heure du matin, pour se ranger en bataille sur les hauteurs de Vitry. Le soir, retour à notre camp. Les bataillons en découverte du côté d'Arleux ne revinrent qu'à minuit; ils rapportèrent qu'ils avaient entendu une forte canonnade du côté de Bouchain; les paysans leur avaient dit que les ennemis avaient été battus.

Le 13, il se fit beaucoup de gazettes dans notre camp; le matin, on disait que la garnison de Cambrai, forte de quatre mille hommes, avait été massacrée dans une sortie; le soir, on répandit un bruit tout contraire, disant que c'était l'ennemi qui avait perdu beaucoup de monde.

Le 14, notre bataillon, avec trois autres, partirent à onze heures du soir; on arriva le lendemain, à la pointe du jour, à Arleux. Nous y fîmes halte pendant que le 7e hussards était en reconnaissance, sur la route de Cambrai. Nous apprîmes que la malheureuse nouvelle répandue sur la garnison de Cambrai était réelle; un petit nombre seulement avait échappé à cette affaire. Nos quatre bataillons étaient destinés à remplacer la garnison qui avait péri.

A cinq heures, nous nous mîmes en route pour Cambrai. Chemin faisant, il me prit une lassitude terrible un peu pour avoir trop bu d'eau-de-vie à Arleux : je voulus monter sur le devant d'un caisson et j'eus l'adresse de mettre le pied sur le palonnier, ce qui me fit tomber devant le caisson rempli de munitions. La roue de devant me passa sur les reins. Tous les canonniers criaient : « Halte ! halte ! » et les chevaux s'arrêtaient juste comme la roue de derrière était sur le bas de mon ventre. La face tournée vers le ciel, je me pâmais comme une carpe sur le sable. Mes camarades se jetèrent bien vite à la roue et me retirèrent. Par le plus grand hasard je ne fus point blessé, à la surprise de tous, qui me croyaient rompu. Cependant je ne pouvais pas me soutenir sur mes jambes ; on me fit monter sur le cheval de notre conducteur d'artillerie, et on continua sur Cambrai, où on arriva sur les dix heures du matin. Je fus me coucher, car j'avais le corps tout meurtri.

Nous ne pûmes, sans frémir, apprendre que le 12, à la pointe du jour, la troupe, au nombre de six mille hommes, était sortie de Cambrai avec des pièces d'artillerie et un bataillon de garde nationale. Ils repoussèrent d'abord les ennemis jusqu'aux portes de Bouchain ; la garnison de cette ville fit jonction avec celle de Cambrai ; on poursuivit les ennemis qui se rallièrent sur des hauteurs. Nos troupes se disposaient à rentrer, on fit défiler la colonne dans un chemin creux, et pendant qu'elle était dans ce ravin, l'ennemi tomba sur elle avec rapidité ; nos soldats n'eurent pas le temps de sortir ; le désordre se mit parmi eux et causa leur perte ; aucune pièce de canon ne put être mise en batterie, et ils furent contraints d'essuyer la charge sans la moindre résistance. Enfin, de sept mille hommes qu'ils étaient à cette boucherie, deux mille seulement échappèrent, et encore, la plupart furent-ils blessés. Une partie de ces deux mille hommes furent faits prisonniers; l'autre partie gagna les villes de Bouchain et de Cambrai à la faveur de la nuit.

Les habitants de la ville étaient dans la consternation, car quantité de pères de famille furent victimes de ce combat.

Notre bataillon fut logé à Saint-Aubert.

On occupa de suite la troupe aux fortifications de la place. Je fus contraint de garder le lit pendant trois jours. On réorganisa les débris de ces malheureux bataillons; il y en avait huit; les uns étaient forts de trente, quarante, cinquante hommes, et les autres un peu plus forts; ils avaient encore leur drapeau.

Le 25, on fit assembler toute la garnison sur la place d'armes; on lut à la garnison un décret de la Convention qui licenciait tous les officiers des anciens régiments qui ne s'étaient pas conformés à l'ordre donné sur l'uniforme. Plusieurs officiers, encore couverts des habits et épaulettes défendus, sortirent à l'instant des rangs.

Vendémiaire an II (septembre-octobre 1793). — Nous apprîmes que le calendrier était changé, et qu'il était ordonné de suivre le nouveau.

Le 30 vendémiaire, on guillotina, sur la place

de Cambrai, un bourgeois de cette ville qui faisait passer de l'argent aux émigrés dans Valenciennes. On guillotina, le même jour, trois émigrés français pris les armes à la main, près Bouchain; ils étaient d'une légion d'émigrés et de l'ancien régiment de Saxe qui avait passé à l'ennemi dans le commencement de la Révolution.

Comme on justiciait ces quatre personnes, on entendit la générale; aussitôt on courut aux armes et on se rendit aux lieux désignés en cas d'alerte. Nous, canonniers, étions sur l'esplanade, où était le parc. Un instant après, nous apprîmes que c'était une petite colonne ennemie qui s'était approchée de la citadelle. Sur les dix heures du soir, chacun rentra dans son quartier.

Brumaire an II (octobre-novembre 1793). — Le 1er brumaire, nous prîmes les armes à cinq heures du matin, et, après être restés longtemps sous les armes, nous rentrâmes dans nos quartiers.

Ce jour même, on brûla, sur la place d'armes, les titres de noblesse et de féodalité, tous les tableaux représentant des personnages de la maison royale, des cardinaux, des évêques, en un mot de toutes les classes privilégiées; on brûla également trois drapeaux anglais. Ce même jour devait être un jour de fraternité entre les militaires et les bourgeois, mais les différentes alertes empêchèrent cette réunion.

ANNÉE 1793

Le 2, notre compagnie fut casernée au quartier de Cantimpré. — Les villes de Landrecies et du Quesnoy étaient toujours assiégées, mais cette fâcheuse nouvelle était secrète; la garnison l'ignorait.

Le 12 brumaire, on vit arriver quantité de prisonniers de guerre blessés qui sortaient des prisons d'Allemagne. Leur situation était digne de compassion; la société populaire de cette commune prit un arrêté pour qu'une quête fût faite chez tous les habitants, en faveur de ces malheureux. Chacun s'empressa de contribuer, les uns en vêtements, les autres en argent; les corps de troupes de la garnison firent tous leurs efforts pour le soulagement de ces infortunés.

On fit courir le bruit, dans la garnison, qu'il fallait que tous les hommes se coupassent les cheveux en jacobins; cette nouvelle fit naître beaucoup de murmures.

Deux hussards se permirent de les couper à plusieurs passants; ils s'adressèrent à un militaire qui, se voyant insulté de cette manière, plongea son sabre dans le ventre de l'un d'eux. On s'empressa de mettre ordre à ces excès, suites de la malveillance et de la licence, et il fut arrêté que chacun serait libre de porter ses cheveux comme bon lui semblerait.

Le 13, la garnison fit une sortie pour protéger la rentrée des grains dans Cambrai. Notre cavalerie eut quelques petites escarmouches, et la garnison rentra, le soir, avec les voitures de grains et quantité de bêtes à cornes.

Le 30, on brûla sur la place de la maison commune tous les saints et saintes en bois, les crucifix, bonnes vierges et les ornements des églises et couvents. Cette cérémonie se fit avec beaucoup de calme, malgré qu'intérieurement il y avait beaucoup de mécontents. Le soir, grand bal dans l'église du Saint-Sépulcre, lieu ordinaire des séances de la société populaire.

C'était le représentant Lebon qui, lassé de faire couler le sang dans les communes d'Arras et de Douai, était venu à Cambrai pour désoler cette cité.

Frimaire an II (novembre-décembre 1793). — Le 1er frimaire, l'ennemi s'étant un peu approché de la citadelle, on fit une sortie et l'ennemi prit aussitôt la fuite.

Le 6, les ennemis incendièrent plusieurs meules de blé dans un village, tout près Cambrai. Le même jour, on devait guillotiner un espion qui, ayant donné le mot d'ordre à l'ennemi, fit égorger quantité de militaires dans le gros village de Marchiennes, à minuit. Au moment de justicier ce malheureux, on entendit une explosion terrible; aussitôt on battit la générale, et tous les corps se rendirent aux postes indiqués en cas d'alerte. Sur l'esplanade, nous apprîmes que la salle d'artifices de l'arsenal avait sauté et avait fait périr plusieurs canonniers. L'incendie était violent et dangereux, vu qu'il était tout près du magasin à poudre. On forma de suite des chaînes d'hommes sur tous les puits et fontaines de la ville de Cambrai, afin de porter promptement l'eau à l'incendie qui très heureusement n'eut pas de suites fâcheuses.

Le général Chapuy, qui commandait, ne se comporta pas très bien envers la garnison, surtout envers les canonniers.

Le soir, l'espion fut guillotiné.

Le 7, on fit une sortie; le résultat de cette expédition fut la rentrée de cent vingt voitures de grains.

Le 8, on recommença l'expédition de la veille, mais il n'y eut que la moitié de grains entrés.

Le 25, on fit assembler la garnison sur la place d'armes, et on désarma un fort détachement de l'armée révolutionnaire [1]; les soldats furent incorporés dans tous les corps, et le chef mis en arrestation.

Le 28, sortie générale; on rentra quantité de grains et de bestiaux; en récompense, nous fûmes traversés jusqu'aux os.

Tous les jours, il arrivait des bataillons de la première réquisition. Par un décret de la Convention, tous ces corps furent dissous et incorporés dans les anciens régiments.

1. Il est sans doute question d'un corps franc de Paris.

Le 30, notre bataillon fut complété de jeunes gens de réquisition du département du Nord. Le même jour, sortie qui eut autant de succès que celle du 25, à l'exception que nous ne fûmes pas mouillés.

Nous n'avions toujours aucune nouvelle des sièges de Landrecies et du Quesnoy; cependant nous soupçonnions bien qu'elles étaient tombées au pouvoir des ennemis.

ANNÉE 1794

Nivôse an II (décembre 1793-janvier 1794). — Le 9 de nivôse, on apprit avec une satisfaction bien vive que le port de Toulon était rendu à la Liberté; mais que les Anglais avaient entièrement détruit notre marine, et que les bâtiments qu'ils n'avaient pas pu emmener, ils les avaient incendiés dans le port [1].

---

[1]. La vérité des faits n'est pas encore assez connue; elle devrait tenter un chercheur. Aucun gouvernement ne s'est conduit en pareille circonstance comme le gouvernement anglais, responsable de la conduite de sa flotte et de son armée. Il reste à sa charge devant l'histoire : 1° l'enlèvement méthodique des approvisionnements maritimes de l'arsenal au mépris de la convention signée par laquelle l'amiral anglais s'engageait à ne prendre que ce qui lui était nécessaire et à dédommager ensuite la France « dès le retour d'un gouvernement régulier »; 2° la destruction de ce qu'il ne put enlever, confiée à une compagnie d'incendiaires aux ordres de Sidney Smith dont le rapport écrit a passé en France dans nos ventes d'autographes; 3° l'abandon calculé de la place de Toulon dès que les navires anglais furent chargés des approvisionnements de

Le 14, deux bataillons de réquisition de Cambrai et des environs partirent sous bonne escorte pour Lille, où ils devaient être incorporés.

Le 15, un détachement du 9ᵉ régiment de hussards partit pour Bouchain.

Le 17, arriva un bataillon de réquisition de Noyon (Oise).

Le 20, arriva à Cambrai le 17ᵉ bataillon de la réquisition du département de Paris. Il s'y trouva beaucoup d'anciens volontaires de notre bataillon : les uns avaient déserté, les autres avaient obtenu des congés et avaient été réformés. Le lendemain, ce bataillon fut incorporé ; beaucoup entrèrent dans le nôtre, surtout nos anciens camarades.

Le 24, la garnison fit une sortie pour la rentrée des grains ; ce jour, notre cavalerie s'aventura un peu trop avant et elle fut obligée de soutenir une charge de l'ennemi ; elle se battit avec courage, mais elle fut contrainte de se replier sous les glacis avec une perte de douze hommes.

Le 25, deux hussards faits prisonniers la veille revinrent à Cambrai.

---

l'arsenal ; 4º le lâche abandon des Toulonnais compromis qu'ils envoyèrent par le fait à la guillotine en les repoussant des embarcations auxquelles ils demandaient asile. Jamais leçon plus épouvantable ne fut donnée à des Français assez imprudents pour se fier à l'étranger. Disons à la décharge des Toulonnais qu'ils y avaient été contraints par la faim ; ils étaient bloqués du côté de la terre comme du côté de la mer.

Pluviôse an II (janvier-février 1794). — Le 4 pluviôse, arriva le 8e bataillon de Paris; il fut incorporé dans les corps de la garnison. Le même soir, notre bataillon reçut l'ordre de se tenir prêt à partir pour se rendre à Bouchain. Cette nouvelle ne fit pas grand plaisir, car nous savions que Bouchain était un endroit malsain et ennuyeux.

Le 5, nous partîmes avec un régiment de cavalerie pour escorte; nous fûmes obligés de prendre par la vieille route, vu que l'autre était interceptée. La cavalerie retourna sur Cambrai et notre bataillon entra dans Bouchain; nous y trouvâmes, pour garnison, deux bataillons : un des Deux-Sèvres et un de la Somme, ainsi qu'un détachement des chasseurs de Versailles. Le soir, arriva à Bouchain le 13e régiment de cavalerie.

Le 6, à la pointe du jour, toute la garnison sortit de la ville pour protéger la rentrée des grains et du bois. Les chasseurs de Versailles éprouvèrent quelques pertes; nous rentrâmes beaucoup de grains et de bois.

Il faisait toujours un temps froid; la neige tombait continuellement, et on était obligé de relever les factionnaires à chaque demi-heure.

Le 8, comme on venait de fermer les portes de la ville, arrivèrent, sur une voiture, un vieillard avec sa fille qui avait quatre enfants en bas âges; ils fuyaient un village que les ennemis ravageaient. On fut chez le commandant de la place pour le prier de vouloir bien faire baisser les ponts-levis. Le commandant répondit qu'il ne pouvait pas, sans compromettre la place, par un temps aussi épais en face de l'ennemi; qu'il y avait tout à craindre, qu'il était même possible que ce fût une ruse de guerre. On fit savoir à ces malheureux qu'ils ne pouvaient pas entrer. Ils se décidèrent à passer la nuit sur leur voiture, en se couvrant avec des matelas et des couvertures. Le lendemain matin, à l'ouverture des portes, avec quel effroi on s'aperçut que ce vieillard et les quatre petits enfants étaient morts par la gelée! — La jeune femme pouvait encore à peine respirer; cependant on parvint à la ramener à la vie.

Jamais tableau ne fut plus effrayant; les quatre pauvres innocents dans les bras du bon vieillard et la jeune femme mourante qui cherchait à les ramener à la vie. Dans le courant de la journée, on leur rendit les derniers devoirs.

Le 16, la garnison fit une sortie, à onze heures du soir, par un temps affreux. En passant, par la porte de secours, sur un petit pont de planches, on perdit un sergent qui tomba à l'eau.

Le 17, beaucoup de grains et du bois entrèrent dans la ville.

Le 20, sortie générale; toutes les troupes des environs firent jonction avec nous. L'expédition avait pour but d'attirer l'ennemi dans la plaine et de le mettre entre deux feux; nos tentatives furent vaines, et le résultat fut seulement la rentrée de beaucoup de grains.

Le 30, il arriva plusieurs déserteurs des hussards hongrois et autres.

Ventôse an II (février-mars 1794). — Le 1er ventôse, plusieurs jeunes gens de la première réquisition passèrent à l'ennemi avec armes et bagages.

Le 4, arriva à Bouchain une compagnie de canonniers volontaires, dite *la Montagne foudroyante*.

Le 5, arriva une compagnie de canonniers de réquisition du département du Nord, qui fut incorporée dans le 9e régiment d'artillerie à pied.

Le 6, vers les six heures du soir, la cloche d'alarme, le tocsin et la générale se firent entendre dans la ville haute et dans la ville basse; les corps se rendirent à leurs postes. C'était le feu qui était dans une maison de la ville haute, proche d'un de nos magasins à poudre; on y porta un prompt secours, et les suites ne furent pas fâcheuses.

Le 18, un bataillon de réquisition de la Normandie arriva à Bouchain, et fut incorporé dans nos bataillons.

Le 19, le bataillon du département de la Somme partit de Bouchain.

Dans la nuit du 19 au 20, plusieurs fermiers d'Ortaing, près Bouchain, passèrent à l'ennemi avec leurs plus précieux effets. Le lendemain, la cavalerie, avec l'agent de la commune, firent l'enlèvement de tout ce qui restait à ces émigrés français.

Le 22, la garnison sortit pour protéger la rentrée des grains.

La disette des viandes était considérable; nous mangions presque toujours des viandes salées. Tous les corps de l'armée firent abandon de leurs rations de viande, les uns pour deux jours par décade, d'autres pour cinq, et enfin d'autres jusqu'au moment où l'on serait en pays ennemi. Cet acte de générosité de la part des troupes ne fut pas suivi d'exécution, étant réduites à la ration de campagne.

Une nouvelle organisation compléta les bataillons à mille soixante-sept hommes. Une grande partie des réquisitionnaires de Normandie tombaient malades; beaucoup prenaient un tel chagrin qu'en quatre à cinq jours ils passaient de la vie à la mort.

Les 23, 24 et 25, sorties pour la rentrée des grains.

Le 26, un jeune militaire du 5ᵉ bataillon de Paris, de la première réquisition, se coupa plusieurs doigts de la main en coupant du bois; on trouva par terre trois morceaux de doigts qui avaient été comme hachés avec un couperet. Cet homme fut accusé de l'avoir fait exprès, car il n'eut rien de plus pressé que de demander à un de ses camarades : « Crois-tu qu'avec une telle infirmité je pourrai avoir mon congé? » Ce lâche fut envoyé à une commission militaire pour y être jugé.

Le 28, la garnison fit une sortie pour la rentrée des grains.

Germinal an II (mars-avril 1794). — Dans la nuit du 2 au 3 germinal, arrivèrent à Bouchain quatre cents hommes de cavalerie de Cambrai.

Le 3, à quatre heures du matin, cette cavalerie, celle de Bouchain, trois bataillons d'infanterie et plusieurs pièces de canon, sortirent par la porte de Douai, firent jonction avec les troupes du camp d'Arleux et marchèrent à l'ennemi. Le soir, chacun rentra dans ses positions ; nous eûmes un homme tué et une quizainne de blessés, entre autres un qui, après avoir mis six hommes hors de combat, perdit ses deux oreilles ; l'autre eut la figure coupée en deux. La reconnaissance terminée, la cavalerie de Cambrai retourna à sa garnison.

Le 4, nous partîmes pour Cambrai. Chemin faisant, plusieurs Normands de la réquisition périrent sur la route. Nous arrivâmes à Cambrai, bien satisfaits d'avoir quitté Bouchain ; nous fûmes logés chez les habitants ; il y avait une forte garnison.

Le 5, à sept heures du matin, on fit battre la générale ; on fit des perquisitions à l'effet de découvrir les complices d'une conspiration découverte à Paris ; plusieurs suspects furent mis en arrestation.

Les 7 et 8, arriva beaucoup de cavalerie légère.

Le soir, six bataillons d'infanterie entrèrent dans Cambrai. A huit heures, la générale se fit entendre; les troupes, au nombre de vingt mille hommes, s'assemblèrent sur l'esplanade et sur la place d'armes. A minuit, toute la troupe sortit par la porte d'Allemagne, soutenue de beaucoup d'artillerie; on divisa ce corps d'armée sur trois colonnes qui furent passer le reste de la nuit au bivouac, à environ une lieue. A la pointe du jour, nos hussards d'Austrasie égorgèrent un piquet de trente hommes à l'ennemi; nos troupes avancèrent pour reconnaître la position de l'ennemi, but principal de l'expédition. Les Autrichiens s'opposèrent à la marche de nos colonnes; notre artillerie fit des merveilles, car les troupes ennemies n'avaient pas beaucoup de canons. Nos colonnes avancèrent dans la plaine et nos troupes légères firent les reconnaissances.

Cinq cents hommes du régiment de carabiniers arrivèrent à Cambrai dans le courant de la journée, et partirent de suite sur le champ de bataille; mais la nuit venue, on ne put pousser plus loin, et la troupe rentra dans Cambrai sur les onze heures du soir.

Nous perdîmes dans cette affaire plusieurs braves du régiment d'Austrasie.

Le 10, par une pluie abominable, plusieurs bataillons retournèrent dans leurs cantonnements.

ANNÉE 1794

Le 11, nos hussards d'Austrasie furent à la découverte et surprirent un poste à l'ennemi. Parmi les prisonniers, ils reconnurent plusieurs hussards de leur régiment qui avaient déserté ; ces mauvais sujets furent guillotinés quelques jours après.

Le soir, les régiments de cavalerie passèrent la revue du général de cette arme.

Le 12, les hussards d'Austrasie furent cantonner dans le village de Fontaine-Notre-Dame. Un détachement du 10e régiment de dragons partit pour Bouchain.

Le même jour, le reste du régiment des carabiniers arriva à Cambrai. La pluie ne discontinua pas.

Le 14, le régiment des carabiniers partit pour se rendre à Douai.

Le 18, arriva à Cambrai le dépôt du régiment des hussards noirs, environ deux cents hommes.

Le 19, le régiment des hussards noirs fut cantonner dans les villages.

Le même jour arrivèrent à Cambrai les dépôts du 6e régiment de cavalerie et du 9e régiment de hussards.

Le 20, au soir, notre compagnie reçut l'ordre de se tenir prête à passer l'examen des officiers supérieurs d'artillerie, nommés par le Comité de salut public, conformément au décret de la Convention.

Le lendemain, à six heures du matin, nous nous

rendîmes sur l'esplanade pour y subir l'examen qui eut toute la réussite qu'on avait droit d'en espérer. Les examinateurs furent satisfaits, et donnèrent à tous les officiers et sous-officiers de notre compagnie des certificats sans lesquels on ne pouvait prétendre à aucun avancement.

Le 28, une reconnaissance de cinquante hommes fit rencontre de l'ennemi qui s'avançait en force sur Cambrai. Nos hussards furent obligés de rétrograder sous les glacis. Aussitôt on fit battre la générale; la cavalerie, soutenue de plusieurs pièces de canon, fit une sortie.

Le 29, la générale fit mettre la troupe sous les armes, à la pointe du jour; aussitôt elle fit une sortie et chassa l'ennemi jusque dans ses retranchements. Le soir, la troupe rentra, un peu fatiguée. Nous eûmes, dans cette affaire, un canonnier qui eut la cuisse emportée par un boulet; cet homme intrépide disait à ses camarades qui le secouraient : « Allons, mes amis, du courage, ne vous effrayez pas; cela ne sera rien. » Il fut conduit à l'hôpital, où on lui fit l'amputation.

Le 30, toute la cavalerie fit une sortie et ne rencontra pas les ennemis.

Floréal an II (avril-mai 1794). — Le 2 floréal, à deux heures du matin, on battit la générale, et toute la troupe sortit de la ville divisée en trois colonnes. L'infanterie se rangea en bataille à une lieue de la ville, et la cavalerie fut, avec de l'artillerie légère jusqu'à cinq lieues, sans rencontrer les ennemis.

On rentra le soir à Cambrai, bien fatigués.

Le 3, les postes furent occupés par le 4ᵉ bataillon des fédérés, et tous les autres corps se tinrent prêts à partir. Le soir, le 4ᵉ bataillon de la Somme arriva à Cambrai pour y prendre garnison.

Le 4, à quatre heures du matin, on fit battre la générale; la troupe assemblée resta sous les armes deux grandes heures, par un temps très humide, sans ordres. La plupart des soldats se prirent de boisson avec de l'eau-de-vie, ce qui causa un peu de désordre. Vers sept heures, la colonne, composée de six régiments de cavalerie soutenus de neuf pièces d'artillerie légère, et de sept bataillons d'infanterie avec dix-huit pièces de canon, firent jonction au camp de César avec les troupes de la garnison de Douai et celles du camp d'Arleux. Toute la colonne se mit en marche et repoussa les ennemis jusqu'à deux lieues de Valenciennes, sans tirer un coup de canon; on prit dans différents villages beaucoup de prisonniers, de domestiques, de vivandiers et quantité d'effets des émigrés français; on prit aussi plusieurs femmes, plusieurs curés émigrés, et tout ce cortège arriva à Cambrai sous bonne escorte.

Des hussards d'Austrasie poussèrent leurs reconnaissances jusque sous Valenciennes. Ils entrèrent dans l'abbaye de Fontaine, située à une lieue de Valenciennes; les femmes de cette abbaye prirent la fuite à l'approche de nos hussards, en abandonnant leur souper déjà servi sur table. Nos hussards se mirent à table et ne quittèrent qu'à trois heures du matin.

Toute la troupe passa la nuit au bivouac, et le lendemain, à la pointe du jour, l'ennemi fut attaqué. Mais, vers huit heures, il y eut un désordre qui faillit perdre la colonne.

L'infanterie était rangée sur une ligne masquée par une hauteur; le 5e bataillon de Paris était un peu isolé sur la droite, avec ses deux pièces de bataille et trois pièces de 4 longues. Notre cavalerie légère était en avant, de l'autre côté du monticule. Dans cette position, tout paraissait tranquille, et les soldats essayèrent de se faire cuire quelques aliments, sans s'éloigner de leur rang. On entendit crier sur toute la ligne : *Aux armes!* C'étaient les hussards noirs et d'Austrasie qui, chargés par une cavalerie supérieure, se repliaient en désordre. Ni l'artillerie, ni l'infanterie ne purent protéger leur retraite, l'ennemi étant pêle-mêle avec eux. Nos hussards se jetèrent sur le 5e bataillon de Paris, culbutant, avec leurs chevaux, beaucoup de volontaires et de canonniers. Lorsqu'ils furent en partie passés, on ferma la colonne et l'infanterie fit feu, mais le désordre qui régnait dans les rangs empêcha de continuer; la cavalerie ennemie tomba sur le 5e bataillon de Paris, ainsi que sur les canonniers, et en fit une boucherie. La musique de ce bataillon qui sortait de jouer l'air : *On va leur couper les flancs, ran tan plan!* etc., fut en partie massacrée.

Cependant des régiments de cavalerie vinrent avec des pièces d'artillerie légère, et repoussèrent les ennemis en leur faisant éprouver une grande perte.

On blâma beaucoup les canonniers qui servaient les trois pièces de 4 longues; la plupart furent victimes de leur étourderie, car quantité furent hachés; et les pièces, prises par l'ennemi. Notre détachement, qui servait les deux pièces du 5ᵉ bataillon de Paris, eut deux hommes tués, un fait prisonnier et six dangereusement blessés; nous perdîmes également quatre chevaux, et quatre charretiers furent blessés. Le 5ᵉ bataillon de Paris perdit quatre-vingts hommes; un bataillon de sapeurs perdit aussi une grande quantité de monde.

L'ennemi fit une perte considérable de cavalerie.

Dans le restant de la journée, il y eut différentes petites affaires où les Français eurent quelques avantages.

On ne fit pas l'éloge du premier bataillon de la Somme; le commandant de ce corps fut mis en arrestation par ordre du représentant du Peuple.

Le soir, toute la troupe rentra dans Cambrai à l'exception de plusieurs bataillons qui bivouaquèrent sous les glacis. Le nôtre fut du nombre.

Le 6, à six heures du soir, on fit battre la générale; les corps s'assemblèrent dans les lieux indiqués, et commencèrent à filer sur les neuf heures; on passa le reste de la nuit au bivouac, à deux lieues de la ville.

Le lendemain 7, la colonne se porta sur le Cateau et le camp de Solesmes, position formidable de l'ennemi. Au point du jour, les ennemis furent attaqués; nos gens s'emparèrent de plusieurs villages et contraignirent les grand'gardes ennemies à se replier. Le combat devint opiniâtre; les généraux, parcourant la colonne, faisaient marcher au pas de charge, baïonnette en avant, sur le camp ennemi; mais le terrain n'était pas avantageux pour les Français qui occupaient un fond rempli de ravins. L'ennemi se disposait également à charger. On vit un corps de cavalerie s'avancer, soutenu d'une nombreuse artillerie. La cavalerie française marcha à sa rencontre; la mêlée fut meurtrière, mais la cavalerie légère ne se trouvant pas soutenue par la grosse cavalerie, fut contrainte de se replier dans le plus grand désordre. Nos bataillons et l'artillerie firent un feu soutenu, mais le mauvais commandement fit naître le désordre, et le désordre causa un revers affreux. La déroute était presque générale dans la colonne; des bataillons épars furent massacrés; d'autres, qui heureusement firent bonne résistance, sauvèrent le reste de l'armée. On se replia jusqu'aux portes de Cambrai, dans le plus grand désordre.

ANNÉE 1794

Cette funeste affaire coûta beaucoup : nous perdîmes huit cents hommes, vingt-quatre pièces de canon et quantité de chevaux. Le général Chapuy, qui commandait cette expédition, perdit entièrement la confiance des troupes. Ce général, ainsi que son état-major, disparurent à la fin de cette affaire; les uns dirent qu'ils avaient passé à l'ennemi; d'autres dirent qu'ils avaient été faits prisonniers de guerre. Ce qu'il y eut de certain, c'est que le général fut blessé et qu'il parut faire beaucoup de résistance dans la mêlée. Ce ne fut pas la perte de ce général qui fut le plus sensible à l'armée, car il ne jouissait pas d'un grand crédit.

La perte de l'ennemi fut assez considérable; nous fîmes un major général prisonnier, ainsi que beaucoup de dragons anglais.

La plupart des troupes bivouaquèrent, dans la nuit du 7 au 8, sous les glacis.

Le 8, notre bataillon alla cantonner dans un village qui est situé à deux lieues de Cambrai; un détachement de notre compagnie suivit son mouvement.

Dans le courant de la journée, nous apprîmes avec une vive satisfaction que les Français avaient remporté quelques avantages : Courtray et Menin étaient en notre pouvoir avec beaucoup d'artillerie; des émigrés français avaient été chargés de fortifier et de défendre la place de Menin; un grand nombre avaient péri. Cette victoire ranima l'esprit des soldats de notre division qui, depuis longtemps, était battue et avait éprouvé de grandes pertes.

Le 9, à deux heures du matin, la générale fit mettre la troupe sous les armes; vers quatre heures, la garnison fut se ranger en bataille à deux lieues; elle y resta jusqu'à six heures du soir, et rentra très fatiguée.

Notre division était alors commandée par le général Bonneau. Le général Pichegru vint prendre le commandement de l'armée du Nord.

Dans les journées des 10 et 11, petites sorties pour reconnaître les environs.

Dans la nuit du 11 au 12, toute la troupe resta sous les armes, sur la place, jusqu'à la pointe du jour.

Le 12, nous apprîmes avec plaisir que la division Souham avait battu l'ennemi du côté du Mont-Cassel, pris un général hanovrien, deux drapeaux et quantité d'équipages.

Dans la nuit du 12 au 13, on fit battre la générale; toutes les troupes se rendirent à leurs postes et restèrent toute la nuit sous les armes par un temps de pluie affreux; toutes les troupes des environs prirent également les armes.

Le 13, il y eut de grands mouvements parmi les troupes; les unes entraient dans la ville, d'autres en sortaient, le tout par une grande pluie. Les soldats étaient harassés de fatigue, car depuis dix jours ils n'avaient pas cessé d'être sous les armes.

Nous apprîmes avec grande surprise que notre chef de bataillon Chopplet, qui depuis plusieurs mois était en arrestation d'après les dénonciations d'une faction qui régnait dans une partie des officiers du bataillon, avait été guillotiné à Paris. Ses dénonciateurs furent satisfaits de cette fâcheuse nouvelle.

Il se fit, à Cambrai, quantité d'arrestations. Les frères du général Chapuy, ainsi que les officiers de son état-major, furent mis en arrestation. On assurait qu'on avait découvert une conspiration ayant pour but de livrer aux ennemis Bouchain et Cambrai, pendant que les troupes se porteraient du côté du Cateau.

On arrêta aussi quantité de militaires qui avaient lâchement fui le 7 courant, entre autres le chef d'un bataillon du département de l'Oise.

Le 15, nous apprîmes que Landrecies était au pouvoir des ennemis.

Le soir, toute la troupe reçut ordre d'aller chercher des effets de campement. Dans la nuit du 15 au 16, le général Pichegru arriva. Le 16, il partit pour Lille.

Vers une heure après midi, les troupes partirent et prirent la route de Douai, par un temps de pluie affreux. Il n'y eut qu'un détachement de notre compagnie qui partit avec le 5ᵉ bataillon de Paris. Il ne resta dans Cambrai que quatre bataillons et beaucoup de canonniers.

Le 17, je reçus une lettre de mon frère aîné

annonçant que mon père était dangereusement malade. Cette nouvelle me donna beaucoup de chagrin ; je soupçonnai pis, sachant que mes parents avaient pour principe de me cacher les fâcheuses nouvelles.

Le 18, nous apprîmes que la colonne partie de Cambrai, le 16, avait poussé sa route sur le camp de Saint-Guin, près Lille.

Le représentant du peuple Lebon vint accompagné du tribunal révolutionnaire qui sortait d'Arras, et qui avait couvert de deuil cette dernière ville et ses environs. Son arrivée répandit la désolation. Dès le même soir, il se fit de fréquentes arrestations. Le représentant du peuple visita les lieux des séances des corps administratifs ; partout il tonna contre les autorités civiles et se plaignit amèrement des emblèmes qui existaient encore dans ces lieux.

Le 19, notre compagnie fut logée à la citadelle.

Le 20, le représentant du peuple fit réunir tous les habitants de Cambrai, dans l'église du Saint-Sépulcre, et il leur fit une harangue. Le soir, il y eut grand divertissement dans l'église du Saint-Sépulcre.

Le 21, le tribunal révolutionnaire ouvrit ses séances dans le local de la Société populaire. Dans les premières séances, on jugea vingt-huit personnes : cinq bourgeois et vingt-trois militaires. On commença par les cinq bourgeois, dont trois hommes et deux femmes ; l'une de ces dernières âgée de quatre-vingt-huit ans. Les deux hommes et les deux femmes furent convaincus de correspondance avec les émigrés, et condamnés à mort; l'autre bourgeois fut mis en liberté. Ensuite on passa au jugement de vingt-deux volontaires de la réquisition, la plupart de la Normandie, qui avaient jeté leurs armes et fui devant l'ennemi. La loi les condamnait à mort, mais on eut égard à leur peu d'expérience militaire, car ces êtres ressemblaient plutôt à des imbéciles qu'à des militaires. Le président leur fit un discours très énergique tendant à leur inspirer du courage et de la fermeté. Chacun fut très satisfait de cette modération, car la physionomie de ces hommes les rendait dignes de compassion; ils furent tous mis en liberté.

Ensuite on passa à un nommé Evrard, commandant d'un bataillon de l'Oise, qui commandait une demi-brigade dans l'affaire du 7. Il était accusé d'avoir fui au moment de rallier sa brigade qui était dans le plus grand désordre. Cet homme fut extrêmement chargé par l'accusateur militaire, et le tribunal le condamna à être fusillé dans les vingt-quatre heures.

Le soir, on exécuta les quatre condamnés à être guillotinés, et le commandant Evrard partit, sous bonne escorte, pour se rendre au camp de Saint-Guin, où il fut fusillé à la tête de l'armée.

Le 22, le même tribunal condamna à mort huit habitants des environs de Cambrai, accusés d'avoir rempli des charges dans leur village, pendant le séjour des Impériaux. Le soir, ils furent guillotinés.

Le 23, le tribunal condamna à mort six habitants : trois de la campagne et trois de Cambrai.

Le 24, le même tribunal condamna à mort cinq individus; deux furent guillotinés sur la place, et trois autres de la campagne furent fusillés aux avant-postes, afin de faire connaître aux habitants des campagnes envahies par l'ennemi, que quiconque remplissait des charges de l'ancien régime, par les ordres des Impériaux, était condamné à la mort.

Le 25, un ancien chanoine, chez lequel on trouva des écrits contre-révolutionnaires, fut guillotiné sur la place, ainsi que sa servante.

Le 27, je reçus une lettre de mon frère aîné. Quelle fut ma douleur en apprenant la mort de mon père! Cette nouvelle fut funeste à ma santé qui commençait à se rétablir. Je fis réponse à mon frère, j'écrivis une lettre à ma mère, cherchant, malgré ma douleur, à la consoler.

Le 28, je fus extrêmement malade et obligé de garder le lit toute la journée.

Le 29, nous apprîmes qu'un petit corps français avait éprouvé un revers à Pont-à-Marcq.

Prairial an II (mai-juin 1794). — Le premier prairial, le noyau de la compagnie, resté à Cambrai, reçut ordre de rejoindre le 5ᵉ bataillon de Paris, au camp de Saint-Guin, près Lille.

ANNÉE 1794

Le 2, la compagnie partit. Je fus très contrarié, ma santé ne me permettant pas de me mettre en route, je fus dans l'obligation de retarder mon départ.

Le tribunal révolutionnaire faisait toujours couler le sang sur la place de Cambrai ; les habitants de cette ville étaient dans la plus grande crainte, et toutes les âmes tressaillaient d'horreur.

Le 6, ma santé étant assez bien rétablie, je me mis en route, par une pluie abominable, et j'arrivai à Douai, traversé jusqu'aux os. L'impatience où j'étais d'arriver me fit poursuivre ma journée deux lieues plus loin.

Le 7, j'arrivai à Lille sur le midi. Les ruines d'un faubourg annonçaient encore le désastre de son siège mémorable, où les soldats et les habitants, hommes et femmes, se couvrirent de gloire.

Le 8, je fus rejoindre le 5ᵉ bataillon de Paris, qui était au bivouac, près de la Lys. Je trouvai beaucoup de changement dans le détachement et dans le 5ᵉ bataillon de Paris : ils s'étaient trouvés dans plusieurs affaires sérieuses, ils avaient chassé les ennemis jusque sous les palissades de Courtray, en lui faisant éprouver une perte considérable d'hommes, de chevaux et d'artillerie. Notre division s'était emparée, à la baïonnette, de la ville de Lannoy, où l'on avait fait quantité de prisonniers anglais et hessois ; le bataillon avait perdu, dans ces différentes affaires, deux cents hommes tués, blessés et faits prisonniers. Un canonnier de notre compagnie fut décapité par un boulet tandis qu'il pointait la pièce; plusieurs autres furent grièvement blessés par imprudence. Dans une redoute abandonnée par l'ennemi, il était resté de la poudre, de la bière et de l'eau-de-vie; nos soldats en buvant, sans précautions, à côté de la poudre, eurent la maladresse d'y mettre le feu, et l'explosion les renversa tous; la plupart, grillés, souffrirent mille tourments; ils furent conduits à l'hôpital de Lille.

Le 9, à deux heures du matin, nous prîmes les armes et restâmes en bataille jusqu'au jour. Il faisait un temps de pluie affreux, et pour nous garantir nous avions fait des petites baraques en paille. Les vivres étaient très rares de ces côtés; on retira à la troupe une once de riz donnée en ration et on lui donna un sol en remplacement.

Le 14, le général de division Bonneau passa en revue sa division; il fit des discours énergiques, et prévint qu'il fallait se disposer à de nouvelles victoires. Il annonça que, par un arrêté des représentants, une commission militaire allait être établie dans chaque division pour juger militairement les fuyards et les pillards. Cette annonce fit grand plaisir, car la lâcheté des uns et le brigandage des autres occasionnaient des revers, et faisaient perdre le fruit d'une victoire assurée par la bravoure des vrais soldats. Le général se retira aux cris mille fois répétés de : « Vive la République! »

Notre capitaine reçut ordre d'envoyer vingt canonniers et un officier pour servir les pièces de canon du premier bataillon du 104ᵉ régiment. Le soir, le détachement partit pour se rendre à sa nouvelle destination.

Le 15, je fus voir les fabriques de coutil, nankin, draps de coton, dans le gros bourg de Roubaix; tout avait été ravagé par les ennemis.

Le 17, nous partîmes deux brigades : celle de Noël, qui était la nôtre, et celle de Proteau, pour couvrir Menin, Courtray, et boucher le passage aux ennemis pendant le siège d'Ypres.

Passant par *Mouscron*, nous fûmes bivouaquer deux lieues plus loin. Nous étions alors sur le pays ennemi; presque toutes les habitations étaient ravagées; les ennemis, après avoir dévasté les propriétés, disaient aux habitants que, s'ils ne se sauvaient pas, les Français les massacreraient; c'est pourquoi nous trouvions les propriétés délaissées. Aussitôt notre arrivée, nous fîmes des redoutes pour placer notre artillerie. Le général Bonneau, satisfait de voir travailler les canonniers après une journée de marche, ordonna que leur journée fût payée à raison de 15 sols.

Le 19, je fus à Courtray chez le payeur des travaux du génie pour y toucher la somme accordée par le général Bonneau : je ne pus recevoir d'argent faute de fonds. De là, je fus à Menin. Je trouvai ces deux villes ravagées, surtout cette dernière qui n'était plus qu'un monceau de pierres : les travaux en terre faits par les émigrés étaient énormes. Ils défendirent cette place pendant trois jours ; ils perdirent huit cents hommes, et les autres n'échappèrent qu'à la faveur de la nuit. Je rentrai au camp à la nuit par la pluie. J'appris avec une grande satisfaction que l'armée des Pyrénées avait remporté une victoire éclatante sur les Espagnols.

Le canon se faisait toujours entendre du côté d'Ypres.

Le 20, l'ennemi fit un mouvement pour débloquer Ypres, mais sa tentative fut vaine.

Le 21, le canon se fit entendre plus fort du côté d'Ypres.

Le 22, comme d'habitude, nous prîmes les armes à deux heures du matin ; à quatre heures, il vint des ordres pour prendre position près Courtray, sur la grande route de Tournay ; on s'y retrancha. L'après-midi, canonnade et fusillade extraordinaires de l'autre côté de Courtray. Le soir, on apprit qu'une colonne ennemie, commandée par le général Clairfayt, par un chemin couvert, voulait se porter sur Ypres, mais son mouvement ayant été observé, nos gens rétrogradèrent pour laisser avancer les ennemis. Pendant ce temps on fit filer des bataillons sur la droite, ensuite nos troupes marchèrent en avant, de façon que l'ennemi se trouva attaqué de front et de flanc ; on fit quantité de prisonniers et prit plusieurs pièces de canon.

ANNÉE 1794

Ce même jour, il arriva beaucoup de déserteurs autrichiens; ils furent conduits à Courtray.

Le 23, le général Bonneau passa la revue des armes : il nous annonça différentes victoires remportées par les armées de la République.

Le 24, vers le midi, on cessa d'entendre le canon sur Ypres; cela causa de l'inquiétude, car on répandait le bruit de la levée du siège.

Sur les dix heures du soir, on nous fit mettre sous les armes, en recommandant le plus grand silence; nous restâmes en bataille jusqu'à la pointe du jour et nous nous mîmes en marche sur la route de Courtray. Au bout d'un quart d'heure de marche, notre brigade reçut contre-ordre, et celle de Proteau poursuivit sa marche en traversant la ville de Courtray.

Nous étions dans une inquiétude terrible sur le sort des troupes qui assiégeaient Ypres; les uns rapportaient qu'elles avaient été égorgées, d'autres disaient inondées.

Vers huit heures, notre brigade reçut ordre de prendre position au moulin Sainte-Anne; on y arriva par une chaleur inexprimable. Notre bataillon se rangea sur un mont où il n'y avait aucun abri; tous les soldats se roulaient sur le sable comme des animaux qui ne peuvent supporter les ardeurs du soleil. Je donnai une pièce de 15 sols pour une demi-bouteille d'eau.

Le soir, nous apprîmes que l'armée ennemie avait fait un grand mouvement, ce qui avait occasionné nos marches et contremarches. Mais nos gens n'avaient pas levé le siège d'Ypres ; au contraire, ils avaient poussé leurs boyaux de tranchée jusque sous les palissades de la ville.

Le 26, le feu recommença sur Ypres.

Le 27, au moment où on ne s'attendait pas aux attaques, notre grand'garde fut poussée jusque dans le camp ; aussitôt, des fortes patrouilles renforcèrent la garde et l'ennemi fut repoussé.

Dans ces contrées, nous étions très malheureux pour les vivres, car les habitants ne voulaient pas entendre parler des assignats.

Le 28, je fus à Isenghem, où était campée la brigade Proteau ; le quartier général était dans un château superbe que les habitants surnommaient « le Paradis » ; on y trouva quantité de décorations pour la comédie, et surtout des costumes nationaux, qui donnèrent à connaître que les émigrés français jouaient dans ce château.

Le 30, on annonça la prise d'Ypres, la garnison, forte de six mille hommes, était prisonnière ; cette nouvelle fit un grand plaisir, car cette place était d'une grande importance. Toute la brigade prit les armes, et les grenadiers furent planter l'arbre de la liberté sur la route de Tournay à Courtray, on fit une salve d'artillerie à laquelle les troupes répondirent par les cris de : « Vive la République ! » La musique de notre bataillon fut requise pour aller à un concert et à un bal qui eut lieu la nuit du 30 au 1er à Courtray.

Messidor an II (juin-juillet 1794). — Le 2 messidor, nous partîmes à la pointe du jour; on passa par Courtray et bivouaqua deux lieues plus loin, sur la route de Bruges; on resta une partie de la nuit en bataille.

Le 3, à la pointe du jour, nous partîmes; les ennemis se retiraient à notre approche. Notre bataillon formait l'avant-garde. A chaque instant, nous étions obligés de débarricader les chemins, et de combler les fossés que les ennemis faisaient derrière eux pour boucher le passage. Au bout d'une lieue, nous rencontrâmes pour obstacle la petite rivière de la Lys, derrière laquelle l'ennemi était retranché. Le combat s'engagea; nos tirailleurs et l'artillerie légère firent des merveilles; les ennemis coupèrent tous les petits ponts, et abandonnèrent cette position. Nous établîmes notre bivouac sur le bord de la rivière, où nous prîmes un peu de repos, car nous étions très fatigués. Les tirailleurs ne discontinuèrent pas de la nuit, vu que l'ennemi voulait empêcher d'établir un moyen de passage.

Le 4, quantité de troupes arrivèrent de notre côté.

Le 5, à une heure du matin, nous reçûmes ordre de partir sans *butin* (sac); nous passâmes la Lys environ six mille hommes, divisés en trois colonnes; la nôtre était composée de trois bataillons et d'un régiment de hussards, avec deux pièces d'artillerie légère. Nous fîmes environ deux lieues sans rencontrer les ennemis embusqués dans un village sur une hauteur, au milieu d'un grand bois. Nos compagnies de grenadiers tombèrent à la baïonnette sur les premiers postes, en tuèrent une partie et firent les autres prisonniers ; au village, le combat devint violent. Les ennemis tirèrent à mitraille trois pièces dont toutes les balles passèrent sur nos têtes ; aussitôt l'infanterie fonça au pas de charge, s'empara du village et de tous leurs équipages. Nous fîmes la poursuite jusque sous les retranchements d'Oudenarde.

Rangés en bataille à une demi-lieue de la ville, nous restâmes environ deux heures avant le retour au camp, où nous arrivâmes, à dix heures du soir, harassés de fatigue. Nous passâmes le reste de la nuit au bivouac, par une pluie abominable.

Le lendemain matin, nous apprîmes que des hussards et des grenadiers de notre arrière-garde avaient été assez insensés pour entrer dans un château où ils se prirent de boisson et furent surpris par les ennemis. Ils furent en partie massacrés ; ceux qui échappèrent arrivèrent au camp, couverts de blessures.

Sur les dix heures, on reçut les mêmes ordres que la veille ; nous fûmes nous ranger sous les murs d'Oudenarde. L'ennemi envoya plusieurs boulets ; nous lui fîmes réponse en faisant voltiger plusieurs obus sur la ville. Après trois

ANNÉE 1794 113

heures, nous retournâmes à notre camp, fatigués, crottés, mouillés jusqu'aux os ; il était dix heures du soir. Pour nous sécher, nous restâmes la nuit dans une terre labourée où il n'y avait ni feu ni abris.

Le 7, le temps était si affreux que nous entreprîmes de faire un souterrain ; à force de travailler, nous parvînmes à construire un caveau où nous couchions huit à l'abri de l'injure du temps et des voitures, car plusieurs bœufs passèrent dessus sans faire écrouler notre petite habitation. Nous ne pûmes jouir longtemps de cette propriété, puisque le lendemain à deux heures du matin la division se mit en marche. Nous fûmes bivouaquer devant Oudenarde, où nous arrivâmes par la grande pluie ; mais, heureusement, nous étions près d'un bois, et nous fîmes des baraques.

Le soir, à huit heures, on fusilla, au centre de notre brigade, un militaire du 13e chasseurs à cheval, convaincu d'avoir échangé son mauvais chapeau contre un neuf, chez un habitant de la campagne.

Le 9, à cinq heures du matin, nous nous approchâmes d'Oudenarde. Nous étions en bataille sur la droite de la ville, et une autre division sur notre gauche attaquait l'ennemi qui répondit par une canonnade des plus vives. Deux heures après, on nous fit retourner à la première position. Notre brigade fut commandée par le général Baillaux. Au bout d'une heure, toute la division reçut ordre de repartir; nous fûmes bivouaquer près de la ville, dans le même ordre. Nous étions alors habitués à la pluie, car depuis plusieurs jours nous n'avions pu sécher, sans autre subsistance que notre pain et sans un moment de relai pour faire cuire nos aliments.

La canonnade continuait sur la ville; une division, sur notre gauche, la chauffait de si près qu'un faubourg était en flammes.

Le soir, le général Bonneau fit assembler sa division et fit part des brillants succès remportés par l'armée de Sambre-et-Meuse, dans les plaines de Fleurus; pendant quatre heures, les deux armées s'étaient battues avec courage; une plaine de trois lieues était couverte de morts et de blessés, et la victoire ne s'était pas prononcée. Mais l'avant-garde française, composée de huit mille grenadiers, qui ne pouvaient supporter plus longtemps cette incertitude, se mit à crier d'une voix unanime : « Surtout point de retraite aujourd'hui! » Ce cri valeureux fut répété de toute l'armée qui, au même moment, fonça sur l'ennemi au pas de charge, baïonnette en avant, avec un courage, une précision, qui effraya tellement l'ennemi que partout il fut culbuté. Après un carnage affreux, les ennemis avaient fui en laissant dix mille hommes sur le champ de bataille. Un seul homme avait été fait prisonnier, sans parler de la garnison de Charleroi, composée de trois mille hommes, qui se rendit à discrétion. Cette heureuse nouvelle fut accueillie aux cris de : « Vive la République ! » qui furent entendus des avant-postes ennemis.

Dans la nuit du 10 au 11, on fit faire une grande quantité de feux sur le front de bandière, afin de représenter beaucoup de monde, car nous savions que les ennemis, ayant reçu un renfort considérable, n'attendaient que le moment où nous passerions l'Escaut pour tomber sur nous, mais leurs espérances furent vaines.

Le soir du 11, le général Bonneau fit assembler les officiers et sous-officiers au centre de la division ; il fit part des arrêtés des représentants du Peuple près les armées, concernant la conduite à tenir dans le pays conquis. A l'avenir, il fallait que les personnes et les propriétés fussent respectées, que les denrées et autres marchandises fussent payées conformément au maximum établi à Lille, que les assignats eussent leur cours ; que tous les habitants convaincus d'avoir attenté contre la sûreté du gouvernement français, en ayant des correspondances avec ses ennemis, en discréditant nos assignats, ou en ne déclarant pas les armes qu'ils pourraient avoir chez eux, seraient sur-le-champ traduits à un tribunal pour y être jugés. Il parla ensuite des devoirs ; il recommanda la sévérité, la justice et surtout l'obéissance ; il menaça fortement les pillards, leur promettant que pour la moindre violation aux propriétés, soit particulières, soit nationales, il les ferait punir d'une manière exemplaire. Ces menaces firent grand plaisir aux militaires d'honneur.

Dans la nuit du 11 au 12, notre division fit une fausse attaque comme pour passer l'Escaut; à minuit, les deux divisions marchèrent sur Bruges. Après avoir repassé la Lys, on fit quatre lieues, puis on fit halte. Notre attaque sur Oudenarde n'avait eu d'autre but que de faire diversion pour protéger la prise du port d'Ostende qui, heureusement, tomba en notre pouvoir. Au bout de deux heures de repos, ordre de continuer notre marche; et, au même moment, contre-ordre. On fit distribuer du pain, de la viande et de l'eau-de-vie; nous passâmes la nuit dans cette position par une pluie qui ne discontinua pas; nous fûmes traversés jusqu'aux os.

Le lendemain, à la pointe du jour, départ et marche toute la journée. Arrivés à deux lieues de Bruges, on bivouaqua dans un charmant bois. Le quartier général fut établi dans un château superbe appartenant à un seigneur allemand, capitaine aux dragons de Cobourg.

Le 14, on resta dans la même position; on nous annonça que le général Jourdan, commandant l'armée de Sambre-et-Meuse, était aux portes de Liège.

Le 16, nous marchâmes sur Gand, par des chemins de traverse. On passa dans une plaine qui venait d'être évacuée par l'ennemi; les feux de leur camp brûlaient encore. A quatre lieues de Gand, nous apprîmes que cette grande ville était au pouvoir des Français. On fit faire halte et le lendemain, à la pointe du jour, nous continuâmes sur Gand, et fûmes bivouaquer à côté du château de l'évêque, à trois quarts de lieue, sur la droite de la route.

Le 18, le général Bonneau fit distribuer à la division tous les vins trouvés dans le château de l'évêque; il y eut environ cent bouteilles par bataillon.

Le soir, je fus voir la ville de Gand; les habitants me parurent très satisfaits de l'arrivée des Français. Je trouvai la ville beaucoup mieux qu'on me l'avait peinte.

A la nuit, notre division passa l'Escaut et appuya une demi-lieue sur la droite.

Le 19, on fusilla un soldat du 83ᵉ convaincu de pillage.

Dans toutes ces contrées, les ennemis avaient ravagé les campagnes, brûlant ce qu'ils n'avaient pu emporter. Les habitants étaient réduits à l'état le plus déplorable; une grande partie des soldats français retranchèrent une part de ration pour asssister ces malheureux.

Le 20, un peloton de nos hussards, en découverte, fut attaqué dans un gros village par les habitants; nos hussards, après avoir perdu un homme, se retirèrent sur le camp. Le soir, on y renvoya de la cavalerie avec de l'infanterie; les paysans réfugiés dans un bois firent encore feu sur nos gens, mais ils payèrent bientôt de leurs personnes; nos fantassins entrèrent dans le bois, en tuèrent quatorze, et firent quinze prisonniers qui furent jugés et fusillés devant le camp.

A onze heures du soir, nous marchâmes le restant de la nuit et fûmes bivouaquer sur la route de Bruxelles. Il faisait une chaleur excessive. Le général Bonneau fit mettre en réquisition de la bière qui fut distribuée à sa division.

A cet endroit, je fus fais sergent.

Le 22, à la pointe du jour, nous fûmes établir notre bivouac à deux lieues de Bruxelles; le général fit donner de la bière, comme la veille.

Le 23, à quatre heures du matin, nous partîmes de ce bivouac, passâmes sous Bruxelles, et fûmes nous établir dans les dépendances du superbe château de Marie-Christine. Cet endroit était magnifique; un des grands salons était d'une rare beauté, avec panneaux en marbre et bas-reliefs. Au bout du jardin, était une tour chinoise d'une hauteur immense; il y avait douze étages, autour desquels on voyait une galerie très légère et très hardie; du sommet on découvrait à douze lieues. Une quantité prodigieuse de superbes orangers furent abîmés par la troupe.

Je fus voir Bruxelles que je trouvai très beau; je croyais être à Paris en voyant l'élégance des femmes et la richesse des boutiques; le commerce, le roulement des voitures, la langue française parmi les marchands, me faisaient comparer cette charmante cité à notre capitale. Les rues sont bien percées et bien bâties, ainsi que les places publiques, surtout celle de la maison commune. Je fus au parc, jardin public rempli de statues ; à côté, le Parlement, bâtiment magnifique.

Ce même jour, arrivèrent à Bruxelles quantité de troupes revenant de Mons et de Tournay. Les habitants disaient : « Mais les Français sortent donc de dessous les pavés, car il est étonnant d'en voir si grand nombre, après la quantité qui a péri dans ces contrées, durant les campagnes de Dumouriez. »

Presque tous les Brabançons qui étaient au service de l'Empereur, désertaient leur drapeau pour rentrer dans leurs familles : j'en vis quantité à Bruxelles.

Vers minuit, il fallut quitter cette charmante ville pour revenir au camp passer le reste de la nuit, à l'injure du temps.

Le 24, départ de grand matin et bivouac à deux lieues de Malines.

Le 25, chaleur insupportable ; le soir, vint un fort orage qui, tout en mouillant jusqu'aux os, nous fit grand plaisir, car le temps fut bien rafraîchi.

Les 24 et 25, on entendit de fortes canonnades du côté de Louvain.

Le 27, départ à quatre heures du matin pour

chasser les ennemis embusqués sur le canal de Louvain à Malines. Le canon se fit entendre sur Louvain et sur Malines; notre brigade se porta au centre du canal; vers sept heures, la canonnade et la fusillade furent terribles. Le général Proteau, à la tête des grenadiers, culbuta un certain nombre d'ennemis dans le canal; mais ayant eu l'imprudence de monter sur la digue avec ses grenadiers, ils reçurent une décharge de mitraille : le général fut atteint d'un biscaïen et tué avec quantité de grenadiers; les autres se retirèrent derrière la digue. Nous plaçâmes aussitôt plusieurs pièces de manière à prendre l'ennemi en écharpe, notre feu força l'ennemi à abandonner sa position. Les divisions, qui étaient sur Louvain et sur Malines, chassèrent l'ennemi avec impétuosité. Vers deux heures de l'après midi, toute la ligne était en notre pouvoir. On perdit beaucoup de monde, car nous restâmes quatre heures entières sous une pluie de balles, de mitraille et de boulets; notre brigade perdit environ cinq cents hommes; les attaques sur Louvain et sur Malines ne furent pas aussi défavorables, et nos gens firent une très grande quantité de prisonniers.

Le soir, nous rétablîmes le pont que l'ennemi avait coupé; le général Pichegru, qui parcourait la ligne, passa avec tout son état-major. Pour témoignage de sa satisfaction, il ordonna qu'une ration d'eau-de-vie fût distribuée à la troupe.

Le pont fut praticable à la nuit, et toute la division passa. On trouva sur l'autre rive quantité de cadavres et d'équipages que les ennemis n'avaient pu emmener; il y avait parmi les morts quantité d'émigrés, de Hollandais et, entre autres, six canonniers tués sur la même pièce. Les succès de nos colonnes, qui étaient sur les ailes, avaient contraint les ennemis à prendre la fuite au centre. Nous établîmes notre bivouac de l'autre côté du canal; au bout d'une heure, on se mit en marche. Quelle fut notre surprise, lorsqu'à la pointe du jour, nous reconnûmes n'être qu'à une lieue de l'endroit où nous avions passé le canal! On présuma que cette marche n'avait été qu'une reconnaissance. Cependant, nous n'étions pas moins fatigués, car depuis vingt-quatre heures, en marche ou à nous battre, nous n'avions pris que la ration d'eau-de-vie que le général en chef avait fait donner la veille. Je fus obligé de déjeuner avec quelques oignons, sans pain.

Dans la nuit du 27 au 28, un émigré français, d'ordonnance au quartier général ennemi, s'introduisit dans la maison de notre général. Cet individu ignorait que nous avions chassé nos ennemis; il venait au quartier général autrichien; mais quelle fut sa surprise lorsqu'il reconnut que c'était celui des Français! La garde du quartier général reçut l'ordre de le faire passer dans le jardin, et de lui faire subir les lois de la guerre.

Le canon se faisait entendre très fort, mais c'était loin.

Thermidor an II (juillet-août 1794). — Le 1ᵉʳ thermidor, le général vint annoncer que l'armée de siège avait pris Landrecies et Namur; que les garnisons anglaises et autrichiennes s'étaient rendues, qu'il espérait sous peu annoncer également les prises de Valenciennes, Condé et du Quesnoy.

Nous étions très bien pour les vivres, car notre ligne était tracée dans des champs de légumes.

Le 2, à la pointe du jour, nous fûmes prendre position deux lieues plus loin. Nous fûmes campés dans un champ de petits pois; on en mangea à discrétion.

Le 3, on apprit que Nieuport était tombé au pouvoir des Français.

Le 4, notre capitaine étant malade fut à Louvain pour se faire traiter.

Le 5, à cinq heures du matin, comme nous étions aux manœuvres, on entendit la générale; remontant au camp, on partit de suite. Après avoir passé une petite rivière, on bivouaqua à trois lieues plus loin, sur la route de Lire.

Le 6, à cinq heures du matin, on passa la Lys, pour aller bivouaquer près de la petite ville de Lire. Nous apprîmes avec bien du plaisir qu'Anvers était au pouvoir des Français, et qu'une colonne était en marche sur Bréda.

Les habitants de Lire se plaignaient amèrement des Anglais et des Hanovriens. Je vis quantité de petits vaisseaux marchands dans le canal de cette petite ville, très commerçante.

Le soir, le général vint au camp, fit faire en sa présence un contre-appel, et ordonna que tous ceux qui étaient absents sans permission fussent punis sévèrement.

Le 8, trois volontaires faits prisonniers de guerre se présentèrent aux représentants du Peuple, et dirent qu'ils avaient obtenu leur liberté, après avoir prêté serment de ne point porter les armes pour la République. Les représentants du Peuple les firent reconduire à l'ennemi, disant qu'ils ne voulaient pas d'hommes qui se refusaient à défendre leur Patrie. Nous ne fûmes pas très satisfaits de ce mauvais traitement.

Le 9, je fus à Anvers pour affaire de service. Je trouvai cette ville très agréable et très marchande. Les habitants étaient très mécontents des Anglais qui avaient enlevé tous les bâtiments marchands dans le port. A quelques lieues de là, était la pleine mer, où une flotte anglaise croisait devant le fort Lillo, occupé par les Français.

Je fus voir la citadelle, très considérable par sa position, sa construction et sa grandeur. Mais les ennemis avaient jugé à propos de l'abandonner après avoir détruit tous les approvisionnements, évacuant par mer le plus beau de leur artillerie, et obligés de jeter dans les fossés qui en étaient pleins, leur poudre et leur fer coulé. Par maladresse, ils avaient mis le feu à un de leurs magasins à poudre; l'explosion fut terrible, et causa la mort d'un certain nombre; deux bâtiments considérables furent ruinés par l'incendie. De plus, ils avaient dévasté tous les environs, au moment du départ, en levant les écluses, qui inondèrent la campagne.

Je couchai dans cette ville, et le lendemain 10, je fus visiter le plus curieux; partout, nous étions bien accueillis. Les femmes, qui sont charmantes, ne paraissaient pas avoir d'aversion pour les Français.

Le 10, au soir, je retournai au camp.

Le 12, départ et bivouac sous les murs de la petite ville de Beveren. Le soir, on donna ordre de se tenir prêt à passer la revue du général en chef Pichegru.

Le 14, avec plaisir, nous vîmes revenir notre capitaine mieux portant qu'il n'était parti.

Le 15, on apprit, non sans inquiétude, que la Convention nationale était en insurrection ; que les Robespierre, Lebas, Saint-Just, Couthon, Lindet, Carrier, Lebon, etc., etc., avaient été les uns en arrestation, les autres déclarés hors la loi. Depuis longtemps, nous ne savions que penser de la faiblesse du gouvernement, à nos yeux, plus coupable que ces hommes qui s'étaient couverts de crimes dans tous les départements de la France. Cependant, nous étions bien surpris qu'on ne nous donnât aucun détail de cet événement. L'armée craignait que ce changement ne fût d'une extrémité à l'autre ; que, de la trop grande terreur, le gouvernement ne tombât dans un modérantisme favorable aux ennemis de la République qui, sans cesse, était divisée de passions et d'opinions. Cependant nous, soldats, nous nous battions toujours avec constance. Pour prix de nos travaux, nous ne voyions dans l'intérieur de la France que haine, passions, divisions et persécution.

Le 16, nous partîmes sans regretter notre position, car nous ne pouvions facilement nous procurer de l'eau, et encore était-elle très mauvaise à boire. Nous vînmes bivouaquer près le village de Viersen. Nous trouvâmes dans la plaine quantité de légumes. On apprit que les ennemis avaient été battus dans les environs de Bréda, où ils avaient perdu trente canons.

Le 18, notre bataillon partit pour former l'avant-garde avec le 5ᵉ régiment de hussards, et le 5ᵉ bataillon d'infanterie légère, sous les ordres du général de brigade Compère. Nous fûmes près Herenthals.

Le 19, l'avant-garde poussa ses éclaireurs à quatre lieues, sans rencontrer les ennemis.

Le soir, on apprit, par différentes lettres de Paris, qu'une grande partie des représentants du Peuple et les membres de la municipalité de

Paris avaient été guillotinés en place publique. Nous nous disions les uns aux autres : « Ils finiront par passer tous à la guillotine, puisque chaque parti qui domine fait périr l'autre et que ces partis règnent tour à tour. »

Depuis six jours, il pleuvait du matin au soir, et cependant nous étions toujours au bivouac. Le quartier général de notre avant-garde était établi dans la petite ville de Herenthals; nous restâmes plusieurs jours dans cette position.

Le 25, six petits tambours de notre bataillon furent à la maraude; ces petits polissons entrèrent chez une vieille femme, et prirent, dans un tiroir d'armoire, des bagues d'argent et autres petits bijoux. Cette femme voulut les leur retirer; ils la frappèrent, et les petits drôles apportèrent leur pillage au camp. Le soir, ils se disputèrent pour le partage; l'adjudant-major, entendant leur dispute, les fit mettre tous les six à la garde du camp. Il allait leur faire donner une correction très sévère quand la vieille femme vint se plaindre au général qui exigea que ces tambours fussent livrés au conseil de guerre. Le lendemain, le conseil de guerre prononça; les deux plus avancés en âge furent condamnés à être fusillés, et les quatre autres, trop jeunes pour subir la peine de mort, furent condamnés à être spectateurs de l'exécution de leurs camarades.

Le 28, la troupe assemblée, on fusilla ces petits

malheureux. L'aîné des deux avait 18 ans. L'aîné mourut avec assez de courage, mais le plus jeune appelait de toutes ses forces sa pauvre mère à son secours. Les quatre autres petits faisaient retentir la plaine de leurs cris. Tous les soldats ne purent être témoins de ce tableau sans verser des larmes.

Fructidor an II (août-septembre 1794). — Dans la nuit du 2 au 3 fructidor, nous fûmes éveillés par la générale; en un clin d'œil, la troupe fut rangée en bataille. On croyait que c'était l'ennemi, mais on nous dit que c'était pour nous mettre en marche. Départ à trois heures du matin et arrivée vers midi, à Diest; traversant ce joli petit endroit, on fut bivouaquer de l'autre côté, sur des hauteurs. — Tous les jours, nous nous rangions en bataille à deux heures du matin, afin d'éviter les surprises; nos hussards allaient en reconnaissance et, à leur retour, les soldats rentraient dans leurs baraques. Comme nous tenions la droite de l'armée du Nord, souvent nous faisions rencontre de la gauche de l'armée de Sambre-et-Meuse.

Nous étions très voisins des ennemis qui, à notre approche, se retiraient.

Le 4, nous traversâmes la ville de Diest. On bivouaqua sur une hauteur qui avait été occupée par quatre bataillons de l'armée de Sambre-et-Meuse.

Le 7, à une heure du matin, nous partîmes par un temps extraordinairement noir. Après avoir marché environ deux cents toises, je m'aperçus que la mèche à canon était éteinte ; je fus obligé de retourner au camp pour l'allumer aux feux que nous venions de quitter. Pendant ce moment, la colonne prit un autre chemin ; me trouvant égaré je courais à travers champs sans voir ni entendre nos gens. En courant, j'eus le bonheur de tomber dans un fossé profond ; je fus tellement étourdi de ma chute que je restai cinq minutes sans savoir où j'étais. Revenu un peu à moi, je poursuivis mon chemin et, au bout d'un moment, je m'aperçus que je n'avais pas mon chapeau sur ma tête ; je revins sur mes pas, et pendant un quart d'heure, je le cherchai en vain, car il faisait si noir qu'il était impossible de voir. Las de chercher, je pris le parti de revenir nu-tête ; mais quelle surprise, après trois à quatre pas, de donner un coup de pied dans mon chapeau ! Content de mon aventure, je me mis à courir sans savoir par où porter mes pas ; à force de marcher, je me trouvai sur une grande route, à tout hasard je la suivis et me trouvai à Diest, où plusieurs volontaires, restés derrière, me dirent que la colonne venait de passer. Je poursuivis mon chemin, et rattrapai nos gens, au point du jour.

Comme nous n'avions pu recevoir de vivres, à cause des mauvais chemins, le général fit mettre

ANNÉE 1794

en réquisition, dans les villages, du pain et de la bière. Après avoir fait six lieues, nous arrivâmes au village de Molle d'où étaient parties, le matin, plusieurs divisions de notre armée; nous occupâmes une partie de leurs baraques qui firent grand plaisir, car il faisait un temps pluvieux.

Le 11, bivouac de l'autre côté de la petite ville de Turnhout.

Le 12, on apprit avec la plus vive satisfaction que Valenciennes était au pouvoir des Français. On annonça également la prise du fort de l'Écluse.

Le 15, un officier d'état-major vint annoncer la reddition de Condé. La France était débarrassée des troupes ennemies.

Il arrivait fréquemment des déserteurs anglais et autrichiens.

Le 18, nous fûmes prendre position quatre lieues plus loin; l'ennemi se retirait toujours à notre approche.

Le 19, le général en chef, avec une grande partie des généraux de l'armée, escortés par un escadron des hussards de Lauzun (5e régiment), furent en reconnaissance. Ils furent attaqués par une cavalerie nombreuse et se trouvèrent entourés; mais ils se battirent avec tant de courage qu'ils se débarrassèrent.

Le 23, après avoir marché toute la journée, nous fûmes bivouaquer dans une grande plaine de bruyère. Nous fîmes une redoute pour nos deux pièces, sur un petit mont de sable en face de notre bivouac.

Le 26, nous fûmes prendre position trois lieues plus loin.

Le 27, on fusilla sur la ligne un caporal du 5ᵉ bataillon d'infanterie légère, convaincu de pillage. Après huit heures de marche, nous fûmes bivouaquer de l'autre côté de la petite ville de Eindhoven, territoire hollandais. Tous les habitants nous firent mille accueils; bien que les ennemis ne fissent que sortir de leur ville, ils portaient tous la cocarde tricolore; ils reçurent beaucoup d'assignats en payement. Le soir, on ordonna de faire une très grande quantité de feux sur le front de bandière, afin d'annoncer autant de forces que de surveillance.

Le 29, le général Compère vint nous annoncer que l'ennemi avait été battu du côté de Bois-le-Duc.

Jours complémentaires an II (septembre 1794). — Le 1ᵉʳ, un volontaire de notre bataillon eut la maladresse de faire partir une amorce de fusil dans sa baraque qui, à l'instant, fut embrasée. Par le vent qu'il faisait, l'incendie gagna les baraques voisines; nous n'eûmes que le temps de sauver nos caissons à munitions. Quantité de volontaires perdirent leur *butin*[1] dans cette affaire.

---

1. C'était le nom donné au contenu du havresac. Il était encore usité dans les casernes en 1850.

Le même jour, arriva sur notre droite une division de l'armée de siège, aux ordres du général Hostein.

Le 2, nous partîmes à cinq heures du matin. En passant devant la division qui était à côté de nous, nous vîmes fusiller deux dragons convaincus de pillage. Nous marchâmes toute la journée, et fûmes bivouaquer sous les murs de Helmond.

Le 3, arriva sur notre droite la division Hostein.

Le 4, on fusilla un volontaire de cette division. Cette exécution fut cruelle à voir : il se mit à jeter des cris affreux en prenant la fuite; on fut obligé de le tuer comme un gibier à la course.

Le 5, les divisions de Hostein et Bonneau se mirent en marche sur Bois-le-Duc.

Vendémiaire an III (septembre-octobre 1794). — Le 3 vendémiaire, la division du général Moreau qui revenait du fort de l'Écluse, vint prendre position à notre gauche. Le 4, on vint annoncer que nous étions de la division du général Moreau; nous restâmes à l'avant-garde de cette division.

Le 5, nous fûmes bivouaquer un peu plus loin.

Le 6, bivouac à deux lieues de la Meuse, par un temps de pluie.

Le 9, nous fûmes à un quart de lieue de la Meuse; cette rivière séparait nos avant-postes de ceux de l'ennemi, et comme on était convenu de ne point faire feu inutilement, on pouvait se parler.

Le 13, nous changeâmes de position et fûmes établir notre bivouac proche Venloo, en face des hussards de Choiseul, corps d'émigrés français. Bien que séparés par la Meuse, plusieurs se reconnurent; les uns se dirent des sottises, les autres se firent des compliments et des honnêtetés, ce qui fit passer la soirée agréablement, assis sur l'herbe, d'un côté comme de l'autre. La nuit, ils allèrent porter renfort à une de leurs colonnes, complètement battue du côté de Ruremonde. Il ne resta que la garnison de Venloo, composée de deux mille hommes.

Le 14, on fit une découverte pour reconnaître un pont de bateaux sur la Meuse. Le général Compère, avec ses aides de camp et plusieurs ordonnances, foncèrent sur un poste ennemi six fois supérieur en nombre, et s'emparèrent de vingt-cinq hommes; ce trait de bravoure surprit tous les militaires témoins de cette action : un hussard fut blessé et le général eut un cheval tué sous lui.

Le 17, on fusilla, au centre de la brigade, deux chasseurs du 5ᵉ bataillon d'infanterie légère, convaincus de pillage.

Le 18, nous quittâmes cette position et, après avoir marché une partie de la journée, nous arrivâmes à une lieue de Ruremonde. Notre bataillon cantonna dans un village voisin : je fus logé dans une ferme, avec une douzaine de mes camarades. Cela me parut fort étrange de coucher sous un toit, depuis si longtemps que nous étions à la belle étoile, par un temps de pluie abominable

Le 19, nous passâmes la Meuse sur un pont volant, traversâmes Ruremonde et fûmes bivouaquer de l'autre côté.

Le 21, on côtoya la rive droite de la Meuse jusqu'à une lieue de Venloo. Une heure après, on fit changer de position, et on établit le bivouac derrière une petite rivière.

Le 22, on construisit un pont de bateaux sur la Meuse, au delà de la portée du canon de Venloo.

Le 23, la division passa la Meuse sur ce pont, pour faire le siège de cette place. Notre brigade qui était d'avant-garde se porta trois lieues plus loin; nous passâmes par Stralen, et fûmes bivouaquer sur les bords de la Gueldre, petite rivière.

Le 25, nous apprîmes que Bois-le-Duc était en notre pouvoir.

Nous apprîmes avec la même satisfaction que l'armée de Sambre-et-Meuse avait chassé l'ennemi du pays d'Aix-la-Chapelle, Juliers, etc., et l'avait forcé de repasser le Rhin.

Le 29, traversant des pays charmants, nous vîmes bivouaquer proche la petite ville de Goch.

Nous en partîmes, le 30, pour aller prendre position dans la petite ville de Cronenbourg. Nous n'étions alors qu'à trois petites lieues de la ville de Nimègue, place très forte que les habitants nous faisaient désespérer de prendre, à moins, disaient-ils, de sacrifier une armée de quarante mille hommes.

Brumaire an III (octobre-novembre 1794). — Le 1ᵉʳ brumaire, le canon se fit entendre très fort de plusieurs côtés.

Le 5, notre bataillon, celui de chasseurs et le régiment de hussards de Lauzun, partirent en découverte du côté de Nimègue. Avancés dans la plaine, on fit ranger notre bataillon sur une petite hauteur, nos deux pièces placées de manière à protéger la retraite en cas de revers. Les hussards et les chasseurs marchèrent en avant ; ils s'emparèrent des postes avancés, et le combat s'engagea ; nos gens avaient déjà quelques avantages, mais il survint une cavalerie supérieure qui contraignit nos hussards et nos chasseurs à rétrograder. Les grenadiers et les carabiniers à pied se battirent avec courage ; ils soutinrent le choc de la cavalerie, pour protéger la retraite de la petite colonne. Le soir, nous rentrâmes dans notre position.

Le 6, toute la brigade marcha sur Nimègue, par des chemins impraticables ; le canon se faisait entendre de l'autre côté de la ville ; c'étaient les divisions des généraux Souham et Bonneau qui forçaient l'ennemi à rentrer dans Nimègue. A portée des remparts, les ennemis nous envoyè-

rent des boulets qui contraignirent à se retirer.
Nous fûmes derrière une avenue de saules, dans
une grande prairie, proche le Wahal, fleuve qui
passe au pied de Nimègue. Les ennemis établirent une batterie sur l'autre rive et tous les
boulets venaient dans notre colonne ; aussitôt
nous fûmes placer trois pièces de 4 sur la
digue ; nous tirâmes plusieurs coups et ils cessèrent le feu. Ensuite on chercha à couler à fond
des petits bâtiments chargés de tonneaux ; les
ennemis ripostèrent et la canonnade fut très vive,
mais la nuit étant venue, nous fûmes obligés de
renoncer à notre entreprise. Ordre de retourner
à notre brigade qui était toujours en bataille dans
la prairie. Il tombait une pluie semblable à des
cordes ; à chaque instant nos chevaux tombaient
avec les pièces, dans les fossés ; le temps était
extrêmement noir, et nous ne savions où nous
étions. Sur les neuf heures, un de nos caissons
fut tellement embourbé avec les chevaux, que
nous restâmes deux grandes heures à travailler
comme des nègres, dans l'eau et dans la boue
jusqu'aux reins, pour les retirer de ce mauvais
pas. Cependant à force de travail, nous arrivâmes
sur le minuit où était notre brigade ; nous étions
dans un état déplorable, nos vêtements n'étaient
que boue ; il tombait une pluie comme il n'y a
point d'exemple et nous étions dans une prairie
où on enfonçait dans l'eau jusqu'à mi-jambe.
Néanmoins, il fallut rester là ; les soldats étaient

si fatigués que, malgré le froid et la pluie, ils dormaient debout; nous prîmes le parti de nous former en faisceaux pour nous parer un peu de la grande pluie qui ne cessa de tomber pendant toute la nuit.

Le 7, à la pointe du jour, au lieu de repos et de subsistances, il fallut aller attaquer les ennemis; nos soldats intrépides oublièrent, pour un moment, leurs besoins et leurs fatigues. Le bataillon d'infanterie légère fonça sur l'ennemi et s'empara de plusieurs redoutes, où il assomma les canonniers hollandais à coups de crosse de fusil; mais l'ennemi qui faisait un feu croisé sur cette batterie contraignit à abandonner ce poste. Nos tirailleurs, malgré la mitraille, parvinrent à travers les broussailles à aller jusque sous la forteresse.

Notre bataillon, resté en bataille, fut relever le bataillon de troupes légères qui était très fatigué; les tirailleurs se retirèrent après avoir perdu une douzaine d'hommes. Le 5ᵉ bataillon de Paris ne fut pas plus heureux, car la journée fut très chaude et très meurtrière. Avec nos pièces, nous nous embusquâmes derrière la digue pour protéger la retraite de nos tirailleurs en cas de revers.

Pendant la nuit du 8 au 9, notre bataillon fut relevé par un autre. Vers le minuit, l'ennemi, présumant que nous voulions faire une tentative, fit un feu terrible sur tous les points; cela donna une alerte. Lorsque nous fûmes instruits du motif de cette canonnade, nous remîmes les armes aux faisceaux.

Au point du jour, on nous fit établir dans un endroit où la prairie était un peu plus ferme, et, comme il était probable que nous resterions dans cette position durant le siège, nous fûmes chercher de la paille pour coucher, et faire des petites baraques, afin de nous mettre un peu à l'abri du temps pluvieux.

Les divisions Moreau, Souham et Bonneau, bloquèrent la ville. Notre brigade resta dans la prairie pour boucher toutes les issues du côté de la Hollande.

Le 9, les divisions ouvrirent la tranchée, ce qui occasionna un feu terrible des ennemis; de notre côté, nous coupâmes tous les saules et broussailles qui les masquaient et favorisaient les sorties. On poussa des boyaux vers le corps de la place et on établit des batteries pour interrompre les communications.

Les 10 et 11, la canonnade fut vive, principalement les nuits. Le général Chardon, à la tête d'une brigade d'infanterie légère, fit des prodiges de valeur; sans cesse éparpillés autour de la place, en tirailleurs, ils inquiétèrent les ennemis et leur détruisirent beaucoup de monde.

La pluie tombait toujours à flots, de manière que nous étions très mal à notre aise dans notre prairie. Nous allions à la tranchée, de vingt-quatre heures en vingt-quatre heures, pour servir les pièces en batterie; nous étions aussi chargés de faire travailler un grand nombre de paysans pour abattre du bois et faire des retranchements. Ce genre de service, très périlleux, demandait une très grande activité, car, en qualité de chefs, nous étions responsables de l'exécution des travaux. Tant que nous étions à travailler sur la gauche de la digue, cela allait assez bien, parce que nous étions à l'abri du feu de l'ennemi; mais sur la droite et à portée de fusil des murailles, les ennemis faisaient pleuvoir une mitraille qui abattait autant de bois que nos bûcherons. Cependant il fallait y rester et sabrer les paysans qui voulaient s'évader; intérieurement, nous approuvions leur fuite; mais il fallait que les travaux s'exécutassent. Fatigués de ce travail qui durait vingt-quatre heures, nous revenions à notre bivouac, où nous avions continuellement les pieds dans l'eau, par un temps qui déjà était très froid. Nous étions obligés d'aller enlever les planches et les portes des paysans pour faire du feu, car nous n'avions, dans cet endroit, que des saules qui ne voulaient pas brûler.

Le pain parvenait difficilement par de mauvaises routes; nous en recevions une demi-ration, et encore était-il mauvais. Nous éprouvions encore une grande privation de sel; nous étions obliger de saler notre soupe avec de la poudre à canon. Nous avions de la viande à discrétion; car la prairie était couverte de bêtes à cornes dont les propriétaires étaient réfugiés dans Nimègue.

Avec peine, nous voyions partir journellement quantité de militaires pour les hôpitaux; la plupart ne pouvaient pas supporter d'aussi longues souffrances; la fraîcheur de la terre, dans une saison aussi avancée, causa des douleurs qui devenaient dangereuses.

Le 14, vers les quatre heures du soir, la garnison de Nimègue fit une sortie vigoureuse; les troupes de tranchées furent d'abord repoussées, car le temps était si noir que le mouvement de l'ennemi fut très favorisé. A l'instant, les troupes du camp prirent les armes et se portèrent au secours des bataillons de tranchées; le combat devint violent; nous eûmes vingt pièces de canon qui ne cessèrent pas de tirer à mitraille; la fusillade ne fit qu'un roulement pendant une heure entière. Le ciel paraissait embrasé par la canonnade et la mousqueterie des combattants. Cependant nos troupes bravèrent la résistance des ennemis et les chassèrent jusque dans la ville, en leur faisant éprouver une perte considérable. Plusieurs soldats ennemis y mirent tant d'acharnement qu'ils se battaient encore corps à corps dans les retranchements, pendant que leurs gens étaient déjà rentrés en ville. Nous perdîmes au moins quatre cents hommes.

Pendant cette action, nous attaquâmes la ville de notre côté afin de protéger notre armée; mais les ennemis ne répondirent point ; nos tirailleurs tuèrent plusieurs sentinelles des postes avancés.

Sur les sept heures du soir, nous rentrâmes dans nos mauvaises baraques, traversés jusqu'aux os.

On construisit de grandes redoutes de chaque côté de la ville, pour placer des pièces de gros calibre, afin de couper le pont de bateaux établi sur le Wahal, seul point de retraite et de secours qui restât aux assiégés, dans la direction des îles de Beveland.

Le 16, ces batteries commencèrent à faire feu et firent très bon effet ; l'incendie fut mis dans la ville à plusieurs reprises. Les ennemis faisaient toujours un feu foudroyant, principalement sur les batteries du siège. Les habitants des environs désespéraient de la réussite de notre entreprise. Effectivement, nous regardions comme difficile de soumettre une place si considérable, hérissée de canons de premier calibre et défendue par les eaux, surtout dans une saison aussi avancée. Nous perdions tous les jours beaucoup de monde par suite de l'insalubrité de notre emplacement.

Le 17, le feu fut terrible pendant toute la journée ; les ennemis paraissaient vouloir faire de grands efforts pour faire lever le siège.

Dans la nuit du 17 au 18, on s'aperçut que leurs sentinelles étaient en plus petit nombre. Vers les deux heures, les ennemis redoublèrent le feu et, un instant après, il y eut un calme extraordinaire.

A la petite pointe du jour, nos avant-postes cheminèrent vers la place et s'aperçurent que les gardes avancées des assiégés avaient évacué. Un instant après nous vîmes, sur le Wahal, plusieurs barques chargées de soldats qui sortaient de Nimègue. Les Français avancèrent; les habitants de la ville vinrent au-devant d'eux, disant que les ennemis avaient profité de ce que le pont était encore praticable pour évacuer. Quelle fut notre surprise en voyant une grande quantité de soldats dans des barques sur le Wahal! Le général français fit sommer ces troupes de venir à notre rive; ils obéirent sans difficulté. C'étaient neuf cents Hollandais qui avaient été trahis par les Anglais, dans l'évacuation de la place; ils convinrent que les Anglais évacueraient les premiers et que les Hollandais tiendraient dans la ville, jusqu'à la pointe du jour, et, par conséquent, formeraient l'arrière-garde. Mais les Anglais, après avoir passé, coupèrent le pont de manière que les Hollandais furent contraints de se jeter à la hâte dans des barques, pour éviter d'être pris. Arrivés à l'autre rive, les Anglais les traitèrent de lâches et leur refusèrent le passage. Les Français s'emparèrent des batteries commandant la rivière et forcèrent les Hollandais à aborder.

Les Hollandais vomirent toutes les horreurs contre les Anglais, principalement les officiers supérieurs.

Ce fut avec admiration que je vis cette forteresse qui me parut être de première classe. Les ennemis avaient mis hors d'état de service quantité de bouches à feu. Cette prise fut importante, car cette ville était une des clefs de la Hollande.

La ville est assez agréable et très commerçante; les rues étaient encore couvertes de fumier, afin de calmer le cruel effet de la bombe. Les habitants parurent très mécontents des Anglais qui, comme d'habitude, évitèrent le combat pour mettre les troupes de leurs alliés sous le feu de l'ennemi.

La ville était toujours assiégée; les Anglais, qui avaient établi de fortes batteries, faisaient un feu continuel sur Nimègue.

Le 24, la canonnade fut vive; les maisons qui étaient sur les quais souffraient beaucoup.

Le 25, avec une grande satisfaction, nous levâmes le camp pour aller cantonner dans les environs de Clèves, pays hollandais. En passant sur la digue, nous reçûmes des boulets qui heureusement ne firent aucun effet. Par Cronenbourg nous arrivâmes à Clèves. Notre bataillon reçut l'ordre d'aller cantonner dans le village de Christhuysen, sur le bord du Rhin, en face de la ville d'Emmerick. Nos sentinelles étaient sur le bord du fleuve, et celles de l'ennemi, sur l'autre rive. Ce changement de logis nous causa le singulier effet, depuis si longtemps que nous étions à l'injure du temps, de nous voir tout à coup couchés sous un toit.

Le 27, nous partîmes pour Clèves, avec le 4ᵉ bataillon de la Somme; notre bataillon fut logé dans la ville basse.

Frimaire an II (novembre-décembre 1794). — Le général Moreau qui commandait en chef l'armée, par intérim, donna le commandement de sa division au général de brigade Vandamme. Le 1ᵉʳ frimaire, nous passâmes la revue de ce général.

Il faisait un temps extrêmement froid; nos soldats allaient souvent à la corvée des bois pour la construction d'un pont sur le Rhin.

Le 8, on donna l'ordre du départ. On disait qu'on allait passer le Wahal; après être restés quelque temps en bataille, nous reçûmes l'ordre de rentrer.

Le 9, la générale se fit entendre à quatre heures du matin; aussitôt les troupes furent en bataille sur la place publique; une heure après, on apprit que c'était une fausse alerte sur les bords du Rhin.

Le 10, nous partîmes pour prendre position sur les bords du Rhin; nous logeâmes, à trente soldats, chez un pauvre habitant.

Le 20, à la pointe du jour, nous partîmes pour reprendre cantonnement à Christhuysen. Toutes les compagnies de grenadiers de la division se réunirent derrière Clèves.

Dans la nuit du 20 au 21, ces troupes partirent, pour se joindre aux grenadiers des autres divisions, du côté de Nimègue, pour une expédition secrète.

Le 21, à la pointe du jour, toutes ces compagnies s'embarquèrent sur des petits bateaux, et passèrent le Wahal; elles surprirent les ennemis dans l'île, jetèrent leur artillerie dans la rivière et repassèrent l'eau, le soir, avec un certain nombre de prisonniers, entre autres un gros-major anglais. Cette expédition fut exécutée avec autant de hardiesse que de précision, elle n'avait d'autre but que de reconnaître l'île.

Le 22, le bataillon reçut l'ordre d'aller à Clèves; nous fûmes logés dans la ville haute.

Le 29, retour, pour la troisième fois, au village de Christhuysen; il faisait un temps extraordinairement froid; le vieux Rhin était pris, et le grand charriait beaucoup.

ANNÉE 1795

Nivôse an III (décembre 1794-janvier 1795). — Le 7 nivôse, le grand Rhin fut entièrement pris; il fallait une grande surveillance dans nos positions; les troupes étaient continuellement en patrouille et on était obligé de relever les sentinelles à chaque demi-heure, car souvent on trouvait des hommes morts de froid; nos avant-postes ne pouvaient pas faire de feu la nuit.

Le 8, notre bataillon, le 4ᵉ de la Somme et le 1ᵉʳ bataillon du 1ᵉʳ régiment furent embrigadés ensemble et prirent le numéro de 2ᵉ demi-brigade de ligne.

Le 15, notre compagnie fut organisée conformément à la loi du 5 floréal an II, et l'avancement compta du 18 ventôse an II, d'après les instructions qu'avaient les officiers d'artillerie chargés de l'organisation. Je fus nommé sergent-major de cette compagnie qui fit partie de la 2ᵉ demi-brigade d'infanterie de ligne.

Le 16, par ordre du chef de brigade, je fus établir, dans le château du prince d'Orange, une salle pour y traiter les galeux. Comme j'étais affligé de cette maladie, je résolus d'y aller. Notre chirurgien-major nous traita avec une décoction de feuilles de tabac.

Le 20, toute la troupe de Clèves et des environs se mit en marche à onze heures du soir pour les bords du Wahal; on disait qu'on devait tenter le passage. Je ne pus obtenir de partir avec le bataillon, et je me déplaisais bien dans la maudite salle des galeux; mais le chirurgien me dit qu'il y avait trop de danger à sortir, par un si grand froid.

Le 21, à la pointe du jour, nos gens se rangèrent en bataille derrière la digue, et des tirailleurs s'avancèrent sur la glace, pour attaquer les ennemis retranchés sur la rive droite avec quantité de canons. Le combat devint meurtrier; l'infanterie s'avança en tirailleurs et, malgré la mitraille, baïonnette en avant, s'empara des redoutes. Mais, vers midi, nos gens furent obligés de repasser le Wahal, avec une grande perte. Les soldats, découragés, désespéraient de pouvoir s'emparer de cette île, hérissée de canons qui ne cessaient de tirer à mitraille. Pour comble de malheur, tous nos blessés étaient perdus, car, par le grand froid, la moindre blessure devenait mortelle.

A quatre heures après midi, le général Vandamme rallia sa division avec énergie; il dit aux soldats qu'il avait promis au général en chef de coucher cette nuit de l'autre côté et qu'il comptait sur leur courage. Il se mit à la tête des grenadiers, dirigea les troupes sur la glace, et fit sonner la charge. Nos soldats avancèrent, baïonnette en avant, et contraignirent les ennemis à l'abandon de leurs positions, canons et munitions; la glace était couverte de morts. Nos gens prirent position dans l'île.

Le 22, on attaqua un petit fort armé de six canons. Après une résistance opiniâtre, ses défenseurs furent contraints de céder; dès ce moment, toute l'île fut au pouvoir des Français.

Le soir, la 2ᵉ demi-brigade fut cantonnée à Mélingen.

Le 24, les troupes se portèrent du côté d'Arnheim. Le passage du Rhin s'effectua sur trois points avec le même succès.

Le 27, je partis de Clèves pour rejoindre le bataillon; on me donna ma destination pour Nimègue, où je devais recevoir de nouveaux ordres.

Le 28, nos gens attaquèrent Arnheim qui, en six heures, fut soumise aux Français. On trouva dans cette place cent bouches à feu de différents calibres. Les divisions de gauche occupaient Utrecht, Amsterdam, Rotterdam, etc.

Je partis de Nimègue pour Arnheim où je reçus l'ordre de me rendre à Utrecht; là était allée la

2ᵉ demi-brigade. Je passai par Ryswick et le fort Crepe, effrayant par sa force et par sa position. C'était la division Souham qui avait pris cette clef de la Hollande.

Pluviôse an III (janvier-février 1795). — J'arrivai à Utrecht, où la 2ᵉ demi-brigade était en garnison depuis le 1ᵉʳ pluviôse. Je fus logé, dans cette charmante ville, chez une veuve qui eut pour moi toutes les bontés possibles. J'éprouvais chez cette aimable hôtesse un contraste bien grand, car, en sortant de bivouaquer dans les pluies et dans les neiges, il était bien doux de me trouver logé dans une bonne maison, où j'avais une table et un coucher excellents. Ma respectable bourgeoise poussa la générosité jusqu'à vouloir donner concert le soir, en m'invitant à amener tous les amis que je jugeais à propos. Elle avait un fils de quinze ans qui parlait fort bien français et qui, comme sa mère, était fort aimable. Ce jeune homme me conduisit dans des sociétés où les Français étaient très bien accueillis. Bientôt j'oubliai les douloureux moments de la campagne; mais aussi j'appréhendais de partir, habitué aux douceurs et aux bons soins de mes aimables hôtes.

Partout le pays, les Français furent reçus avec le plus grand cœur; les Hollandais allaient au-devant de ce qui pouvait leur faire plaisir. De notre côté, nous faisions nos efforts pour leur donner toute satisfaction. Nous admirions la beauté et la propreté de ces pays. Villes et villages sont extrêmement commerçants; mais, comme partout, la guerre avait interrompu les transactions. Quantité de négociants se ruinèrent avec nos assignats qu'ils prirent, dans le commencement, comme de l'argent, tandis qu'ils ne valaient pas deux sols la livre en France.

Les Hollandais se déclarèrent en République, sous la protection des Français.

Le 6, le peuple assemblé demanda le changement des fonctionnaires publics soupçonnés d'être du parti de la maison d'Orange. Ceux qui furent choisis pour remplir les charges et fonctions du nouveau gouvernement furent installés, dans leur autorité, aux cris mille fois répétés de : « Vive la République française! Vive la République hollandaise! »

Le 7, un dégel rendit le pavé de la ville comme un miroir. Ce même jour, nous passâmes la revue du général Vandamme. Le soir, les bourgeois s'assemblèrent pour former la garde nationale. Il tomba considérablement de neige.

Le 10, arriva à Utrecht la 148ᵉ demi-brigade, qui était de notre division. Le général Compère vint établir son quartier général.

Le 12, toute la troupe fut logée chez les bourgeois. Nous fûmes parquer notre artillerie à la porte Sainte-Catherine.

Le 15, arriva le parc de la division.

Le 17, revue de notre chef de brigade Marpaude; le 15, revue du général de brigade; le 19, revue du général Vandamme. Le 20, grand dégel.

Le 23, à la pointe du jour, on fit battre l'ordre pour que la 2ᵉ demi-brigade se tînt prête à partir. Cette annonce me fit beaucoup de peine. A huit heures, on donna l'ordre du départ. Ce ne fut pas sans chagrin que je fus obligé de quitter mes respectables hôtes, pour aller de nouveau bivouaquer dans les neiges, par un temps froid, et courir dans les inondations du dégel.

Nous partîmes d'Utrecht par le temps le plus affreux : une neige fondue extrêmement froide et de la boue à mi-jambe.

Dans l'après-midi, nous fûmes obligés de passer dans des endroits où nous eûmes de l'eau jusqu'aux reins. A la nuit, nous arrivâmes dans le village de Scarpenzel, où nous prîmes cantonnement. Aussitôt notre arrivée dans nos logements, nous fûmes obligés de tordre tous nos vêtements. Nos hôtes firent de très grands feux, nous préparâmes un très bon souper et un bon coucher. Ils se plaignaient amèrement des Anglais, qui avaient entièrement dévasté les campagnes, et qui eurent la férocité de brûler ce qu'ils ne purent emporter.

Le 27, nous plantâmes l'arbre de liberté avec tous les habitants de l'endroit.

Le 26, départ pour Rhenen. Nous passâmes sur une digue couverte par l'inondation. On avait dû jalonner la route afin d'éviter les accidents, car quiconque se serait éloigné du pavé aurait trouvé plus de vingt pieds d'eau. On côtoya une autre digue hérissée de canons, communiquant au fort de Crepe. Nous ne pouvions la regarder sans effroi ; sans les glaces, nous ne serions jamais entrés en Hollande!

Arrivés le soir dans la petite ville de Rhenen, qui avait considérablement souffert du pillage des Anglais, et ensuite du passage des Français. A l'hôpital, étaient encore une centaine d'Anglais, la plupart dangereusement blessés. Nous fûmes fort mal logés, car les trois quarts de la ville étaient inondés par les grandes eaux.

Le 29, nous prîmes la route de Deventer; les chemins étaient inondés, nous marchions dans l'eau à mi-jambe, sur les digues jalonnées de dix en dix toises, afin qu'on ne s'écartât point du pavé. Arrivés, la nuit, au petit village de Hannecamp. Tous les volontaires furent logés dans les maisons. Les habitants vinrent chez le bourgmestre et se disputèrent à qui aurait le plus de soldats à loger.

Nous étions très fatigués, car nous n'avions cessé de marcher, dans la boue, pendant toute la journée. La compagnie logea dans une petite ferme où, à notre arrivée, nous trouvâmes déjà le souper sur la table ; les servantes s'empressèrent de laver et de faire sécher tous nos vêtements qui étaient mouillés. Enfin ces braves gens nous firent tout le bien qu'on peut faire à de pauvres militaires, dans de pareilles circonstances.

Le 30, à la petite pointe du jour, en marche pour Deventer. On fut obligé à beaucoup de détours pour éviter les inondations et les glaces qui ne pouvaient plus supporter de gros fardeaux. Vers le soir, on arriva sur les bords de l'Yssel, petite rivière qui passe au pied de la ville. Quatre compagnies traversèrent cette rivière sur une grande barque, mais vu le grand danger qu'il y avait de passer de nuit, on donna ordre d'attendre jusqu'au lendemain matin; nous fûmes obligés de rester la nuit dans une situation affreuse, un temps très froid, sur une terre extrêmement malsaine, sans pain ni viande. Le peu de maisons qu'il y avait étaient encombrées de soldats, et ne pouvaient suffire à toute la troupe, tant pour les vivres que pour les logements, car nous étions beaucoup dans notre division. Pendant la nuit, l'Yssel charria si fort que nous pûmes la passer le lendemain; cependant le soir, on nous fit donner du pain seulement.

Ventôse an III (février-mars 1795). — Le 2 ventôse, à trois heures après midi, on alla passer l'Yssel à Zutphen, distant de quatre lieues. Nous marchâmes le restant de la journée et une partie de la nuit par des chemins abominables; la neige qui tombait en grande quantité, couvrait les glaces, et nous tombions à chaque instant. Les soldats,

ANNÉE 1795

chargés de leur sac, de leur fusil et de leurs ustensiles de cuisine, étaient obligés de marcher, par moments, sur les quatre membres. Enfin, nous arrivâmes vers le minuit au lieu où était la barque. La cinquenelle (long cordage) de la barque étant cassée, nous fûmes obligés de rester sur les bords de l'Yssel, jusqu'à midi, dans la neige jusqu'aux genoux. Nous fûmes coucher à Zutphen.

Le 3, toutes les troupes de pied passèrent la rivière sur des batelets ; la cavalerie et l'artillerie durent rester sur l'autre rive en attendant le temps propice.

Le 4, ordre à l'artillerie de notre brigade de passer l'Yssel, malgré les inconvénients qu'il pouvait y avoir. Nous fûmes de l'autre côté pour embarquer nos pièces et caissons ; la cinquenelle vint encore à casser ; je fus obligé de rester de l'autre côté avec l'artillerie.

La brigade Compère partit pour chasser entièrement les ennemis de cette province.

Le 5, j'eus l'occasion de pouvoir passer avec mes caissons et je partis de suite, avec l'artillerie de notre premier bataillon, pour rejoindre la brigade. Sur les dix heures du soir, nous fûmes obligés de nous arrêter pour donner quelque repos à nos chevaux. Vers les deux heures du matin, nous continuâmes notre route par Borckelo, Diepenheim, et arrivâmes à Delden, où était la brigade. L'approche de nos troupes avait chassé les ennemis.

Le 7, nous fûmes à Almelo, où était cantonné notre bataillon; tous les soldats furent très bien logés dans ce charmant endroit, où résidaient une grande quantité de négociants. Le même soir, très beau bal où furent invités tous les officiers; les Français y furent bien accueillis et fêtés. Je fus d'abord logé dans un superbe château, où j'étais très bien; mais, comme c'était à un quart de lieue, je demandai à rentrer à cause des alertes de nuit.

Le 9, les habitants de la campagne accoururent nous prévenir que les ennemis s'avançaient : les Français qui étaient dans le village de Hengelo y étaient attaqués. L'alarme se répandit; les bourgeois coururent aux armes et prêtèrent le serment de combattre, avec nous, les Anglais qu'ils avaient en horreur. Notre bataillon fut se ranger en bataille en dehors du village; les femmes et les enfants apportaient à boire aux soldats. Les hommes furent au château, où il y avait une comtesse, et s'emparèrent des armes et de plusieurs petits canons; ils se joignirent ensuite au bataillon. Quand nos éclaireurs rentrèrent, le bataillon et les bourgeois déposèrent les armes, après s'être assurés du mouvement de l'ennemi qui n'était point de force à nous attaquer.

Le 11, arriva dans le village de Born un régiment de dragons de la division Bonneau; un escadron fut logé avec nous à Almelo.

Le 12, départ de ce charmant endroit, aux

regrets de tous les habitants; nous fûmes loger, cinq bataillons et un régiment de hussards, dans la petite ville de Oldensaal, qui avait été pillée par les Anglais et les émigrés français.

Le 13, à la pointe du jour, la générale fit mettre toute la troupe sur pied; au bout de deux heures de marche, nous fîmes rencontre des ennemis qui furent chassés. Nous leur fîmes une quarantaine de prisonniers, et le général donna l'ordre de rentrer. Cette expédition n'avait eu pour but que de reconnaître le terrain, la position et la force des ennemis.

Le 14, nous partîmes de Oldensaal et fûmes cantonner dans le village de Ootmarsum. Je fus logé chez le pasteur catholique où j'étais très bien traité.

Le 22, revue du général de brigade. A quatre heures, toute la troupe marcha sur le fort Bentheim; on bivouaqua quatre lieues plus loin.

Le 23, partis à deux heures du matin; nous repoussâmes les ennemis jusque dans le fort, situé sur un rocher très escarpé. Nous fûmes obligés de passer dans l'eau jusqu'aux reins; toute la brigade se rallia et au bout de deux heures, nous allâmes attaquer le fort. Les hussards de Lauzun abordèrent une redoute et hachèrent les canonniers sur les pièces qui restèrent en notre pouvoir. Arrivés sous les murailles de la forteresse, la canonnade devint meurtrière; nous n'avions que les obus qui pouvaient faire quelques dégâts. Nous approchâmes si près du fort que leurs canons ne pouvaient plus nous atteindre; nous n'étions plus incommodés que par la fusillade. Le soir, à neuf heures, la garnison capitula, sous condition qu'elle se retirerait avec armes et bagages. Le temps était si mauvais pour un siège que leur proposition fut acceptée.

Le 24, les troupes entrèrent dans le fort; on leur fit distribuer des vivres, ensuite on mina les points importants et on fit sauter les bastions, pour mettre ce fort hors d'état.

Le même jour, retour à Ootmarsum.

Le 25, ordre d'aller cantonner à Almelo. Je partis pour faire préparer les logements. Les billets faits, nous apprîmes que le bataillon avait reçu contre-ordre et était allé cantonner dans le village de Tubergen. Je ne pus rejoindre le bataillon que le lendemain matin.

Le 29, départ pour aller cantonner dans le village de Vriezen-Neen.

Germinal an III (mars-avril 1795). — Le 4 germinal, revue du général de brigade Compère. Le 6, revue du commissaire des guerres Renoux.

Le 7, nous partîmes avec beaucoup de regrets de quitter nos aimables hôtes, qui nous avaient comblés d'honnêtetés et de générosités. Nous passâmes par Almelo, Born, Delden, Goor, et fûmes coucher à Diepenhein.

Le 8, coucher à Glaislaer.

ANNÉE 1795

Le 9, coucher à Borkulo; nous y trouvâmes beaucoup de troupes et l'ordre d'y rester. L'armée était infectée de la gale; on organisa des salles de traitement; notre demi-brigade y envoya huit cents hommes pour se faire guérir.

Le 17, je partis avec le capitaine près du chef de brigade, cantonné à Enscheden. Le même jour nous fûmes coucher à Goor.

Le 18, nous partîmes de Goor, passâmes par Delden, Hengelo, et arrivâmes à Enscheden.

Le lendemain de notre arrivée, on fit le recensement des logements, afin que tous les bourgeois logeassent des soldats selon leur faculté; car, dans ces pays, nous ne recevions point de vivres et les habitants étaient contraints par la municipalité de nourrir les troupes. Ceux à qui leurs moyens ne le permettaient pas, recevaient une indemnité et chaque billet de logement servait de base pour la diminution de leurs contributions. Enscheden était habité par des négociants, la plupart fort riches, mais ils ne paraissaient pas autant dévoués aux Français que ceux d'Almelo.

Le 20, je fus aux villages d'Ilbergen et de Hausbergen, pour porter la solde à nos détachements.

Le 23, la 1re demi-brigade s'assembla dans une plaine, pour y faire l'amalgame, conformément à la loi; les bataillons tiercèrent entre eux d'après l'ancienneté des capitaines. L'opération terminée, chacun se rendit à son drapeau respectif.

Ce même jour, arriva un parlementaire prussien.

Le 24, les hussards de Lauzun furent relevés par ceux d'Austrasie.

Le 27, on assura que la paix était faite avec le roi de Prusse. Cette nouvelle fit un sensible plaisir à toute la troupe, qui n'attendait que le moment de rentrer dans ses foyers.

Floréal an III (avril-mai 1795). — Le 2 floréal, plusieurs généraux français passèrent dans notre cantonnement pour aller chez les ennemis, afin, disait-on, de marquer les limites. On assurait que les négociations de paix étaient entamées avec l'empereur d'Allemagne. Les journaux annonçaient que la France était dans un état déplorable; tous les habitants étaient réduits à une demi-livre de pain; les assignats n'avaient plus de valeur et l'argent était aussi rare que le bon gouvernement; enfin le peuple était dans la dernière des misères. Ces affligeantes nouvelles donnaient de grandes inquiétudes.

Le 5, nous apprîmes que, dans les sept Provinces Unies, on avait fait des assemblées pour procéder à la nomination de députés qui devaient se réunir à la Haye, pour l'installation du nouveau gouvernement.

Le 15, départ pour aller cantonner à Hengero. Je fus logé dans un château avec les officiers de la compagnie; nous y fûmes traités avec beaucoup d'amitié et du meilleur cœur; nous y avions beaucoup de distractions et d'amusements. Une demoiselle qui était concierge, et qui était seule alors dans la maison, avait reçu des ordres de son maître pour nous donner entière liberté. Cette demoiselle, très aimable, avait l'avantage de parler bon français, ce qui était très agréable pour nous.

Le 18, je fus à Delden et à Goor pour porter le prêt à nos détachements.

Prairial an III (mai-juin 1795). — Le 3 prairial, avec regrets nous partîmes de ce cantonnement; à peine sortis, nous reçûmes contre-ordre, et avec un grand plaisir nous rentrâmes dans nos logements.

Le 9, le 3e bataillon de notre demi-brigade passa dans notre cantonnement pour se rendre à Goor, d'où il devait partir le lendemain pour Zutphen.

Le 11, je fus à Enscheden pour y toucher de l'argent près du quartier-maître. Nous reçûmes l'ordre de nous tenir prêts à partir le lendemain matin. Depuis plusieurs jours, notre artillerie était allée à Almelo pour réparer et repeindre les affûts.

Le 12, à sept heures du matin, nous quittâmes notre charmant château; nous fîmes nos tristes adieux à notre aimable hôtesse et fûmes cantonner dans le village de Groll.

Le 13, avec douleur nous apprîmes qu'il y avait eu une grande insurrection à Paris ; que le représentant Féraud avait été assassiné au sein de la représentation nationale, et que quantité de représentants avaient été mis en arrestation.

Le 15, le général Lacour vint à Groll ; il dit que l'armée allait se retirer de la Hollande, et qu'il n'y resterait que vingt-cinq mille hommes à la solde de la république hollandaise.

Le 16, je fus à Lochem et à Borckelo pour porter de l'argent.

Le 21, départ pour Hengerlo. Je fus encore logé dans un château situé dans le fond d'un bois ; nous y fûmes très bien reçus.

Le 25, nous reçûmes l'ordre d'aller cantonner dans le village de Hengerlo ; nous fûmes logés dans les environs, le village étant peu considérable.

Le 26, notre bataillon partit à la hâte pour l'île de Bétuve, nous passâmes par Doesburg et Arnheim [1].

Le 30, passant le Wahal à Nimègue, nous fûmes bivouaquer entre cette ville et Clèves. Vers le soir, on passa par Cronenbourg et Clèves, et fûmes cantonner à Goch, extrêmement fatigués, car nous avions fait une très longue route.

Messidor an III (juin - juillet 1795). — Le

1. Bétuve n'est pas une île, mais un pays situé entre le Rhin et le Leck.

1ᵉʳ messidor, passant la rivière de Gueldre, on cantonna dans la ville de ce nom.

Le 2, départ pour Crevelt. Cette petite ville, du territoire de Prusse, est jolie et riche; elle a une grande quantité de manufactures. Le sexe y est très beau, et d'un costume fort élégant. Les négociants obtinrent des généraux de ne point loger la troupe; nous fûmes cantonner dans un petit village une demi-lieue plus loin.

Le 3, nous passâmes par Gladbeck et fûmes cantonner à Vickrad. Logés chez le meunier de l'endroit, où nous fûmes très bien reçus.

Nous apprîmes que nous avions changé d'armée; depuis que nous avions quitté la Hollande, nous faisions partie de l'armée de Sambre-et-Meuse.

Le 10, je fus me promener au bourg de Odenkirchen, avec les fils de mon hôte; ces braves jeunes gens firent leurs efforts pour nous procurer de l'agrément.

Le 13, nous fûmes cantonner à Linnich, à trois lieues de Juliers.

Le 24, je fus à Vickrad pour y revoir mes aimables hôtes; je fus reçu comme un de leurs enfants. Ils me comblèrent de bontés et de caresses; les fils, par ordre de la mère, cachèrent la selle et la bride de mon cheval et je fus contraint de coucher dans cette respectable famille. Le lendemain matin, après beaucoup de débats, je parvins à avoir le harnachement de mon cheval et je pris congé de ces généreux meuniers. Les fils vinrent me conduire une grande lieue sur la route de Linnich, où j'arrivai le soir, un peu tard.

Le 27, départ pour aller prendre garnison à Aix-la-Chapelle. Coucher dans un gros bourg aux trois quarts brûlé par la guerre; les habitants de ce malheureux endroit étaient en partie ruinés; la désolation était générale.

Le 28, nous fûmes à Aix-la-Chapelle. Logés chez les bourgeois, mais grande différence dans notre réception. Cependant nous ne fûmes pas surpris, car les horreurs qu'ils avaient commises sur nos troupes, lors de la retraite de Dumouriez, étaient encore présentes à notre mémoire. Je fus logé chez un pâtissier, à la porte de Cologne, qui me reçut assez bien.

La ration de vivres était de mauvaise qualité; les denrées étaient fort chères et nous n'avions presque pas d'argent, car nos assignats perdaient 95 pour cent. Les soldats étaient obligés d'aller couper de l'herbe, de tuer les chats des particuliers pour subsister; enfin, la situation était déplorable, tandis qu'ils voyaient un nombre considérable d'employés aux armées étaler un luxe insultant à leur misère; on portait le nombre de ces messieurs jusqu'à quinze cents.

Nos troupes, sur les bords du Rhin, étaient encore plus misérables, car elles étaient en plus grand nombre, et faisaient un service beaucoup plus actif.

Les Autrichiens, de l'autre côté du Rhin, éprouvaient aussi une pénurie très grande; ils étaient obligés de couper les grains avant leur maturité, pour se nourrir.

Thermidor an III (juillet-août 1795). — Le 4 thermidor, on donna l'ordre d'avoir une pièce de quatre par bataillon. En conséquence, on renvoya trois pièces à Maëstricht, et trente hommes de notre compagnie partirent pour aller faire le service au grand parc de l'armée, sur les bords du Rhin.

Le 9, on fit assembler toute la troupe, sur la place d'armes, par un temps affreux. Le représentant du peuple, Ménard, accompagné des autorités constituées, vint au centre de la garnison, et fit un discours en mémoire du jour de la défaite de Robespierre. A la fin de son discours, il s'écria : « Vive la République! » Mais les soldats, mécontents des vivres qu'on leur donnait, du papier qu'ils recevaient en payement et qui n'avait point cours, gardèrent le plus grand silence et ne répétèrent point le cri de : « Vive la République! »

Ce calme montra plus notre mécontentement que des murmures : le représentant ordonna qu'une ration d'eau-de-vie fût distribuée.

Les chefs de corps reçurent une lettre d'invitation pour qu'un homme de chaque grade, de tous les corps, assistât à un dîner et à un bal, le même jour, chez le représentant. Aucun soldat ne voulut y aller, il ne s'y trouva que des officiers et très peu de sous-officiers, mais, en revanche, il y eut une grande quantité d'administrateurs.

Le soir, il y eut bal, où dix officiers par corps étaient présents. Vers minuit, plusieurs officiers remarquèrent que les militaires étaient regardés avec dédain et mépris, qu'on affichait d'insulter à leur misère; ils en témoignèrent leur mécontentement au représentant. Les esprits s'échauffèrent, et le bal fut interrompu. Le lendemain matin, plusieurs officiers furent mis aux arrêts.

Le 11, la disette s'étant fait sentir plus que jamais, le représentant du peuple fit donner une ration de pain plus faible qu'à l'ordinaire. A la distribution, les grenadiers des 1er et 2e bataillons, de la 2e demi-brigade, refusèrent de prendre le pain; à leur exemple, les basses compagnies refusèrent également et furent chez le représentant du peuple pour lui faire des observations, disant que, ne recevant aucune solde, il leur était impossible d'acheter des légumes; par conséquent, on ne pouvait subsister avec une aussi légère ration de pain. Le représentant du peuple ordonna que la ration fût augmentée de deux onces de biscuit. Les grenadiers refusèrent encore et bientôt mêlèrent des menaces à leurs observations. Le représentant du peuple les fit retirer; ils s'en furent dans des cabarets et se mirent à boire; quantité se prirent de boisson et commencèrent à faire de grandes sottises. Ils retournèrent chez le représentant qui leur fit défendre sa porte; de là ils se répandirent dans les rues et insultèrent différentes personnes. On fit battre la générale, et bientôt toute la garnison fut sur la place d'armes. Le représentant y vint et ordonna au chef de la 2ᵉ demi-brigade d'arrêter, sur-le-champ, un nommé La Réjouissance, caporal des grenadiers du 1ᵉʳ bataillon, qui avait insulté et menacé la Représentation nationale, dans la personne d'un de ses représentants. Le chef de brigade Marpaude se présenta devant la compagnie de ce caporal, ordonna à La Réjouissance de remettre son fusil à son sergent-major et de le suivre. Ce caporal exécuta l'ordre du chef et le suivit; mais, lorsqu'il fut devant la maison commune et qu'il s'aperçut qu'on allait le mettre en prison, il se retira quatre pas en arrière, sabre à la main, et présentant la pointe à son chef. Des officiers, à l'instant, sortirent de leurs rangs pour porter secours au chef de brigade. Au même moment, les grenadiers croisèrent la baïonnette et se portèrent en masse sur le corps d'officiers; prudemment on laissa échapper le caporal, et la mêlée ne fut pas meurtrière. Cependant, plusieurs officiers furent très maltraités à coups de crosse de fusil.

Les autres compagnies ne bougèrent pas de leurs rangs, mais il aurait été déplacé de les commander pour arrêter les insurgés, car indubitablement le désordre serait devenu plus grave.

Au bout d'une demi-heure, tout était assez

calme; le commandant de la troupe, au lieu de la diviser, et de la maintenir plus longtemps sous les armes, eut la maladresse d'ordonner de rentrer dans les logements. Comme d'habitude, les grenadiers conduisaient les drapeaux chez le chef; à peine les drapeaux étaient-ils sortis des rangs, que les plus mauvais sujets dirent aux autres qu'ils étaient bien dupes d'avoir laissé aller les drapeaux; aussitôt, comme des furieux, ils voulurent monter chez le chef pour s'en emparer. La sentinelle qui se voyait forcée prit le parti de fermer la porte cochère, que les grenadiers tentèrent d'enfoncer à coups de pavés et de crosses de fusil.

Dans ce moment, je rentrais à mon logement, qui était en face; plusieurs grenadiers vinrent à moi et me demandèrent des cartouches. Je leur dis que j'avais tout distribué à des détachements partis pour lever des contributions. Ils persistèrent dans leur demande, et moi, dans mon refus, car j'avais bien garde de me mettre dans un si mauvais cas, et j'aurais préféré me faire tuer que de consentir à distribuer des cartouches.

Pendant ce débat, quatre autres grenadiers se présentèrent comme des lions en demandant le sujet de notre dispute; les premiers leur dirent que j'étais du parti opposé au leur et que je leur refusais des cartouches. Les derniers arrivés dirent aux autres : « Allons! allons! il n'y a qu'à lui donner son compte! » Ils firent reculer tout le cercle, et moi, au milieu, je reçus une quantité de coups de crosse de fusil sur la tête et sur les bras. L'un d'eux, plus enragé encore que les autres, me lança un coup de baïonnette dirigé sur la poitrine; j'eus assez de bonheur pour détourner le coup avec la main et, tenant fermement la baïonnette, je reçus des coups de sabre qui, par le plus grand hasard, ne furent point mortels. Ces tigres étaient tellement ivres que la plupart des coups de sabre qu'ils me portèrent ne m'atteignirent que de la garde. Au moment où j'allais succomber sous les coups, le chef de bataillon Langlois, avec un adjudant et des canonniers, vinrent à mon secours; ils reçurent aussi plusieurs bourrades et ne purent me débarrasser de leurs mains. Je fus traîné vers la place de la Comédie, où était notre artillerie, et lorsque nous fûmes vers le milieu de la rue de Cologne, une dispute s'éleva entre eux et ils se mirent à se battre. Je profitai de cette querelle pour m'évader en gagnant, à quatre pattes, une allée qui heureusement se trouva ouverte. Je sortis de cette maison par la porte de derrière et fus chez le général pour lui faire part des intentions des grenadiers de se procurer des cartouches. A l'instant, il envoya un ordre pour que l'artillerie fût gardée par un piquet de cinquante hommes.

Je rentrai dans mon logement, où on me prodigua beaucoup de soins. J'avais les membres et la tête meurtris de coups, mais le sang avait très peu coulé; on me fit prendre différentes liqueurs, et j'en fus quitte pour la douleur.

Le désordre continua toute la journée; les grenadiers maltraitaient, avec leurs fusils, tous ceux qui se trouvaient sur leur passage. Ils mirent en joue plusieurs personnes qui se présentaient aux croisées, entre autres, une demoiselle qui demeurait à côté de moi et qui avait eu la complaisance de crier : « Au secours! » pour me sauver.

Nos révoltés, poussés de boisson, furent bientôt poursuivis par le sommeil. A la faveur de la nuit, ils furent tous arrêtés et conduits dans les prisons.

Dans la nuit du 12 au 13, arriva le régiment de cuirassiers que le représentant du peuple avait fait appeler; le 13 au matin, on fit assembler toute la garnison sur la place d'armes; on fit l'inspection des armes dans le plus grand ordre et dans le plus grand silence. Le représentant du peuple arriva, et donna ordre au chef de brigade de faire avancer au centre la compagnie de grenadiers du 1er bataillon de la 1re demi-brigade; il fit lecture à la garnison d'un arrêté pris contre les révoltés, dans la journée du 11. Cet arrêté prononçait le licenciement de la compagnie, et l'envoi devant un conseil de guerre, de tous ceux qui avaient le plus participé à la révolte.

Cette triste expédition se fit de suite; les grenadiers, la plupart en pleurant, déposèrent armes et buffleteries, et se retirèrent pour se disposer à partir pour Givet, où ils devaient se rendre en attendant la décision du gouvernement. Le représentant du peuple fit un discours très énergique à la garnison, et la fit rentrer dans ses quartiers.

On nomma une commission militaire pour juger les délits de cette mémorable journée.

Le 13, au soir, le représentant du peuple fit rendre les sabres aux grenadiers, et leur promit qu'avant peu il espérait les réintégrer; il remit leur départ pour Givet au lendemain.

Le 14, les grenadiers partirent d'Aix-la-Chapelle; nous fûmes très sensibles à leur sortie, car nous savions que beaucoup n'avaient pris aucune part aux cruautés commises; les officiers et les sous-officiers avaient fait tous leurs efforts pour les ramener à l'ordre. Mais, cependant, il fallait un exemple; ce qui décida le représentant à prononcer leur licenciement.

Les grenadiers du 2ᵉ bataillon avaient d'abord pris part à l'insurrection, mais étant rentrés dans l'ordre et n'ayant ni insulté, ni frappé, ils ne furent pas inculpés.

Dans la nuit du 14 au 15, nous fûmes éveillés, à deux heures du matin, par toutes les cloches des paroisses. Nous ne savions à quoi attribuer ce carillon; c'était l'annonce d'une victoire remportée sur les Anglais.

Le 15, nous apprîmes avec plaisir que la Convention nationale avait décrété, qu'à dater du 15 thermidor, tous les officiers toucheraient, par mois, huit livres en numéraire, et les sous-officiers et soldats, deux sols par jour.

Le même jour, le régiment de cuirassiers partit d'Aix pour se rendre sur les bords du Rhin, à l'exception de cinquante hommes qui restèrent jusqu'à nouvel ordre.

La commission centrale d'Entre-Meuse-et-Rhin, instruite que les bons logements étaient la plupart occupés par les employés aux administrations, tandis que les militaires étaient toujours logés chez les habitants les plus indigents, rendit un arrêté autorisant les militaires à réclamer tous les logements occupés par les employés aux armées.

Le 16, arrivèrent à Aix, tous les militaires désignés pour faire partie de la garde de Paris; conformément à un décret de la Convention, six hommes par bataillon devaient être choisis pour former la cavalerie, l'infanterie et l'artillerie de Paris.

Le 18, plusieurs grenadiers arrêtés, et contre lesquels il n'y avait aucune déposition, sortirent de prison et partirent pour rejoindre leurs camarades à Givet.

Le 23, on fit assembler toute la garnison sur la place d'armes. Le représentant fit un discours au sujet de l'anniversaire du 10 août; ensuite, il annonça de grandes victoires remportées sur les Anglais et la paix définitive entre la République et l'Espagne.

Le soir, grand bal chez le représentant, où

assistèrent tous les chefs des administrations, et fort peu de militaires.

Le 27, je reçus une assignation de l'accusateur militaire pour comparaître, le 28 au matin, devant le tribunal militaire, et déclarer ce que je connaissais de l'insurrection du 11 courant. Je fus fort embarrassé. Mon intention n'était pas de charger ces militaires, égarés par la boisson, poussés par la misère et le mécontentement.

Le 28, je me rendis au tribunal, où nous nous trouvâmes trente-deux témoins. Dix-sept grenadiers, accusés d'être auteurs de la révolte, parurent devant le tribunal. On entendit les dépositions, en commençant par les officiers supérieurs; mon tour vint sur les quatre heures, et je fis ma déclaration de manière qu'elle ne comprit aucun des accusés particulièrement.

Vers les six heures, on avait entendu les rapports tant à charge qu'à décharge, et la parole fut accordée au défenseur officieux, qui était le gazetier de la ville, homme d'esprit et de mérite. Il soutint la défense de ces malheureux avec une énergie et un esprit étonnants; il cita mille traits à l'avantage des accusés et termina par un discours qui fit pleurer tous les spectateurs.

La procédure dura jusqu'à minuit, et le résultat du jugement fut la condamnation de deux caporaux et de quatre grenadiers, à être fusillés; parmi eux était La Réjouissance. Les onze autres furent condamnés à deux ans de prison.

Le lendemain matin, ces derniers me firent appeler à la prison; j'étais indécis de savoir si je devais y aller. Cependant je m'y rendis; à mon arrivée, ils se mirent tous à pleurer; plusieurs d'entre eux tombèrent à mes genoux en me répétant qu'ils me devaient la vie, puisque, d'après ce qu'on leur avait rapporté, j'étais un de ceux qui avaient été le plus maltraités dans cette affaire. Je persistai à leur redire ce que j'avais avancé au tribunal. Cependant, plusieurs à qui je parlais, ne pouvaient pas douter que je les remettais bien; car, quoique dans la boisson, l'homme se rappelle toujours de ses sottises, et l'époque était assez mémorable pour en avoir souvenir. Je me retirai de la prison en cherchant à leur donner quelques espérances.

A quatre heures, on rassembla les troupes sans armes pour assister à l'exécution des six grenadiers, dans une petite plaine proche de la ville. On prit soin de ne laisser approcher aucun bourgeois, car on savait qu'ils devaient demander grâce, et on disait même qu'ils étaient allés la demander au général et au représentant du peuple.

Vers le soir, les grenadiers arrivèrent sous bonne escorte : quatre paraissaient profondément affligés et deux autres, dont La Réjouissance, marchaient comme des effrontés. Ils se placèrent à l'endroit où ils devaient être fusillés, avec une fermeté extraordinaire. On fut pour leur bander les yeux, mais ils répondirent que mille fois ils avaient vu la mort et que jamais ils n'avaient eu peur. — La Réjouissance, comme un scélérat, se mit à danser et à encourager les autres malheureux qui, en raison de leur bonne conduite passée et de leur repentir, attendrissaient tous les spectateurs.

Ils s'embrassèrent tous, se mirent en haie en se donnant le bras, et dirent au piquet chargé de l'exécution : « Allons! camarades, faites votre devoir et, surtout, ajustez bien! » On ordonna le roulement et, au signal, le piquet fit feu. Cinq tombèrent sur le coup et un d'entre eux resta debout; il eut le courage de dire très distinctement : « Eh bien! et moi, camarades ? » Aussitôt on recommença la décharge et il tomba percé de balles. Leur courage et leur fermeté surprirent tous les spectateurs qui fondirent en larmes. Nous rentrâmes chacun dans nos logements.

Fructidor an III (août-septembre 1795). — Le 1er fructidor, les troupes d'Aix-la-Chapelle reçurent leur ration de pain de vingt-quatre onces, comme d'habitude.

Nous reçûmes plusieurs lettres de Paris annonçant que tous les patriotes étaient vexés; que le pauvre peuple était réduit à mourir de faim; que, dans différents départements, on affichait publiquement : « Reprenez un roi et la religion, et vous aurez du pain! » Ces affligeantes nouvelles désolaient les pauvres militaires qui, malgré leurs fatigues et privations, battaient les ennemis sur tous les points, tandis qu'en France on laissait rentrer les émigrés qui, la plupart, s'agitaient pour organiser une contre-révolution.

Le 12, notre capitaine partit en congé de trois décades accordé, en vertu d'une loi nouvelle, à raison de deux sur cent sous-officiers et soldats, et de un sur vingt officiers.

Vers la fin du mois, les troupes passèrent le Rhin sur différents points ; tous les chevaux d'artillerie et autres, qui étaient dans les environs d'Aix-la-Chapelle et de Juliers, furent conduits à l'armée.

Vendémiaire an IV (septembre-octobre 1795). — Le 9 vendémiaire, je reçus une lettre de ma chère mère, avec un certificat de la municipalité qui attestait que j'avais des affaires de famille à régler. En conséquence, avec beaucoup de peine, et même à force d'intrigue, je parvins à obtenir du conseil d'administration, un congé de trois décades.

Le 11, je reçus mon congé dans les formes ; ma joie était si grande que je partis de suite. Je fus coucher, le même soir, à Henry-Chapelle. Le 12, j'en partis à la pointe du jour, passai par Herve et Liège, et fus coucher à Ingie, petit village sur les bords de la Meuse. Le 13, je pris la galiote de Huy et fus coucher à Namur. Le 14, dîner à Dinant et coucher à Givet. Le 15, je passai par Fumay, Rocroy et fus coucher à Maubert-Fontaine. Le 16, je partis à la pointe du jour : je passai par Brunhamel, Rozoy, Montcornet, et fus coucher dans un petit village, proche la grande route, où je fus obligé de coucher dans une grange sur la paille. Le 17, je passai par Marle, Laon, et fus coucher dans un petit village plus loin. Le 18, je passai à Soissons et fus coucher à la Ferté-Milon. Le 19, je fus à Meaux, et comme j'étais obligé de prendre les chemins de traverse pour aller à Corbeil, les habitants me conseillèrent de passer par Paris, car les chemins étaient impraticables. Je fus coucher à Claye.

Le 20, je partis de Claye à la petite pointe du jour, et j'arrivai à Paris à neuf heures du matin.

Avec empressement, je fus voir mes parents qui me reçurent avec la plus grande amitié et le meilleur cœur; ils me comblèrent d'honnêtetés. Il me tardait de partir de suite pour me rendre auprès de ma chère mère, mais j'avais tant de commissions pour Paris que je fus obligé d'y rester le lendemain 21.

Je fus voir le citoyen Caillet, mon ancien maître d'apprentissage; je fus reçu par lui et par son épouse avec la plus grande générosité. Ils me comblèrent d'honnêtetés et d'amitiés auxquelles je fus d'autant plus sensible, que j'étais sorti de chez ce brave citoyen de la manière la plus maladroite. Cependant, n'ayant à me reprocher qu'une étourderie de jeunesse, je vis avec plaisir qu'il avait eu la bonté d'oublier ces petites sottises.

Le 22, je pris le coche pour Corbeil. J'appréhendais et désirais tout à la fois mon arrivée. J'arrivai donc à quatre heures après midi; je courus à la hâte chez mon frère aîné [1], que j'eus le bonheur de trouver en parfaite santé, ainsi que son épouse, et un petit nouveau-né qui était dans les bras de ma sœur Charlotte; elle fut tellement saisie de me voir qu'elle faillit le laisser tomber.

Transportée de joie, elle courut prévenir ma mère de mon arrivée, afin d'éviter une prompte surprise, qui eût pu nuire à sa santé.

Je courus précipitamment chez ma mère qui, prévenue de mon arrivée, était en pleurs, ainsi que mes sœurs. Nous restâmes au moins un quart d'heure, les uns et les autres, sans pouvoir articuler une parole; tous renfermés dans une chambre étroite, nous pleurâmes mon père et mon frère; après nous être embrassés tendrement, le bonheur de nous revoir fit tarir nos pleurs. Je regardais mes frères et mes sœurs qu'à peine je pouvais reconnaître, surtout mon frère Louis et mes sœurs Charlotte et Emilie, extraordinairement grandis.

Les jours suivants, je fus voir nos parents et amis, qui me reçurent avec amitié.

---

1. Ce frère aîné était un enfant d'un premier lit.

Dans le cours de mon semestre, je fus différentes fois à Paris; partout la misère était à son comble; il n'y avait ni travaux ni commerce, et le pain était aussi rare que cher; tous les habitants des villes et des campagnes étaient réduits à une très médiocre ration, et il n'y avait qu'à force d'argent qu'on pouvait se procurer du supplément.

J'appris l'insurrection qui avait eu lieu, dans Paris, le 13 vendémiaire; on était encore effrayé du canon qui avait grondé pendant trois heures, dans les environs du Palais-National, et spécialement dans la rue Saint-Honoré. Encore une fois, les ennemis de la République furent convaincus que leurs complots devaient toujours échouer. Il y eut malheureusement beaucoup de victimes; quantité de gardes nationaux égarés se firent tuer par la mitraille; la troupe de ligne était commandée par le général de brigade Bonaparte.

Je fus avec ma mère solliciter plusieurs personnes pour obtenir un congé absolu; partout nos démarches furent sans succès. Les revers de l'armée de Sambre-et-Meuse, obligée de repasser le Rhin avec perte, firent accélérer le départ des militaires en congé limité, ainsi que la recherche des déserteurs et des réquisitionnaires absents.

ANNÉE 1796

Nivôse an IV (décembre 1795-janvier 1796). — Je fixai ce cruel moment au 4 nivôse an IV (1795).

Le 3, je fus retenir une place à la diligence, et faire mes adieux à tous les parents et amis.

Le 4, à la pointe du jour, il fallut m'arracher des bras de ma mère, de mes frères et sœurs. Ma mère comme privée de raison, poussait de grands cris. Échappé de la maison, je courus à la diligence de Paris, où je devais recevoir une feuille de route. Mon frère Louis vint me conduire un grand bout de chemin, et nous nous quittâmes en pleurant.

J'arrivai à Paris vers midi, je fus coucher avec mon cousin Petitpont qui m'avait témoigné la plus grande amitié.

Je dînai chez mon ami Mallard qui, pour me distraire, me mena à l'Opéra. Le 5, je fus trouver Hivert, sergent dans ma compagnie, et l'engageai à partir avec moi, son congé étant également expiré ; nous fixâmes notre départ au lendemain.

Je fus voir mon capitaine Orillac, aussi en congé ; il m'apprit qu'il avait obtenu un congé de réforme.

Le même jour, j'appris d'un ami, nommé Perelle, que mon camarade Hervé venait d'arriver ; aussitôt je fis des recherches pour le rejoindre et, par hasard, j'eus le bonheur de le rencontrer près du passage de la rue Feydeau. Notre joie fut égale à notre surprise. Il fut désolé de notre rencontre, puisqu'il fallait nous séparer de suite. Nous passâmes avec plaisir une soirée qui fut bien courte, et fûmes souper ensemble chez un de ses frères, maître sellier rue Feydeau.

J'appris que mon ami Petitpont était parti ; la recherche des jeunes gens en âge de réquisition l'avait fait aller à Meaux en qualité de secrétaire du général Lange. Le 6, après avoir déjeuné, Hivert, Hervé et moi, nous nous mîmes en marche. Mon ami Hervé vint me faire la conduite jusqu'au bout du faubourg Saint-Martin ; nous nous embrassâmes pour la dernière fois en promettant de nous écrire très souvent.

Nous partîmes donc, mon camarade Hivert et moi, non pas sans regarder souvent derrière nous si nous voyions encore les murs de Paris. Nous fûmes coucher à Louvres ; le 7, à Senlis ; le 8, à Compiègne ; le 9, à Soissons ; le 10, à Fismes ; le 11, à Reims ; le 12, à Isle ; le 13, à Réthel ; le 14, à Lannoy. Le 15, coucher à Charleville ; nous logeâmes chez la cousine germaine du général en chef Pichegru; le 16, nous fûmes à Rocroy, toujours par un temps de pluie affreux et des chemins impraticables; le 17, coucher à Givet; le 18, coucher à Dinant; le 19, à Namur; le 20, à Huy; le 21, à Liège; le 22, à Henry-Chapelle.

Le 23, arrivée à Aix-la-Chapelle, où était encore la demi-brigade; nos camarades s'empressèrent de nous demander des nouvelles de France. Avec peine nous fûmes obligés de dire que partout on ne voyait que haine, passions et vengeance; que la misère était à son comble, causée par l'agiotage, par l'insouciance et la faiblesse du gouvernement; qu'enfin les trois quarts des départements manquaient de pain. Toutes les lettres que nos amis avaient reçues s'accordaient trop bien avec tout ce que nous leur dîmes.

Nous apprîmes avec un grand plaisir qu'il y avait une suspension d'armes; nous espérions la paix générale. Il y avait un grand mécontentement dans l'armée; les soldats, manquant de tous les objets de première nécessité, étaient témoins de la plus grande dilapidation dans toutes les branches des administrations civiles et militaires.

Pluviôse an IV (janvier-février 1796). — Le 2 pluviôse, le général en chef Jourdan passa à Aix-la-Chapelle pour se rendre à Paris.

Ce même jour, on fêta l'anniversaire de la mort du dernier roi des Français. Toute la garnison, les administrateurs civils et militaires s'assemblèrent sur la place d'armes, et prêtèrent serment d'être fidèles à la République. Nous tirâmes douze coups de canon.

On apprit que les troupes de la République française allaient être réorganisées ; le nombre de demi-brigades et de régiments allait être réduit, ce qui nécessiterait une grande réforme dans les officiers ; les compagnies de canonniers des demi-brigades seraient composées de 48 hommes, pour le service des 3 pièces de quatre. On reçut l'ordre d'établir des états, présentant l'ancienneté de grade et de service des officiers, sous-officiers et soldats, pour servir à la nouvelle organisation.

Ventôse an IV (février-mars 1796). — Le 6 ventôse, le général en chef Jourdan passa à Aix, pour retourner à son quartier général de Bonn, sur les bords du Rhin.

Ce même jour, l'ordre fut donné pour que tous les jeunes gens de l'âge de première réquisition, employés dans les bureaux et administrations de l'armée, fussent incorporés dans l'infanterie.

Germinal an IV (mars-avril 1796). — Dans les premiers jours de germinal, on fit l'amalgame des demi-brigades. Les officiers eurent l'avantage de pouvoir donner leur démission ; trois de nos officiers profitèrent de cette loi et quittèrent la compagnie au regret de leurs camarades. Notre demi-brigade fut amalgamée avec deux bataillons de la 161ᵉ; elle fut composée de 3350 hommes.

Notre compagnie, et deux escouades des canonniers de la 161ᵉ, furent réduites à 48 hommes; l'excédent fut incorporé : ceux de taille dans l'artillerie, et les autres, dans l'infanterie. Nous eûmes un nouveau capitaine et un nouveau lieutenant; nous étions deux sergents-majors; étant le plus ancien, je fus titulaire, ainsi que mon fourrier.

Par l'effet de cet amalgame il y eut beaucoup d'officiers supprimés; les uns se retirèrent avec un petit traitement, et les autres restèrent à la suite du corps.

Dans chaque demi-brigade, on forma une compagnie dite auxiliaire, composée des hommes les moins propres à faire la guerre, pour le service des places de l'intérieur, à l'effet de faire rentrer en ligne toutes les troupes en état d'entrer en campagne. Ce grand changement, dont on ne put blâmer le travail, fit beaucoup de mécontents parmi les officiers et les soldats.

Notre demi-brigade reçut ordre de se tenir prête à partir pour aller prendre son rang de bataille dans la ligne sur les bords du Rhin. Vers la fin de germinal, notre nouveau capitaine étant à Liège pour affaire de service, eut le malheur d'avoir la jambe cassée par la chute de son cheval.

Floréal an IV (avril-mai 1796). — Le 1ᵉʳ floréal, nous reçûmes l'ordre de marche pour le 3. Le 2 fut employé à faire nos sacs et nos adieux; beaucoup de militaires avaient des maîtresses, et il leur en coûta de se mettre en route.

Le 3, départ d'Aix-la-Chapelle, à six heures du matin, pour Juliers. Les larmes coulèrent des yeux de nos jeunes amants; les échos retentirent des cris de nos ivrognes. — Cependant la longueur du chemin calma ces excès, et la sérénité reparut sur les visages. Nous arrivâmes à Juliers, avec un peu de désordre dans les rangs. L'état-major, les grenadiers et les canonniers couchèrent dans cette ville, et les autres compagnies cantonnèrent dans les villages voisins.

Le 4, départ pour Bergheim. Il n'y eut que l'état-major qui coucha dans cet endroit, et toute la demi-brigade fut cantonnée çà et là dans les villages.

Le 5, départ à la pointe du jour, pour aller prendre cantonnement dans les villages sur les bords du Rhin; nous occupâmes une ligne depuis Cologne jusqu'à Nuys. Le lendemain, les cantonnements furent désignés; le besoin de fourrage pour nos chevaux nous fit cantonner avec les grenadiers à Nethesseim, situé à trois lieues du Rhin. Dans cet endroit, mon fourrier et moi fûmes logés chez le pasteur, où nous fûmes très bien.

Nous apprîmes avec peine que la trêve allait expirer à la fin du mois, et que les hostilités allaient recommencer. Cela me causa de grandes inquiétudes, car le soldat, qui depuis longtemps manquait de vivres et de vêtements, souvent ne recevait pas les deux sols accordés. Il y avait à craindre que le brigandage se mît dans l'armée et causât de grands revers. Cependant il régnait un assez bon esprit.

Le 10, je fus à Cologne pour affaire de service. Je remarquai, dans cette grande cité, la place d'armes située à une extrémité de la ville ; elle est entourée de plusieurs promenades superbes où il y a quantité de statues ; beaucoup avaient été cassées par la troupe et par la populace, lors de l'invasion des Français. On dit ici qu'il y a autant de clochers que de jours dans l'année ; aussi y voit-on quantité de prêtres, de religieux et de mendiants.

Le 11, je revins à mon cantonnement. Il parut à l'ordre du jour de l'armée un nouveau tarif pour le mode de payement de la solde des troupes ; savoir :

Par jour, en numéraire.	Livres.	Sols.	Deniers.
Le général en chef de l'armée.	1	13	4
Les généraux divisionnaires..	1	10	»
Les généraux de brigade.....	1	6	4
Les chefs de brigade.........	1	3	4
Les chefs de bataillon ou d'escadron..................	1	»	»
Les capitaines...............	»	16	8
Les lieutenants..............	»	13	4
Les sous-lieutenants.........	»	10	»
Les sergents-majors et maréchaux des logis chefs......	»	5	»

ANNÉE 1796

Par jour, en numéraire.	Livres.	Sols.	Deniers.
Les sergents et maréchaux des logis..................	»	4	»
Les fourriers...............	»	3	6
Les caporaux, brigadiers, tambours et trompettes.......	»	3	»
Les soldats................	»	2	6

Le tout, à compter du 15 germinal. Le surplus de la solde devait être payé en mandats.

Nous apprîmes, par l'ordre du jour de l'armée, que l'armée d'Italie, aux ordres du général Bonaparte, avait ouvert la campagne par une victoire éclatante.

Le 14, canonnade et fusillade du côté de Düsseldorf. — Cela causa quelque inquiétude, mais bientôt on apprit que la division Lefebvre faisait l'exercice à feu.

Le 18, on apprit que l'armée d'Italie avait remporté une seconde victoire non moins importante que la première.

Le 22, on annonça une suspension d'armes entre les troupes de la République française et celles du roi de Sardaigne.

Ce même jour, nous fûmes, à Rokendorf, loger, à cinq canonniers, dans une maison isolée au milieu d'un bois.

Prairial an IV (mai-juin 1796). — Le 2 prairial, la suspension d'armes était expirée; nous n'avions plus que les dix jours d'intervalle convenus dans la trêve.

Le 4, départ de Rokendorf pour Worringen.

Le 7, nous allons à Dormach, où toute la demi-brigade devait se rendre pour passer le Rhin. Nous étions de la 2e division de l'armée de Sambre-et-Meuse, commandée par le général Collot, et nous faisions partie de l'aile gauche.

Le 8, nous fûmes passer le Rhin sur un pont de bateaux, entre Nuys et Düsseldorf. La division se rallia et fut camper sur la droite de Düsseldorf, à côté de la division Lefebvre. Il y avait une ligne de redoutes respectables depuis Düsseldorf jusqu'à Mühlheim

Vers midi, je fus à Düsseldorf, petite ville très jolie. Le commerce y est considérable; le sexe y est fort beau et très aimable; le soir, je revins au bivouac, peu satisfait de recommencer à coucher à l'injure du temps.

Le 9, ordre d'aller chercher des cartouches sans balle, à raison de trois par homme, pour fêter, dans le camp, le jour de la fête des Victoires. A deux heures après midi, on prévint que la fête n'aurait pas lieu et on renvoya les cartouches au parc.

On fit une visite très scrupuleuse, dans tous les caissons à munitions, pour s'assurer s'il n'y avait point de graines de colza parmi la poudre, car il en avait été trouvé dans plusieurs endroits. Il n'en fut point trouvé dans nos munitions.

Le 10, à deux heures du matin, les deux divisions prirent la route de Mühlheim. A la pointe du jour, la troupe marcha sur deux colonnes; la division Lefebvre appuya à gauche; celle de Collot poursuivit sa route et fut établir son bivouac à cinq lieues de Düsseldorf.

Le 11, nous fûmes établir notre bivouac une demi-lieue plus loin. Les divisions Bernadotte, Grenier et Championnet passèrent le Rhin à Cologne et à Neuwied. Toutes les troupes se préparèrent à l'attaque dès l'expiration de la suspension d'armes, c'est-à-dire le même soir.

Le même jour, la division partit à onze heures du soir, marcha par la pluie et arriva à la pointe du jour près de Mühlheim. Nos éclaireurs rencontrèrent les ennemis, et les attaquèrent sur différents points; notre division traversa la ville aux sons du tambour et de la musique, et fut se ranger en bataille à une lieue de l'autre côté. Vers le midi, on poursuivit la marche en observant le plus grand ordre de bataille; après avoir fait environ deux lieues à travers les blés, on établit le bivouac.

Le 13, à une heure du matin, la division se rangea en bataille; les éclaireurs furent en reconnaissance, et revinrent à six heures. Aussitôt, on se mit en marche, observant toujours le plus grand ordre. Vers neuf heures, notre avant-garde attaqua l'ennemi qui, après une légère résistance, se retira derrière la Sieg. La division du général Lefebvre le fit également rétrograder; retranché derrière la Sieg, il coupa tous les ponts de cette petite rivière, et fit de grandes dispositions pour s'opposer au passage. Malgré sa canonnade, on se disposa à l'attaque. Il fut ordonné de charger les pièces à mitraille, et de ne point tirer un coup de fusil. Nos grenadiers et la cavalerie passèrent cette petite rivière, à gué, sur différents points, et alors le feu devint violent. Nos fantassins, dans l'eau jusqu'à l'estomac, avancèrent la baïonnette en avant et gagnèrent l'autre rive, soutenus par l'artillerie, au pas de charge. On fonça intrépidement sur les ennemis qui furent obligés de prendre la fuite. Il fallait que l'artillerie passât également cette petite rivière, ce qui était très difficile, vu que son lit était comme celui d'un canal. Nous cherchâmes l'endroit le plus favorable; nous mîmes nos pièces à la prolonge et surmontâmes tous les obstacles. Dans ce passage, je perdis mon sabre singulièrement : un canonnier nommé Tétrelle, qui avait peur de l'eau, fut tellement saisi qu'il allait périr; il appelle à son secours et je retourne pour l'aider à passer; il s'agrippe à mon ceinturon, le fait casser et, une fois hors de l'eau avec Tétrelle, je m'aperçus que je n'avais plus ni mon ceinturon ni mon sabre.

Nous étions alors maîtres de la Sieg, où l'ennemi avait abandonné quantité d'équipages. Il fut mis dans une telle déroute que quantité de soldats s'égarèrent dans notre colonne, croyant que c'étaient de leurs gens.

Nous fûmes bivouaquer sur une hauteur; tous les habitants des villages voisins prirent la fuite, ce qui leur porta un grand préjudice, car les soldats qui avaient faim et qui n'avaient point reçu de vivres, furent obligés d'aller en chercher dans les villages et, n'y trouvant pas d'habitants, firent beaucoup de dégâts. Nous passâmes une mauvaise nuit; nous étions tout mouillés.

Le 14, comme d'habitude, prise d'armes à une heure du matin. On resta en bataille jusqu'au jour.

Vers dix heures, nous partîmes; l'avant-garde attaqua l'ennemi qui fut vivement poussé; on bivouaqua sur une hauteur formidable dans une redoute abandonnée par l'ennemi.

Notre marche ravageait les récoltes déjà très avancées; avec peine je voyais que le pillage faisait des habitants autant d'ennemis, et nous causerait indubitablement des revers.

Le 15, à une heure du matin, rangés en bataille, partis à quatre heures, nous marchâmes toute la journée, en faisant de grands détours dans les bois, par des chemins impraticables. On prit position à huit heures du soir. Les hommes et les chevaux étaient extrêmement fatigués. Il n'y eut, dans le courant de la journée que de petites escarmouches de troupes légères.

Le 16, prise d'armes à une heure du matin; départ vers les quatre heures; rencontre de l'ennemi au bout de deux heures de marche. Nos troupes légères, à pied et à cheval, engagèrent

11.

le combat sur la droite, et celles de la division Lefebvre, sur la gauche. Après une résistance assez opiniâtre, les ennemis furent contraints à la retraite et se rallièrent sur une hauteur très escarpée, située derrière une petite ville de la frontière prussienne.

Les troupes se disposèrent à l'attaque; l'artillerie chercha à ébranler les ennemis; notre cavalerie légère, toujours intrépide, les prit en flanc; notre impétueuse infanterie, au pas de charge, la baïonnette en avant, grimpa de front et, malgré la mitraille et la mousqueterie, parvint sur la côte sans avoir tiré un coup de fusil, fonça sur les canons, tua les canonniers à coups de baïonnette, culbuta tout et s'empara de quatorze pièces de canon, de cinq drapeaux; on fit trois mille prisonniers. La cavalerie contribua puissamment à cette glorieuse action [1]. Nous continuâmes la poursuite des ennemis, que nous ne pûmes atteindre de la journée. Le soir, on établit le bivouac sur une hauteur près Montabaur.

Le 17, à une heure du matin, prise d'armes; départ à cinq heures pour attaquer les ennemis retranchés derrière un petit bourg. On établit le bivouac sur une hauteur de laquelle on voyait Limbourg. Nos troupes légères se battirent jusqu'à la nuit.

Nous étions très malheureux dans ces con-

---

1. Elle reçut le nom d'Altenkirchen; Kléber commandait en chef.

trées, ne recevant point de vivres, obligés de vivre de maraudage; les chemins étaient impraticables et les convois de subsistances ne pouvaient parvenir. Le pays, en grande partie boisé, n'offrait point de paille pour coucher, et cependant il ne faisait pas bon coucher sur la terre, par un temps extrêmement pluvieux.

Le 18, prise d'armes à une heure du matin; et à la pointe du jour, départ pour attaquer les ennemis. La division Lefebvre les prit par la gauche, et nous par la droite. Après plusieurs contremarches, nous les forçâmes à repasser la Lahn, petite rivière très rapide. Nous prîmes position sur le bord d'un bois, près la rivière, et la division Lefebvre établit son bivouac à une demi-lieue sur notre gauche. Nous étions alors très voisins de l'ennemi; nos sentinelles et les leurs n'étaient séparées que par la Lahn. Il était défendu, de part et d'autre, de tirer des coups de fusil, afin que les hommes et les chevaux eussent la jouissance de l'eau.

La division Championnet était en position devant Nassau, situé sur notre droite.

Nos soldats tenaient souvent conversation avec les Autrichiens; ces derniers disaient que nous ne pourrions jamais passer, et qu'au contraire, ils espéraient nous chasser avant trois ou quatre jours. Nous n'ajoutâmes aucune foi à ces discours, mais nous ne pouvions disconvenir que leur position était très forte.

Le 20, l'ennemi fit un grand mouvement; notre cavalerie en fit autant, et pendant la nuit on changea de position la grosse artillerie.

Le 21, pendant vingt-quatre heures, nous reçûmes la pluie; nous étions traversés; le peu de paille que nous avions pour coucher n'était plus que du fumier. Dans le courant de la journée, le canon s'était fait entendre fortement dans le lointain. Nous nous apercevions que l'ennemi recevait continuellement du renfort.

Le 22, le bivouac appuya de cent toises sur la gauche.

Le 24, les divisions Grenier et Championnet vinrent s'établir à notre droite.

L'après-midi, notre division fut prendre l'emplacement de celle du général Lefebvre, partie la nuit précédente pour se porter sur Wetzlar, où l'ennemi avait réuni de grandes forces. Ce fut la division Grenier qui prit notre position.

Le 25, nous reçûmes ordre d'aligner les baraques, pour passer la revue du général en chef Jourdan.

Nous restâmes très longtemps en bataille et, vers le soir, on fit rompre les rangs en prévenant de nous tenir tout prêts à attaquer.

Le même jour, arriva une division de cavalerie commandée par Bonneau, notre ancien général de l'armée du Nord.

Le 26, en bataille, nous entendîmes, vers cinq heures du matin, une forte canonnade du côté de Nassau. Nous ne pûmes rentrer dans nos baraques que fort tard, par un brouillard extrêmement épais.

Dans la matinée, on apprit que la division Championnet avait battu l'ennemi, dans les environs de Nassau, avait fait sept cents prisonniers et pris sept pièces de canon.

Le 27, à la pointe du jour, notre général de brigade Baillaux s'approcha, à la faveur du brouillard, jusqu'aux portes de Limbourg, mais l'ennemi, l'ayant aperçu, fit un feu étonnant; nous perdîmes un chasseur qui eut la cuisse emportée. Temps orageux le restant de la journée.

Comme les vivres ne pouvaient pas nous parvenir, on fit ramasser tout le grain des environs; on mit en réquisition les meuniers et les boulangers qui étaient dans les corps, pour moudre et faire du pain.

Le 28, à la pointe du jour, les ennemis firent une fausse attaque sur notre division; ils tirèrent une trentaine de coups de canon; notre cavalerie fit jonction avec celle du général Grenier. On resta en bataille devant Limbourg, et la cavalerie se porta sur la gauche. Vers onze heures, nous apprîmes que la division du général Lefebvre avait été complètement battue dans les environs de Wetzlar; une partie des troupes légères ainsi que les canonniers avaient été massacrés dans la nuit du 27 au 28, et l'ennemi avait chassé la division qui faisait prompte retraite. Plusieurs corps d'infanterie furent garder différents passages; nous restâmes, le restant de la journée, en bataille.

A huit heures du soir, il fallut évacuer cette belle position. On fit placer, sur les bords de la Lahn, des sentinelles en paille, habillées avec de vieux habits de volontaires; à la faveur de la nuit, nous partîmes, la gauche en tête. Un de nos bataillons et les chasseurs à pied formèrent l'arrière-garde; nous fûmes obligés de passer sur un petit pont construit à la hâte, et où un de nos chevaux faillit faire perdre une pièce de canon; on coupa ses traits, et lui seul tomba dans le ravin, d'où, avec beaucoup de peine, nous parvînmes à le retirer. Nous marchâmes toute la nuit par la pluie.

Les ennemis ne purent longtemps être dupes; le bruit que nous fîmes en partant, et ensuite le silence, joint à l'immobilité de nos sentinelles, tout enfin fit connaître que nous avions évacué. Les ennemis passèrent la Lahn en force supérieure et, à la pointe du jour, ils attaquèrent avec impétuosité notre arrière-garde. Vers les dix heures du matin, notre division fit halte pour attendre notre arrière-garde; un régiment de cavalerie avec de l'artillerie légère arrêta la marche de l'ennemi qui déjà avait pris beaucoup de chasseurs à pied.

Les divisions Bernadotte, Reynier et Championnet effectuèrent leur retraite sur Neuwied et Cologne.

Vers une heure après midi, retraite par une pluie très fatigante; on marcha le restant de la journée et toute la nuit. A quatre heures du matin, hommes et bêtes ne pouvaient plus tenir sur pied; depuis quarante-huit heures en marche ou en bataille, sans presque prendre aucun aliment, nous étions hors d'état de continuer, et malgré la presse on fut contraint de faire une halte de deux heures, dans la position où nous avions complètement battu l'ennemi.

Il fallut continuer par une pluie qui ne discontinuait pas; les chemins étaient impraticables, les terres, extraordinairement grasses, ne nous permettaient pas de mettre un pied devant l'autre; les hommes et les chevaux s'abattaient à chaque instant dans les boues. La fatigue et le sommeil, joints au besoin de subsistances, rebutaient les soldats. Cependant nous parvînmes à gagner la position occupée le 14, et nous fîmes jonction avec la division du général Lefebvre.

Nous prîmes alors du repos; les deux divisions y passèrent la nuit.

Messidor an IV (juin-juillet 1796). — Le 1er messidor, la cavalerie du général Bonneau partit pour repasser le Rhin à Bonn.

Vers les huit heures, l'ennemi vint attaquer nos avant-postes; aussitôt la générale fit prendre les armes à toute la troupe; les divisions avancèrent en bataille et le combat s'engagea. Notre brigade appuya à droite pour s'opposer à un corps de cavalerie qui voulait tourner notre colonne. Sur notre gauche, trois régiments de cavalerie s'avancèrent sur la division Lefebvre; deux régiments de notre cavalerie se portèrent à leur rencontre et, suivis de plusieurs bataillons d'infanterie, poursuivirent les ennemis avec impétuosité. Mais, pendant cette charge, l'infanterie autrichienne prit nos gens en flanc et le combat devint sanglant; notre cavalerie et notre infanterie furent obligées de défiler sous le feu des bataillons ennemis. Les feux de bataillons ne firent qu'un roulement pendant dix minutes, au bout desquelles notre infanterie fonça à la baïonnette et fit un carnage horrible. Cependant la supériorité de l'ennemi contraignit nos gens à reprendre leur première position, et la nuit vint fort à propos pour faire cesser ces égorgements. Français et Autrichiens reprirent leurs positions; le champ de bataille resta libre.

Nous perdîmes beaucoup de monde; quantité de nos blessés restèrent au pouvoir des ennemis ainsi qu'un grand nombre de prisonniers. Notre demi-brigade perdit deux cents hommes.

L'ennemi perdit aussi considérablement de monde, surtout en cavalerie.

Le 2, nous partîmes, à huit heures, pour gagner les plaines de Mühlheim; nous marchâmes la droite en tête, et par conséquent notre demi-brigade ouvrit la marche. Après avoir marché toute la nuit on repassa la Sieg à deux heures du matin, près la petite ville de Siegburg.

Vers les six heures du matin, nous essuyâmes un orage comme jamais je n'en ai vu; en moins d'une heure, la plaine fut entièrement couverte d'eau. Cependant nous dûmes poursuivre notre marche, afin d'éviter que notre arrière-garde fût inquiétée par l'ennemi. Nous arrivâmes, sur les dix heures, dans les plaines de Mühlheim, dans un désordre abominable. Les soldats des différents corps étaient pêle-mêle, traversés jusqu'aux os et n'ayant ni bois ni paille pour se sécher. Quelques moments après notre arrivée, la pluie recommença et ne cessa de tomber qu'à sept heures du soir; nous passâmes une nuit dans la plus terrible situation. Après être restés, jusqu'à dix heures, dans la boue jusqu'aux genoux, il vint un ordre pour poursuivre notre marche, et nous n'arrêtâmes qu'à la pointe du jour.

Les soldats étaient entièrement dégoûtés, et souvent se portaient à des excès infâmes contre les pauvres habitants qui déjà avaient été pillés, ravagés et maltraités.

Sur les six heures, nous continuâmes notre marche; nos soldats étaient tellement fatigués que plusieurs se portaient à l'écart pour dormir et, par conséquent, tombaient au pouvoir des ennemis qui suivaient toujours de près.

Dans le courant de la journée, il y eut de grands murmures dans la troupe, occasionnés par la brutalité de plusieurs officiers supérieurs qui, loin de prendre part à la peine du soldat, se permettaient de donner des coups de canne et même des coups de sabre. Un volontaire de notre compagnie eut l'épaule partagée en deux d'un coup que lui porta le chef de brigade Lefebvre. Il est vrai que la conduite de la plupart des soldats était infâme, mais le peu de soin que l'on prenait de leur procurer vivres et vêtements, causait souvent du brigandage.

A midi, un paysan accusé d'avoir tué un volontaire d'un coup de fusil, fut mutilé sur le milieu de la route par des soldats; ces derniers étaient enragés contre les paysans qui, effectivement, avaient égorgé plusieurs soldats. Mais il paraissait probable que ces meurtres n'avaient été excités que par le brigandage des troupes françaises.

Nous étions alors à couvert de l'ennemi, vu que nous tenions la ligne des redoutes. Nous arrivâmes le 4, à la petite pointe du jour, dans une de nos anciennes positions; nous étions tellement fatigués que la plupart des soldats s'étaient répandus le long de la route. Arrivés au bivouac, chaque bataillon ne comptait que cent hommes environ; jamais nous n'avions marché dans un si mauvais ordre.

Le soir, à sept heures, nous continuâmes notre route, et arrivâmes au camp de Düsseldorf le lendemain à cinq heures du matin, traversés jusqu'aux os. Avec beaucoup de peine, nous parvînmes à faire des mauvaises baraques, obligés d'aller chercher du bois à une lieue de notre camp et de couper des seigles encore verts.

Le lendemain 6, prise d'armes à une heure du matin, et aussitôt les reconnaissances rentrées, on fit rompre les rangs.

Dans la matinée, appel extraordinaire pour savoir combien il manquait de soldats au drapeau, sans comprendre ceux tués, blessés ou faits prisonniers dans les combats. Il y eut des compagnies où il en manqua jusqu'à douze, qui s'étaient probablement fait ramasser par l'ennemi en dormant sur la route, ou assassiner par les paysans en allant brigander.

Le 6, on ne perdit pas un moment pour fortifier la ligne; quantité de maisons des faubourgs de Düsseldorf furent abattues pour découvrir la plaine. On apprit que plusieurs corps devaient venir de Hollande pour nous porter renfort.

Le 7, nos chasseurs à cheval poussèrent leur découverte jusqu'à la petite ville de Siegburg, sans rencontrer les ennemis.

Dans le courant de la journée, on fit assembler le corps d'officiers de chaque demi-brigade, pour annoncer que, par un arrêté du Directoire, les officiers qui ne voulaient pas continuer leur service, étaient libres de donner leur démission et qu'elle serait acceptée.

Le 9, notre général de brigade Bastoul vint au camp et fit assembler sa brigade pour faire part d'une lettre du général Kléber au général Collot. Cette lettre disait que l'armée de Rhin-et-Moselle venait de donner une chasse complète à l'armée autrichienne, lui avait fait repasser le Rhin avec perte et que nos gens étaient toujours à leur poursuite. Il dit ensuite que le général en chef Jourdan faisait l'éloge de l'aile gauche, pour la bravoure et la constance montrées dans les combats et marches forcées de la retraite de Limburg; que l'expédition que nous venions de faire n'avait eu pour but que de chasser l'ennemi jusqu'à la Lahn, afin de faire une diversion sur les troupes autrichiennes du haut Rhin, et de faciliter le passage de ce fleuve, qui avait réussi. Cependant, nous n'aurions pas dû perdre autant de monde. Il annonça à la troupe qu'il fallait nettoyer ses armes et se disposer à marcher à l'ennemi sous peu de jours. Cette dernière nouvelle fut froidement accueillie, car les soldats avaient une grande aversion pour aller porter la guerre dans ces contrées. Effectivement, ces pays, couverts de bois, de montagnes, de ravins, d'habitations entièrement ravagées, n'offraient que fatigues et privations.

Le 10, les divisions Lefebvre et Collot partirent à trois heures du matin, et furent bivouaquer dans la position précédemment occupée. Le 11, par un temps affreux, bivouac dans les plaines de Mühlheim. Nous fûmes à Cologne chercher des souliers pour la troupe qui était en partie nu-pieds.

La division du général Grenier passa le Rhin, sur le pont volant de Cologne.

Le 12, départ à sept heures du matin. Près la petite ville de Siegburg, l'ennemi voulut encore empêcher le passage de la Sieg. Mais nos chasseurs, qui connaissaient cette petite rivière, la passèrent à gué et tournèrent Siegburg où ils bloquèrent les cuirassiers autrichiens; ils se battirent avec un courage vraiment étonnant et firent deux cents prisonniers. Notre colonne fit une longue halte, en attendant que les passages fussent établis sur la Sieg. Les deux cents cuirassiers faits prisonniers partirent pour Bonn.

Le soir, à neuf heures, nous passâmes la Sieg et fûmes bivouaquer un peu plus loin; très mauvaise nuit, par un temps froid et pluvieux, sans paille, sans feu, sans pouvoir découvrir à deux pas devant soi.

Le 13, on resta dans cette même position.

Le 14, les trois divisions prirent position sur une hauteur, trois lieues plus loin. Je reçus l'ordre de me rendre à Bonn pour conduire des ballots de butin (effets militaires) qui ne pouvaient encore être distribués, et pour chercher des chemises et autres objets utiles à la troupe.

Ce même jour, coucher à Bonn, où je fis rencontre de la division de cavalerie qui passait le Rhin pour rejoindre l'armée.

Je restai à Bonn les 14, 15, 16 et 17; ma mission remplie, je partis le 18 pour rejoindre l'armée, sur les bords de la Lahn; le même jour, coucher dans la petite ville de Lintz.

Le 19, coucher dans la jolie petite ville de Neuwied.

Le 20, je fus à Montabaur, où je fis rencontre d'un convoi considérable de blessés français revenant de Nassau. Nos gens s'étaient emparés de ce point important, à la baïonnette, ce qui avait fait beaucoup de blessés.

Nous apprîmes que les divisions avaient passé la Lahn, sur trois points différents : Nassau, Limbourg et Wetzlar; notre division avait traversé cette dernière ville.

Avec le vaguemestre de notre brigade et un canonnier, je passai la Lahn à Limbourg, où se trouvaient beaucoup de troupes. Coucher deux lieues plus loin, sur la route de Francfort. Le soir, il arriva dans le village beaucoup de blessés du 12ᵉ chasseurs à cheval, qui avait résisté contre trois régiments d'émigrés français; la plupart étaient dangereusement blessés.

Le 22, nous fûmes obligés de quitter le corps d'armée pour gagner l'aile gauche, qui était à six lieues sur la gauche du village. Nous n'étions pas trop en sûreté, parce que des voltigeurs ennemis marchaient entre les deux colonnes. A chaque instant nous trouvions des feux abandonnés par l'ennemi. Nous passâmes à Cumberg, à Bingen, très jolie petite ville où arriva le quartier général; coucher à Werdum, petit village une lieue plus loin; nous y fûmes très bien reçus.

Le 23, départ à la pointe du jour, pour rejoindre notre division qui était dans les plaines de Butzbach; nous y arrivâmes à dix heures du matin. Les camarades nous racontèrent différentes rencontres, une entre autres, où ils avaient perdu considérablement de monde, dans les plaines de Butzbach. Les 2e et 3e bataillons de la demi-brigade avaient résisté, deux heures, aux efforts d'une brigade qui avait huit pièces de fort calibre; en bataille sur le bord d'un bois, ils reçurent cette canonnade, l'arme au bras, sans autre soutien que deux pièces ne portant pas jusqu'à l'ennemi. Cependant la division Lefebvre, qui tournait ces troupes, les contraignit à une fuite précipitée. Je perdis, dans cette affaire, un intime ami, Minier. Les ennemis voulurent faire résistance dans Butzbach. Le général Lefebvre les cerna et les somma de se rendre. Ils se réfugièrent dans les maisons et firent feu par les croisées, ce qui nous détruisit beaucoup de monde; mais, devenus maîtres de la ville, les Français prirent les maisons d'assaut, et massacrèrent ceux qui y étaient. On trouva, dans les environs, une quantité de bœufs fraîchement tués; plusieurs se disposaient à en faire cuire la viande; mais nos chefs ordonnèrent qu'on en fît d'abord manger à des chiens, lesquels moururent quelques instants après, ce qui donna à croire que ces bêtes avaient été empoisonnées.

Le 24, départ, à trois heures du matin, pour attaquer dans les plaines de Francfort. Toute la colonne marcha dans le plus grand ordre, toujours en garde contre la cavalerie ennemie qui était nombreuse. A différentes haltes, on s'assura de la position des ennemis, car nous étions dans de vastes plaines où l'artillerie et la cavalerie pouvaient agir.

Vers deux heures après midi, une ordonnance à cheval vint prévenir le général Collot que l'ennemi repassait le Mein, à Francfort, avec précipitation. Aussitôt on fit avancer notre division qui marcha jusque sous les murs de Francfort; on y arriva à dix heures du soir.

A notre arrivée, on somma la ville de se rendre; le commandant de la place répondit qu'on n'avait qu'à attaquer, et qu'il saurait se défendre. A l'instant on fit venir tous les obusiers des divisions, et, vers minuit, une douzaine de pièces, environ, envoyèrent des obus sur la ville. Les ennemis ripostèrent par quelques coups de canon. A la pointe du jour, on apprit que nos obus n'avaient pas fait grands dégâts, vu que la plupart avaient dépassé la ville et étaient tombés dans les jardins.

Le 25, à quatre heures après midi, on nous fit faire de grandes évolutions militaires sur toute la ligne, afin de représenter beaucoup de forces;

chaque division manœuvra de manière à faire croire que d'autres colonnes marchaient sur Francfort. Le soir, à la nuit, rentrée dans nos baraques postées sous une multitude de cerisiers et de bigarreautiers; jamais nous n'en avions vu autant; les troupes en mangèrent à discrétion.

Sur les dix heures du soir, on recommença le feu, et, au bout de quatre heures, le quartier des Juifs fut embrasé, de telle manière que notre camp était éclairé comme en plein midi. Dans le courant de la nuit, il arriva quantité d'échelles et d'ustensiles pour monter à l'assaut.

Le 26, à la pointe du jour, notre division prit la place de la division Lefebvre qui avait appuyé à gauche; nous fûmes remplacés par la division Bonnard.

Le même jour, à dix heures du matin, on apprit que la ville de Francfort était rendue, mais que les Français ne pourraient y entrer que le surlendemain.

Plusieurs généraux et officiers supérieurs y entrèrent; à leur retour, ils dirent que le quartier des Juifs était presque entièrement consumé.

Le 27, départ à quatre heures du matin pour rejoindre la division Lefebvre. On recommanda d'avoir la meilleure conduite dans les endroits où nous allions passer; c'était un territoire hessois, dépendant de la Prusse, et par conséquent neutre. Nous fîmes une route extraordinairement longue par une chaleur insupportable; plusieurs soldats tombèrent faibles en route, et périrent faute de secours. Nous ne pouvions plus suivre, et cependant nous avions encore deux lieues à faire pour arriver à notre destination. Cependant, voyant qu'il n'y avait bientôt plus personne dans les rangs, le général Collot prit sur lui de faire arrêter, malgré l'ordre d'aller plus loin. On bivouaqua sur une hauteur où les habitants s'empressèrent de porter des vivres; on distribua une ration d'eau-de-vie et une demi-livre de pain. Malgré ces précautions, il y eut plusieurs scélérats qui eurent l'infamie d'aller dévaster des propriétés, ce qui nous faisait détester dans les endroits par où nous passions.

Le 28, on resta dans la même position.

Le 29, la division Grenier vint prendre position à notre droite.

Le 30, la division Grenier partit à la pointe du jour. A six heures du matin, notre division se mit en marche; on entra dans une forêt d'une grandeur extraordinaire appelée la Forêt-Noire. Ce bois n'est que montagnes et ravins; aucune habitation; un vrai repaire à brigands.

Il faisait une chaleur insupportable; nous fîmes cinq lieues sans trouver une goutte d'eau, ce qui fit beaucoup souffrir. Cependant, on trouva à la réunion de plusieurs chemins un fort beau bassin. Notre division fit halte à cet endroit; plusieurs soldats burent si abondamment qu'ils se firent beaucoup de mal.

Dans cette forêt, beaucoup de soldats ennemis s'étaient égarés, et parmi eux plusieurs Français du régiment Royal-Allemand, passé en Allemagne avec le prince de Lambesc. Après deux heures de repos, on continua la route et rencontra la division Lefebvre, qui aussitôt appuya à gauche. Nous marchâmes toute la soirée, harassés, ayant grand besoin de prendre subsistance. A dix heures, halte sur une petite hauteur, au milieu du bois. Quantité de postes furent établis, car on avait peine à connaître la position de l'ennemi. Un officier d'état-major, allé dans un village voisin pour établir le logement du général, fut fait prisonnier ainsi que ses ordonnances, par un petit corps égaré.

Thermidor an IV (juillet-août 1796). — Le 1ᵉʳ thermidor, départ à la pointe du jour. Après plusieurs lieues, on sortit de la Forêt-Noire, et la division bivouaqua autour d'un petit bois.

Le 2, on prit position un peu plus loin; après avoir traversé quantité de petits bois et de ravins, toujours par des chemins de traverse si mauvais que le train de notre artillerie souffrait beaucoup.

Les habitants prenaient toujours la fuite à notre approche; leur absence, jointe au manque de vivres, rendait nos soldats de plus en plus pillards; beaucoup, sous prétexte d'aller chercher des vivres, prenaient du butin et autres effets; d'autres déshonoraient l'armée française par tous les crimes possibles. L'état de détresse où se trouvait l'armée empêchait souvent d'arrêter ce pillage, car les soldats ne recevaient point de vivres la plupart du temps, et étaient obligés d'aller en chercher dans les villages; petit à petit ils se familiarisaient avec le vol. Malheureusement ce mal gangrenait l'armée, et faisait prévoir de grands malheurs en cas de revers.

Quantité de militaires étaient habillés avec des habits de paysans, et bientôt notre armée ressembla à un rassemblement de brigands.

Le 3, départ à deux heures du matin. Après avoir marché une partie de la journée, rencontre des divisions Grenier et Lefebvre. On passa par la petite ville de Gemunden, et on but considérablement de vin, ce qui occasionna beaucoup de désordre. Longeant le Mein, on prit position près d'un bois à neuf heures du soir, harassés de fatigue. L'ennemi, à notre approche, se retirait toujours; souvent notre avant-garde avait des escarmouches, mais peu sérieuses.

A minuit, ordre de se porter en avant. On se rangea en bataille, une demi-lieue plus loin, jusqu'à la pointe du jour. Alors toute la division fut établir son bivouac sur une hauteur.

En ce pays, on récolte beaucoup de vin doux à boire, mais surprenant l'homme qui n'en boit pas avec modération; la bière est aussi forte que le vin. Nos soldats, qui en buvaient abondamment, se mettaient souvent hors d'état de se présenter devant l'ennemi, qui aurait pu, dans plusieurs occasions, massacrer notre division, tant il régnait de désordre occasionné par la boisson. Ces dérèglements causaient la perte de nos reconnaissances qui, s'aventurant trop, ou commettant des excès dans les villages, se faisaient massacrer par les habitants, réunis dans les bois voisins.

Le 5, départ à trois heures du matin. Passant par Arnstein, nous fûmes prendre position une lieue plus loin, avec ordre de se tenir prêts à partir.

Ce même jour, je fus débarrassé de mon haut-le-pied [1] qui, malgré ma défense, mes menaces, se permettait de voler et entraînait ses charretiers au pillage par son mauvais exemple, chaque fois qu'on allait dans les villages. Déjà plusieurs fois j'avais confisqué le pillage des canonniers et des charretiers, pour le rendre aux premiers paysans qui se présentaient. A leur défaut, je le faisais brûler. Aussi je puis me flatter que je n'avais pas beaucoup de ces pillards. Chaque fois qu'ils apportaient dans le camp la maraude nécessaire à leur subsistance, il fallait que ce fût partagé entre tous, car je ne permettais pas aux canonniers de s'absenter en trop grand nombre à la fois; de cette manière, ils manquaient rarement de vivres.

Mon haut-le-pied fut dans un village, sous prétexte de découvrir du fourrage; mais comme il avait bu, il fut sans doute pris par l'ennemi ou

---

[1]. On appelait ainsi le surveillant chef des charretiers.

assassiné par les paysans. Ce qu'il y a de certain, c'est que nous n'avons jamais eu de ses nouvelles. Je regrettai beaucoup son cheval de selle, une des bonnes bêtes de mes attelages.

Nos généraux firent concevoir de grandes espérances de paix, disant même que nous n'avions plus qu'une position à prendre pour obtenir une suspension d'armes. Cette nouvelle ranima les troupes.

Le 7, parut un ordre du général en chef qui, tout à la fois, faisait des louanges et des reproches à l'armée. Il commença par donner à entendre qu'avant peu nous jouirions des douceurs de la paix : ensuite, il fit l'éloge des troupes, de leur bravoure, de leur courage à supporter les marches et les privations, depuis notre départ des bords du Rhin. Il termina son ordre du jour par les reproches les plus amers sur le brigandage journalier. Il prévint qu'il donnait des ordres extrêmement sévères, pour punir exemplairement les brigands qui déshonoraient l'armée, et en causeraient la perte. De fréquents appels seraient faits en marche et dans les camps; tous les absents seraient fouillés au retour et punis très sévèrement, tant pour leur absence que pour les vols qu'ils auraient pu commettre. Cet ordre fit grand plaisir à tous les vrais militaires, mais pour qu'il pût avoir son entière exécution, il eût fallu que l'armée reçût des subsistances; et la plupart des soldats étaient sans souliers, un grand nombre avaient des habits en lambeaux. Cependant, il n'y avait pas longtemps qu'ils en avaient reçu, mais, comme la République est toujours volée, principalement dans les armées, les fournisseurs ne versaient dans les magasins que des vêtements de la plus mauvaise qualité. Souvent, nous recevions des souliers dont la semelle était garnie de carton. On peut juger ce qu'en faisait le soldat sans cesse en marche par des chemins affreux.

Le 8, notre division fut prendre position près la ville de Schweinfurt, en Franconie, sur le bord du Mein. La chaleur était inexprimable; notre avant-garde bivouaqua de l'autre côté de la rivière.

Le 9, on vit avec plaisir une forte pluie; le temps en fut bien rafraîchi.

Le 10, assemblée de la demi-brigade pour la lecture d'un ordre du général en chef qui licenciait deux capitaines de notre demi-brigade, nommés Bocquet et Lavallard. Tous deux furent destitués bien injustement; l'animosité du chef de bataillon et du général de division causa cette disgrâce. Ils furent tous deux regrettés.

Nous apprîmes que l'armée d'Italie, toujours victorieuse, s'était emparée du Milanais. Le 12, ordre de partir de suite. Notre brigade passa le Mein à Schweinfurt, et fut prendre position deux lieues plus loin, sur le bord du Mein; le reste de la division fut remplacer celle du général Lefebvre.

Je vis avec plaisir le costume des femmes de ce pays; elles portent leurs cheveux tressés et relevés sur le milieu de la tête et, par-dessus, une petite calotte galonnée; elles ont des espèces de petits manteaux, qui viennent aux genoux; les unes le portent noir; les autres, écarlate. Elles ont aussi des jupons de drap, mais très courts. Les habitants nous parurent très affables.

Il y eut beaucoup de désordre occasionné par la boisson : nos bataillons, postés à l'angle d'un village, se mirent dans la situation la plus inquiétante; plusieurs chefs, au lieu d'empêcher les soldats de boire, se grisèrent les premiers. Enfin, si nous avions été attaqués par un escadron de cavalerie bien commandé, ces chefs eussent pu faire égorger leurs troupes.

Dans l'après-midi, petite alerte; on eut toute la peine possible de faire mettre l'infanterie en bataille; plusieurs officiers se disputèrent et même se battirent avec des soldats qui, comme eux, avaient bu à ne pouvoir se tenir debout. Notre avant-garde eut une petite affaire où nous perdîmes plusieurs dragons.

Le soir, à huit heures, nous fûmes relevés par une demi-brigade légère; nous repassâmes le Mein, à Schweinfurt, pour aller rejoindre notre division. En sortant de la ville, notre commandant prit une route pour une autre; comme il faisait un temps pluvieux et noir, nous ne pûmes découvrir la division qui cependant n'était pas loin. Comme nous étions sur la route à attendre un guide, survint un orage extraordinaire; les éclairs étaient si terribles que nous avions toujours peur que le feu prît aux caissons; il tomba une pluie si forte que la route semblait un canal. Il fallut rester dans cette situation jusqu'à la pointe du jour. Nous rejoignîmes enfin notre division au bivouac dans des vignes. La journée fut extrêmement pluvieuse.

Le soir, avec satisfaction, on apprit la prise de la forteresse de Wurtzbourg, capitale de la Franconie; on y trouva une artillerie et des magasins immenses.

Dans la nuit du 13 au 14, la pluie tomba si fort que l'eau vint soulever la paille sur laquelle nous couchions; nous dûmes passer le reste de la nuit debout.

Le 14, toute la division passa sur la gauche de Schweinfurt, traversa les montagnes les plus fatigantes par une averse de cinq heures. Bivouac près la petite ville de Hasselbach. Traversés jusqu'aux os, dans une terre labourée où on enfonçait à mi-jambe, nous fûmes obligés de passer la nuit dans cette affreuse position; l'artillerie resta sur la route. Cependant, malgré sa fatigue, le soldat devait encore aller dans les villages voisins, chercher des vivres et de la paille.

Il y avait beaucoup de mécontentement, parmi la troupe, contre plusieurs généraux et officiers supérieurs qui se permettaient d'établir une discipline à coups de sabre. Lorsqu'ils frappaient des pillards, ceux qui s'y trouvaient pris n'étaient pas plaints de la majorité, mais, lorsqu'ils frappaient pour de simples fautes de discipline, ils s'attiraient la haine de l'armée. Un général de brigade, nommé Jacopin, eut l'atrocité d'estropier plusieurs militaires pour ne pas lui avoir ôté leur chapeau, dans le camp. Lorsqu'il entrait dans un village, il courait, le sabre à la main, sur tous les militaires qu'il rencontrait, et, chaque fois qu'il frappait, c'était toujours du taillant. Cependant, après les menaces et les chasses qu'il reçut de différents soldats aussi effrontés que lui, il devint plus modéré.

Il fallait de sérieuses mesures pour arrêter le brigandage, mais ce n'était pas en sabrant, à droite et à gauche, que l'on pouvait atteindre les coupables. Au contraire, ceux-ci, habitués à piller, étaient sans cesse en garde contre les poursuites ; tandis que le pauvre militaire qui souvent allait cueillir quelques légumes pour vivre, était celui qui recevait le mauvais traitement. Cependant, il fallait que le soldat vécût, et, les trois quarts du temps, il ne recevait aucune ration de subsistance.

Si, au contraire, les administrateurs avaient été surveillés, les vivres seraient arrivés, et les chefs auraient pu retenir le soldat. Mais ces messieurs suivaient à quinze lieues et récoltaient ce que le pauvre militaire avait moissonné ; aussi étaient-ils aussi opulents que le soldat était malheureux.

Le 15, notre division traversa un bois par des chemins impraticables ; on fut obligé de mettre tous les chevaux des attelages à une seule voiture pour des mauvais pas.

Vers huit heures, on entendit la canonnade devant nous ; on fit avancer rapidement ; arriva un détachement escortant une trentaine de prisonniers, parmi lesquels plusieurs émigrés ; ils dirent que le découragement était général parmi les Autrichiens. La canonnade venait de notre avant-garde qui les avait contraints à la retraite. Continuant notre marche, sur les bord du Mein, on bivouaqua sur une hauteur escarpée qui avait été occupée par les ennemis. De l'autre côté du Mein, était la division Grenier qui suivait la rive droite depuis Schweinfurth. La pluie était persistante ; depuis quinze jours, nos vêtements avaient à peine séché.

Vers six heures du soir, notre demi-brigade reçut l'ordre d'occuper une montagne si escarpée que notre artillerie n'y put monter ; on passa la nuit dans une prairie très humide. Dans cet endroit, le général Collot arrêta un canonnier du 1er bataillon qui revenait au camp avec un petit cochon sur ses épaules ; il lui fit couper les cheveux et le renvoya à son corps.

Le 16, on partit, à la pointe du jour, passant toujours par des chemins affreux, bivouaquer, après avoir marché toute la journée, sur le bord du Mein, à deux lieues de Bamberg. Nous apprîmes la prise de cette ville par la division Grenier. Le combat fut meurtrier ; il y eut différentes charges de cavalerie, en pleine ville, dans lesquelles le colonel du 2ᵉ dragons fut pris et repris. La troisième fois, il resta au pouvoir des Autrichiens. L'avant-garde de notre division avait contribué au succès.

Dans la nuit du 18 au 19, on construisit un pont de bateaux sur le Mein.

Le 19, on passa le pont, à la pointe du jour, et on arriva à Bamberg, ville grande, bien bâtie et très commerçante. Établissement de notre bivouac une lieue plus loin, sur le bord de la Regnitz.

Dans le courant de la journée, il y eut une affaire assez sérieuse sur la grande route de Bamberg à Forchheim. Les divisions Grenier et Lefebvre, avec l'avant-garde de la division Collot, attaquèrent l'ennemi fortement retranché, le débusquèrent et l'obligèrent d'abandonner un grand nombre de blessés. Le colonel du régiment de cuirassiers fut tué à la tête de son régiment.

Le 20, repassant par Bamberg, on prit la route de Forchheim. Après deux heures de marche, notre avant-garde rencontra l'ennemi et le combat s'engagea. Les Autrichiens voulurent couvrir Forchheim ; mais la division Lefebvre qui filait sur la gauche et celle de Grenier qui filait sur la droite, les contraignirent à abandonner la ville. Deux canonniers de notre compagnie furent blessés : le pointeur ayant laissé pénétrer un peu d'air par la lumière pendant que l'on chargeait, le premier servant de droite eut le bras emporté et le canonnier de gauche fut dangereusement blessé à la main gauche.

Le général Ney commandait notre avant-garde. Homme très brave et très estimé du soldat, il eut deux chevaux tués sous lui. On trouva dans Forchheim cinquante-deux bouches à feu, quantité de munitions de guerre et de bouche, ainsi que beaucoup d'effets d'habillement.

Le 22, partant à deux heures du matin, passant sur la droite de la ville, on prit position sous les murs d'Erlangen. Les habitants vinrent en foule au-devant de notre colonne et manifestèrent un grand plaisir de voir les Français. Il avait fait une chaleur insupportable, nous étions abattus et brûlés par le soleil. Le soir, hommes, femmes et enfants vinrent se promener à notre bivouac. Les femmes habillées en blanc, très élégantes, rendaient notre sort encore plus malheureux; elles tinrent conversation avec plusieurs Français, d'une manière très affable et très spirituelle, joignant à ces belles qualités une rare beauté; elles firent mille accueils à la troupe. D'autres, d'un genre plus leste, couchèrent au camp avec les militaires. Jamais chose ne fut plus curieuse que de voir autant de femmes dans le camp; on fut obligé de doubler les sentinelles pour dissiper la foule d'habitants.

Le 23, départ à quatre heures du matin; déjà les habitants étaient sur la route pour nous voir passer; plusieurs femmes de demi-vertu vinrent nous conduire à deux lieues. On traversa des terres extrêmement sablonneuses, ce qui, par la grande chaleur, fit beaucoup souffrir. Bivouac dans un endroit où nous bûmes beaucoup de bière. Vers minuit, fort orage qui vint à propos rafraîchir le temps.

Le 24, nous marchâmes toute la journée, traversant des positions où l'ennemi avait campé et abandonné quantité de vivres et d'équipages. Il arriva une trentaine de déserteurs disant que la déroute était complète, et qu'ils n'étaient encouragés que par les émigrés. Bivouac sous le fort de Lauf, appelé par les habitants « fort de la Montagne-Rouge », petite forteresse située sur un mont très escarpé, ne pouvant être prise que par famine.

Nous étions cinq divisions réunies sur la même ligne (Lefebvre, Grenier, Championnet et Bernadotte). La nôtre occupait un pays ingrat, sans grandes ressources pour deux nombreuses armées. Le brigandage faisait toujours des progrès : le vol, le viol et l'assassinat étaient commis tous les jours par des scélérats qui infestaient l'armée, et l'activité de nos colonnes ne permettait pas aux vrais militaires d'arrêter ces horreurs qui devaient indubitablement causer de grands accidents.

Le 27, les divisions se mirent en marche. Nous établîmes notre bivouac sur des hauteurs; il y eut là encore beaucoup de désordres causés par la boisson; on faisait, en ces contrées, une bière qui portait à la tête comme du champagne.

Le soir, le général en chef, Jourdan, visita toute notre ligne. On annonça une grande victoire remportée par l'armée d'Italie et le général Bonaparte.

Le 29, on resta dans la même position.

Dans la nuit du 29 au 30, on fit prendre les armes, en disant que l'ennemi devait attaquer à la pointe du jour. Notre division fut se ranger en bataille dans une prairie, une lieue en avant; notre avant-garde poursuivit sa marche et fut attaquer l'ennemi qui, après une légère résistance, gagna les positions de Sultzbach, où il fut attaqué de nouveau. Une ordonnance vint pour faire avancer rapidement notre division. On marcha, pas accéléré, vers le champ de bataille; rencontrant beaucoup de blessés qui disaient l'ennemi en force dans une forte position. Arrivée à deux heures après midi, notre demi-brigade se répandit en tirailleurs dans un bois; nos pièces gagnèrent une petite hauteur pour protéger les tirailleurs inquiétés par la canonnade. On ne tarda point à nous canonner à notre tour, différentes batteries dirigeaient leur feu sur nous. Cependant, avec nos petites pièces, il fallut faire résistance. Leurs obus faisaient beaucoup de mal, mais tous leurs boulets nous passaient par-dessus la tête. Leurs tirailleurs venaient jusqu'à vingt toises, à travers des buissons, nous débusquer. L'ordre m'arriva de quitter la position et d'aller mettre en batterie à l'angle d'un bois, pour arrêter la marche d'une colonne sur le bois où étaient nos bataillons. A peine arrivés sur le terrain, déjà deux bataillons hongrois s'avançaient en repoussant nos tirailleurs; nous pouvions être cernés. Gagnant en hâte une petite hauteur, nous fîmes feu de pied ferme sur l'infanterie qui continuait à avancer. Mais notre infanterie se rallia, la cavalerie put s'avancer, et partout on marcha au pas de charge sur l'ennemi qui fut repoussé et gagna des hauteurs derrière la ville. A la nuit, notre division conserva sa position, tandis que les divisions de droite et de gauche filaient sur les ailes.

Le soir, quantité de feux furent allumés par l'ennemi, afin d'annoncer une force extraordinaire. Cependant, nous ne fûmes pas dupes, car on remarquait qu'il n'y avait presque personne autour de ces feux. On ne discontinua pas de tirailler la nuit, ce qui contraignit à rester jusqu'au jour sous les armes, en endurant la faim et la soif. A la faveur de la nuit, allant en recherche sous les murs de la ville, près des feux en partie consumés, nous eûmes l'heureuse surprise de trouver, dans les cendres, beaucoup de pommes de terre et des espèces de galettes que les Autrichiens y avaient mises à cuire. La découverte vint fort à propos, car nous étions faibles de besoin. Les soldats, semblables à des furets, découvrirent aussi une cave qui était remplie de bière; on en apporta plusieurs tonnes sur le champ de bataille, et on but à discrétion. La perte en hommes fut assez considérable; j'eus deux canonniers de blessés.

Cependant, l'armée ennemie dut rétrograder, voyant que les divisions allaient la cerner.

Fructidor an IV (août-septembre 1796). — Le lendemain, 2 fructidor, nos tirailleurs attaquèrent l'arrière-garde qui, sans résistance, suivit le mouvement de retraite. Nous prîmes possession de Sultzbach et des hauteurs où les ennemis avaient fait des feux si apparents. Les officiers eurent beaucoup de drap pour des mandats, dans cette ville.

La division Grenier s'empara de la ville d'Amberg.

Le 3, à quatre heures du matin, on battit la générale. Notre avant-garde et la division Lefebvre filèrent sur la gauche, et nous, nous prîmes la route d'Amberg, où se rencontra la division Grenier. Continuant ensemble la route à deux lieues de là, on rencontra l'ennemi qui, après une légère résistance, se replia sur des hauteurs formidables, où était retranché le gros de leur armée. Deux divisions avancèrent en vue, et se divisèrent pour l'attaque sur tous les points. Le combat devint opiniâtre ; notre demi-brigade, en bataille sur le bord de la grande route, à l'angle d'un bois, fut assaillie d'obus et de boulets. A peine nos pièces furent-elles en batterie que les deux plus beaux chevaux de mes attelages furent coupés en deux ; perte grande, car je n'avais pas le moyen de m'en procurer d'autres. Nous changeâmes différentes fois de position sous le feu de cette nombreuse artillerie.

L'ennemi paraissait avoir beaucoup de cavalerie. Vers les cinq heures, toute la ligne appuya à gauche, toujours nourrissant son feu ; au bout d'une heure, il y eut plusieurs charges très sanglantes. Une colonne de cavalerie ennemie vint au secours de celle qui nous était opposée, et les nôtres furent obligés de battre en retraite dans le plus grand désordre, sur un petit bois où nous avions dix pièces de canon. Chargées à mitraille elles firent un feu roulant pendant lequel le général Jacopin gagna, avec sa brigade, un village où la cavalerie ennemie devait passer pour faire retraite. Une colonne ennemie s'avança de son côté et le feu fut des plus vifs. Notre mitraille culbuta un grand nombre de cavaliers. Le feu prit dans le village où nos fantassins se battaient avec acharnement depuis deux heures ; ils furent contraints de se retirer, de même que l'ennemi. A la nuit, l'incendie éclairait tout le champ de bataille : en moins d'une demi-heure, le village fut entièrement en flammes; ce fut seulement après douze heures de combat que le feu cessa.

Les pertes furent considérables dans cette journée; malgré l'intrépidité avec laquelle les soldats s'étaient battus, le champ de bataille resta libre; néanmoins l'ennemi dut évacuer sa position, car la division Lefebvre filait sur la gauche et allait l'envelopper.

Nous passâmes une nuit de souffrances, abattus par le sommeil et le manque de subsistances; nous dûmes rester en bataille une partie de la nuit par suite de plusieurs alertes.

Le lendemain matin, la colonne suivit le mouvement de l'ennemi en position sur des hauteurs escarpées, derrière une petite rivière. Vers dix heures, ils y furent attaqués; la canonnade et la fusillade durèrent une partie de la journée, sans grand résultat.

Le soir, la division Lefebvre et la brigade Ney vinrent à notre gauche; les trois divisions de l'aile gauche occupaient des hauteurs non moins fortes que celles de l'ennemi. Les divisions Championnet et Bernadotte étaient sur notre droite, à grande distance.

A la nuit, l'armée impériale et nos divisions firent grande quantité de feux sur les fronts de bandière. C'était un coup d'œil vraiment curieux sur toutes les montagnes. Les soldats, quoique bien fatigués, passèrent une partie de la nuit à entretenir les feux comme à les admirer.

Nous n'étions alors qu'à sept lieues du Danube.

Le 5, petite fusillade sur toute la ligne, dans les postes avancés. Vers huit heures, on apprit qu'il y avait une petite suspension d'armes, demandée, dit-on, par le général autrichien. Dans l'après-midi, nous vîmes dans le lointain des tourbillons de poussière annonçant du renfort à l'ennemi.

A la nuit, il y eut des feux comme la veille, de part et d'autre; on en apercevait une très grande quantité dans le lointain, sur la gauche de l'ennemi.

Le 6, au matin, notre demi-brigade reçut ordre de se tenir prête à passer une revue d'effectif.

Dans le courant de la journée, grand mouvement dans l'armée autrichienne; on aperçut dans un fond une cavalerie nombreuse qui paraissait se renforcer à chaque instant.

Vers les deux heures après midi, on donna ordre dans les divisions de faire rétrograder sur Amberg, équipages, quartiers-maîtres, vivandiers, blanchisseurs et toutes personnes qui n'entrent pas en ligne. Ces dispositions firent répandre des gazettes; les uns disaient que, sans doute, nous avions éprouvé quelque revers sur la droite, et que nous allions faire un mouvement rétrograde; d'autres prétendaient que nous devions attaquer, le soir, et que c'était par mesure de sûreté qu'on avait fait retirer les bagages.

Il régnait un silence profond dans le camp, et, en majorité, nous éprouvions de grandes inquiétudes. La suspension d'armes expirait le même jour au soir. Vers sept heures, on travailla sur toute la ligne; au même instant, forte canonnade sur la droite. On présuma que les divisions Championnet et Bernadotte étaient aux prises avec l'ennemi.

A huit heures du soir, on fit battre la générale; aussitôt, les trois divisions se rangèrent en bataille. On passa la revue annoncée le matin et, sur les neuf heures, on fit battre la retraite dans le camp, réunissant le plus de tambours possible pour que ce bruit perçât chez l'ennemi. Cependant le canon et la fusillade se faisaient toujours entendre. Les feux furent allumés, comme les jours précédents, sur toute la ligne, et un bataillon de notre demi-brigade partit pour garder un passage au milieu d'un bois.

Une demi-heure après, on se rangea en bataille dans le plus grand ordre et dans le plus grand silence. On fit rentrer tous les postes avancés. Jamais nous n'avions entendu une canonnade comme celle qui grondait sur notre droite; c'était un roulement continuel, et avec peine nous observions que le feu gagnait derrière nous, ce qui ne prouvait que trop que nos divisions de droite éprouvaient un revers. Le temps était calme et le ciel pourpre de flamme et de fumée. Les bataillons firent différentes contremarches pour inquiéter l'ennemi et en observant le plus morne silence.

13.

A onze heures, notre colonne rétrograda sur Amberg. Chemin faisant, nous rencontrâmes le général en chef Jourdan triste et rêveur; il venait de recevoir une dépêche de la division Bernadotte, par un escadron de cavalerie. Les aides de camp nous demandèrent du feu pour pouvoir prendre connaissance de ce billet; je proposai d'allumer une lance [1], et, à sa lueur, le général Jourdan lut le contenu de la dépêche. Aussitôt il porta la main à son front, d'un air affligé, et se retira à l'écart pour donner ses ordres.

Nous marchâmes toute la nuit, au bruit de la canonnade et de la mousqueterie; nous arrivâmes, à la pointe du jour, dans les environs d'Amberg. Notre brigade fut se ranger en bataille faisant front sur le point de retraite, ce qui fit connaître que les ennemis avaient percé les ailes. Là, nous apprîmes que la division Bernadotte avait été attaquée par un ennemi supérieur et qu'elle avait effectué une savante retraite avec un courage héroïque. De toutes parts, la canonnade et la fusillade furent entendues toute la journée; on barricada des routes et fit de petits retranchements.

Le 7, au point du jour les ennemis nous attaquèrent de trois côtés. Une nombreuse cavalerie ennemie nous cerna, soutenue de canons, d'obusiers et d'artillerie légère. Ils s'emparèrent de toutes les routes, mais comme nous occupions

---

1. La lance à feu projette une lumière fort vive.

de petits bois, nous n'avions à lutter que contre leur artillerie, bien supérieure à la nôtre. Le combat devint aussi violent que meurtrier sur toute la ligne; nous résistâmes toute la matinée, malgré notre faiblesse en nombre. Vers les deux heures, nous avançâmes avec plusieurs pièces de canon et deux bataillons d'infanterie, pour faire feinte de vouloir gagner une route; on essuya une forte canonnade pendant qu'à la hâte, on en faisait une à travers bois pour effectuer notre retraite. Toute la brigade défila à travers ce bois, et nous suivîmes le mouvement.

Les ennemis se portèrent ensuite au débouché du bois, pour fermer le passage, mais leur tentative fut vaine, car balles et boulets passèrent presque tous par-dessus notre colonne, qui gagna en hâte un monticule où la division de cavalerie était rangée en bataille. Toutes les divisions se rallièrent sur cette hauteur.

Deux bataillons de la 23e demi-brigade, bloqués comme nous, furent faits prisonniers, malgré leur résistance opiniâtre.

En bataille sur une hauteur escarpée, nous aperçûmes des colonnes nombreuses s'avançant dans le plus grand ordre. Trop faibles pour résister, nous poursuivîmes la retraite jusque sur les hauteurs de Sultzbach, harassés de fatigue et de besoin.

Sur les sept heures du soir, les deux premiers bataillons de notre demi-brigade reçurent ordre d'aller occuper une hauteur très boisée; l'infanterie se rendit à sa destination, mais, comme l'artillerie ne pouvait y monter, je fus pour reconnaître, dans le bois, un chemin de voitures. Ce chemin se trouvant du côté où l'ennemi pouvait attaquer, je dis au commandant qu'il était impossible de le suivre dans ce bois sans compromettre l'artillerie; il prétendait le contraire, et après plusieurs observations qu'il ne voulut pas entendre, je déclarai que je ne marcherais pas sans avoir un ordre écrit. Je fus trouver le chef de brigade pour lui faire part de la position; il approuva mon refus et donna l'ordre de placer mes deux pièces en batterie sur la route pour protéger un petit pont de pierre.

Le feu était toujours très vif; notre arrière-garde et la division de cavalerie, qui avaient protégé la retraite, étaient aux prises avec l'ennemi et rétrogradaient sur l'armée.

Sur le minuit, les troupes reçurent l'ordre de prendre les armes pour continuer la retraite.

Le chef de notre demi-brigade m'ordonna d'aller prévenir les deux bataillons dans le bois et les faire descendre sur la grande route. Je partis de suite avec un cheval afin d'être plus tôt de retour. Arrivé à l'emplacement où étaient nos bataillons, je fus bien surpris de n'y trouver personne. Avec beaucoup de peine, je parvins à découvrir des feux dans le lointain, et je m'avançai, présumant bien que les bataillons avaient changé de position. En cheminant dans le bois, j'arrivai à un poste du côté de l'ennemi ; la sentinelle ayant entendu trotter mon cheval tira un coup de fusil de mon côté en criant : « Aux armes ! » La garde effrayée fit également feu ; j'avais beau crier, le feu continuait. Nos deux bataillons qui étaient postés à l'entrée d'un bois, coururent aux armes pour se défendre ; une quantité de soldats abattus par le sommeil s'éveillèrent en sursaut et furent tellement effrayés qu'ils tirèrent à droite et à gauche, en jetant des cris effrayants. Voyant que je ne pouvais pas me faire entendre, et que je recevais une pluie de balles autour de moi, je me couchai sous le ventre de mon cheval en attendant que l'ordre se rétablit. J'entendais plusieurs officiers qui rappelaient les soldats de leur égarement, et je profitai d'un peu de silence pour crier que c'était une ordonnance qui apportait un ordre. Les cris et le désordre recommencèrent, et je reçus encore une quantité de coups de fusil. Cependant je parvins à me faire connaître et j'arrivai auprès de nos hommes ; je vis avec peine qu'un officier et quatre volontaires venaient d'être dangereusement blessés par leurs camarades. Ils voulurent me persuader qu'ils avaient aperçu une douzaine de cavaliers, et cependant j'étais venu seul. Je m'en retournai sur la route, où j'appris que cet événement avait fait rétrograder tous les avant-postes.

Toute la cavalerie défila, et l'infanterie suivit

son mouvement; marchant le reste de la nuit, nous fûmes prendre position sur des hauteurs, à neuf heures du matin. Nous ne pouvions plus supporter la fatigue; quantité de soldats se couchaient le long des routes.

A deux heures après midi, on battit la générale; aussitôt nous nous rangeâmes en bataille, observant notre avant-garde aux prises avec l'ennemi. On nous fit espérer qu'avec du renfort bientôt nous remarcherions en avant.

Le 9, départ à deux heures du matin, pour continuer la retraite. Marchant très rapidement jusqu'à quatre heures du soir, par des chemins impraticables, nous étions obligés de pousser aux roues des pièces à chaque pas embourbées. Un instant après notre arrivée, l'arrière-garde fut attaquée par l'ennemi qui nous suivait pas à pas. On fut obligé de repartir à neuf heures du soir, et on marcha jusqu'à deux heures du matin; puis on fit une halte dans des gorges extrêmement périlleuses.

Le 10, à la pointe du jour, nous changeâmes de position et fûmes nous ranger en bataille sur des hauteurs, à notre gauche. On entendait une forte canonnade dans le lointain; notre arrière-garde était sans cesse aux prises.

A onze heures du matin, continuation de notre déplorable retraite. Hommes et bêtes étaient harassés; les chevaux de cavalerie et d'artillerie étaient abattus, par le sommeil et par le manque de subsistances; cependant il fallait échapper aux ennemis qui cherchaient à nous cerner.

Halte à sept heures du soir. Nous marchions souvent dans le plus grand désordre, car la déroute était presque générale et occasionnée en partie par le brigandage d'une quantité de fuyards qui infestaient l'armée, et dont les infâmes excès étaient doublement préjudiciables. De braves militaires supportaient les attaques de l'ennemi, tandis que des lâches se livraient au pillage pour éviter le combat. Arrivés dans une position, les vrais soldats n'osaient aller dans les villages pour se procurer des vivres, craignant qu'on ne se vengeât des horreurs que ces scélérats commettaient tous les jours.

Le soir, à onze heures, départ pour aller prendre position sur le bord d'un bois, afin d'y protéger la retraite des autres divisions; nous y fûmes à la pointe du jour. La canonnade était vive du côté de Forchheim, ce qui fit connaître que l'ennemi cherchait à couper notre retraite; souvent nous arrivions dans des endroits que la cavalerie ennemie venait d'évacuer. Elle interceptait nos convois, en excitant les habitants à entraver notre retraite.

Le 11, en marche à quatre heures du matin, par des chemins impraticables. Dans la matinée, une douzaine de paysans vinrent à la tête de notre colonne imiter les papillons qui se brûlent à la chandelle; ces malheureux s'adressèrent à nos généraux, qui étaient en avant. Croyant fermement que c'étaient des Autrichiens, parce qu'ils parlaient allemand, ils se vantèrent d'avoir tué quantité de *carmagnoles* (surnom que nous avions dans le pays), et de les avoir enfouis dans des caves. Les généraux firent des questions afin de connaître ceux qui avaient commis ces belles actions. A l'envi l'un de l'autre, ils s'écrièrent : « C'est moi ! c'est moi ! » et c'était à qui d'entre eux en avait le plus tué, faisant voir les dépouilles des cadavres, ainsi que des chariots de l'ambulance. Les généraux, suffisamment instruits, les firent arrêter et fusiller ; on incendia le village où ces crimes avaient été commis.

Passant une petite rivière, nous fûmes prendre position dans une gorge que la division Championnet venait d'évacuer.

Là un convoi considérable de blessés, de munitions de guerre et de bouche avait été arrêté, pillé et massacré. Des recherches furent faites, parmi les habitants d'un bourg voisin, afin de découvrir les auteurs d'un pareil crime ; ceux qui en furent convaincus eurent chacun un membre coupé *rasibus* du corps, et le bourg fut livré à toutes les horreurs de la guerre ; en moins de deux heures, il fut dévoré par les flammes. Tant de cruautés avaient été suscitées par le brigandage des mauvais sujets de l'armée. Les paysans prenaient la fuite, à notre approche, et se réfugiaient dans es bois ; réduits à la dernière misère, ils se vengeaient contre les malheureux obligés de voyager derrière l'armée, et interceptaient tous nos convois.

Ces fâcheux événements, trop prévus, contribuaient puissamment au désordre de notre retraite. Dans une aussi déplorable situation, aucun de nous n'osait espérer revoir les rives du Rhin, encore bien éloigné; sans vêtements, sans subsistances, obligés de se battre le jour, de marcher la nuit, sans espoir de sauver les blessés, nous étions encore sans moyens de transport pour les pauvres soldats qui ne pouvaient pas supporter la fatigue.

Dans cette journée, arriva le dépôt de notre demi-brigade, venant d'Aix-la-Chapelle; notre compagnie reçut neuf hommes de remplacement, entre autres un nommé Cherrier, sergent-major surnuméraire, que le chef de brigade Marpaud avait envoyé pour me remplacer, sur le bruit que j'avais été tué.

Le 12, au matin, on apprit que la cavalerie ennemie avait percé, sur les derrières, jusqu'à Bamberg, où elle avait surpris quelques troupes et s'était emparée des commissaires et même du chef de l'état-major général Ernouf. On ajoutait que le peu d'infanterie qui s'y trouvait s'était emparé des portes et avait forcé l'ennemi à lâcher ses prises; plusieurs cavaliers furent faits prisonniers.

Pendant toute la matinée, il passa beaucoup de

troupes des divisions Grenier et Lefebvre; notre division resta pour protéger la retraite.

Vers quatre heures après midi, les ennemis attaquèrent sur tous les points; nous fîmes résistance jusqu'à la nuit, à la faveur de laquelle on continua le mouvement rétrograde.

Sur les onze heures du soir, nous trouvâmes notre route interceptée par les feux croisés de l'ennemi. On engagea le combat à la lueur du canon, car le temps était obscur. Cependant, nous parvînmes à continuer sur Bamberg, où on arriva à deux heures du matin. Notre bivouac, établi dans un grand bois de sapins, reçut une si forte pluie que nous ne pûmes allumer du feu.

Le 13, départ à la petite pointe du jour. Passant par Bamberg, nous fûmes prendre position sur les bords du Mein. Canonnade vive sur notre droite. Dans le courant de la journée, on fit repasser le Mein à la grosse artillerie.

Vers deux heures, nous changeâmes de position; notre division se rangea sur la droite d'un village et la division Lefebvre vint se placer à la gauche. Nos arrière-gardes défendirent l'entrée de la ville pour protéger le passage du Mein.

Sur les six heures, nous repassâmes cette rivière et marchâmes très rapidement, toujours côtoyant le Mein. Au bout de trois lieues, on fit faire une halte où, harassés de fatigue, succombant de faiblesse, nous reçûmes une pluie affreuse. Raides de froid, nous dûmes nous chauffer avec des échalas pris dans les vignes. Sur les trois heures, nous continuâmes notre route, et fîmes encore une halte, une heure après, toujours par une pluie très froide.

Le 14, à la pointe du jour, traversant nos anciennes positions, nous gagnâmes des hauteurs escarpées, et lorsque les divisions furent ralliées, on continua la marche jusqu'à neuf heures du soir.

Le 15, départ à trois heures du matin et marche de toute la journée pour faire quatre lieues. Les chemins étaient affreux et nos chevaux d'artillerie, épuisés, se couchaient sous les coups; chaque jour, quelque chose de notre train d'artillerie se brisait, et nous n'avions ni le temps ni les moyens de faire réparer ou remplacer.

Le soir, on apprit que la division du général Collot allait être fondue dans les autres; notre demi-brigade fit partie de la division Bernadotte; la 43º entra dans celle du général Lefebvre, le 3º bataillon de la 23º demi-brigade, dans celle du général Grenier, et la 20º d'infanterie légère, dans celle du général Championnet.

Le 16, à la pointe du jour, toutes ces demi-brigades partirent pour leur nouvelle destination. La nôtre marcha sur Schweinfurt, où était la division Bernadotte; elle en était partie le matin; nous restâmes au bivouac attendant de nouveaux ordres.

Le 17, départ à trois heures du matin pour

rejoindre la division dans les environs de Wurtzbourg. A deux lieues de cette ville, nous fîmes rencontre des divisions Grenier et Championnet. Un peu plus loin, la nôtre était aux prises avec l'ennemi. Tandis que les deux divisions Grenier et Championnet se déployaient sur une hauteur pour faire face à une colonne, nous poursuivîmes notre route pour faire jonction. En moins d'une demi-heure, sur le champ de bataille, nous nous déployâmes sur la gauche de la route, et bientôt nos rangs furent rompus par les boulets. Nos pièces ripostèrent. Sur toute la ligne, la canonnade devint forte, surtout du côté de Wurtzbourg. A notre gauche, une demi-brigade d'infanterie légère défendait un village fort disputé. L'ennemi en chassait nos gens lorsque deux bataillons français se portèrent au secours des chasseurs. Deux escadrons de cavalerie ennemie s'avançaient à leur tour lorsque leur marche fut arrêtée par nos boulets. La journée fut très meurtrière.

Sur le soir, la droite fut obligée de céder et toute la ligne se retira, en bon ordre, sur une hauteur de l'autre côté de la route. Mais les munitions étant venues à manquer, il fallut abandonner cette position. Les grandes routes étaient interceptées; il ne restait que des chemins impraticables pour continuer la retraite. Toutes les troupes défilèrent dans des ravins et notre demi-brigade ferma la colonne. Bientôt attaquée, notre arrière-garde, sans munitions d'artillerie, fut obligée de se replier sur l'infanterie serrée comme un troupeau de moutons, dans ce ravin encombré d'artillerie. On ne put se déployer pour la protéger. Notre cavalerie, bien qu'en petit nombre, soutint les efforts de l'ennemi avec un courage étonnant; mais, malgré son intrépidité, elle ne put résister à une force bien supérieure. La queue de notre colonne ne tarda pas à être assaillie à son tour par la cavalerie. Nous dûmes traverser, à la hâte, un village où des scélérats commettaient les plus grandes horreurs. On aura peine à croire que quantité de soldats, indignes de ce nom, étaient répandus dans les maisons pour y enfoncer les tonneaux de vin, y voler, et y violer les femmes [1], tandis que les vrais militaires se faisaient hacher pour soutenir la retraite. Croira-t-on que plusieurs y furent pris par l'ennemi, les uns dans le vin jusqu'aux genoux, les autres violant des mères de famille en présence de leurs maris!

1. Ce passage fait comprendre la quantité de gravures répandues ensuite en Allemagne et représentant nos soldats livrés à tous les excès. Elles firent oublier que l'invasion prussienne de 1792 était la cause première du mal, et contribuèrent à faire détester notre pays qui (si on remonte dans l'histoire comme on en a le droit puisqu'il est question de griefs historiques) a été bien plus envahi qu'envahissant. L'Allemagne a, depuis quatorze siècles, toujours passé le Rhin : en temps de guerre, avec ses soldats; en temps de paix, avec ses émigrants. Leurs descendants, devenus bons Français, comptent, pour plus qu'on ne croit, dans notre population.

Un petit bois nous favorisa beaucoup contre la cavalerie; à la sortie, les ennemis serrèrent de très près; mais, avec nos pièces à la prolonge, nous ne cessions de tirer, ce qui arrêtait leur marche. Cependant nous faillîmes perdre une pièce de canon. Chargés par un peloton de cavalerie ennemie, et obligés de passer un petit fossé, les sus-bandes d'un de nos affûts se levèrent, et la pièce tomba; mais nous fûmes assez lestes pour la replacer vivement dans son encastrement. Notre premier bataillon reçut l'ordre de s'embusquer à l'angle d'un bois pour arrêter la cavalerie qui menaçait de mettre la colonne en déroute. Lorsque cette cavalerie se présenta, le bataillon embusqué fit un feu de file qui lui détruisit beaucoup de monde; mais elle revint en force sur le bataillon qu'elle somma de se rendre; celui-ci ne répondit que par un feu roulant. Néanmoins, abandonnés par la colonne qui était déjà loin, ils furent contraints de déposer les armes. Comme plusieurs reçurent des coups de sabre, le chef de bataillon commanda aux soldats de ressaisir leurs armes, et le combat redevint meurtrier; mais ces malheureux furent obligés de céder enfin; la plupart furent hachés, entre autres le chef de bataillon qui fut coupé en morceaux. Ce brave et estimable chef se nommait Laforest, il était âgé de 70 ans et fut bien regretté de la demi-brigade.

Toute la troupe fut se rallier sur des hauteurs

et, au bout de deux heures, nous continuâmes notre retraite, avec tous les maux imaginables, et marchant dans le plus grand désordre. Vers midi, l'ennemi cessa de poursuivre avec autant d'acharnement; toutes les demi-brigades se réunirent, et on fit filer les parcs d'artillerie des divisions.

Le 19, à quatre heures du matin, nous nous mîmes en marche avec un peu plus d'ordre; on établit le bivouac sur des hauteurs, quatre lieues plus loin. Le feu fut mis dans plusieurs villages, par ordre des généraux, et plusieurs paysans furent fusillés pour avoir assassiné de nos malades et tenté d'arrêter nos parcs d'artillerie. L'ennemi dirigeait ses forces sur Francfort, et comme il paraissait vouloir nous couper la retraite sur la Lahn, on força notre marche. On perdait toujours des soldats, tant par le feu de l'ennemi que par la grande fatigue. Ce qui était le plus alarmant c'était de voir nos malheureux blessés rester au pouvoir de l'ennemi, faute de moyens de transport; ceux que l'on pouvait évacuer étaient aussi souvent arrêtés par les insurgés. Journellement nous en traînions le plus possible sur nos pièces et sur nos caissons, mais, obligés de nous mettre à chaque instant en bataille, et à cause de la fatigue de nos chevaux, nous ne pouvions secourir ces malheureux comme nous l'aurions désiré.

Le 20, en marche à trois heures du matin, la colonne se déploya, la droite en tête, et marcha jusqu'à dix heures du soir par les mauvais chemins.

Le 21, on continua la route, de la pointe du jour à la nuit, marchant avec beaucoup de désordre causé par la grande fatigue et par le manque de subsistances.

Le 22, départ en hâte de grand matin, par une pluie abominable.

Vers midi, halte sur le bord d'une petite rivière; on eut le bonheur de trouver beaucoup de pommes de terre et on s'empressa d'en mettre sur le feu. A peine étaient-elles à moitié cuites qu'il fallut se remettre en marche et les abandonner. Ce départ précipité occasionna beaucoup de murmures parmi la troupe, qui depuis longtemps n'avait point mangé de pain et ne vivait que des légumes rencontrés sur la route. Toujours par des chemins affreux, le soir, nous traversâmes une prairie où il n'y avait aucun chemin frayé; notre brigade qui fermait la colonne était précédée de l'artillerie légère. A la nuit, l'artillerie gagna un peu de terrain, et dans l'obscurité, nous la perdîmes de vue, de manière que nous restâmes au milieu de la prairie, par une pluie abominable, sans savoir nous diriger. Il faisait si noir que nous ne pouvions rien découvrir. Les soldats, horriblement fatigués, murmurèrent contre ceux qui dirigeaient la marche; mais cela ne donnait aucun renseignement. On envoya des cavaliers à tout hasard, pour tâcher de trouver quelque paysan qui puisse nous conduire.

Enfin, après avoir longtemps attendu, arriva l'habitant d'un village voisin qui nous fit descendre par un endroit si rapide que nous fûmes obligés d'enrayer trois roues. Les chevaux ne pouvaient pas prendre pied sur le pré qui était mouillé, de manière que nous eûmes un grand mal; un caisson culbuta jusqu'en bas de la montagne, et nous fûmes assez heureux pour qu'il n'estropiât personne. L'artillerie du 3e bataillon de notre demi-brigade n'eut pas autant de réussite, car les roues d'une de leurs pièces se brisèrent. On arriva enfin dans un village où l'infanterie se répandit dans le plus grand désordre, et, bien que notre bivouac fût une lieue plus loin, les hommes se refusèrent à marcher, disant qu'ils ne pouvaient plus avancer. Nous poursuivîmes notre route avec l'artillerie; le chef de brigade prit un guide dans le village et lorsque nous fûmes hors du village, le chef s'aperçut qu'il n'y avait avec lui que l'artillerie et très peu de canonniers. Je lui exposai que les chevaux ne pouvaient plus tirer, que nous ferions beaucoup mieux de rester dans ce village avec l'infanterie; il persista; les hommes et les bêtes tombaient à chaque instant de fatigue et de faiblesse. A peine avions-nous fait une demi-lieue que les chevaux se couchèrent dans la boue, et après avoir employé tous les moyens possibles, nous fûmes contraints de renoncer à enlever deux caissons. On monta les pièces jusqu'en haut de la montagne, dans une terre labourée, sans aucun abri. La pluie tombait toujours à torrents, il fallut se résoudre à attendre le jour. Un instant après, nous nous aperçûmes que notre guide et le chef de brigade avaient disparu. Nous étions une dizaine de canonniers qui ne savaient que devenir ; au bout d'un quart d'heure, le froid s'empara de nous d'une manière terrible ; nous vîmes que nous ne pourrions, mouillés comme nous étions, rester là cinq à six heures, sans courir le risque d'attraper une dangereuse maladie. Nous résolûmes enfin de marcher à la hâte, jusqu'à ce que nous trouvions un asile ; après avoir longtemps marché à travers les ténèbres, nous nous trouvâmes barrés par une petite rivière que l'abondance des eaux avait rendue très rapide. Tout en cherchant les moyens de la traverser, la lumière d'un coup de canon, tiré sur notre droite, nous fit apercevoir une planche qui servait de passage aux piétons, ce qui nous donna l'espoir de ne pas être éloignés d'une habitation. Ce fut en vain que nous cherchâmes à profiter de cette passerelle, nous ne pûmes la retrouver ; et nous nous déterminâmes à passer à gué cette petite rivière, où nous eûmes de l'eau jusqu'aux reins.

Ensuite l'inquiétude nous prit, supposant que c'était l'ennemi qui avait tiré ce coup de canon, car il suivait de très près et souvent il nous devançait. Mais la faim, la fatigue, nous firent hasarder. Poursuivant la marche, nous parvînmes à une petite habitation, dépendant du village où étaient restées quantité de troupes de notre colonne. Cette découverte nous rassura et nous trouvâmes assistance dans cette chaumière déjà remplie de militaires. Nous fîmes un bon feu à la porte, qui nous rendit la vie; plusieurs soldats, qui avaient eu soin de conserver un peu de vivres, eurent la bonté de les partager avec nous. Nous apprîmes que le coup de canon entendu avait été tiré par un détachement de canonniers égaré avec une pièce de 12 dans un bois voisin; ils avaient ainsi demandé du secours.

La nuit se passa à nous brûler d'un côté, tandis que nous étions inondés de l'autre, car la pluie ne cessa pas. Cependant nous avions grand sommeil et nous aurions désiré une botte de paille, mais nous étions encore bien heureux d'avoir du feu. Quantité de maisons du village voisin étaient embrasées, et l'incendie paraissait faire beaucoup de progrès, ce qui augmentait encore le désordre, car ce village était rempli de soldats.

Le lendemain, à la pointe du jour, nous fûmes retirer notre artillerie du mauvais pas où nous avions dû la laisser; avec beaucoup de peine, elle fut transportée sur une hauteur où se rallia la colonne. Quantité de chevaux périssaient le long de la route, ce qui nécessita un ordre du général en chef autorisant à s'emparer des chevaux de ceux à qui la loi n'en accordait pas. Cette mesure indispensable sauva quantité de voitures d'artillerie. Il restait une forte journée de marche à faire pour se mettre à l'abri de l'ennemi qui cherchait à couper notre retraite sur la Lahn. Après deux lieues par les chemins affreux, nous gagnâmes une position respectable. On fit faire halte à la division pour rallier la troupe, marchant à travers la plaine comme un troupeau de moutons.

Le timon d'une pièce s'étant cassé, on profita de la halte pour aller le raccommoder dans un village voisin. Après une heure de repos, la marche reprit avec un peu plus d'ordre, l'artillerie de la division marchant au centre de l'infanterie. Sur le soir, les soldats ne pouvaient plus résister à la fatigue; accablés de sommeil, ils se jetaient sur la plaine, s'abandonnant à la sombre fureur des paysans.

Cependant une forte arrière-garde d'infanterie fut formée pour faire suivre, et protéger ces malheureux. Mesure insuffisante, car quantité de militaires se cachaient pour ne pas être ramassés.

Nous arrivâmes enfin, sur les dix heures du soir, dans les plaines de Butzbach. Les hommes et les bêtes s'étendirent de suite sur la terre, dans un état que jamais nous n'avions éprouvé. Mais, ne craignant plus d'avoir la retraite coupée, nous commencions à respirer.

Le lendemain 24, la division établit son bivouac sur les hauteurs de Wetzlar. Le même jour, nous fûmes au parc général faire rétablir notre artillerie, dont les affûts et équipages s'étaient brisés dans les mauvais chemins. Nous y trouvâmes un parc dans le plus grand désordre.

Le 25, à trois heures du matin, la division quitta les hauteurs de Wetzlar pour prendre position devant la ville de Limbourg. Le même jour, après avoir fait faire les réparations essentielles, nous partîmes de Wetzlar pour suivre la division. Marchant jusqu'à dix heures du soir, on bivouaqua sur le bord de la Lahn, jusqu'au point du jour, afin de donner quelque repos aux chevaux et aux canonniers. Près de nous était un petit village en partie incendié lors du passage de la division. Les paysans avaient eu l'imprudence de tirer des coups de fusil sur des soldats qui dénoncèrent l'attaque à leurs camarades. Sans perdre de temps, ils retournèrent en force. Les paysans voulurent faire résistance, bientôt ils furent contraints de céder. On était entré dans le village en brûlant et en massacrant tout.

Le 26, à la pointe du jour, on se remit en marche et arriva devant Limbourg, où étaient baraquées les divisions Grenier, Championnet et Bernadotte, sur l'emplacement de notre premier camp.

Le général Bernadotte qui, pour cause de maladie, était absent depuis plusieurs jours, vint rejoindre, et fit assembler la division. Il fit une morale énergique sur le brigandage de la campagne du Danube; il fit les reproches les plus amers et de fortes menaces aux officiers et soldats; il prévint que tous les contrevenants seraient punis de la manière la plus exemplaire. Il annonça que, le lendemain, une revue du butin serait passée et que tous les vêtements et autres objets qui n'auraient aucun rapport, soit à l'ordonnance, soit aux besoins du soldat, seraient confisqués et distribués aux malheureux des contrées voisines pillés et ruinés par l'armée.

Le 27, on fit prendre les armes, soi-disant pour se mettre en marche; aussitôt on passa la revue annoncée la veille; elle ne put être exécutée strictement, car beaucoup de militaires étaient couverts de vêtements de paysans, faute d'habits. On retira cependant un butin immense, ainsi que des sommes d'argent, à des soldats suspectés de les avoir pillés.

Le bruit courut que le général en chef Jourdan et le chef de l'état-major général Ernouf avaient donné leur démission au Directoire exécutif.

Le 28, je reçus l'ordre d'aller à Bonn pour y chercher des ballots d'habillements. A Limbourg, mon ordre fut signé par le général Bernadotte, car on ne pouvait repasser le Rhin que sur la signature d'un général. Le même jour, je fus coucher à Montabaur, qui venait d'éprouver un grand désastre. Les paysans des environs, qui avaient horriblement souffert du brigandage, voulurent profiter du désordre de la retraite pour se venger des cruautés commises par des soldats, indignes du nom français, ils vinrent pour s'emparer de Montabaur afin de couper la route du Rhin. La garnison, faible alors, fit une résistance opiniâtre; après un combat très sanglant, les paysans furent contraints à la fuite; mais ils se répandirent dans un bois voisin où ils interceptaient nos convois; quantité de militaires isolés avaient été massacrés, et plusieurs détachements, vivement attaqués.

Le 29, faisant un grand détour afin d'éviter les brigands, je me rendis à Neuwied, en passant sous le fort d'Ehrenbreitstein que les Français assiégeaient depuis plusieurs mois.

Le 30, longeant la rive droite du Rhin, je fus coucher au petit village de Linz.

Jours complémentaires an IV (septembre 1796). — Le 1er jour complémentaire, je fus à Bonn et, de là, dans un village voisin où étaient les équipages de la demi-brigade. Le 2e jour, je fus chez le commandant de place de Bonn, afin d'avoir un laissez-passer pour traverser le Rhin avec une voiture, chargée des habillements de notre compagnie. Le commandant ne voulut point consentir, disant que l'armée effectuait sa retraite sur les villes de Neuwied, Cologne et Düsseldorf.

Vendémiaire an V (septembre-octobre 1796). — Le général Beurnonville, ci-devant ministre de la guerre, vint prendre le commandement de l'armée de Sambre-et-Meuse, et passa toute la troupe en revue par un temps de pluie affreux. La division était au bivouac dans les plaines de Mühlheim, et je me rendis dans le village de Mileforst, près Cologne, afin d'être à portée de ma demi-brigade.

Le 2 vendémiaire, notre 2ᵉ bataillon repassa le Rhin à Cologne, et vint à Bonn pour relever un bataillon d'infanterie légère de l'armée du Nord. Je suivis le mouvement du bataillon.

Les troupes de cette armée du Nord étaient bien reconnaissables. En garnison dans la Hollande depuis que nous en avions fait la conquête, elles étaient bien habillées et soldées par cette République, au lieu que celles de notre armée n'étaient ni fraîches, ni équipées, ni payées. Cette disproportion ne pouvait être attribuée qu'au sort de la guerre. Mais les soldats, quoique se sachant obligés d'aller où on les envoie, tantôt bien, tantôt mal, se cherchaient querelle entre eux sur des mots, ce qui occasionna beaucoup de cartels. La division du Nord retourna dans la Hollande, ce qui mit fin à toutes les disputes.

Le 5, la division Bernadotte repassa le Rhin à Cologne, et vint cantonner dans les villages autour de Bonn; notre bataillon partit de cette ville, et fut coucher à Poppendorf.

Le 6, nous partîmes, et la division se rallia à Andernach, cantonnant dans cette ville et dans les villages voisins.

Le 7, la division fut relever une division de l'armée du Nord dans les retranchements de la tête du pont et de l'île de Neuwied. Ces retranchements étaient inabordables, hérissés de canons qui balayaient la plaine. L'ennemi qui avait menacé, depuis le Danube, de nous chasser de l'autre côté de l'Escaut faisait sans cesse des tentatives pour passer le Rhin et ne le pouvait que sur trois points : Düsseldorf, Neuwied et Kehl, mais ces trois passages étaient bien gardés.

Le soldat était toujours on ne peut plus misérable, le pays n'offrait plus aucune ressource. Les hommes étaient réduits à une légère ration de mauvais pain; les chevaux, à quelques livres de paille.

Le 8, vers trois heures après midi, les ennemis attaquèrent sur tous les points; partout nos avant-postes furent repoussés. Aussitôt la générale sonna dans le camp retranché; tous les corps se rendirent aux palissades. L'ennemi s'avançait avec une nombreuse artillerie, on lui répondit de nos retranchements et la canonnade devint terrible; une colonne avança sur Neuwied où elle fut rejointe par nos demi-brigades. Après une affaire assez vive, l'ennemi s'empara d'une partie de la ville d'où on le chassa. Sur le soir, les Autrichiens s'en emparèrent de nouveau. Ces alternatives étaient très préjudiciables aux deux armées ainsi qu'aux habitants.

Vers six heures, la canonnade et la fusillade ne faisaient qu'un roulement. Après avoir fait mine de tenter un assaut, l'ennemi se retira, et nous rentrâmes dans nos baraques.

Perte assez considérable de part et d'autre; nous eûmes le général de brigade Murer, commandant l'avant-garde, grièvement blessé.

Le 10, suspension d'armes de la pointe du jour à neuf heures du matin.

Les généraux autrichiens et français, réunis à Neuwied, décidèrent que, pour la tranquillité des habitants, cette ville resterait neutre. Chaque armée y installerait un commandant de place et des gardes pour faire respecter les personnes et les propriétés.

Nous profitâmes de cette suspension pour enlever à la hâte beaucoup de paille répandue dans les retranchements; enflammée par des obus ennemis, elle avait manqué de communiquer le feu à nos petits magasins à poudre.

Je reçus plusieurs lettres de ma mère qui me faisait espérer un congé absolu; mais je ne pus croire à cette heureuse nouvelle.

Le 11, je reçus l'ordre d'aller chercher aux magasins de l'armée des effets d'habillement et des sabres; mes états signés du conseil d'administration et arrêtés par le commissaire des guerres, je me rendis à Bonn pour les faire ordonnancer par l'ordonnateur en chef de l'armée. Quand je fus à Cologne pour y recevoir ces effets et ces armes, on me renvoya à Liège.

Passant par Bergheim et Juliers, j'arrivai à Aix-la-Chapelle le 16 au soir. J'y trouvai le dépôt de notre demi-brigade, bientôt aussi nombreux que la demi-brigade entière. Je fus voir mes amis bourgeois et militaires; partout on m'accueillit avec autant de surprise que d'amitié, car on m'avait dit tué. Je fus contraint par les instances de mes anciens hôtes de rester plusieurs jours avec eux.

Le 19, départ d'Aix-la-Chapelle pour Liège. Le lendemain, démarches pour obtenir les sabres et les effets. Les fournisseurs de la République me dirent que, faute de fonds, ils ne pouvaient rien verser. Ils me donnèrent l'espoir que sous une décade ils feraient mieux. Comme cette ville était le centre de nos administrations, je résolus d'attendre. Je fus logé dans le quartier Saint-Paul, rue du Pot-d'Or.

Cette ville était le chef-lieu du département nouveau de l'Ourthe; tout était assez tranquille dans le pays malgré la misère qui était bien grande, car le pays de Liège, avant la guerre, renfermait quantité de prêtres et de richards qui entretenaient beaucoup de familles dans l'oisiveté par leurs aumônes. D'un autre côté, les manufactures sans ouvrage mirent sur le pavé quantité d'ouvriers qui s'abandonnèrent au brigandage. Ce pays renfermait aussi beaucoup de déserteurs qui brigandaient sous différents costumes. Passé huit heures du soir, vous couriez risque d'être arrêté et dépouillé au milieu de la ville. Les nombreuses contributions levées sur le département faisaient aussi beaucoup de mécontents, comme partout.

Brumaire an V (octobre-novembre 1796). — Vers le commencement de brumaire nous apprîmes que l'ennemi avait attaqué la ligne du Rhin, depuis Andernach jusqu'à Bacharach. Après une légère résistance, on avait laissé passer plusieurs corps sur la gauche du fleuve; puis, fonçant baïonnette en avant, on avait tué et noyé la plus grande partie; le reste avait été fait prisonnier. Cependant, l'armée impériale fit une tentative sur la tête du pont de Neuwied; plusieurs colonnes avancèrent au pas de charge en faisant des hurlements pour effrayer nos gens, mais la division du général Grenier, qui gardait cet ouvrage, les attendit de sang-froid et fit un feu roulant de mitraille. L'ennemi dut se retirer abandonnant quantité de blessés. On estima la perte, dans cette attaque, à quatre cents tués, quatre cents noyés et six cents prisonniers parmi lesquels quantité de blessés.

Le 10, je fus à Aix-la-Chapelle pour tâcher d'obtenir quelque butin. Dans cet endroit j'appris avec peine que notre demi-brigade venait d'éprouver un revers dans les environs de Binch. Le 2ᵉ bataillon, qui était aux avant-postes, fut surpris par l'ennemi, alors que la plupart des volontaires, répandus dans les vignes, mangeaient des raisins; les chevaux d'artillerie étaient dételés. Cela donna toute facilité à l'ennemi. Le bataillon fut obligé de se retirer en désordre, perdant sa pièce de canon et quantité d'hommes. On attribua cet événement à l'ignorance du capitaine Toubac qui commandait le corps par intérim. Cependant, cela donna une petite tache à la demi-brigade, quoiqu'elle fût bien connue pour s'être toujours bien montrée.

Le 15, retour à Liège et derniers efforts pour obtenir des habillements, après avoir reçu de nouveaux états. J'arrivai le 16; on me promit que sous peu j'aurais des effets. Commissaires et fournisseurs nous faisaient espérer de jour en jour; et nous étions plus de deux cents dans la ville pour le même objet.

CAMPAGNE D'ITALIE

ANNÉE 1797

Le 18 *nivôse*, le 16ᵉ dragons passa à Liège, allant vers le Brabant; il ignorait sa destination; beaucoup de dragons disaient qu'il y avait une suspension d'armes. Enfin on ne savait rien de positif : quantité de troupes filaient dans l'intérieur.

Les 20, 21 et 22, il passa des troupes suivant le même mouvement que le 16ᵉ régiment de dragons. Cela faisait faire des gazettes de toutes les couleurs; les personnes expérimentées prétendaient que ces corps se rendaient par Lyon en Italie.

Le 27, voyant que je ne pouvais obtenir que des sabres et non des effets, je résolus de rejoindre. J'avais avec moi deux canonniers, dont l'un avait sa femme.

Le 3 pluviôse, nous arrivâmes à Cologne. Après beaucoup de démarches, je n'y fus pas plus heureux qu'à Liège; je repartis le 6 pour Bonn, où était le quartier du général en chef, afin de savoir où était notre demi-brigade. Dans cette ville, je fus à l'état-major général où on me dit que la 9e demi-brigade était en marche pour l'armée d'Italie. Je vis que nous avions encore beaucoup de chemin à faire.

Une compagnie de grenadiers de notre demi-brigade était partie de Bonn la veille de notre arrivée, pour rejoindre aussi. Le 7, nous fûmes loger cinq lieues plus loin.

La troupe qui se rendait en Italie ayant emmené toutes les voitures, on me donna des paysans pour porter les bagages, n'ayant pas d'autres moyens de transport.

Le 12, arrivée à Wittlich où nous apprîmes une grande victoire remportée par l'armée d'Italie. Le 14, arrivée à Trèves, ville assez jolie; la Moselle passe au pied de la ville. Nous fûmes coucher de l'autre côté. Le 15, à Grevenmachern. Le 16, à Luxembourg. En entrant dans cette forteresse, mes yeux ne pouvaient assez admirer les fortifications, malgré les récits qu'on m'en avait faits.

Le 17, à Thionville, je remarquai que le sexe y est charmant. Nous logeâmes dans un petit village voisin, près duquel avait campé l'armée prussienne en 1792. Nous restâmes jusqu'au 18, faute de voiture.

Le 19, arrivée à Metz et séjour à l'auberge de Versailles. A la citadelle, était notre premier bataillon qui avait été fait prisonnier à la retraite du Danube. Le récit de nos anciens camarades sur le massacre qui avait eu lieu, et sur leurs souffrances de captivité, me firent horreur. Ils étaient toujours comme prisonniers sur parole, à moitié nus; on ne leur donnait point de butin pour les couvrir; enfin ils étaient dans la plus grande misère.

Je trouvai un grand changement en France. Les honnêtetés des hôtes n'étaient plus les mêmes; il était bien étonnant que nous fussions aussi mal traités dans notre propre pays, tandis qu'à l'étranger on nous faisait mille politesses. Beaucoup de personnes diront que c'était la crainte et la terreur qui faisaient agir ainsi, mais moi je soutiens et je dois dire à la louange des Allemands, que la plupart le faisaient par humanité, et par bon cœur.

Le 21, coucher à Pont-à-Mousson.

Le 28, à Langres, situé sur une hauteur très escarpée, pays renommé pour ses bonnes lames. A notre arrivée dans cette ville, nous fûmes surpris d'entendre tirer le canon; on nous apprit que c'était en réjouissance de la prise de Mantoue.

Le 30, à Is-sur-Tille où nous prîmes séjour. Des troupes d'infanterie légère venant de l'armée du Rhin et allant à celle d'Italie, avaient fait beaucoup de mal dans différentes auberges. Après avoir insulté les habitants et cassé les meubles, elles se permirent de frapper à coups de sabre, et estropièrent plusieurs personnes. Les plus coupables furent arrêtés pour être livrés au conseil de guerre.

1er *ventôse*. Je fus me promener au village de Gémeaux pour y voir les parents d'intimes amis de ma compagnie, les deux frères Gaspard. Je fus reçu par cette famille comme si j'étais un de leurs enfants; ils me comblèrent de bontés et de soins, je ne pus en partir que le 2 au matin, en versant des larmes d'attendrissement avec eux. Leurs enfants avaient été passer quelques jours auprès d'eux lors du passage de la division Bernadotte qui se rendait en Italie; le souvenir de leur départ leur était encore très sensible.

Le 2 j'arrivai à Dijon, ville charmante. La grande place est superbe, et le Parlement est un magnifique bâtiment. Je fus loger chez une aimable hôtesse qui me fit boire du fameux vin de Bourgogne et manger de cette fameuse moutarde de Dijon.

J'avais prié ma mère de m'écrire à la poste restante à Dijon, et j'eus la satisfaction de recevoir une lettre annonçant que toute ma famille se portait bien. Ma tendre mère n'avait pas manqué d'y joindre une petite somme pour faciliter mon voyage.

Le 3, nous fûmes à Beaune, en passant au pied de la fameuse Côte d'Or avec son superbe amphithéâtre de jardins et de villas.

Le 4, nous fûmes à Chalon-sur-Saône; nous y prîmes séjour. Dans ces contrées, la route était des plus agréables : les habitants faisaient beaucoup d'amitié aux militaires. Le 6, à Tournus. Le 7, à Mâcon. Les habitants de cette ville étaient très patriotes, et faisaient mille accueils aux défenseurs de la République. Le 8, à Villefranche.

Le 9, nous arrivâmes dans la fameuse ville de Lyon. Ville belle et population nombreuse, bien qu'elle ait beaucoup souffert du siège soutenu en 1793 contre les patriotes. Cette ville avait toujours été rebelle au gouvernement, et en tout temps les patriotes y furent insultés. Il ne fallait point s'attarder sous l'habit militaire, car on courait risque d'être assassiné. Les compagnies de grenadiers passaient les nuits de piquet sur la grande place. Il existait dans cette ville au moins vingt mille inconnus soutenus par les ennemis de la chose publique; c'était quantité de déserteurs et ouvriers sans ouvrage. Les bourgeois engageaient les militaires de passage à ne point rejoindre leurs corps; ils leur proposaient de l'argent pour rester dans Lyon. L'hôte chez lequel j'étais logé me tint les discours les plus royalistes : aussi nous eûmes beaucoup de difficultés ensemble; néanmoins, il me proposa un couvert à sa table. Plusieurs militaires qui faisaient route avec nous se laisssèrent gagner et restèrent à Lyon.

Le 11, nous fûmes loger à Bourgoin. Le 13, aux Échelles. Le 14, nous fûmes à Chambéry, capitale de la Savoie et chef-lieu du département du Mont-Blanc, nouvellement réuni à la République. Tous les militaires isolés arrivant dans cette ville étaient envoyés dans des dépôts pour y être habillés et formés en détachements pour rejoindre à Milan, car on ne pouvait traverser le Piémont sans courir les risques d'être attaqué par les barbets, brigands organisés vivant de vols et d'assassinats, soutenus pour nuire à la correspondance de l'armée.

On arrêtait aussi toutes les femmes de troupe qui rejoignaient l'armée. Le général en chef avait donné l'ordre qu'on ne laissât passer que celles autorisées par les règlements, c'est-à-dire quatre par bataillon; le surplus, même avec des patentes, était arrêté. Cela nous mit un peu dans l'embarras à cause de la femme du canonnier voyageant avec nous. Cependant à force de démarches auprès de l'état-major général de l'armée des Alpes, commandée par le général Kellermann, je parvins à obtenir une passe pour elle.

Le 17, nous partîmes avec un fort détachement dirigé sur Milan; nous fûmes coucher à Montmélian.

Le 18, à Aiguebelle. Le 19, à Saint-Jean de Maurienne, en passant par la Chambre. Le 20, à Saint-Michel. Le 21, à Lanslebourg. — Toutes ces routes sont presque impraticables; il faut des mulets pour voyager dans ces pays; montagnes, ravins et rochers empêchent le passage des voitures; la plupart des habitations sont sur des monts escarpés et vous avez une grande heure à monter pour arriver chez votre hôte. Les paysans habitent, l'hiver, les collines, et l'été, les montagnes; ils fabriquent du pain pour douze, quinze et même vingt mois, sans qu'il se gâte; ils vivent beaucoup de laitage, et en général, se nourrissent fort mal. Quantité d'hommes et presque toutes les femmes ont des grosses gorges que l'on appelle goitres; on attribue ces difformités aux mauvaises eaux des montagnes.

Le 22, nous passâmes le fameux mont Cenis, extraordinaire par sa hauteur et sa rapidité; été comme hiver, il y a toujours de la neige; souvent, des tourmentes engloutissent les hommes et les animaux en route. Lorsque le temps menaçait, on tirait un coup de canon sur le sommet, comme avertissement, pour que personne ne se mette en route. Il y a pour trois heures à monter, et autant pour descendre. Le jour de notre passage, il y avait quantité de neige. En cet endroit on arrêtait encore les femmes malgré la signature du chef de l'état-major de l'armée des Alpes. Il fallut beaucoup de démarches pour faire renouveler la passe de la femme qui était avec nous. A Lanslebourg, il y en avait une quarantaine arrêtées; la plupart rendaient service aux amis, car les femmes étaient très rares dans le pays. Nous fûmes coucher à Suze, extraordinairement fatigués de notre marche. Pour délasser la troupe, on la mit coucher dans une espèce d'écurie.

Quantité de sapeurs étaient employés pour démolir les fortifications de cette ville. Dans le traité de paix avec le roi de Sardaigne, il était dit que Sa Majesté ferait démolir cette forteresse à sa charge. Le fort portait le nom de la Brunette; on fut aussi obligé d'en faire démolir deux autres, inexpugnables comme celui de la Brunette, et de laisser en gage les autres forteresses, jusqu'à la paix générale.

Le 23, nous poursuivîmes notre marche, et nous arrivâmes, le 1er *germinal*, dans la superbe ville de Milan. J'admirai la richesse de cette immense cité; le luxe, l'élégance des boutiques, le roulement des voitures, cafés et maisons de récréation, lui donnaient un éclat comparable à celui de Paris.

Le général Buonaparte avait dans cette ville un palais superbe que les habitants lui avaient donné. A l'arrivée des troupes françaises, ils s'étaient déclarés pour la République française et avaient formé des légions pour combattre sous les drapeaux de la liberté. Ils s'érigèrent en République, dite Cisalpine.

Le 3 *germinal*, départ pour Lodi, jolie petite ville du Milanais.

Le 4, à Pizzighettone, petite ville très fortifiée. Le 5, à Crémone, où nous arrivâmes le soir un peu fatigués. Cette ville est grande et assez curieuse. Le 6, à Bozzolo. Le 7, à Mantoue où nous trouvons enfin notre demi-brigade. J'admirai les fortifications de cette place entourée d'eau à un quart de lieue à la ronde. La plupart des quartiers de la troupe n'étaient pas encore occupés à cause de la mauvaise odeur dont ils étaient encore infectés; les cimetières de cette ville étaient une peste par le nombre de cadavres nouvellement enterrés; on estimait à 35 000 le nombre de morts pendant le siége, tant bourgeois que militaires. Les uns et les autres avaient considérablement souffert de la fatigue et du manque de subsistances.

Je fus dans les plaines de la Favorite, sous Mantoue, ainsi que dans le village Saint-George pour voir les dépouilles de l'armée vaincue; des casquettes et des mauvais fournimcnts couvraient la terre; les champs étaient encore bosselés par le nombre de cadavres enterrés; les murs et les arbres étaient criblés de balles et de mitraille. Le général Buonaparte poursuivait toujours l'ennemi avec une rapidité étonnante en lui faisant éprouver des pertes considérables.

Étant arrivés à notre corps, le 8, nous passâmes la revue du général Miollis qui commandait cette place.

Le 11, on fusilla deux grenadiers français pour une faute très légère. Le 16, arrivèrent 3 500 prisonniers, dont quantité d'officiers et trois généraux autrichiens. Ces officiers nous dirent que l'empereur serait forcé de faire la paix.

ANNÉE 1797

Le 17, le dépôt de la demi-brigade arriva d'Aix-la-Chapelle.

Le 20, deux de nos officiers furent cassés pour lâcheté dans des batailles au Nord.

Le 22, on apprit que les paysans des environs de Vérone, joints à la populace de cette ville, s'étaient révoltés et avaient arrêté plusieurs convois.

Les 25 et 26, on arma tous les postes avancés de la place.

Le 29, au soir, on entendit le canon dans les environs de Vérone.

Le 1er *floréal*, à une heure du matin, on fit prendre les armes à toute la garnison; plusieurs coups de fusil ayant été tirés sous les murs, on présuma que les révoltés s'approchaient. Notre compagnie fut envoyée au château du Prince, dans une île, pour y servir les pièces. On envoya plusieurs reconnaissances qui ne rencontrèrent personne. Le restant de la nuit fut calme.

Le soir, canonnade assez forte du côté de Vérone, mais nous ne savions rien de positif.

Le 2 au matin, il partit un fort détachement pour Vérone; on apprit que les Véronais s'étaient révoltés, avaient égorgé beaucoup de Français, et commis les plus grandes cruautés contre la garnison, qui n'avait eu que le temps de se réfugier dans le château, qu'elle défendait depuis plusieurs jours. Cela inquiéta les Français dans l'intérieur de l'Italie, car toutes les autres campagnes manifestèrent beaucoup de mécontentement.

Des troupes commandées par le général Victor vinrent secourir nos braves bloqués dans le château de Vérone; ils étaient forcés de faire des sorties meurtrières pour se procurer des vivres. La ville fut cernée; le 3, on apprit que le siège était poussé sans ménagement, et que, si les Véronais ne voulaient pas se soumettre, on allait tout brûler.

Le 4, arriva de l'armée un courrier extraordinaire chargé de dépêches pour Paris; il assura qu'il était porteur des préliminaires de paix signés entre le général en chef Buonaparte et deux envoyés de Sa Majesté Impériale. Passa ensuite le frère du général Buonaparte qui aussi se rendait à Paris et qui confirma la nouvelle. Il assura que sous peu, il repasserait avec les conclusions de la paix. Tous les cœurs étaient pleins de joie.

Le 6, on envoya des munitions, et des grils à boulets rouges pour bombarder Vérone.

Le 8, on apprit la reddition de cette place. A l'entrée des troupes françaises, on licencia toutes les troupes vénitiennes ou esclavonnes; on arrêta les chefs de la révolte qui furent livrés à un conseil de guerre, et furent condamnés à être fusillés. De fortes contributions furent imposées à la ville et aux environs.

Un couvent fut bien respecté, et les Pères de cette maison furent récompensés pour leur généreuse conduite. Les révoltés s'étaient portés en foule à ce couvent, où était un hôpital militaire,

ANNÉE 1797

et voulaient égorger les Français blessés. Les vertueux Pères de cette maison se présentèrent et tinrent le langage le plus énergique, disant qu'il était contre les droits de la guerre, parmi les peuples policés, de verser le sang des malades; que d'ailleurs ils avaient tout à craindre en commettant de pareils crimes, mais qu'avant de parvenir au lieu où étaient les malades, il fallait (et ils montraient leurs poitrines) faire couler leur propre sang. Les brigands persistèrent; les Pères s'écrièrent : « Arrêtez, malheureux ! si au moins vous ne craignez la vengeance des hommes, redoutez la justice du Ciel ! Les Cieux témoins d'une telle barbarie vont engloutir la Vénétie tout entière. » A ces mots, un grand silence se fit, et ces monstres s'en retournèrent. Ces braves moines continuèrent à faire un rempart de leur corps aux malades durant le siège, et ils les rendirent aux Français lors de leur entrée en cette ville. Ce fut la brave 1re demi-brigade qui soutint, avec un courage étonnant, le siège du château contre les révoltés.

Tous les militaires qui avaient participé à la prise de cette ville reçurent une gratification de 24 livres; les officiers reçurent à proportion du soldat.

Le 14, le général en chef Buonaparte passa à Mantoue; les troupes prirent les armes; on fit plusieurs salves de mousqueterie et d'artillerie en réjouissance du passage de ce brave général.

Il y avait dans l'Italie plusieurs bataillons

polonais à la solde de la République cisalpine. Ces corps avaient été formés par des Polonais qui avaient déserté les troupes de l'empereur, où ils servaient par force depuis le partage de la Pologne. Ces bataillons étaient de très bonnes troupes, l'élite de la République cisalpine; ils portaient le costume de l'ancien régime de Pologne, faisaient strictement leur service, et étaient très aimés des Français. Ils se signalèrent dans différents combats; leur général, qui fut tué, se nommait Kosinski.

Les légions cisalpines, au contraire, faisaient de très vilaines troupes, sans discipline, sans propreté, vendant leurs vêtements le lendemain des distributions. Ces corps, refuge de déserteurs français, ne pouvaient qu'être remplis de mauvais sujets.

Les chaleurs commençaient à se faire sentir, ce qui occasionnait déjà des maladies. Le 3 *prairial*, partit un détachement de notre compagnie pour aller au grand parc d'artillerie à Pordenone.

A cette époque, je reçus une lettre d'un de mes anciens amis, datée de Paris, qui me marquait que les royalistes levaient insolemment la tête, que les patriotes et les militaires étaient mal vus et maltraités, que l'on médisait publiquement de nos généraux, et que les patriotes de l'intérieur n'avaient d'espoir que dans les armées.

Le 6, on fit à Mantoue une fête en réjouissance de l'acceptation de la constitution de la République cisalpine. Toutes les troupes rassemblées sur la place d'armes, avec les administrations civiles et militaires, plantèrent un arbre de Liberté auquel ils mirent, en forme d'alliance, les drapeaux de la République française avec ceux de la République cisalpine; des chants patriotiques, des cris d'allégresse se firent entendre en italien, et la fête se termina par les cris de : « Vive la République! » Chaque soldat reçut une ration de vin en gratification.

Le 7, à cinq heures du soir, la 9e demi-brigade reçut ordre de partir pour faire partie de la colonne mobile commandée par le général Lannes.

Les Génois étaient en révolution par suite du changement de leur constition; c'est pourquoi on envoya des troupes de ce côté pour empêcher des troubles qui auraient pu nuire à nos communications avec la France.

Le 15, il y eut un caporal de Polonais fusillé, convaincu d'être chef de complot de désertion.

Le 17, arrivèrent deux demi-brigades d'infanterie légère; la 29e prit garnison, et l'autre poursuivit sa marche.

Dans l'île du Té où nous étions, il y avait beaucoup de malades, ce qui m'obligea à en informer le général et à demander notre changement. Le 30, toutes les troupes de l'île reçurent ordre de rentrer; on n'y envoya plus que des gardes relevées toutes les vingt-quatre heures.

Le 5 *messidor*, cinq canonniers de notre compagnie partirent pour l'hôpital. Le 7, partit un petit détachement pour se rendre au parc. Le 9, il partit 15 hommes à l'hôpital; le capitaine et le lieutenant restèrent dangereusement malades chez leur hôte, et le reste de la compagnie resta convalescent à la caserne. Nous étions quatre ou cinq seulement qui n'avaient pas encore été attaqués de la fièvre. Tous les autres corps de la garnison partageaient notre sort; tous les jours, un convoi considérable partait pour l'hôpital, et ceux qui restaient étaient jaunes comme des citrons.

Le 17, le restant de la compagnie reçut ordre de partir pour se rendre à Oderzo, au grand parc d'artillerie de l'armée.

Le 18, nous partimes de Mantoue de grand matin, et nous fûmes coucher à Villafranca.

Le 19, nous arrivâmes à Vérone, grande et belle ville; nous y trouvâmes la division Augereau. Je fus voir tous les dégâts que la révolte avait causés. Les environs du château, où s'était retranchée la troupe, étaient ravagés; les maisons adjacentes, criblées de projectiles; plusieurs étaient brûlées; enfin, ce quartier, le plus beau de la ville, n'était point reconnaissable.

Il y avait, dans toutes les divisions de l'armée, de grands préparatifs pour une fête qui devait avoir lieu le 26 messidor, anniversaire du 14 juillet, époque mémorable de la Révolution française.

Le 20, coucher à Montebello. Le 21, à Vicence, ville jolie et commerçante. Le 22, à Padoue, grande ville, mais déserte et extrêmement gothique. Il y a une place superbe, enrichie par une grande quantité de statues.

Le 23, nous en partîmes pour aller coucher à Mestre. En route nous vîmes quantité de maisons de plaisance des plus agréables; sur la droite on découvrait la superbe ville de Venise située au milieu des eaux. En arrivant à Mestre, j'obtins une permission pour aller à Venise avec un ami. Après avoir fait une grande lieue dans une petite barque sur un petit canal, nous passâmes dans les lagunes sous quantité de petits forts très bien armés. Arrivés à Venise, quelle fut notre surprise en voyant une aussi grande et aussi belle cité bâtie sur pilotis; nos yeux ne pouvaient suffire à regarder le luxe, l'éclat des boutiques, remplies des marchandises les plus rares. Les femmes en général étaient très affables; les cafés et les auberges très fréquentés; dans presque tous on y parlait toutes les langues. La grande place est entourée de riches monuments. Superbe marine aussi à côté de cette place; les bâtiments marchands viennent dans un port commode apporter des marchandises de tous les pays. L'arsenal de la marine renferme les plus riches raretés. Enfin je ne pouvais assez admirer les curiosités de cette immense cité, où partout chacun est accueilli et respecté.

La commodité de cette ville, c'est que vous ne risquez pas d'être écrasé, d'être taché de boue, ni d'être étourdi par le roulement des voitures, car il n'y a pas un cheval dans son enceinte; les rues sont extrêmement étroites et dallées de grandes pierres de taille toujours humides, qui empêcheraient les chevaux de tenir pied; il y a jusqu'à sept cents ponts et l'on ne peut marcher un quart d'heure sans être obligé de monter et descendre pour passer des ponts en forme de perrons. Ce qui remplace les voitures publiques, ce sont des chaloupes garnies et couvertes comme des carrosses; toutes en velours ou en drap noir. Le payement de ces moyens de transport est assez raisonnable; la grande quantité de canaux donne une grande commodité pour se servir de ces fiacres.

A cette époque nous avions une escadre française en rade.

Le 25 au soir, bien satisfaits d'avoir vu une si belle ville, nous traversâmes les lagunes et débarquant à la Faucette, nous couchâmes dans un petit village plus loin et le lendemain 26, nous nous rendîmes à Oderzo, lieu de notre destination. Nous y trouvâmes le parc de l'armée qui n'était pas important. Ce même jour, la fête de l'anniversaire de la Révolution des Français fut fêté dans toutes les divisions de l'armée.

Le 1er *thermidor*, parut une circulaire du général en chef, qui faisait connaître à l'armée le mauvais esprit qui régnait en France. L'intérieur de la République était infesté d'émigrés et de prêtres réfractaires, les patriotes défenseurs de la République étaient partout bafoués et fusillés, le Conseil des Cinq-Cents s'était réfugié à Clichy pour y tenir ses séances. Ces fâcheuses nouvelles affligèrent les soldats. Après avoir combattu sept années, souffert tous les maux que l'on puisse endurer, au moment d'obtenir une paix glorieuse, ils voyaient l'intérieur de la France rempli d'ennemis et de contre-révolutionnaires. Pour comble de mécontentement, nous étions privés des nouvelles de nos familles; on ne savait qui accuser de l'interception des lettres; cela me causa beaucoup d'inquiétude.

Les chaleurs étaient excessives, quantité de soldats tombaient malades, et les mauvais hôpitaux dégoûtaient; on préférait languir, sur une botte de paille. A cette époque, l'effectif des hôpitaux de l'armée s'élevait à 25 000 hommes. Une aussi grande quantité de malades était attribuée aux marécages, aux fruits, au poisson, ainsi qu'aux logements, car il était bien étonnant que, dans un pays de tant de ressources, le soldat fût si mal soigné, toujours logé dans des églises et dans des corridors, sans paille, sans couvertes, ni ustensiles pour faire cuire ses aliments; un soldat ne pouvait reprendre ses forces en sortant de l'hôpital, avec une pareille convalescence. Enfin ce que l'on ne pourra croire, c'est qu'à l'hôpital de Bazzolo, le portier fut obligé d'avancer un écu de 3 francs pour acheter du beurre pour faire une soupe à l'oignon à tous les malades; ils n'auraient rien mangé sans l'avance du brave portier.

Ce fut à Oderzo que je fus pour la première fois attaqué des fièvres. En Italie on traitait beaucoup cette maladie avec l'*aqua amara* et le quinquina; ces drogues coupaient radicalement les fièvres.

Le 5, deux canonniers furent attaqués par des habitants des environs d'Oderzo; un mourut de ses blessures.

L'armée devait être habillée à neuf, quantité de corps avaient déjà leurs habits. Le 14, on passa la revue du chef d'état-major Songis pour la répartition des habits. Des bruits de paix se répandaient toujours.

Le 21, on organisa plusieurs compagnies de canonniers volontaires.

Le 27, notre compagnie reçut l'ordre de se rendre à Mantoue; ce même jour nous fûmes coucher à Trévise, jolie ville. Le 28, à Castelfranco. Le 29, à Cittadella. Le 30, à Vicence. Le 1ᵉʳ fructidor, à Montebello. Jusque-là nous avions toujours été logés dans des églises dévastées, toutes à jour, mais dans cet endroit on nous mit coucher dans un cimetière, disant qu'il y avait de l'ombre, et que, la nuit, nous serions à l'abri du vent. Cependant, presque tous nos canonniers étaient malades; et, avec la fièvre, il ne faisait pas trop sain de coucher à l'injure du temps. Moi, j'avais aussi la maladie, mais avec mon argent je trouvai un mauvais lit dans une auberge. Les canonniers mécontents demandèrent au capitaine à marcher la nuit plutôt que de coucher dans une telle hôtellerie.

Nous partîmes donc le soir pour Vérone. Le 3, nous fûmes coucher à Villafranca. Le 4, nous arrivâmes à Mantoue où nous prîmes garnison. Je me remis aux médicaments et je pris un médecin, aimable homme, pour me traiter. Quantité de personnes de notre connaissance étaient mortes de maladie pendant notre absence. Beaucoup de bourgeois et de militaires avaient les fièvres; ce pays est extrêmement malsain.

Le 24, l'épouse du général en chef Buonaparte passa à Mantoue pour aller joindre son mari à Udine; à son passage elle fit part aux généraux des nouvelles de Paris, qui étaient des plus satisfaisantes : le 18 fructidor, les troupes réunies aux patriotes de Paris, avaient arrêté, sur les ordres du Directoire, une partie du Conseil des Cinq-Cents, quantité d'émigrés rentrés et autres chefs d'une conspiration qui devait éclater. Cette heureuse nouvelle fit un sensible plaisir à toute la troupe qui voyait avec douleur l'aristocratie primer en France sur le patriotisme. Toutes les divisions de l'armée en avaient manifesté leur mécontentement par des adresses au Directoire exécutif ainsi qu'aux patriotes de l'intérieur. Heureusement, ces pétitions n'étaient pas demeurées sans succès.

Le 26, parut un ordre du général en chef prévenant que l'armée se mettrait en marche le 2 vendémiaire, que chaque général passât la revue exacte de ses troupes. Les commandants des places fortes devaient inspecter leurs munitions de guerre et de bouche, veiller au nécessaire pour soutenir un siège. Ces dispositions donnèrent quelques doutes sur le traité de paix dont on parlait depuis longtemps.

Le 1er *jour complémentaire*, nous partîmes, trois compagnies de canonniers, dans une forêt, fabriquer des saucissons et des gabions pour la réparation des fortifications de Mantoue.

Le 10 *vendémiaire*, rentrée en ville : quantité de canonniers revinrent avec les fièvres, je fus du nombre. Les brouillards épais de ce bois avaient envoyé quantité de monde à l'hôpital.

Le 11, les fièvres me quittèrent.

A Mantoue, j'avais le plaisir de voir souvent deux de mes pays, Duplessis et Balagnier, tous deux canonniers dans la 11e compagnie du 3e d'artillerie à pied.

Vers la fin de vendémiaire, avec douleur, j'appris la mort du général Hoche, commandant l'armée d'Allemagne; la perte de ce brave et vertueux général fut plus que sensible aux amis de la patrie ; il y avait tout à croire que nous devions ce grand malheur à quelques-uns de nos lâches ennemis.

Journellement, il partait considérablement de munitions de guerre pour l'armée.

Le 24, superbe fête à Mantoue en mémoire du vertueux Virgile. Le général Miollis, commandant la ville, rappela aux habitants combien il était glorieux pour leur pays d'avoir vu naître un si grand homme, et combien il désirait que l'on rendît honneur à la mémoire de ce grand auteur.

Virgile faisait sa résidence dans un petit village à une demi-lieue de Mantoue, et allait travailler dans une petite grotte qui, depuis sa mort, à porté son nom. Une pyramide fut élevée à la place de cette petite grotte encore indiquée par plusieurs arbres. Son buste fut placé sur différents points ; on fit six mariages, et la ville fit des présents aux jeunes époux ; on donna à cette fête toute la pompe possible. Les juifs n'épargnèrent rien pour lui donner beaucoup d'éclat. Le soir, festin magnifique sur la place publique.

Avant cette fête, on avait eu soin de faire abattre dans les rues et places tous les emblèmes de la féodalité, entre autres la *fameuse* porte Pradella, bâtie pour l'entrée d'un empereur.

Le général en chef ordonna qu'il fût formé dans toutes les villes de l'Italie une compagnie de hussards, composée de jeunes gens de bonne conduite équipés et montés à leurs frais. Ces jeunes gens, disait-il, s'habitueront et s'instruiront aux exercices militaires, et par suite deviendront utiles à leur patrie. Ces compagnies furent bien organisées; elles suivaient les mouvements de l'armée, et promettaient beaucoup.

Le 1er *brumaire*, on assura que la paix était faite avec l'Empereur. Cette heureuse nouvelle mit la joie dans les cœurs; la même gaieté ne régnait point sur le visage des Italiens, principalement de ceux au delà de l'Adige; cependant, on ne savait encore rien.

La nuit du 9 au 10, le général Buonaparte arriva à Mantoue. Le 10, fête funèbre en mémoire du brave général Hoche; du lever du soleil à la nuit, il y eut des salves d'artillerie de demi-heure en demi-heure. Sur les neuf heures, toute la garnison se rendit à Saint-George, autour d'une pyramide élevée tout exprès; il y fut fait plusieurs décharges de mousqueterie. Des airs lugubres annonçaient combien les cœurs étaient pénétrés.

Le soir, le général Buonaparte parut au spectacle; il fut obligé d'en sortir par les acclamations et les cris réitérés de la part des habitants qui criaient : *Viva Buonaparta!*

Les bruits de paix faisaient beaucoup de mécontents, parce que les Vénitiens craignaient d'être livrés à l'Empire, et les habitants de Mantoue et de Brescia, d'appartenir à la République cisalpine.

Le 12, arriva à Mantoue un bataillon de Brescia, troupe très malpropre et indisciplinée. — Le 13, arriva le 1er bataillon de la 9e demi-brigade fait prisonnier en Allemagne, que j'avais vu à la citadelle de Metz, lors de mon passage. Le soir, passa le courrier apportant la ratification de la paix par le Directoire exécutif. Chacun fut transporté de joie.

Brumaire an VI (octobre-novembre 1797). — Il parut une proclamation du Directoire exécutif aux troupes relativement à la paix; elle engageait les militaires à rester fidèles à leur drapeau, à se méfier des propos séditieux excitant à la désertion, ajoutant qu'il n'était pas encore temps de déposer les armes, puisque l'Angleterre ne voulait point reconnaître la République.

Le 15, arrivèrent huit compagnies de canonniers volontaires venant des côtes de la Provence. Les troupes faisaient un mouvement général; des demi-brigades montaient et d'autres descendaient; plusieurs compagnies de canonniers de la République cisalpine vinrent à Mantoue. Les réparations des fortifications se faisaient avec activité. Le 17, arriva la 86e demi-brigade.

Le général Buonaparte quitta l'armée d'Italie pour aller prendre le commandement de l'armée d'Angleterre.

Tous les avant-postes furent évacués. Le 6, notre compagnie reçut l'ordre de se rendre à

Vérone, pour le désarmement de la place. Le 8, aussitôt arrivés les canonniers y travaillèrent.

Journellement, il passait à Vérone des troupes revenant de l'armée; une division poussait une autre, et au fur et à mesure que les Français évacuaient une ville, les troupes impériales prenaient possession. Ces dernières devaient entrer dans Vérone le 1er du mois de frimaire.

Le 26 au soir, je fus chez le commandant de l'artillerie qui donna un ordre de départ pour notre compagnie, et pour celle de la 6e demi-brigade. Je fus d'abord très satisfait, présumant que c'était pour rétrograder avec l'armée, mais quelle surprise lorsque j'appris que l'ordre portait de se rendre à Palma-Nuova pour le désarmement de la place. On fut très surpris d'aller dans une ville déjà occupée par les Autrichiens à neuf jours de marche.

Le 27, nos deux compagnies rassemblées, nous fûmes coucher à Montebello. Le 28, à Vicence. En chemin nous trouvions la route couverte de troupes qui manifestaient leur surprise et leur crainte de nous voir remonter.

Le 29, à Padoue. Nous trouvâmes dans cette ville des officiers venant reconnaître le logement pour leurs troupes qui devaient arriver le lendemain. Partout où ces officiers passaient, ils étaient assaillis des cris de : Vive l'Empereur! cris ordinaires chez la populace d'une ville.

Le 30, on partit pour Mestre. Comme d'habi-

ANNÉE 1797   279

tude, je marchais en avant avec deux canonniers pour disposer le logement. Au bout d'une heure de marche nous rencontrâmes deux demi-brigades de la division Serrurier qui venaient d'évacuer Venise ; c'étaient nos dernières troupes. Lorsque nous fûmes près du chef de brigade, il nous dit d'arrêter et nous traita de déserteurs. Je lui dis que nous remontions par un ordre du général Lespinasse, commandant l'artillerie de l'armée ; sur sa demande, je le lui fis voir, et il me dit : « Voyez ce que vous avez à faire. Quant à moi, je vous conseille de ne pas exécuter l'ordre, car, à deux compagnies, vous serez certainement attaqués et assassinés par les paysans ; ils ont attaqué une forte arrière-garde que j'ai eu soin de former. Soyez persuadés que votre ordre n'est qu'une erreur. »

Je lui répondis que, cependant, il fallait obéir, et nous poursuivîmes notre route. Après avoir marché environ deux heures, nous entendîmes une grande quantité de coups de fusil dans un village où il fallait que nous passions ; lorsque nous fûmes près, nous entendîmes des hurlements effrayants ; nous aperçûmes un cabriolet qui sortait du village avec un officier français, une femme et son domestique. Cet officier nous dit : « Camarades, n'avancez pas avec aussi peu de monde ! car ils vous attaqueront ; ces scélérats ont tiré plusieurs coups sur nous : une balle a percé mon cabriolet et blessé légèrement mon domestique. »

Cependant nous avançâmes très doucement et lorsque nous fûmes un peu avant dans le village, nous vîmes qu'ils abattaient l'arbre de la liberté et qu'ils foulaient aux pieds le pavillon et les cocardes tricolores. Je recommandai aux canonniers qui étaient avec moi d'être plus que prudents. A notre passage, ils nous lâchèrent des sottises et cherchèrent à nous provoquer; ils auraient désiré que nous répondissions sur le même ton pour donner un motif de nous attaquer, mais nous fûmes patients, nous passâmes notre chemin en faisant les sourds; nous remarquâmes que, dans cette révolution, il n'y avait que la petite populace; les gens un peu expérimentés connaissaient trop bien leur malheur d'être sous les lois de l'Empereur pour fêter l'entrée de ses troupes.

Une lieue plus loin, nous entendîmes un bruit plus considérable, une fusillade continuelle, des cris perçants; comme il n'était pas prudent de traverser une populace armée, et surtout fort animée contre nous, nous résolûmes d'attendre que les deux compagnies fussent arrivées pour marcher avec elles; nous priâmes de bonne grâce une jeune et belle dame qui était à sa croisée de vouloir bien nous laisser entrer chez elle un moment afin de ne pas rester sur la route; cette dame consentit et eut la bonté de nous envoyer du pain, du vin et du fromage pour déjeuner. Nous prîmes notre subsistance en attendant l'arrivée des deux compagnies, et avec elles nous poursuivîmes notre marche. En entrant dans le village, tambour battant, les paysans prirent la fuite, laissant sur la place l'arbre de liberté arraché. Nous passâmes notre chemin et arrivâmes le soir par une pluie affreuse à Mestre. A notre arrivée, nous nous adressâmes à la municipalité pour y recevoir le logement et les vivres sur des bons remboursables par la République française; nous fûmes reçus et traités de la manière la plus humiliante, on nous reprocha tous les excès des troupes françaises, et on nous fit des menaces que nous ne craignions pas, rapport aux troupes impériales déjà arrivées dans cette ville avec un général autrichien. Voyant que nous ne pouvions rien obtenir, nos officiers furent chez le général autrichien, et firent connaître notre situation, en le priant de donner ordre à la municipalité pour des subsistances et le logement; il consentit à toutes les demandes et d'après son ordre, la municipalité, non pas sans murmurer, délivra un mauvais logement, du pain et du vin. Pendant toutes ces démarches, les compagnies étaient sur la place, recevant une pluie abominable; l'averse cessa et une populace nombreuse vint leur faire toutes sortes de vexations en foulant devant elles la cocarde tricolore aux pieds, et en leur envoyant des fusées et des pétards dans les jambes, car il est bon d'observer que la ville était illuminée, et que la populace faisait des réjouissances. Le général autrichien, instruit de tout ce bruit, fit doubler tous les postes.

La nuit, nous entendîmes beaucoup de bruit sur la rue, mais il était défendu aux militaires français de sortir. Cependant nous apprîmes que les habitants voulaient à toute force nous égorger, mais le petit nombre de partisans que nous avions encore dans le pays les calma en faisant croire que nous étions des déserteurs. Nous passâmes le restant de la nuit dans une grande inquiétude. Le lendemain, de grand matin, les troupes autrichiennes partirent pour se rendre à Padoue; nous fûmes à la municipalité pour avoir une voiture qu'elle était obligée de nous fournir pour le transport de nos équipages, d'après l'ordre du général autrichien. On nous répondit assez insolemment, disant que nous n'étions plus les patrons (c'est-à-dire les maîtres), et qu'ils ne nous écoutaient pas. Ces gueux nous firent passer toute la matinée en supplications qui restèrent sans succès. Vers le midi, arriva le comte de Valisch, général autrichien, commandant la Vénétie; nous nous adressâmes à lui avant qu'il descendît de voiture, pour lui faire connaître les dangers que nous courions en voyageant dans le pays; il demanda du papier et de l'encre et donna d'abord un ordre pour avoir une escorte commandée par un officier autrichien, les vivres et le logement dans toutes les étapes, sur pied du règlement français, ainsi que des moyens de transport pour nos bagages ; ensuite, il écrivit un mot de billet à la municipalité et il nous dit : « Allez, mes enfants, vous pouvez être assurés qu'il ne vous arrivera rien dorénavant », et il poursuivit sa marche. Au bout de cinq minutes, nous avions devant notre logis une voiture attelée de quatre chevaux pour nos bagages ; alors nous nous mîmes en marche avec une escorte, et arrivâmes à la nuit à Trévise. Dans cette ville nous fûmes très bien reçus par la municipalité et les habitants. Quantité de femmes enceintes nous demandaient des nouvelles de leurs anciens locataires.

Le lendemain *2 nivôse*, nous partîmes de cet endroit pour aller coucher à Conegliano ; en route nous rencontrâmes plusieurs régiments autrichiens. Le 3, nous fûmes à Pordenone. Le 5, nous arrivâmes enfin à Palma-Nova, où quatre compagnies de canonniers français travaillaient au désarmement de la place. Dans cette ville, comme dans toutes celles où nous avions passé, il y avait garnison autrichienne. Cette petite place était très forte et très bien armée, aussi était-il sensible aux Autrichiens de nous voir enlever une belle et nombreuse artillerie. Le tout était conduit à deux lieues de là, à l'embouchure d'un petit canal conduisant dans un lac, et par différents détours, cela parvenait à Mantoue

Le 7, partirent deux compagnies de canonniers sédentaires, à destination de Mantoue ; on ne concevait rien dans les ordres, car il était bien étonnant qu'on fit inutilement traverser toute l'Italie à des compagnies, pour en faire revenir d'autres.

Nous n'étions pas beaucoup d'accord avec les troupes impériales; leurs officiers regardaient les Français avec un air de suffisance, et ils défendaient à leurs soldats de parler à aucun canonnier sous peine de recevoir des coups de bâton. Les canonniers français, en leur voyant distribuer de pareilles gratifications pour des fautes si légères, ne pouvaient s'empêcher de babiller entre eux avec un air de désapprouver cette atroce discipline. C'est pourquoi on empêchait de regarder les Français, et même d'aller boire où nos canonniers allaient d'habitude.

Nous éprouvions beaucoup de difficultés pour nos vivres; nos commissaires payaient par avance, et nous étions très mal servis; il n'y avait qu'à force de menaces que les marchands nous fournissaient; aussi disions-nous souvent : « Vous nous maltraitez, mais un jour vous nous regretterez ».

Nous éprouvions un ennui cruel en ce maudit pays; il faisait souvent un temps affreux qui empêchait de travailler, et nous ne voyions pas l'ouvrage avancer; privés d'aller au dehors, nous n'avions aucune distraction, et nous étions comme des prisonniers. Cependant, les Autrichiens nous firent l'amitié de nous dire que les troupes françaises étaient en marche pour aller dans la Romagne.

CAMPAGNE D'ITALIE

ANNÉE 1798

Le 18, la compagnie venue avec nous de Vérone partit pour Mantoue.

Le 25, les troupes autrichiennes firent une fête pour l'établissement du nouveau gouvernement dans le pays : les municipalités furent remplacées par des bourgmestres; on tira le canon pendant la grand'messe à laquelle assistèrent toutes les troupes, les généraux et les nouveaux bourgmestres. Les habitants de la ville n'assistèrent pas volontiers à cette cérémonie, car ce changement de gouvernement faisait beaucoup de mécontents. Les habitants commençaient à se lasser; de fortes contributions furent imposées ; une nombreuse levée de jeunes gens devait se faire dans le pays. Les traitements que les troupes faisaient éprouver aux habitants de la campagne lorsqu'il fallait aller en corvée, le peu de dépenses que l'armée faisait dans le pays, commençaient à leur faire regretter l'armée française. Souvent ils nous disaient : « Lorsque votre armée était ici, nous vendions tant et tant par jour, et actuellement le commerce est mort. » — Quantité de jeunes gens venaient nous tourmenter en secret pour partir avec nous, disant qu'ils préféraient fuir que servir dans des troupes traitées comme des esclaves. Effectivement, la discipline la plus tyrannique était dans les troupes de l'Empereur; la plupart des soldats étaient abrutis de coups et plus esclaves que des nègres; nos soldats auraient préféré les galères, et ces pauvres Italiens se voyaient contraints de prendre place dans leurs rangs. Les habitants se flattaient toujours que les Français reviendraient; quantité de paysans s'armaient et achetaient de la poudre en cachette, mais le général autrichien, en ayant été instruit, donna des ordres très sévères à ce sujet.

Le 7 ventôse au soir, avec une satisfaction bien grande, nous reçûmes l'ordre de nous rendre à Mantoue, suivant un convoi considérable et un petit obusier qui portait le nom de *Saint-Marc*. Il restait encore une compagnie de canonniers à Palma-Nova pour achever d'embarquer le restant d'environ 140 bouches à feu tirées des fortifications de cette place.

Le 8, nous partîmes de ce maudit endroit.

Le 14, arrivée à Vicence. La populace, pendant la nuit, tenta de prendre notre obusier, disant qu'il leur appartenait puisqu'il portait le nom du patron du pays; leur tentative resta sans succès.

Le 16, arrivée à Vérone où il y avait une nombreuse garnison autrichienne. Comme il était encore de bonne heure et comme nous désirions ardemment quitter les troupes impériales, nous résolûmes de pousser jusqu'à Villafranca, où nous devions trouver une garnison française. Après avoir fait une lieue et demie, nous fûmes transportés de joie en apercevant nos avant-postes. A Villafranca, le commandant dit qu'il était impossible de nous coucher, et nous engagea à aller dans deux petits villages plus loin. Nous étions extrêmement fatigués et il faisait bientôt nuit; cependant nous poursuivîmes notre marche. Nous étions si satisfaits d'habiter un pays où nous avions droit de faire donner ce qui était dû que nous ne sentions pas la fatigue, et cependant nous avions fait treize lieues, sans halte pour ainsi dire.

Le 17, arrivée à Mantoue, où notre compagnie fut logée chez les juifs; la plupart des canonniers furent très bien logés; pour moi j'étais parfaitement. Nous fûmes d'abord surpris de loger chez les habitants, mais nous apprîmes bientôt le motif de cette faveur : une révolte venait d'éclater dans la garnison à cause de la solde. La troupe, lassée de ne point en recevoir, manifesta son mécontentement. Voyant les réclamations sans succès, par une trame très bien combinée, le même jour et à la même heure, tous les corps se réunirent sans chefs sur la grande place, avec armes et bagages, ainsi que les drapeaux dont ils s'étaient emparés. Ils se rangèrent en bataille; les canonniers s'emparèrent des pièces de canon de campagne qu'ils braquèrent sur les rues adjacentes à la grande place. Là, ils signifièrent au général Baraguay-d'Hilliers, commandant alors, que, s'il ne faisait pas payer ce qui leur était dû, ils allaient partir pour la France. Les généraux et officiers ne savaient comment satisfaire à leurs réclamations. Les généraux, plus de dix fois, vinrent sur la place haranguer et engager à rentrer dans les quartiers, promettant de faire droit sous peu de jours. Ils n'étaient riches qu'en promesses et c'étaient les seuls moyens en leur pouvoir, mais tout cela ne pouvait satisfaire le soldat. Pas un seul ne quittait son rang, ni une seule parole n'échappait de leur bouche. Ils avaient eu grand soin de ne se laisser commander par aucun d'eux afin de n'en démasquer aucun comme chef.

Les généraux promirent qu'on allait payer une partie de suite, le reste sous dix jours, avec une chemise et une paire de souliers pour chacun.

Tous les soldats répondirent : « Nous voulons tout aujourd'hui avec la chemise et la paire de souliers. »

Alors, les généraux ne savaient plus que faire. Cependant à force de paroles, les soldats consentirent à recevoir leur arriéré, sous dix jours, avec la chemise et la paire de souliers. Puis chacun rentra dans son quartier. On remarqua un ordre extraordinaire dans cette insurrection ; les habitants manifestèrent des craintes et fermèrent de suite leurs boutiques, mais les soldats dirent entre eux que le premier qui se prendrait de boisson ou qui commettrait des bassesses, en volant ou en insultant quelqu'un, serait à l'instant puni par eux d'une manière exemplaire. Effectivement, personne ne porta plainte et personne ne réclama un denier. C'étaient les 12e et 64e demi-brigades, un régiment de cavalerie, et environ douze compagnies de canonniers de différents corps qui formaient la garnison alors.

Les troupes reçurent ce qui était convenu. Quelques jours après, on envoya la 64e demi-brigade aux avant-postes, et on la releva par la 33e. Celle-ci, arrivée à Mantoue et en bataille sur la place, dit qu'elle ne voulait point loger dans des quartiers percés à jour, remplis de malpropretés et par conséquent aussi malsains. On ajouta que, quand les casernes seraient en état et qu'il y aurait au moins des paillasses, on y logerait, mais qu'en attendant on voulait être logé chez le bourgeois ; que d'ailleurs il y avait assez longtemps qu'ils couchaient sur la paille pour qu'on leur procurât un lit en garnison. Il n'y eut que les Polonais et les Cisalpins qui restèrent dans leurs quartiers.

De suite, on travailla avec empressement au rétablissement des quartiers et des lits de caserne.

Nous avions reçu quatorze décades de solde en arrivant.

Les troupes s'ennuyaient beaucoup de ne pas retourner dans leurs foyers, car quantité étaient las d'être militaires. J'étais du nombre, et je brûlais de revoir ma famille, surtout ma mère.

Nous avions encore eu le malheur, plusieurs de la compagnie, de rattraper les maudites fièvres, mais heureusement que j'étais logé chez des aimables hôtes qui prenaient soin de moi. A cette époque, nous avions au moins vingt canonniers morts de maladie depuis un an, et d'autres dont on n'avait aucune nouvelle, le tout sur une compagnie de 63 hommes à l'effectif. Ce pays était extrêmement pernicieux pour les étrangers. Je crois que la quantité de Français morts en Italie est innombrable. Les habitants faits au climat ont presque tous les ans une petite maladie; et plusieurs ont des fièvres incurables, principalement dans Mantoue. Cette seule raison me fait détester l'Italie. Cependant le pays est fertile; les arts y sont cultivés; les femmes y sont très aimables, très complaisantes, mais aussi, bien friandes et bien nonchalantes; enfin ce sont de charmantes femmes à la chambre et non au ménage. Les hommes, en général, sont jaloux, vindicatifs, n'accusant pas leur façon de penser. Toujours dans la crainte, ils restent armés d'un stylet. Ils sont d'ailleurs indolents, et s'adonnent beaucoup à la musique.

On apprit que les soldats étaient en insurrection dans la Romagne, contre le général Masséna; plusieurs pétitions avaient demandé son départ; le corps d'officiers s'en plaignait amèrement, disant que partout où il avait passé, il avait répandu la désolation, tant par ses contributions que par ses désordres. Enfin ils disaient hautement qu'ils ne voulaient plus servir sous les ordres d'un pareil scélérat, et demandaient le général Dallemagne pour général en chef.

A Gênes et à Milan, il y avait beaucoup de rumeurs parmi le soldat et l'habitant; on présumait qu'il y avait des meneurs et on attribuait ces désordres aux ennemis de la République cisalpine; le nombre de ces derniers était grand; ils se flattaient même que ce gouvernement n'existerait que tant que les Français y auraient des troupes. Quant au soldat, il commençait à murmurer au sujet de quarante jours de solde en arrière.

Le 27, le 1er bataillon de la 33e reçut ordre de partir le lendemain matin, pour relever un autre bataillon dans les forts avancés. Le 28, à la pointe du jour, assemblé sur la place, il déclara qu'il ne partirait point qu'il ne fût payé. Les officiers supérieurs et autres ne purent obtenir que le mot : « Nous voulons de l'argent. » Le chef de ce bataillon s'approche du centre, saisit le drapeau et se sauve à course de cheval, hors de la porte Saint-George, suivi de tout le corps d'officiers. Au même instant la compagnie de grenadiers se mit à leur poursuite, suivie de tout le bataillon. Lorsqu'ils furent hors de l'enceinte, on leva les ponts-levis et ils se virent dans l'obligation de partir pour leur destination. Les deux autres bataillons coururent aux armes, s'assemblèrent sur la place avec une quarantaine de canonniers, s'emparèrent de trois canons, de leurs drapeaux et voulurent faire rentrer leur premier bataillon. Ils braquèrent leurs pièces en menaçant de se faire un passage, et dirent qu'ils ne rentreraient pas dans leurs logements qu'ils ne fussent payés. Leur conduite était désapprouvée par les militaires tranquilles, car on voyait aisément qu'il y avait du mauvais esprit et de la boisson. Les généraux furent pour les ramener à l'ordre en promettant de faire solder; ils firent envisager les dangers de la révolte, disant qu'il serait bien malheureux qu'une demi-brigade, aussi brave que terrible pour l'ennemi, se déshonorât par une rébellion. La rigueur ni la douceur n'eurent d'influence. La 12ᵉ demi-brigade, et les autres corps de la garnison, n'avaient pas pris part à l'insurrection, mais le général était trop prudent pour s'en servir; il n'y avait que la douceur qui pouvait calmer. La conduite des canonniers était la plus affreuse; ils insultèrent et maltraitèrent plusieurs de leurs chefs en menaçant de les frapper s'ils ne se retiraient pas. Cependant les généraux, à force de belles

ANNÉE 1798

paroles, parvinrent à les faire rentrer dans l'ordre.

La nuit, il arriva en poste une somme d'argent très considérable pour payer la troupe ; cet argent venait de Milan. Le 29 au matin, le 2ᵉ bataillon de la 33ᵉ devait partir pour rejoindre le 1ᵉʳ bataillon. Il restait à Mantoue le quartier-maître et les sergents-majors pour recevoir l'argent; néanmoins, les soldats refusèrent de partir et firent le même bruit que la veille, moins le 3ᵉ bataillon qui ne prit pas part à la révolte. Les officiers et sous-officiers se rendirent à destination, les bons sujets suivirent leurs chefs ; les grenadiers en majorité montrèrent l'exemple et partirent. Il restait environ deux cents hommes qui faisaient beaucoup de bruit sur la place ; néanmoins, sur les menaces du général, ils rejoignirent les autres. Pendant la matinée, on avait payé tout ce qui était dû.

Germinal an VI (mars-avril 1798). — Dans les premiers jours de germinal, on fit une enquête pour arrêter les militaires qui avaient suscité la révolte, dans les journées des 28 et 29 ventôse. Il y eut beaucoup de canonniers et de volontaires arrêtés; ils furent traduits devant un conseil de guerre.

Le 6, notre compagnie reçut ordre de partir pour Marseille où elle devait rejoindre sa demi-brigade. Cette nouvelle nous fit sauter de joie ; le désir de revoir la France, le plaisir d'abandonner un pays où nous ne pouvions avoir la santé, l'espoir d'aller dans nos familles, faisaient un grand jour de fête de celui de notre départ.

Le 8, nous partîmes en faisant beaucoup de jaloux, malgré un vilain temps de pluie.

Le 14, nous étions à Pavie. Cette ville renfermait le cabinet d'histoire naturelle le plus curieux et le plus riche. Les habitants avaient toujours un souvenir amer des Français qui, dans la première campagne de l'entrée en Italie, leur firent payer cher les atrocités commises envers les malades des hôpitaux. La populace eut la scélératesse de les égorger. Des troupes vinrent venger ces victimes, prirent la ville d'assaut, la livrèrent au pillage et firent un massacre horrible des coupables.

Le 19, arrivée dans la superbe ville de Gênes, riche par son commerce sur mer; le luxe y est extrêmement grand; et le port, aussi beau que commode. On travaillait avec activité à embarquer l'artillerie, les munitions de guerre et de bouche pour une expédition maritime sur la Méditerranée, mais personne ne savait le lieu de destination, ni les troupes qui devaient y participer. Les mêmes apprêts se faisaient à Toulon, à Marseille, à Civita-Vecchia, en Corse et à Corfou. Cela paraissait donner beaucoup d'inquiétude.

Nous fûmes logés à Saint-Pierre d'Arena, petite ville attenante à celle de Gênes, aussi sur le bord de la mer.

Le 26, nous étions arrivés à San-Remo. Le pays était exécrable pour voyager. On était sans cesse dans les rochers, à monter, à descendre, exposé à se tuer si l'on ne prenait garde à soi ; tous les soirs, nous étions harassés, car lorsqu'il n'y avait pas à monter, il fallait marcher dans le sable à mi-jambe. Il n'y a que les mulets qui puissent voyager sur ces mauvaises routes. Du haut des rochers, on découvrait les montagnes de Corse.

Le 27, coucher à Menton, petite ville française enclavée dans le territoire piémontais. Je remarquai dans ce petit endroit quantité de belles femmes.

Les troupes génoises et piémontaises étaient journellement en marche, ce qui paraissait inquiéter les habitants.

Le 28, nous partîmes pour Nice, en passant derrière la petite ville de Monaco. Après avoir traversé des montagnes rapides, nous arrivâmes bien fatigués. La ville, assez jolie et assez commerçante, était le chef-lieu du nouveau département des Alpes-Maritimes.

Le 29, nous fîmes séjour. On nous apprit que le gouvernement, plein de reconnaissance pour les compagnies de volontaires, venait de les licencier, et que les officiers, sous-officiers et soldats seraient incorporés dans les demi-brigades, chacun en son grade.

Le 30, coucher à Cannes.

Floréal an VI (avril-mai 1798). — Le 1ᵉʳ floréal, coucher à Fréjus. Nous avions le plaisir de boire le vin à bon marché ; oranges, citrons et olives étaient en abondance dans ces contrées, principalement dans le pays de Nice.

Le 5, à Saint-Maximin, la compagnie eut une petite bataille avec la populace, ce qui donna l'alarme jusqu'à dix heures du soir. Le tocsin, la générale, firent prendre les armes à la bourgeoisie et ce ne fut qu'avec peine qu'on parvint à rétablir le calme.

Le 7, à Aix, capitale de la Provence. Le Cours est superbe, et entouré de bâtiments très curieux. Cette ville avait beaucoup souffert pendant la Révolution.

Le 8, départ d'Aix pour Marseille, où nous trouvâmes la demi-brigade, et ce fut avec un sensible plaisir que nous revîmes les anciens camarades. Nous fûmes logés, toute la compagnie, aux Allées. A notre arrivée nous nous attendions à être licenciés, mais nous apprîmes que les compagnies destinées pour l'expédition secrète étaient conservées ; c'est alors que nous comprîmes, non sans douleur, que nous en étions.

On travaillait avec célérité à embarquer quantité de métaux, de bois de construction, d'armes portatives, artillerie, de munitions de guerre et de bouche. Nos canonniers furent aussi à l'arsenal pour travailler au transport de l'artillerie. Il y avait à Marseille, pour embarquer, les 9ᵉ et

ANNÉE 1798

85ᵉ demi-brigades, le 18ᵉ dragons, le 22ᵉ chasseurs à cheval, et six compagnies de canonniers.

Cette ville était pleine d'amusements; enfin je croyais renaître dans cette charmante cité, depuis si longtemps que nous étions privés de voir la France, et par conséquent des vrais plaisirs. C'était avec peine, néanmoins, qu'il fallait sous peu s'en éloigner, car la gaieté de Marseille, ses promenades, ses charmantes femmes, rendaient notre séjour des plus agréables. Il y avait alors quantité de jeunes gens en Provence, car les déserteurs étaient accueillis et même autorisés par les municipalités à rester dans leurs foyers; mais à Marseille, comme la ville était sous le gouvernement militaire, le général qui commandait faisait faire de grandes perquisitions pour arrêter les militaires déserteurs et les jeunes gens de la première réquisition. Il existait dans cette ville quantité d'hommes connus sous le nom de *sabreurs*; mais ces messieurs n'osaient se montrer, à cause de la quantité de soldats en garnison.

Il se faisait des gazettes de toutes les couleurs sur l'expédition; les uns disaient : « C'est pour la Sicile »; d'autres : « C'est pour Malte »; ceux qui se croyaient plus instruits disaient que c'était pour une descente en Sardaigne, à Naples, etc. Enfin d'autres disaient que c'était pour aller en Égypte et de là dans les Indes. Et de tous ces raisonnements, on ne savait rien de positif.

Ce qui me causait le plus d'inquiétude était de ne pas recevoir des nouvelles de ma mère, de mes frères et sœurs, et de n'oser leur écrire que j'allais embarquer, persuadé que c'était les plonger dans l'inquiétude. Enfin je pris le parti d'écrire que je devais partir pour l'Allemagne, et que la longue route me priverait de l'honneur et du plaisir de donner des nouvelles. C'est pourquoi j'engageai à ne pas prendre d'inquiétude pendant trois ou quatre mois. Ce qui mettait le comble à mon affliction, c'est que j'avais reçu des papiers plus que suffisants pour obtenir un congé limité, que je ne pus obtenir, à cause du départ précipité des troupes.

Vers la quinzaine de floréal, on commença à embarquer les chevaux des généraux, de l'artillerie, et on désigna les bâtiments pour chaque corps. Notre compagnie fut destinée pour embarquer sur le bâtiment *la Vertu*, avec une compagnie d'artillerie légère, et deux compagnies de volontaires de la 85e.

Le 17, on passa la revue des troupes qui étaient destinées à l'expédition; aussitôt la revue passée, les chefs de corps reçurent l'ordre de faire embarquer. Chaque compagnie, après avoir fait ses petites provisions, se rendit au bâtiment désigné, et entra dans le maudit sabot. En général, tous les soldats s'embarquèrent avec une gaieté surnaturelle; on aurait dit que l'armée allait à la noce, tandis que les habitants de Marseille regardaient ce départ avec tristesse. Les femmes, qui en grande partie versaient des larmes d'attendrissement, se disaient les unes aux autres : « Est-il possible qu'une aussi belle jeunesse s'éloigne de France avec autant de gaieté, sans connaître sa destination? Ce n'est peut-être pas de sitôt que ces malheureux reviendront, hélas! ils ne reviendront peut-être jamais. »

Notre compagnie ne devait embarquer que le 18 au matin, à cause des travaux à faire encore. Moi, je regardais les partants, et je fus surpris de l'enjouement qui régnait parmi eux ; d'un autre côté je regardais les habitants en grand nombre, hommes et femmes, qui n'étaient pas moins surpris que moi, mais cependant je n'étais pas fâché de faire une campagne sur mer.

Je m'en revins à mon logement faire mon sac. Le 18, à sept heures du matin, la compagnie se rassembla aux Allées, et alla prendre garnison dans un maudit bâtiment où nous nous trouvâmes fort mal; nous étions les uns sur les autres, un tiers fut obligé de coucher sur le pont. Nous faisions partie de l'armée d'Orient; c'était ainsi qu'on appelait l'expédition.

Le 19, nous sortimes du port et fûmes nous rassembler dans la rade; nous étions environ 90 à 100 bâtiments marchands; une frégate nommée *l'Alceste* commandait notre convoi.

Le 20, nous restâmes dans la même position. Le 21, on signala de mettre à la voile et de faire route sur Toulon, où nous devions trouver l'escadre. Au bout d'une heure le vent devint si violent que l'*Alceste* fut démâté; on mouilla jusqu'à ce qu'il fût réparé. Nous n'avions encore fait que quatre lieues, et beaucoup de soldats étaient déjà attaqués de maux de cœur occasionnés par le roulis. En cet endroit nous fîmes observer au général que nous étions trop serrés et qu'il veuille bien placer une compagnie ailleurs; après bien des démarches, vint un ordre pour aller à vingt hommes sur la *Marianne*; nous nous y rendîmes de suite. Ce bâtiment, chargé d'artillerie, n'avait point de troupes; nous y fûmes à l'aise bien qu'il fût rempli d'attirail de guerre, mais il ne sentait pas mauvais comme les autres bords.

Le 23, on leva l'ancre. Arrivée le soir devant Toulon, par le vent contraire. Ne pouvant entrer dans le port, on mouilla sous le fort La Malgue.

Nous vîmes beaucoup de vaisseaux et frégates disposés à partir avec nous, entre autres un à trois ponts nommé *l'Orient*. Je ne pouvais me lasser de regarder ce vaisseau; ce fut pour moi une grande surprise de voir sa hauteur et sa longueur; il était percé pour 130 canons, mais il n'en avait que 120 en place.

Le 24, on entra dans la rade et on mouilla au Lazaret.

Le général Buonaparte arriva, et le soldat apprit avec une grande satisfaction que c'était lui qui commandait. L'escadre était sous le commandement de l'amiral Brueys; les marins ne paraissaient pas bien satisfaits d'avoir cet amiral à leur tête.

Le 25, je fus à Toulon; il me paraissait déjà extraordinaire de marcher sur la terre; j'avais plus que mon comptant de voyager sur mer; j'aurais bien désiré que l'expédition eût été pour Toulon. Il y avait un monde considérable dans cette ville; nous eûmes toutes les peines possibles pour dîner. Je remarquai avec intérêt la beauté du port et de l'arsenal, mais je trouvai la ville très vilaine, et les habitants mal gracieux. Ce même jour, Buonaparte vint dîner à bord de l'*Orient*.

Le 29, entrèrent dans le port plusieurs frégates espagnoles qui saluèrent le port par une bordée à tribord et à bâbord. Le soir on donna le signal de se tenir prêt à mettre à la voile.

Le 30, le vent étant favorable, on signala de lever l'ancre; le général en chef s'embarqua sur l'*Orient* avec le général Berthier, ainsi que quantité de savants.

Le lendemain matin, tout le convoi n'était pas encore sorti, ce qui nous obligea de virer de droite et de gauche, et de mouiller tout près des îles d'Hyères. La mer était très agitée et quantité de soldats étaient déjà indisposés; pour moi, l'effet de la mer me valut une bonne purge.

Le 1er *prairial*, le vent devint si calme que nous fûmes obligés de rester dans la même position.

Le 2, le vent s'éleva, et de suite on signala de mettre à la voile.

On longea les côtes. Dans ces parages, il se joignit à nous un fort convoi de troupes et d'artillerie venant de Gênes.

Nous arrivâmes le 3, à la pointe du jour, devant l'île de Corse; là, se joignit à nous un petit convoi de troupes sorties de Corse. Nous restâmes plusieurs jours dans les environs; le soldat était d'une impatience terrible de ne pas savoir le lieu de sa destination.

Le 5, nous poursuivîmes notre route un peu lentement. Nous allions assez bien; la mer était très navigable. Chemin faisant, on s'aperçut que le grand mât était endommagé, nous en fîmes part au capitaine qui fit tirer un coup de canon pour avoir du secours; on envoya des charpentiers et on nous mit à la remorque du *Guillaume-Tell*.

Nous passâmes sur la gauche de la Sardaigne, marchant toujours avec lenteur par un vent favorable; mais à chaque instant, on signalait de diminuer de voiles.

Nous restâmes plusieurs jours dans les parages de Sardaigne.

Le 16 au matin, on força de voiles sur la Sicile; le soir, on diminua de voiles.

Le 18, passant sur la droite de la Sicile, on fit route sur Malte.

Le 21, nous arrivâmes de grand matin près de

Malte, et fîmes rencontre du convoi de Civita-Vecchia, ainsi que de celui de Corfou; cela faisait nombre de quatre cents bâtiments, c'était le coup d'œil le plus beau que l'on puisse voir, car l'escadre était toujours réunie. L'après-midi, on fit le signal que tous les capitaines des bâtiments se rendissent au bord de l'amiral. Les capitaines, à leur retour, dirent que tous les militaires tinssent leurs armes en état pour une descente au premier ordre donné; que le général en chef Buonaparte venait de sommer le grand maître de Malte de livrer son île, et qu'en cas de refus les hostilités allaient commencer. Nous fûmes très surpris, mais nous ne songeâmes plus qu'à nous disposer pour attaquer.

En cas d'attaque, chaque convoi devait se réunir sous les ordres du commandant du lieu de départ. Lorsque tous les convois étaient ralliés, c'était le citoyen Dumanoir, à bord du *Dubois*, qui commandait.

Nous nous attendions à une affaire violente d'après les fortifications de cette île. Notre convoi, commandé par l'*Alceste*, reçut ordre de croiser devant la petite île de Gozzo, dépendant de Malte, mais séparée par un petit bras de mer. Les autres convois étaient de même placés sur toute la longueur de l'île et les bâtiments de ligne étaient du côté de la ville.

Le soir, à la nuit, forte canonnade du côté de la ville; on présuma que c'étaient les forts qui tiraient.

Le 22, on signala pour descendre à terre. Vers deux heures après midi, les capitaines reçurent ordre d'envoyer leurs chaloupes à bord du commandant. Le général de division Reynier ordonna aux patrons de chaloupes de se charger des compagnies de grenadiers et de volontaires; il se mit dans une des chaloupes, et, à la tête des autres, approcha la terre de Gozzo, protégé par plusieurs canonnières. L'ennemi fit feu à leur approche, mais nos braves, à force de rames, abordèrent, se jetèrent sur le sable et foncèrent à la baïonnette sur les Maltais, qui abandonnèrent leurs postes pour songer à leur sûreté. On s'empara de leurs redoutes; plusieurs petits forts voulurent faire résistance, mais ils furent contraints de céder, et, en une heure de temps, on fut maître de l'île de Gozzo.

Plusieurs autres points importants furent enlevés; il n'y avait plus que la ville qui faisait résistance ; une nombreuse artillerie de gros calibre défendait les approches, et faisait présumer que cette prise nous coûterait beaucoup de monde.

Le 23, l'infanterie de la division Reynier resta dans l'île; le quartier général fut établi dans la petite ville de Gozzo. Malgré les ordres des généraux, les pauvres habitants furent pillés et leurs propriétés dévastées; la situation de ces malheureux campagnards faisait pitié; n'ayant d'autres ressources que dans leurs petites productions, ils ne pouvaient réparer ces dégâts qu'avec le temps. La plupart étaient absolument comme des sauvages. Ils ont des habitations très rustiques; ils récoltent quantité d'ognons, des figues, des citrons, des oranges; leur terrain n'est que montagnes et ravins, une grande partie est inculte; en général les terres sont pierreuses et ne sont propices qu'aux légumes.

Le 24, à la pointe du jour, les troupes rembarquèrent; il n'en resta que pour garder l'île. Tous les bâtiments se rapprochèrent et furent mouiller entre Gozzo et une autre petite île.

Le canon avait cessé; nous ne savions à quoi attribuer ce silence, cependant nous en conçûmes de l'espoir. Le soir, une canonnade n'eut pas une longue suite. A la nuit, le bruit courut que la ville et les forts étaient au pouvoir des Français, et que la canonnade entendue était une réjouissance à bord des bâtiments en l'honneur de la prise de Malte.

Le 25 au matin, cette surprenante et heureuse nouvelle se confirma; chacun de nous l'apprit avec joie, car il était bien étonnant qu'un port si redoutable se fût rendu après une aussi courte résistance.

Le soir, nous fûmes à la pêche le long du rivage avec le capitaine du bord; nous y trouvâmes quantité de petits animaux de mer très curieux. Les vagues de la mer avaient travaillé le roc, et fait des espèces de cavernes extraordinaires.

Le 26, le capitaine obtint un ordre pour aller à Malte faire mettre un grand mât; on arriva à trois heures à l'entrée du port. Nos yeux ne pouvaient suffire pour admirer sa défense; la droite et la gauche étaient hérissées de canons de bronze de gros calibre. L'escadre française était mouillée dans le port. Nous descendîmes à terre pour voir la ville divisée en trois parties, mais il n'y en a qu'une qui mérite être vue, à droite en entrant dans le port. Là résident les marchands; le commerce y est considérable; les maisons sont assez bien bâties, en pierre de taille. Le palais du Grand Maître est superbe; les rues sont assez bien percées, mais il faut toujours monter et descendre, la ville étant bâtie sur une espèce de butte. La plupart des boutiques étaient fermées; les habitants effrayés n'osaient se montrer. Les cruautés que plusieurs Français commirent en entrant avaient tellement donné l'épouvante que nous ne pouvions rien acheter avec notre argent. Plusieurs magasins de vins étaient ouverts, et tous les soldats, répandus dans les rues, buvaient jusqu'à perdre la raison, ce qui causait beaucoup de désordre. On rencontrait un peu de troupes maltaises non moins effrayées que les habitants.

Le 27, je fus me promener pour visiter les forts; à chaque pas, c'était des surprises; je ne voyais que batteries les unes sur les autres; mortiers, obusiers, et pièces de très gros calibre.

Le général Buonaparte ordonna que tous les militaires maltais non rendus à leurs postes sous 48 heures fussent arrêtés et condamnés à un an de galère.

Le 28, par ordre du général en chef, on donna la liberté à tous les esclaves des puissances neutres pris sur mer. On ne laissa dans les galères que ceux arrêtés pour des crimes. Ces malheureux, en recouvrant leur liberté, faisaient des extravagances singulières; ils bénirent l'arrivée et la générosité des Français; la plupart étaient dans les fers depuis longtemps. Ils firent une quête parmi les soldats français, qui, quoique pauvres, s'empressèrent de les assister.

Le 29, je fus à bord de l'*Orient* afin d'avoir des vivres pour notre détachement; j'admirai sa solidité et l'énormité de son chargement. On ne pouvait se croire sur l'eau; on aurait dit être dans un grand château de planches. Je fus très satisfait de ma journée.

Le général en chef donna du service à plusieurs officiers de Malte qui avaient servi dans des régiments français. Il y avait dans cette ville quantité de Français; les uns, comme émigrés, et les autres, venus pour faire leurs caravanes. Nous ne pouvions juger des mœurs du pays, ses habitants étant invisibles; mais, par le peu que nous en vîmes, nous les jugeâmes semblables à celles de l'Italie.

Le 30, on signala que tous les bâtiments se missent en croisière devant la ville, prêts à faire route. On ne savait encore rien de notre destination; chacun faisait son raisonnement et il paraissait probable que nous allions débarquer en Égypte. Il resta dans le port différents bâtiments désignés pour le service. Le général Baraguay-d'Hilliers partit pour France sur la frégate *la Sensible*, qui fut chargée des richesses les plus précieuses de Malte; on dévalisa la superbe argenterie de la magnifique église de Saint-Jean qui passait pour être la plus riche de l'Europe; enfin, cette frégate portait un trésor immense.

Plusieurs compagnies maltaises reçurent l'ordre de suivre l'armée française; on en forma une légion maltaise, composée d'hommes choisis; cette légion promettait beaucoup.

Le 1er *messidor*, le restant du convoi sortit du port. Notre bâtiment n'étant pas encore mâté, nous fûmes obligés de retarder notre départ. Le soir, on signala de mettre à la voile et le convoi prit la route de Candie.

Dans la nuit du 1er au 2, nous sortîmes pour rejoindre l'escadre. Au dehors, un coup de vent nous fit rétrograder sur un écueil. Les marins jetèrent l'alarme par les cris : « Au secours! au secours! Notre bâtiment va échouer! » Déjà la

ANNÉE 1798

quille portait sur un banc de roc qui heureusement ne l'endommagea pas. Aussitôt arriva du secours, le vent s'apaisa, et à force de rames on se tira du mauvais pas. Le temps était contraire et nous fûmes obligés de mouiller à l'entrée du port.

Le 2 au matin, nous fûmes nous promener dans la ville; nous y trouvâmes quantité de boutiques ouvertes, les habitants ne paraissaient plus effrayés, parce que la confusion de soldats n'y était plus. Il y avait encore environ 6 000 hommes qui restaient pour la garnison. La chaleur commençait à se faire sentir et nous menaçait de grandes souffrances.

Le même jour, à dix heures du soir, le vent étant devenu favorable, nous sortîmes du port. L'escadre avait disparu, et nous fîmes route avec un brick armé qui nous servit d'escorte; nous marchâmes sur Candie. Le 3 au matin, le vent souffla fortement; nous faisions beaucoup de chemin. Les 4, 5 et 6, le vent continua d'être favorable. Dans la nuit du 6 au 7, la mer était tellement agitée que nous croyions que notre bâtiment allait être englouti.

Le 7, à la pointe du jour, on aperçut dans le lointain l'île de Candie. Nous ne voyions toujours point l'escadre, ce qui causait beaucoup d'inquiétude, car nous savions que l'Anglais avait une nombreuse escadre sur la Méditerranée, déjà aperçue par plusieurs petits bâtiments marchands égarés dans les environs. Chemin faisant, nous fîmes rencontre de deux petits bâtiments mauvais marcheurs qui n'avaient pu suivre le convoi.

Toute la journée fut agitée ; à chaque instant, les flots passaient par-dessus le pont. Nous fûmes extrêmement incommodés par le roulis. Vers les six heures du soir, nous arrivâmes tout près de l'île de Candie. Sachant que notre escadre devait y passer, nous restâmes en croisière. Sur les dix heures, nous fûmes abordés par un brick français qui nous dit l'escadre arrivée ; un moment après, avec une satisfaction bien vive, nous vîmes tous nos compagnons de voyage.

On passa sur la gauche de Candie que nous vîmes distinctement le lendemain au jour.

Les 8 et 9, marche rapide.

Dans la nuit du 9 au 10, le vent s'apaisa.

Le 10, marche très lente.

Vers trois heures de l'après-midi, on signale que tous les capitaines des bords se rendent à l'ordre, à bord du commandant. Ils rapportèrent des imprimés du général en chef ordonnant que les militaires missent les armes dans le meilleur état, que chaque soldat eût soixante cartouches et quatre pierres à feu ; que des vivres fussent préparés pour quatre jours, en ayant soin d'emporter de l'eau le plus possible ; lorsqu'on aurait reconnu la terre, les troupes qui recevraient des ordres effectueraient seules la descente. Le général en chef rendait personnellement responsables les chefs de corps de l'exécution de son ordre, sous peine d'être destitués. On présuma que nous allions descendre en Égypte.

Ces préparatifs mirent dans une grande incertitude, car on disait que le Grand Seigneur, avec lequel nous avions toujours été en bonne intelligence, allait inévitablement nous déclarer la guerre; que nous aurions tout à combattre dans ce pays.

Le général en chef fit connaître, par une proclamation, que l'armée venait en Égypte pour y détruire les comptoirs de l'Anglais, anéantir son commerce et le forcer à demander la paix; de plus, chasser les Mamelouks qui insultaient et maltraitaient les négociants d'Europe, et, par cette expédition, enrichir la France en lui assurant un libre commerce sur la Méditerranée.

Le 11, marche très lente.

Le 12, vent plus favorable. On fit le signal que l'armée se divisât. Par conséquent chaque convoi reçut les ordres du commandant du lieu du départ. Ces dispositions firent connaître que nous approchions.

Le 13, à la pointe du jour, on aperçut la terre; on découvrait la ville d'Alexandrie. Ordre de mouiller dans les environs d'un fort, à trois lieues sur la droite d'Alexandrie.

Aussitôt vint l'ordre d'effectuer la descente. Vers trois heures après midi, on commença à débarquer l'infanterie, non sans difficultés, car la mer était extrêmement agitée. Les Arabes en grand nombre vinrent s'opposer au débarquement, mais ils ne purent apporter assez de résistance. Plusieurs pièces de campagne débarquées éloignèrent ces brigands, qui en partie se réfugièrent dans les environs d'Alexandrie. La journée ne put suffire pour débarquer les troupes, et on continua le lendemain 14, à deux heures du matin. Lorsqu'il y eut assez de troupes, on donna ordre que le reste ne descendît point à terre.

Vers huit heures du matin, arriva au vaisseau *l'Orient*, où était le général Buonaparte, un parlementaire turc. Lorsqu'il sortit, après un entretien d'environ une heure, on tira une bordée de coups de canon pour lui rendre les honneurs. On présuma que nous étions toujours en bonne intelligence avec le Grand Seigneur.

Les troupes s'avancèrent du côté d'Alexandrie. Les habitants avaient couvert les murs et maisons de pierres avec lesquelles ils blessèrent beaucoup de soldats; de leurs croisées ils faisaient une fusillade bien nourrie. Ce fut pour prendre le fort triangulaire que nous perdimes le plus de monde; la 13ᵉ demi-brigade le prit d'assaut, malgré la fusillade et une pluie de pierres.

Les troupes souffrirent beaucoup de la soif pour venir à Alexandrie; plusieurs hommes furent pris par les Arabes, car ces scélérats voltigeaient sans cesse autour de la colonne et massacraient tous ceux qui s'en écartaient. Après avoir assouvi sur eux une passion criminelle qui, dans tout autre pays, révolte la nature, ils leur ôtaient la vie en leur faisant souffrir les douleurs les plus cuisantes.

Notre compagnie fut du nombre de celles qui restèrent à bord. Le 15 au matin, nous mouillâmes dans le Port-Vieux d'Alexandrie. La mer était tellement agitée que quantité de câbles cassèrent. En entrant dans le port, le bâtiment s'engrava dans le sable, d'où on eut beaucoup de peine à le retirer. Aussitôt arrivés, nous descendîmes pour travailler au débarquement de l'artillerie. Toute l'armée se rallia sur la grande place d'Alexandrie, ainsi que dans les ruines de l'ancienne ville.

L'escadre fut mouillée au-dessus du fort d'Aboukir, à cinq lieues sur la gauche d'Alexandrie. Tous les bâtiments de transport entrèrent dans les deux ports; le quartier général en chef fut établi à l'*Hôtel de France*. On s'organisa, pour se mettre en marche; une réquisition considérable fut faite en chevaux et en chameaux pour les transports, car on n'avait embarqué en Europe que les chevaux nécessaires pour atteler quelques canons; il y avait très peu de cavalerie montée, les selles et les brides avaient seulement été embarquées. On arma de fusils les cavaliers non montés, les canonniers qui n'avaient point de pièces, les charretiers qui n'avaient point de bêtes, tous les ouvriers d'artillerie, les employés et tous autres individus employés à la suite des armées.

Le 17, notre compagnie reçut ordre de bivouaquer sur la grande place. Le soleil était d'une force extraordinaire; on ne pouvait résister sur le sable. Les nuits étaient fraîches, le serein était très contraire à la vue. Il était d'autant plus dangereux de coucher à la belle étoile, en ce maudit pays, que quantité de soldats étaient piqués par des scorpions, des tarentules et autres animaux venimeux.

Ce fut avec surprise et même avec horreur que nous vîmes les habitants de l'Égypte; leurs habitudes et leurs mœurs nous causèrent un véritable effroi.

Nous trouvâmes leurs rues extrêmement étroites, mal percées, malpropres; leurs petites boutiques en forme d'échoppes renfermaient des denrées dégoûtantes.

Leurs logements étaient très malsains et très mal commodes. Les richards seuls ont quelques commodités; les petits marchands et la classe journalière couchent sur des nattes de paille; les indigents couchent dans l'ordure, comme en Europe les animaux. Ne se déshabillant jamais, ils sont remplis de vermine; toutes leurs croisées sont grillées comme dans les couvents de femmes.

Le général en chef fit des proclamations aux habitants, les invitant à ne point se mêler de la guerre, disant que l'intention des Français était de respecter leurs personnes, leurs propriétés, leurs lois, leurs mœurs, qu'on venait dans ce pays pour détruire les tribus de Bédouins et chasser les Mamelouks qui depuis longtemps troublaient le commerce; que tous les pays qui ne prendraient aucune part à ces ennemis auraient l'estime et la protection de l'armée; que pour ceux, au contraire, qui chercheraient à lui nuire, elle serait terrible et en ferait un cruel exemple.

Nous eûmes le malheur de perdre le bâtiment *le Patriote*, chargé de denrées. Le 18, au matin, partit une colonne assez considérable soutenue par plusieurs bouches à feu ; elle prit la route du Caire.

Le 19, partit une autre colonne dirigée sur la même route. Le 21 au soir, le général en chef partit avec une troisième colonne.

Les Arabes, intrépides à l'arme blanche, mais ayant peur du canon, n'osaient porter obstacle à la marche de nos troupes. Mais ces brigands, montés sur de petits chevaux rapides, voltigeaient autour des colonnes, arrêtaient et massacraient tous ceux qui s'en écartaient. Plusieurs qui avaient été pris par ces scélérats eurent le bonheur de s'évader et revinrent à Alexandrie dans l'état le plus effroyable, ayant pendant plusieurs jours satisfait à la cruelle passion de ces monstres. Il y eut même une femme française qui fut du nombre.

A Alexandrie, on ne perdit pas un moment pour mettre la ville à l'abri des Bédouins qui rôdaient sous les murs.

Alexandrie nous plaisait assez; il y avait un quartier habité par les Européens, où il y avait de belles maisons, mais le reste était très vilain. On voyait dans cette cité et aux environs plusieurs monuments des plus curieux et des plus antiques.

Tous les ouvriers et canonniers travaillaient avec une grande activité au débarquement de l'artillerie. Notre compagnie fut logée dans une petite mosquée à côté du couvent des Capucins; ce fut avec surprise que nous trouvâmes cet ordre dans ce pays; il y avait un bien petit nombre.

Le 23, nous fûmes camper sous les murs du Fort-Vieux.

Le 25, petite insurrection à l'occasion de l'assassinat d'un marin français par deux Turcs. On fit battre la générale, toute la troupe fut mise sur pied, deux pièces de canon furent postées dans la ville, on dissipa les attroupements, mais les auteurs de l'assassinat ne purent être atteints. Le pacha fut arrêté jusqu'à ce qu'il eût fait arrêter les coupables. Ils furent jugés par contumace à recevoir autant de coups de stylet que le marin en avait reçu. Cet homme ne mourut point de ses blessures.

Le 26, tous les pavillons furent hissés sur les bâtiments en commémoration du 14 juillet.

ANNÉE 1798   317

Le 27, ordre du général Kléber, commandant à Alexandrie, ordre aussi essentiel que sévère, sur la conduite que les Français devaient tenir dans le pays. Il menaçait de la peine de mort tout militaire, ou individu attaché à la suite de l'armée, qui insulterait ou troublerait les habitants, dans le harem ou les mosquées, et aux bains. Cet ordre fut d'autant plus utile que plusieurs Français se permettaient de les plaisanter et même de les interrompre dans l'exercice de leur culte. Cela pouvait susciter une révolte de la part des habitants qui suivent leurs lois avec une grande sévérité.

Le 28 au soir, partit d'Alexandrie une petite colonne mobile, de quatre cents hommes, composée de troupes maltaises et deux compagnies de grenadiers avec deux pièces de 4, servies par des canonniers maltais et cinq hommes de notre compagnie. Cette colonne, commandée par le général Dupuy, avait pour but de protéger la communication avec Alexandrie.

Les nouvelles de l'armée étaient affligeantes : on apprenait que nos soldats périssaient dans les sables, faute d'eau et de subsistances ; une chaleur excessive les avait contraints de jeter leur butin, et plusieurs, las de souffrir, s'étaient brûlé la cervelle. Malgré ces malheurs, l'armée avançait en faisant fuir l'ennemi.

Le 2 *thermidor*, la colonne mobile rentra dans un état déplorable, avec quantité de blessés ; les soldats, faibles de besoin, étaient dignes de compassion. Ils avaient été jusqu'à Damanhour, en souffrant beaucoup de la chaleur et du manque d'eau. Arrivée à cette ville, la colonne avait voulu prendre du repos, et avoir de l'eau, mais un nombre considérable d'Arabes, réunis aux habitants, attaquèrent nos gens qui furent obligés à une retraite précipitée, avec une perte assez considérable. On fit l'éloge des soldats maltais qui soutinrent la charge avec sang-froid.

Le 4, le général mit à l'ordre du jour des nouvelles satisfaisantes; l'armée occupait des positions à deux journées du Caire; les soldats enduraient les fatigues et privations avec un courage héroïque. Les troupes ne vivaient en général que de pastèques, et avaient remporté une victoire dont on ne connaissait pas les détails.

Les Arabes commettaient toujours beaucoup de mal dans les environs d'Alexandrie. Le 5, un petit détachement de cavalerie fit une sortie du côté de la colonne de Pompée, rencontra les Arabes, et en tua environ quarante. Nous eûmes trois hommes légèrement blessés, ainsi qu'une dizaine de chevaux. Les soldats ne pouvaient s'habituer aux habitants et à leur brutalité. Le 6, il y eut une petite insurrection causée par l'arrestation de quatre habitants qui faisaient passer des vivres aux Arabes.

Le 7, arrivèrent cinq bâtiments marchands d'Europe, amenant environ cent trente Français;

ils dirent que le second convoi de Toulon, au nombre de deux cents voiles, était prêt à venir.

Le 10, un grenadier de la 69ᵉ demi-brigade fut fusillé; plusieurs autres de la même compagnie furent condamnés aux fers, comme convaincus de vol chez un habitant.

Le 12, on apprit avec satisfaction que l'armée avait remporté une victoire éclatante, dans les premiers jours de thermidor, contre l'armée des Mamelouks, aux Pyramides du Caire.

Les soldats faisaient l'éloge de ces Mamelouks; plusieurs avaient montré un courage héroïque. On avait vu des Mamelouks rester en selle, percés de coups de baïonnette; plusieurs traversèrent les rangs en sabrant et s'en retournèrent après avoir reçu des coups mortels. Ces intrépides soldats étaient montés sur l'élite de leurs chevaux; leurs sabres, de la plus grande valeur, coupaient des canons de fusil français en deux morceaux.

L'infanterie fit beaucoup de butin dans cette affaire, principalement la 32ᵉ, qui se trouva sur le bord du Nil. Des bourses pleines d'or, des pistolets, des sabres de grand prix, furent trouvés parmi les tués et noyés. La terre et les bords du Nil étaient couverts de cadavres. On prit une trentaine de canons de bronze, trois cents chameaux et tous leurs équipages.

Le 12 au soir, il y eut à Alexandrie une réjouissance en l'honneur de notre victoire et de l'entrée au Caire ; une grande canonnade et un feu d'artifice en firent la beauté. Les militaires reçurent chacun une ration de vin et d'eau-de-vie.

Le 13, les Arabes égorgèrent un poste commandé par un sergent, près de la colonne de Pompée ; plusieurs militaires échappèrent à ce massacre ; aussitôt, un peloton de cavalerie sortit de la ville, et attrapa plusieurs de ces brigands.

Cependant, l'armée se délassait de tous ses maux dans le Delta, pays très productif en grains et bestiaux. Plusieurs corps de troupes filèrent sur Damiette, ainsi que sur d'autres endroits de grande ressource pour l'armée. Le quartier général en chef fut établi au Caire, et le grand parc d'artillerie, à Gizeh.

Le 14, vers une heure après midi, nous aperçûmes dans le lointain environ quatorze à quinze voiles faisant route sur Alexandrie. Nous présumâmes d'abord que c'était la tête du convoi qui devait venir de Toulon. Ces voiles s'approchèrent, et nous vîmes très distinctement des bâtiments à deux ponts, entre autres plusieurs frégates, mais ne portant aucun pavillon. Deux se détachèrent de l'escadre, et vinrent à force de voiles, jusque près de l'entrée du Port-Vieux ; une de nos galères, mouillée en avant du port, leur tira plusieurs coups de canon, auxquels elles ne répondirent point. Virant de bord, elles déployèrent le pavillon anglais, rejoignirent leur escadre, et toutes forcèrent de voiles du côté d'Aboukir où était mouillée notre escadre.

Vers les six heures du soir, ils s'approchèrent d'elle et la canonnade se fit entendre d'une vive force. De notre camp, on voyait la lumière et la fumée des coups de canon, mais on ne pouvait distinguer ce qui se passait. Vers les neuf heures, le feu était des plus violents, le roulement des bordées faisait tressaillir. A dix heures, une flamme considérable fit présumer que l'incendie était dans un vaisseau. Une petite heure après, une grande explosion fit connaître qu'un vaisseau venait de sauter. La commotion du coup fit trembler tout Alexandrie. Alors le feu cessa; il se fit un silence lugubre, on eût dit les deux escadres englouties.

Une demi-heure après, la canonnade reprit. A minuit, il partit d'Alexandrie quatre cents marins de renfort. Peu de temps après, le feu fut moins vif. Par moments, la canonnade redoublait, et ensuite se ralentissait. Dans la matinée du 15, on entendit un second vaisseau sauter. Nous étions dans une inquiétude cruelle. On renvoya encore trois cents marins.

Vers les midi, il se répandit le bruit que l'escadre anglaise était totalement détruite; que c'étaient leurs bâtiments que nous avions vu sauter et que ceux que nous voyions brûler étaient leurs débris. Cette nouvelle fit grand plaisir. L'espoir de la paix mit l'allégresse dans les cœurs; déjà chacun chantait les louanges de notre marine. Mais, vers six heures du soir, cette joie se changea en tristesse. On entend de toutes parts : « Notre escadre n'existe plus : tout est pris, brûlé ou coulé par les Anglais! » Ce coup terrible consterna tout le monde; chacun se regardait et personne ne disait mot. La perte était si considérable que l'on avait peine à y croire.

Le 16, au matin, arrivèrent quantité de blessés, des marins sauvés à la nage, des prisonniers rendus qui rapportèrent les nouvelles les plus douloureuses. Ils étaient tous d'accord sur le mauvais commandement et sur les mauvaises dispositions prises par l'amiral Brueys.

Les récits des malheureux blessés faisaient tressaillir; ils nous disaient que les vaisseaux se touchaient côte à côte pendant le combat. Cet effrayant spectacle avait attendri jusqu'au cœur des barbares du pays.

Les journées des 16, 17 et 18, furent employées à aller chercher tous nos blessés et tous les prisonniers que l'Anglais rendait, à l'exception des officiers et des maîtres.

On disait que l'ignorance d'une partie des chefs n'avait pas peu contribué à ce cruel revers. On faisait l'éloge des canonniers marins. A nos malheurs se joignait celui de nous voir privés de communication avec la France, seule douceur qui nous restait dans cet exécrable pays.

On ne perdit pas un moment pour mettre

l'entrée des ports en état de défense; des mortiers et des pièces de canon de 24 furent mis en batterie pour éloigner les vaisseaux de la ville déjà menacée par les Anglais, et même sommée de se rendre. Mais leurs menaces ne firent aucun effet. Cependant, ils étaient venus nous assiéger par mer, et si les Arabes avaient investi du côté de la terre, nous aurions eu beaucoup de mal, car il y avait une faible garnison, et de plus, nous avions à maintenir les habitants qui déjà menaçaient de se révolter. Pour comble de revers, la moitié d'entre nous souffraient de la vue.

Les hôpitaux ne pouvaient contenir les malades et les blessés; il n'y avait ni denrées ni médicaments; on pouvait à peine se pourvoir du linge et de la charpie, les subsistances ne valaient rien, le pain était de très mauvaise qualité, l'eau douce, aussi rare que mauvaise.

Les 23 et 24, on mit en subsistance dans nos compagnies tous les canonniers marins échappés; on fit descendre à terre quantité de marins qui étaient dans les ports, et on leur fit faire le service dans Alexandrie; on en forma une légion nautique qui fut envoyée à Aboukir pour aider à fortifier et à garder ce fort; on travaillait jour et nuit à fortifier Alexandrie.

Le 25, on désigna les postes des différents corps de la garnison, en cas d'attaque de la part des Anglais.

On prit des mesures concernant les habitants,

en cas de siège : il était défendu à aucun Turc de sortir de sa maison ; le premier qui ferait feu sur les Français serait puni de mort, et sa maison rasée. Il était aussi défendu qu'aucun militaire s'introduisît dans la maison d'un musulman pendant l'action. On construisit deux brûlots destinés à incendier l'escadre anglaise; deux bâtiments marchands furent sacrifiés pour cette opération; ces petits navires, percés de toutes parts, étaient garnis d'artifices et remplis de matière combustible. Lancés au gré des vents sur les bâtiments ennemis, ils devaient nécessairement incendier ou au moins endommager, dans un combat.

Le 27, au matin, les commandants de chaque batterie reçurent l'ordre d'allumer les forges pour se disposer à battre à boulets rouges; l'Anglais faisait un mouvement pour attaquer. Le soir arrivèrent des prisonniers rendus sur leur parole; ils rapportèrent que ces derniers faisaient travailler nos charpentiers pour rétablir nos vaisseaux devenus les leurs, et que, sous peu, ils pourraient mettre environ vingt bâtiments à la voile.

Le 1er *fructidor*, les Anglais présentèrent une force considérable; ils étaient en croisière devant Alexandrie, et plusieurs bâtiments étaient sans cesse en observation pour que nous ne puissions rien sortir des ports.

Nous ne recevions aucune nouvelle de l'armée

qui était en avant, ni des vaisseaux et frégates échappés aux Anglais.

L'eau commençait à devenir bien rare dans Alexandrie; les citernes étaient extrêmement basses. L'eau douce est une chose si précieuse dans Alexandrie et ses environs! Ces pays ne peuvent en être approvisionnés que tous les ans par le débordement du Nil. Il y a des citernes qui contiennent de l'eau pour deux ans; elles se trouvent remplies au débordement du Nil par le moyen d'un canal qui conduit le reflux jusqu'à la ville. Les terres d'Égypte ne sont arrosées que par cette inondation, car il n'y tombe presque jamais de pluie. Du côté du Caire, c'est pour les habitants chose extraordinaire lorsqu'il tombe de l'eau.

Les 6, 7, 8 et 9 fructidor, arrivèrent beaucoup de Bédouins venant se rendre aux Français. Ces êtres sauvages faisaient horreur; leurs costumes et leur physionomie barbares, joints aux crimes dont ils se couvraient tous les jours, faisaient horreur à la nature. Les Bédouins avaient quelque chose de plus effrayant que les Arabes; leur figure noire, égarée, les rendait des monstres. Malgré les bonnes dispositions qu'ils paraissaient avoir, ils ne gagnèrent pas notre confiance. Nous avions continuellement des détachements égorgés dans les campagnes, et, malgré les grands exemples faits dans les villages où ces atrocités se commettaient, elles se renouvelaient très souvent.

Les habitants de la campagne, en général, vivent comme des animaux, ne mangent que des herbes, des dattes, des pastèques, un peu de riz et boivent beaucoup de café. Avec cette mauvaise nourriture, ils ne sont jamais malades sont robustes et vivent très longtemps. Sans cesse, ils ont la pipe à la bouche. Les femmes sont extrêmement fécondes, car dans les villages vous ne voyez que des enfants, nus comme des vers, roulant dans le sable.

Leurs habitations sont en majorité sous terre ; les animaux occupent le dessus de ces cavernes bâties de boue ; ils ont beaucoup de volailles, telles que poules et pigeons. La plupart vivent dans une ignorance sans exemple, ne savent point même combien ils ont d'années, ni de qui ils tiennent l'existence. Ceux qui sont un peu aisés ont seuls quelques lumières; mais, en général, ils existent comme des bêtes sauvages. L'homme de la ville a quelque chose de plus policé, il est surtout assez adroit à tromper; il ne fait rien, que si vous avez monnaie à la main; il est en même temps arrogant, braillard, méchant, et bien craintif; il est entièrement dévoué à sa pipe. Leurs femmes sont leurs esclaves; elles ne voient le jour qu'à travers les barreaux de leurs fenêtres. Lorsqu'elles sortent, ce qui arrive très rarement, elles ont le visage caché. Elles portent des pantalons extraordinairement larges par-dessous la chemise, avec de grandes bottes jaunes, et, par-dessus, des sandales. Leur corps est couvert des pieds à la tête avec un grand voile noir ou à carreaux bleus, et elles se cachent la figure avec un masque de toile blanche ou de soie noire qui ne laisse apercevoir que leurs yeux. Le plus ridicule est qu'elles se noircissent le tour des yeux; la plupart regardent de travers, et cette difformité est une beauté chez elles. Toutes les pauvresses sont marquées à la figure, aux mains, aux jambes et souvent sur le ventre. Celles qui appartiennent aux riches sont garnies d'or des pieds à la tête, principalement à leurs bras et autour de leur turban. En général, toutes ces femmes ne savent rien faire, ne se mêlent de rien; leur unique occupation est de s'instruire à complaire aux caprices et fantaisies de celui à qui elles appartiennent.

Les hommes ne peuvent avoir qu'une femme légitime, mais ils en ont chez eux autant d'autres que leurs moyens le permettent. Des riches en tiennent jusqu'à cinq, dix, quinze, vingt, sans comprendre la légitime. Je crois cependant que cette dernière est comme maîtresse dans la maison. Leurs lois sont extrêmement sévères; une femme convaincue d'infidélité envers celui avec qui elle passe ses jours est punie de mort; le musulman a le droit de mort sur toutes ses esclaves et sur tous ses sujets. Les cérémonies de naissances, d'enterrements, de mariages sont, à nos yeux, des plus singulières. Leurs danses sont des divertissements curieux par les postures et les contorsions qui ne sont que gestes indécents. Ils passent des jours et des nuits à recommencer les mêmes plaisirs. Toutes les liqueurs sont contraires à leurs lois; ils ne boivent que du café et du sirop de dattes.

Une chose curieuse est de voir travailler les ouvriers; presque tous les corps de métiers se servent de leurs pieds en travaillant, principalement les ouvriers en bois. En général, ils travaillent tous assis, comme les tailleurs.

Le 10, nous aperçûmes dans le lointain sept bâtiments faisant route sur Alexandrie. A ce moment, nous vîmes que les Anglais mettaient toutes leurs voiles; nous présumâmes que c'étaient des vaisseaux français, mais notre espoir fut bientôt déçu car nous découvrîmes très distinctement qu'ils portaient pavillon napolitain. Les Anglais furent à leur rencontre; ils se réunirent et croisèrent ensemble devant Alexandrie. Le soir, des bâtiments anglais s'étant approchés des batteries d'Alexandrie, on leur envoya plusieurs bombes et boulets qui leur firent gagner le large.

Le 11, on entendit la canonnade du côté d'Aboukir; c'étaient les Anglais qui, croyant débarquer au fort, avaient fait une tentative où ils furent reçus d'importance.

Le 12, arrivée du général de division Dammartin, commandant en chef l'artillerie de l'armée.

Le 15, l'Anglais envoya un parlementaire auprès du général Kléber.

Le 16, un brick venant de France était environ à cinq lieues d'Alexandrie. L'aurore le fit apercevoir de l'Anglais qui se porta à sa rencontre. Il crut se sauver en se jetant à la côte. Le bâtiment échoua sur un rocher ; ses passagers, au nombre de soixante militaires et un général, se jettent en partie à l'eau et gagnent la terre, mais ces braves soldats, sans armes et sans moyens de défense, furent attaqués par les Arabes qui leur firent endurer les choses les plus abominables, en massacrèrent une partie, et en conservèrent douze. Ces scélérats envoyèrent dire au général qu'ils tenaient arrêtés douze Français, et que, s'il leur envoyait une somme assez considérable, ils leur donneraient leur grâce et que, dans le cas contraire, ils allaient les faire périr. A l'instant, le général Kléber envoya un habitant porter un sac de douze mille francs, et on ramena les douze Français dans un état digne de compassion, à cause des souffrances endurées de la part de ces monstres.

D'autres furent plus heureux ; ils préférèrent gagner les chaloupes anglaises, et furent traités comme prisonniers. Ce terrible spectacle nous fit l'effet le plus douloureux, car on voyait périr les camarades sans pouvoir leur porter secours.

On envoya à Ramanieh, sur le Nil, une petite colonne mobile pour protéger l'arrivée des eaux.

Le Nil avait déjà inondé les plaines, mais les Arabes et Bédouins faisaient des saignées au canal pour détourner les eaux qu'il conduit à Alexandrie.

Le 23, plusieurs petits bâtiments ragusains neutres voulurent sortir du port pour retourner dans leur pays; après avoir fait environ trois lieues, ils furent arrêtés par les Anglais qui visitèrent leurs bâtiments, et ensuite les repoussèrent à coups de canon jusque dans le port d'Alexandrie, disant qu'il fallait qu'ils meurent de faim avec les Français. Ces pauvres Ragusains rentrèrent désolés.

On lança une réquisition de 2500 chevaux dans les différentes provinces de l'Égypte, pour servir à monter nos régiments de cavalerie. En les joignant à tous ceux que l'on avait pris et que l'on prenait encore sur l'ennemi, notre cavalerie devait incessamment être entièrement montée. Tous les chameaux pris sur l'ennemi furent répartis pour le service de l'armée; l'excédent servit au transport des équipages des corps, et aux généraux, officiers supérieurs, chefs des administrations, à raison de leur grade et de leur emploi.

Le 25 fructidor, le général en chef fit connaître, par ordre du jour, qu'il venait de recevoir des nouvelles d'Europe très satisfaisantes pour les Français; que, par suite d'une insurrection dans le Piémont, les troupes de la République française avaient pris possession de la ville et de la citadelle de Turin; que l'Irlande était en pleine révolution et que l'armée des patriotes y était forte de quatre-vingt mille hommes; qu'un convoi considérable de fusils envoyé par les Français leur était parvenu, et que cette insurrection devait inévitablement amener la paix avec l'Angleterre.

Le dernier jour de fructidor, Buonaparte fit connaître à l'armée que les troupes occupaient entièrement l'Égypte; que la division Desaix actuellement dans la Haute-Égypte avait complètement battu Mourad-Bey, lui avait pris cent cinquante barques chargées de blé, d'effets, et douze pièces de canon.

Le général de brigade Manscourt vint prendre le commandement d'Alexandrie; le général Kléber fut appelé à l'armée.

Le 1er *vendémiaire* de l'an VII, l'anniversaire de la fondation de la République française fut fêté dans toutes les places de l'Égypte. Ce fut à la fameuse colonne de Pompée que la garnison d'Alexandrie se rassembla pour renouveler le serment de maintenir le gouvernement républicain.

Le général Manscourt fit un discours analogue aux circonstances et le termina par les cris réitérés de : « Vive la République! » On remarqua le mécontentement des troupes, autant par leur attitude grave que par leur silence. Les chérifs, principaux chefs de la ville, ainsi que les consuls des puissances neutres, assistèrent à cette cérémonie, qui fut terminée par un feu de mousqueterie.

Les premiers jours de vendémiaire, nous apprîmes une insurrection arrivée dans les environs de Damiette. Vers la fin de fructidor, un parti d'Arabes de la province d'Arcadie, renforcé par les Arabes du lac de Menzaleh, attaquèrent à minuit la garnison de Damiette, mais ils furent bientôt repoussés; un village voisin se révolta et tous les Arabes s'y joignirent. Le 4e jour complémentaire, le général Vial attaqua ce village, à la pointe du jour; l'ennemi, au nombre de dix mille hommes, occupait un vaste terrain, depuis le bord du Nil jusque sur les bords du lac Menzaleh. Les dispositions des troupes françaises furent si bien prises que quinze cents Arabes ont été tués ou noyés, le reste mis en fuite, et le village rebelle brûlé. Deux pièces de canon et trois drapeaux leur furent enlevés. Cette expédition fut faite avec environ huit cents hommes de différents corps.

Les brigands faisaient continuellement des ravages et cherchaient à intercepter, en faisant journellement des saignées au canal, l'arrivage des eaux nécessaires à Alexandrie (premièrement pour remplir les citernes; secondement, pour servir au transport de l'artillerie d'Alexandrie au Caire, et des grains du Caire à Alexandrie).

Il partit un détachement pour livrer aux flammes un village dont les habitants s'étaient rendus coupables de cette criminelle entreprise, qui aurait fait périr la population de la province privée d'eau douce pendant un an. A l'approche des troupes françaises, une grande partie des habitants prit la fuite; tous les autres furent arrêtés et dispersés dans toute l'Égypte; les bestiaux furent confisqués, et une grande partie du village pillée et brûlée. Les troupes étaient répandues sur les bords du canal pour protéger les eaux, qui, malgré les tentatives, arrivèrent le 6 au matin. On ne perdit pas un moment pour envoyer à l'armée des munitions; quantité de chaloupes furent lancées sur le canal.

Le 13, notre compagnie reçut l'ordre de quitter le camp pour aller au fort Triangulaire, où nous fûmes logés dans des masures remplies d'ordures. Le 14, on fit à Alexandrie, comme d'habitude, une fête en reconnaissance de l'arrivée des eaux. C'était un grand jour de fête pour les habitants; ils considéraient le débordement du Nil comme en France une belle moisson; effectivement, c'était la richesse et l'existence du pays.

A la pointe du jour, la fête fut annoncée par une salve d'artillerie des forts et batteries, ainsi que des deux ports, à raison de trois coups par pièce. Vers les dix heures, le cortège partit de la grande place pour faire le tour de la ville; y assistaient : les généraux, les administrations, les savants et tous les chefs des musulmans, suivis d'une grande quantité d'ânes et d'un chariot d'artillerie, chargés de blé, ce qui annonçait l'abondance.

Beaucoup de familles allaient se promener sur les bords du canal, y buvaient de cette nouvelle eau bourbeuse et vraiment malpropre, avec autant de délices qu'en France on goûte le vin nouveau. Tous les habitants travaillaient jour et nuit à remplir les citernes.

Le 16, quantité de petits bâtiments neutres sortirent des ports pour retourner dans leur pays ; les Anglais visitèrent leurs passeports et mirent le feu à plusieurs. D'Alexandrie, on voyait l'incendie au milieu de la mer, sans savoir le motif.

Au commencement de la troisième décade, on changea une partie de la garnison ; les dépôts partirent d'Alexandrie pour rejoindre leurs corps à l'armée. Journellement, on annonçait une forte escadre de vaisseaux espagnols et français ; tantôt on la disait à Malte, tantôt on l'avait vue à l'île Candie. Nous avions les yeux fixés sur la mer, semblables à la femme de Barbe-Bleue, plongés dans des rêveries douloureuses, pensant à nos familles et à notre situation.

Le 28, l'eau vint à manquer à l'embouchure du canal, de manière que l'embarquement de l'artillerie fut terminé.

Le 29, à dix heures du matin, nous aperçûmes dans le lointain un grand nombre de voiles, mais sans pouvoir distinguer de quelle nation ; nous étions dans une grande incertitude. Les Anglais, à force de voiles furent à leur rencontre, et s'abordèrent à deux heures après midi; aussitôt, ils se firent les uns et les autres un grand salut. Leurs bordées de canon firent assez connaître que c'étaient des ennemis de plus. Sur les quatre heures, on distingua qu'elles portaient le pavillon russe; notre surprise fut d'autant plus grande que les Russes ne pouvaient venir dans la Méditerranée sans que le Grand Seigneur leur livrât le passage, ce qui donnait à croire qu'ils étaient aussi contre nous. On ne perdit pas un moment pour mettre la place d'Alexandrie en état de défense, en cas d'attaque par mer. La garnison était très faible; les soldats, harassés de fatigue par les nombreux convois et par les postes de service; les volontaires avaient à cette époque deux nuits de repos par décade, les autres étaient passées en convois ou au corps de garde, c'est-à-dire sur le pavé.

Le général donna l'ordre d'armer toutes les administrations civiles et militaires, ainsi que tous les Européens. Les marins sortirent de leurs bords et vinrent faire le service à terre; les forges à rougir les boulets furent allumées dans toutes les batteries.

Le 30, tous les bâtiments ennemis restèrent réunis. Le 1ᵉʳ *brumaire*, à la pointe du jour, nous aperçûmes tous les vaisseaux ennemis dispersés çà et là. Dans le courant de la journée, le capitaine d'un petit bâtiment venant de Sicile et arrivé, disait-il, de nuit, prétendit avoir vu une escadre de vingt-deux vaisseaux français et espagnols, à la pointe de l'île de Candie, elle faisait route sur Alexandrie. Ce capitaine fut mis en arrestation chez le commandant de place, et on assura qu'il répondait sur sa tête que ce qu'il avait annoncé était vrai. Ces vraisemblances, jointes au désir général, firent que chacun était gai et content.

Le 2, vers la fin du jour, deux frégates sous pavillon turc vinrent attaquer le fort et l'île de Pharos; les batteries de ces points importants ripostèrent vivement et les contraignirent à gagner le large. Les habitants qui craignaient une invasion des troupes du Grand Seigneur manifestèrent des craintes; ils fermèrent toutes leurs boutiques. Le général français qui, de son côté, appréhendait une révolte, fit battre la générale; on plaça des mortiers sur les hauteurs qui dominent la ville afin d'en imposer à la populace. Les canonniers passèrent la nuit disposés à faire feu dès la moindre émeute; néanmoins, la nuit fut assez calme.

Le lendemain matin, on assura que les deux frégates, qui avaient attaqué la veille sous pavillon turc, étaient anglaises. Cette ruse n'avait d'autre but que de faire révolter les habitants. Effectivement, leur bombardement avait suscité de grands murmures qui seraient devenus dangereux si le feu eût duré.

Dans la nuit du 3 au 4, la 4e demi-brigade d'infanterie légère, avec plusieurs bouches à feu, rentra dans Alexandrie; elle revenait de camper sur les bords du canal.

Le 4, vers dix heures du matin, les Anglais vinrent attaquer deux de nos bricks un peu en avant du port; ceux-ci mirent à la voile et le combat s'engagea de part et d'autre; le feu de nos batteries contraignit l'ennemi à gagner le large.

Pendant ces petites attaques, les Anglais faisaient des tentatives pour prendre le fort d'Aboukir; par mer, il était vigoureusement attaqué et la légion nautique qui le défendait avait un grand nombre d'Arabes à repousser du côté de terre. Il partit de suite quatre cents hommes, avec trois canons. A leur arrivée, nos gens avaient déjà repoussé les Arabes. Cette petite colonne revint à Alexandrie; les troupes rapportèrent que les Anglais avaient approché le fort sous pavillon tricolore, mais qu'ils avaient été obligés d'abandonner leur projet.

Le lendemain on apprit que le jour où les Anglais avaient attaqué sous pavillon turc était marqué pour être celui d'une insurrection contre les Français. Dans toute l'Égypte, à cette époque, il y eut des murmures, mais il n'y eut que le Caire où la révolte éclata.

Les Grecs du Caire, qui par un ordre du général étaient armés et composaient aussi la police, se distinguèrent en cette occasion, principalement leur chef, nommé Barthélemy, homme précieux par son courage et son dévouement pour les Français; ces Grecs étaient organisés en compagnies à la solde des Français.

A cette époque, un tiers de l'armée était vivement attaqué par des maux d'yeux; quantité en perdaient la vue; c'était une affliction générale.

Le 7, par extraordinaire il tomba de la pluie, ce qui me parut bien étrange.

Pendant les journées des 8, 9 et 10, les Anglais assiégèrent le fort d'Aboukir; la canonnade fut très vive. Les Anglais avaient commencé à débarquer quelques hommes; nos gens, ne pouvant résister plus longtemps à l'impatience, avancent trop tôt sur eux, ce qui les fit rembarquer de suite. La tentative ne se renouvela point.

Le 12, je reçus l'ordre de me rendre avec seize hommes sur la hauteur de l'Observatoire pour travailler aux fortifications; le génie faisait sur ce point des travaux importants occupant jusqu'à deux cent cinquante ouvriers par jour. Ce retranchement, en forme de pain de sucre, devait faire un fort inexpugnable.

Le frère du général Buonaparte, venant de l'armée, vint à Alexandrie, attendant un moment favorable pour partir pour France.

Quelques jours après, plusieurs bricks armés partirent pour France; un général, chargé de mission de la part du général en chef Buonaparte, partit sur l'un d'eux en mission près du gouvernement. Quantité de bâtiments génois, vénitiens et autres partirent pour rejoindre leur patrie; beaucoup de Français, tels que des blessés, des administrateurs, des généraux, des officiers démissionnaires, partirent également, courant les risques d'être arrêtés par les Anglais, en force sur la Méditerranée.

A Damanhour, on continuait à commettre des assassinats. Pendant la nuit du 15 au 16, arriva un bataillon de la 75e avec trois compagnies, ainsi que deux pièces de canon; ils venaient pour une expédition secrète. Dans la nuit du 21 au 22, partirent environ huit cents hommes avec trois bouches à feu. Ils se portèrent sur Damanhour qui était menacée d'être livrée aux flammes. A leur approche, les habitants de cette ville se rendirent à discrétion, et payèrent des contributions en grains, bestiaux et argent.

Le 24, je reçus l'ordre de quitter avec mon détachement la hauteur de l'Observatoire pour venir au fort Triangulaire.

Il fut mis à l'ordre du jour que le général en chef espérait annoncer, sous cinq ou six jours, une nouvelle à l'armée qui la satisferait plus que la paix : personne ne pouvait imaginer ce que cela pouvait être, et regardait la chose comme impossible.

Le 27, le général Manscourt fit arrêter le commissaire des guerres et les chefs des administrations d'Alexandrie accusés de dilapidation dans leur gestion.

Le 29, les portes d'Alexandrie furent fermées ; plusieurs commissaires de marine étaient aussi accusés de dilapidation et l'ordre était donné de les mettre en arrestation. On fit aussi arrêter quantité de marins qui se refusaient à rejoindre la légion nautique ; une grande partie des mousses furent envoyés à la citadelle du Caire pour être instruits (apprendre à lire et écrire, la langue du pays, et enfin différentes sciences suivant leurs dispositions). Ils furent organisés en compagnies, et reçurent le même traitement que l'infanterie.

Il se fit en même temps de grands préparatifs dans la marine pour une expédition qui paraissait importante ; plusieurs frégates et plusieurs bricks furent approvisionnés de vivres. Cette petite flotte devait être commandée par le nouvel amiral Perrée, arrivé du Caire. Il se répandit des bruits que trois demi-brigades avec deux compagnies de canonniers devaient embarquer sur ces bâtiments. Cette expédition excitait l'attention de l'armée, chacun faisait son raisonnement. Ce qui donnait des inquiétudes, c'était de voir l'escadre anglaise que l'amiral Perrée se faisait fort d'éviter et de passer librement.

Nous étions toujours dans l'inquiétude sur la situation de nos familles. Je n'avais que la seule consolation d'écrire chaque fois qu'il partait un bâtiment pour l'Europe ; j'avais toujours espoir que quelques lettres parviendraient ; mais cette satisfaction était insuffisante puisque je ne pouvais avoir le bonheur d'une seule réponse. Cependant il fallait s'armer de courage.

Le 8 *frimaire*, il s'éleva un si grand vent que la mer était extrèmement agitée. Les préparatifs pour l'expédition se faisaient toujours avec célérité; les nouvelles que le général en chef avait fait espérer, restaient ignorées; chacun était dans une attente bien ennuyeuse, car il n'y avait que le retour en France qui pût satisfaire. Toute autre nouvelle aurait été apprise avec indifférence.

Le 15, je reçus l'ordre de me rendre au Caire pour toucher du payeur général de l'armée la solde arriérée de toutes les troupes d'artillerie d'Alexandrie; je partis de cette ville à onze heures du matin avec une caravane qui allait à Rosette. Après avoir marché toute la journée, nous fîmes halte sur le bord du canal.

Le 16, à une heure du matin, en marche à travers les sables et les bruyères, on gagna le bord de la mer, où nous vîmes avec douleur les débris de notre escadre que les flots avaient jetés sur le sable. Sur la longueur de six lieues, on ne voyait que cadavres et charpentes; on ne pouvait faire six pas sans heurter un mort; cet affreux spectacle faisait frémir.

A la nuit, on parvint à l'endroit où l'on quitte la mer; nous avions encore deux lieues à faire dans du sable à mi-jambe. Le convoi arriva à dix heures du soir aux portes de Rosette. Je fus le même soir dans cette ville pour y voir des amis.

Le 17, à la pointe du jour, le convoi entra. Ce fut avec plaisir que je vis le pays qui est très fertile; la ville, située sur le bord du Nil, est charmante; les habitants ont quelque chose de plus agréable qu'à Alexandrie; les denrées étaient en quantité et à bon marché; dattes, citrons, oranges en abondance; enfin, c'était une des charmantes villes de l'Égypte. Il était malheureux qu'un pays aussi florissant fût occupé par des habitants aussi paresseux, sans industrie, sans mœurs.

A midi, je m'embarquai dans une djerme pour monter au Caire. Les djermes sont des bateaux de transport naviguant sur le Nil à la voile. Le vent fut d'abord favorable, nous arrivâmes le lendemain matin, 20, à la hauteur de Ramanieh, gros village; on établissait à côté une forte redoute qui battait le Nil et la plaine. Les campagnes étaient superbes, je croyais rajeunir de dix ans en voyant cette riante verdure, depuis si longtemps que j'étais réduit à voir les sables du désert d'Alexandrie. Sur la gauche, le Delta est le pays le plus florissant; le Nil en arrose les plaines qui sont toute l'année vertes comme des prés; les habitations sont nombreuses mais affreuses. Les habitants font frémir; hommes, femmes, enfants, presque nus, restent au soleil le plus brûlant; les animaux habitent avec eux.

Les 21 et 22, vent contraire. Notre marche était très lente, nous étions obligés de prendre garde aux Arabes qui sans cesse voltigeaient sur les bords du Nil, cherchant la nuit à surprendre les djermes. Nous avions le plaisir de voir sur les bords de ce fleuve quantité d'oiseaux rares par leur espèce et leur beauté.

Le 23, au matin, nous aperçûmes dans le désert les fameuses Pyramides situées derrière Gizeh. Le soir, on approcha du Caire qui nous parut immense; on débarqua à Gizeh, en passant devant la jolie ville de Boulaq, située sur la rive droite; c'était là qu'on débarquait pour aller au Grand-Caire, à un quart de lieue de là. Nous arrivâmes enfin à Gizeh, sur la rive gauche, où étaient le parc d'artillerie et l'arsenal de l'armée. Je trouvai dans ce village plusieurs amis employés au service de l'artillerie; il n'y avait de beau dans cet endroit que le château de Mourad-Bey, et quelques autres maisons de mamelouks, sur les bords du Nil.

Le 24, je traversai le Nil pour aller au Vieux-Caire situé sur le bord de l'autre rive, à une demi-lieue de la grande ville. Ce ne fut pas sans étonnement qu'en débarquant je vis une quantité de paysans, hommes et enfants, nous présentant des bourriques très bien harnachées pour courir la poste. Ils se battaient entre eux pour faire pratique, et tous méprisaient respectivement leurs bourriques.

Enfin, chacun sur un baudet, nous prîmes la route du Caire, toujours au galop, car je dois rendre cette justice à la vivacité de ces ânes; ils valaient les petits chevaux d'Europe. Ma surprise fut complète en entrant dans le Caire de voir une quantité prodigieuse de soldats et d'habitants courant les rues à cheval sur des ânes; jamais je n'avais tant vu de ces animaux qui, à l'envi l'un de l'autre, allaient comme l'éclair : il leur arrivait aussi quelquefois de tomber, car les rues sont glissantes et non pavées.

Ma journée fut employée à courir tous les quartiers de cette ville que je trouvais immense, mais non curieuse; car, en général, elle est mal bâtie, mal percée, mal située. Seuls, le quartier franc et celui de la Mosquée me semblèrent un peu vivants et agréables; c'est là qu'habitent les commerçants, en grand nombre grecs ou juifs, tenant toutes sortes d'étoffes, en général fort chères, principalement les draps. La place de l'Esbekieh est extrêmement grande; là, logeait le général en chef, dans la maison d'Ibrahim-Bey. Cette place était entourée de grands bâtiments appartenant en majeure partie aux beys et aux mamelouks. Pendant le débordement du Nil, elle était inondée; on y lançait des chaloupes, et, pendant deux mois, on naviguait.

Les 25, 26 et 27 furent employés à faire des démarches pour obtenir la solde et le payement de quantité d'états dont j'étais porteur, ainsi qu'à courir voir les environs du Caire. Je fus à la fameuse Citadelle, entourée de murs d'une hauteur extraordinaire; on fortifiait cette forteresse avec une grande activité. Avec un vif intérêt, je visitai le puits de saint Joseph, un des morceaux curieux de l'Égypte; sa largeur et sa profondeur sont énormes, un escalier très vaste tourne autour et conduit au pied de la source; le tout est creusé au pic dans le roc, la légèreté de l'escalier avec le puits le fait considérer comme un chef-d'œuvre.

Avec le même plaisir je fus voir le fameux temple de Jacob, soutenu par quarante-deux magnifiques colonnes en granit. Je vis le citoyen Barthélemy, chef des Grecs, qui avait rendu de grands services à l'armée française, par son dévouement et son courage. Cet homme était extrêmement craint des habitants; sa présence arrêtait les émeutes. Tous les Grecs étaient armés des pieds à la tête : fusils, pistolets; sabres, poignards, lances; ils marchaient dans le Caire avec une hardiesse à en imposer à tous les Turcs. A cette époque, les habitants murmuraient, et menaçaient d'une nouvelle insurrection.

On trouvait quantité de Français nouvellement établis : des cafés, des auberges, des billards. Dans ces maisons, on était servi à peu près à l'européenne, avec l'agrément de payer quatre fois la valeur.

Dans un « jardin national » allait la meilleure société : les généraux, officiers supérieurs, et tous ceux qui voulaient payer l'abonnement. On y trouvait la promenade, la danse, le concert, un feu d'artifice, enfin toutes sortes de récréations.

Dans cette grande cité, il y avait quantité de femmes du monde [1] : les sérails abandonnés, joints à la misère du sexe et à la générosité des Français, en avaient produit un nombre incalculable.

Je ne pouvais me lasser de regarder courir toutes les bourriques; les rues en étaient couvertes; on en comptait jusqu'à 15 000.

Je passai cinq à six jours sans pouvoir obtenir d'argent : cependant l'armée était payée et la seule garnison d'Alexandrie ne l'était pas. Or, elle avait plus besoin de sa solde que toutes les autres; elle occupait un pays où les denrées étaient aussi chères que rares; de plus, ne recevait qu'une médiocre ration de vivres, sans viande. Le payeur général nous renvoya en faisant espérer que nous serions payés à Alexandrie, du produit de la vente du vin qui allait avoir lieu. Effectivement, ordre fut donné de vendre pour 200 000 francs de vin appartenant à la République, à raison de 2 francs à 2 fr. 10 la pinte. Cette ressource ne pouvait qu'affliger la troupe en voyant vendre une denrée précieuse, de première nécessité pour les pauvres malades.

Le 29, je fus donc à Boulaq; il y réside quantité de négociants, le port est fréquenté, les denrées étaient en abondance. Une grande partie de notre cavalerie y était en cantonnement. L'après-midi,

---

[1]. Au XVIIIe siècle, on appelait ainsi les femmes galantes par métier.

je m'embarquai pour Rosette; la djerme partit à trois heures, par un vent favorable, et, le lendemain 30, à neuf heures du soir, nous arrivâmes à Rosette. Le lendemain matin, nous vîmes une caravane revenant d'Alexandrie; plusieurs officiers de ce convoi nous dirent que la peste venait de se déclarer à Alexandrie, que les personnes ayant communiqué avec les pestiférés avaient été mises en quarantaine. Toutes les troupes sortirent de la ville, et furent bivouaquer dans les jardins voisins. Les hôpitaux ainsi que plusieurs maisons particulières furent gardés à vue. Cette fâcheuse nouvelle nous affligea, principalement moi qui étais obligé d'y aller.

Le 4 *nivôse*, je partis de Rosette avec une caravane pour Alexandrie. Arrivés à dix heures du soir, sur le bord du lac Madieh près d'Aboukir, nous passâmes le restant de la nuit à faire traverser le lac aux chameaux de notre caravane qui étaient chargés de grains.

Le 5, à deux heures après midi, nous partîmes de la redoute d'Aboukir pour Alexandrie, où nous arrivâmes à huit heures du soir. Je fus loger au fort Triangulaire, où j'appris avec douleur que réellement la peste régnait; que malgré les mesures prises, chaque jour voyait de nouveaux accidents. Aucun soldat ne pouvait entrer dans la ville à moins d'urgence; dans tous les bureaux, les papiers, pris avec des pincettes, passaient dans le parfum et ensuite, pour vous les rendre ils passaient dans le vinaigre. Des quarantaines étaient établies pour tous ceux qui tombaient malades et qui sortaient des hôpitaux; partout ce n'étaient que barrières pour empêcher de communiquer. Le plus douloureux était de voir les malades très mal soignés, ne recevant pas les aliments nécessaires. Chacun gémissait et chacun s'en éloignait; on évitait jusqu'à ses meilleurs amis.

ANNÉE 1799

Vers la quinzaine de nivôse, plusieurs chirurgiens et médecins, des employés et des domestiques, vinrent à mourir, ce qui fit mettre beaucoup de monde en quarantaine, et on redoubla les mesures pour empêcher ce cruel fléau de se propager.

Les habitants n'étaient nullement attaqués de cette maladie; ils disaient même que ce n'était point la peste, mais bien une maladie épidémique des Français. Leurs raisonnements étaient fondés sur ce que cette contagion n'arrivait jamais que deux mois plus tard. Cependant le comité sanitaire soutenait fermement que c'étaient tous les symptômes de la peste et que cette maladie devait être soignée en conséquence. Les soldats murmuraient beaucoup; ils se plaignaient amèrement des mauvais vivres et du manque de paye.

Le 19, ordre d'aller avec vingt-cinq hommes de la compagnie sur la montagne de l'Observation.

Le 20, ordre de délivrer aux troupes de la viande et du vinaigre tous les trois jours; de l'eau-de-vie, tous les cinq jours.

Dans les journées des 21 et 22, plusieurs caravanes, de Rosette à Alexandrie, furent attaquées par les Arabes. On forma un camp à la porte conduisant à Rosette; ses troupes étaient destinées à l'escorte des convois. Il y avait des barrières établies, et défense pour ce camp de communiquer avec la ville et les autres troupes d'Alexandrie.

Le 23, le secrétaire du commissaire des guerres Michaux vint à mourir de la peste; le commissaire et les employés furent mis en quarantaine.

Le 24, les troupes campées à la porte rentrèrent à Alexandrie après avoir été relevées par la légion nautique.

Nous apprîmes qu'Ahmed-Djezzar, pacha d'Acre, de Tripoli et de Damas, nommé pacha d'Égypte, arrivait et s'acheminait pour détruire l'armée française.

On présumait que l'armée irait en avant pour s'opposer à sa marche.

Le général en chef donna ordre de former un nouveau corps de quatre cents hommes pris dans les demi-brigades, pour être montés sur des dromadaires, portant le costume turc, avec turbans et pelisses de serge blanche; ils devaient être armés d'un fusil avec baïonnette. Ce corps devait être organisé dans le plus bref délai; les officiers et sous-officiers devaient être pris parmi ceux qui étaient à la suite des corps.

Le nommé Boyer, officier de santé de la marine, ayant refusé de traiter des blessés atteints de la peste, fut condamné à être destitué de ses fonctions, promené dans les rues d'Alexandrie, habillé en femme et monté sur un âne, portant devant et derrière un écriteau avec ces mots : *Il est indigne de porter le nom de Français, il a peur de la mort.* Après quoi, il devait être conduit en prison et renvoyé en France par le premier bâtiment expédié, avec invitation au président de son département de le rayer comme citoyen français.

Le fléau se propageait de plus en plus ; les Français mouraient en quantité dans les hôpitaux ; plusieurs étaient morts dans les camps.

Le 30, nous reçûmes l'ordre de quitter le fort de l'Observation pour nous rendre au fort Triangulaire. On s'occupait toujours de fortifier principalement les forts du Général, de l'Observation, du Phare et des Bains.

Au Caire, de grands préparatifs se faisaient pour une expédition ; des approvisionnements considérables étaient préparés pour traverser les déserts.

Le 5 *pluviôse*, notre compagnie reçut l'ordre d'aller prendre position à la batterie des Bains, sur le bord de la mer. Les 5, 6 et 7, par suite de grands murmures, on fit l'effort de payer deux mois de solde à la garnison. La place était alors commandée par le général Marmont.

Le général en chef donna des ordres pour que toutes les troupes d'infanterie fussent armées d'une pique de cinq pieds, pour former une haie contre la cavalerie ennemie; l'infanterie fut exercée à cette manœuvre.

Le 7, entra dans le port un bâtiment d'Europe; il était parti de Trieste avec plusieurs Français, entre autres le représentant Tallien et le général Lannes, chargés de mission du gouvernement. Ce fut avec une grande satisfaction que nous reçûmes des nouvelles de France. Ils rapportèrent que le gouvernement français avait fait une nouvelle levée de deux cent mille hommes; que nous avions remporté de grands succès dans l'Irlande; qu'une forte escadre se préparait sur les côtes de France pour venir à notre secours; que les Espagnols fournissaient vingt mille hommes, vingt vaisseaux et vingt millions; que la République française avait la guerre avec les Napolitains, la cour Ottomane, l'impératrice de Russie; que les Anglais avaient fait plusieurs prises sur nos îles. Chacun débitait ces nouvelles à sa manière, tantôt flatteuses, tantôt alarmantes, ce qui était cause que l'on n'osait y ajouter foi. Les envoyés partirent de suite pour le Caire.

Au Caire, deux grenadiers de la 32ᵉ furent fusillés pour avoir volé et assassiné un habitant turc.

Dans les premiers jours de la deuxième décade de pluviôse, l'armée se mit en marche pour la

Syrie. Le général en chef fit mettre à l'ordre du jour la manière dont il récompenserait les traits de bravoure, savoir : au tambour, une paire de baguettes en argent; au trompette, une trompette en argent; au canonnier, une grenade en or fixée sur le baudrier; au soldat, un fusil garni en argent. De plus, ceux qui obtiendraient ces récompenses jouiraient par jour de deux sols de haute paye. Enfin, ceux qui feraient des actions d'éclat recevraient un sabre du gouvernement.

Il fut mis à l'ordre que le général en chef avait reçu des nouvelles de France; que le Corps législatif avait décrété que l'armée d'Orient victorieuse avait bien mérité de la Patrie; que le récit des batailles de Chébreiss et des Pyramides, la nouvelle de la conquête de l'Égypte avaient excité en France le plus grand contentement; que le gouvernement, voyant le congrès de Rastadt sans résultat, levait des armées, afin d'activer les conclusions de paix; qu'enfin toutes les nouvelles étaient très satisfaisantes. Mais notre situation était toujours de plus en plus critique; nos ennemis se multipliaient et nos forces diminuaient, ayant à maintenir les habitants, combattre les ennemis et nous opposer aux tentatives de l'Anglais. La peste faisait toujours des progrès; la mort parcourait tous les camps; partout on entendait gémir des souffrances causées par les maux d'yeux; plusieurs en perdaient la vue. Déjà un convoi de ces derniers était parti, et il en restait encore dans les hôpitaux, en attendant le départ pour France.

Le 14, on aperçut neuf à dix voiles qui faisaient route sur Alexandrie; elles ne portaient aucun pavillon, ce qui d'abord donna des doutes.

Le 15, ces mêmes bâtiments approchèrent et deux bombardes, sous pavillon anglais, vinrent lancer des bombes dans les ports; la plupart éclataient en l'air, et les morceaux faisaient beaucoup de dommage. Nos batteries ne pouvaient éloigner leurs bombardes; à beaucoup près elles ne portaient pas aussi loin.

Les 16 et 17, ils continuèrent le bombardement; envoyèrent quantité de bombes sur la ville et les environs, il y eut beaucoup de dégâts : un bâtiment génois fut coulé à fond, plusieurs maisons furent brûlées; plusieurs marins et habitants furent blessés ou tués. De suite, on remédia au défaut des batteries, des pièces de 24 et des mortiers de 12 pouces furent placés de manière à éloigner les bombardes; nous fûmes aussi obligés de changer le parc de position et de mettre les magasins à poudre à l'abri de la bombe. On retira toutes les munitions qui étaient dans les navires ancrés au port. A la nuit, l'Anglais gagna le large.

Le 17, à huit heures du soir, le ramadan des Turcs fut annoncé par une salve d'artillerie; ce ramadan est leur carême, il dure trente jours pendant lesquels ils ne peuvent ni boire, ni manger, ni fumer entre deux soleils. Un drapeau rouge était déployé sur le plus haut des minarets. Les cafés et autres boutiques de denrées restaient ouvertes toute la nuit. Pendant les 18, 19 et 20, la même canonnade eut lieu tous les soirs. Cette politique, de la part des Français, était très bien fondée; car, pendant ces journées, il y avait beaucoup à craindre des révoltes de la part des habitants, vu que la loi les laisse entièrement libres et que leurs chefs n'ont aucun droit sur eux. C'est pourquoi les Français politiquement honorèrent leurs fêtes, mais les troupes restèrent sous les armes et les canonniers, à leurs pièces, afin de prévenir toute insurrection. A la tour des Marabouts, dans une petite affaire avec les Arabes, on perdit trois hommes, parmi lesquels un canonnier de notre compagnie.

Le 2 *ventôse*, un garçon boulanger de l'armée fut fusillé à Alexandrie, comme chef d'une révolte des garçons boulangers qui refusèrent le travail parce qu'on ne les payait point. Quelques jours après, la maladie contagieuse enleva environ quinze des leurs.

Dans les premières journées de ventôse, il fit un si grand vent que l'Anglais fut obligé de se retirer; à peine leurs bâtiments pouvaient-ils tenir la mer. Un bâtiment napolitain, qui était avec les Anglais, fut jeté sur la côte près d'Alexandrie; l'équipage chercha à éviter le naufrage en se sauvant avec les chaloupes, mais à l'instant tous ces malheureux furent engloutis par les flots. Par ce grand vent arriva à Aboukir un bâtiment marchand parti depuis quinze jours de Gênes; il était porteur de dépêches pour le général en chef. Avec grand plaisir, nous reçûmes des nouvelles d'Europe; les marins dirent qu'une colonne de troupes françaises s'était emparée de Naples, où elle avait pris dans le port dix vaisseaux de guerre; qu'une forte levée de jeunes gens avait été faite dans toute la France.

Pendant les nuits des 17, 18 et 19, il partit une grande quantité de bâtiments marchands pour retourner chacun à leur pays; quantité de blessés et d'aveugles partirent sur ces bâtiments. J'envoyai cinq à six lettres différentes en France par cette occasion, espérant que les unes ou les autres parviendraient. Il fut mis à l'ordre du jour que tous ceux qui désertaient pour se rendre en France seraient arrêtés et traités comme déserteurs en face de l'ennemi : par conséquent punis de mort.

Après de grandes inquiétudes de ne rien recevoir de l'armée, sur laquelle on avait répandu de faux bruits, on apprit enfin des nouvelles très satisfaisantes qui rassurèrent les esprits. L'armée, après des marches très pénibles à travers les déserts, avait rencontré et battu l'ennemi dans les environs d'El-Arisch.

Elle avait pris ce fort, poste très avantageux pour l'armée, parce que étant situé au milieu du désert, il faisait un point de retraite pour l'armée et assurait l'usage des puits voisins, qui seuls pouvaient sauver l'armée dans le désert.

Puis, l'armée française avait poursuivi sa marche, à travers le désert, se dirigeant vers Gaza.

A Alexandrie, les frégates et bricks faisaient les apprêts pour mettre à la voile au premier signal, mais l'Anglais était toujours en croisière devant les ports.

Les trois derniers jours du ramadan, le canon fut tiré soir et matin ; ce furent trois grands jours de fête pour les musulmans.

A Alexandrie, la peste faisait toujours de grands ravages ; du matin au soir, vous appreniez la perte de vos amis, et chacun n'attendait que la mort. Un canonnier de notre compagnie fut atteint et mourut au bout du jour ; heureusement que, dans ce moment, il se trouvait détaché de la compagnie qui toujours était à la batterie des bains, en très bon air, à un quart de lieue de la ville.

Dans les derniers jours de ventôse, plusieurs petits détachements des légions nautique et maltaise furent égorgés dans leurs camps, près de Damanhour, par les paysans des environs réunis aux Arabes ; un seul Français évita la mort ayant été caché par une vieille femme. Un corps de deux cents hommes, qui allaient renforcer ce point, virent avec effroi les camarades égorgés. Un grand exemple fut fait dans le village, mais on ne put atteindre les auteurs du massacre.

An VII. Le 6 germinal, plusieurs tribus arabes envoyèrent des parlementaires auprès du commandant d'Alexandrie pour traiter de la paix, disant qu'à l'avenir ils voulaient protéger nos convois et caravanes; ordre fut donné dans les postes avancés pour que l'on ne fît point feu sur ceux qui se présenteraient pour entrer dans la ville.

Le soir, entra dans le port un bâtiment parti de Damiette pour porter des munitions à l'armée, mais tellement poursuivi par l'Anglais qu'il avait été obligé de rétrograder; l'Anglais lui fit la conduite sous nos batteries. Les marins rapportèrent que, sur douze navires, six avaient été pris.

Le 7, temps des plus extraordinaires. L'air était si chaud que l'on pouvait à peine respirer, le ciel, pourpre, changeait les choses de couleur; des exhalaisons venaient vous ôter l'usage de la parole. Les habitants du pays pressentaient la maladie, en voyant cet abominable temps; ils prétendaient que ces exhalaisons apportaient la peste.

Le 13, les Anglais nous prirent une djerme chargée de bois, venant de Rosette. Perte d'autant plus sérieuse que le bois était extrêmement rare.

Le 14, trois de nos frégates, avec deux bricks, commandés par l'amiral Perrée, essayèrent de sortir du port pour porter en Syrie des munitions et de l'artillerie; mais, le vent étant devenu contraire, ils furent contraints de rentrer; contretemps d'autant plus désagréable que l'Anglais avait disparu.

Vers la quinzaine, la peste se déclara fortement ; il y eut de grandes défenses pour empêcher la communication avec la ville.

Les 16, 17, 18 et 19, il périt beaucoup d'habitants et de Français, principalement parmi les grenadiers de la 75e demi-brigade.

Le 19, les trois frégates et les deux bricks sortirent du port et gagnèrent le large. L'Anglais, depuis plusieurs jours, n'avait point paru.

Le 20, revint un canonnier du détachement qui était au fort Marabout; ce jeune homme était complètement fou, il avait eu une si grande frayeur dans une petite affaire avec les Arabes qu'il en avait perdu l'esprit. On fut obligé de le lier et de l'envoyer à l'hôpital, où il mourut, quelques jours après, de la peste.

Toutes les troupes construisirent de petites baraques en terre pour loger deux à deux, afin d'éviter le plus possible la contagion.

On avait de grandes inquiétudes sur le sort de l'armée dont on ne recevait aucune nouvelle. Les ennemis faisaient répandre les bruits les plus alarmants, disant que toute l'armée avait été égorgée en Syrie; on citait même ceux qui avaient échappé au massacre, ajoutant qu'un très petit nombre étaient en route pour revenir. On présumait qu'ils ne pourraient y arriver. Ces douloureuses nouvelles étaient si bien détaillées que les généraux même ne savaient qu'en penser.

Le 30, plusieurs Français, allant chasser dans les environs de la ville, furent assaillis par les Bédouins, qui en tuèrent deux, entre autres un officier d'infanterie légère qu'ils eurent la férocité de brûler vif; plusieurs autres furent blessés.

La marine reçut ordre de mettre deux frégates en état de mettre à la voile au premier signal.

On apprit qu'un rassemblement considérable de brigands faisait beaucoup de ravages dans la province et qu'il dirigeait ses pas sur Alexandrie. Aussitôt on redoubla d'efforts pour mettre la ville en état de défense. Toutes les troupes furent travailler aux retranchements avec leurs drapeaux.

Cette nouvelle répandit quelques craintes, car la garnison était très faible. Il y avait alors environ mille hommes de troupes, y compris les canonniers, ouvriers, etc.; quantité de compagnies étaient réduites à sept et huit hommes présents; le peu de cavaliers qui avaient existé avait péri de la peste; il y avait beaucoup d'artillerie, mais peu de canonniers. Cette position critique, jointe aux bruits affligeants répandus sur notre armée parmi les habitants, qui disaient hautement : « Dans quinze jours, il n'y aura plus de Français en Egypte! » était bien faite pour donner de l'inquiétude.

Le 8 *floréal*, le général Marmont, commandant la province, sortit avec une petite colonne de

ANNÉE 1799

grenadiers d'infanterie légère, soutenus d'un obusier de 6 pouces et d'une pièce de 8, après avoir fait prendre des vivres pour quatre jours. On ignorait leur destination.

A une journée de marche, ils firent rencontre d'une nuée d'Arabes, de Bédouins, de paysans qui s'opposèrent à leur passage. Nos gens les attaquèrent et notre artillerie, comme d'habitude, les épouvanta. Ces brigands se dispersèrent et se couchèrent sur le sable, faisant, dans cette position, un feu de mousqueterie qui blessa beaucoup de soldats. Le nombre en était si considérable que le général n'osa prendre sur lui de hasarder une charge qui, en cas de revers, aurait compromis la sûreté de la place ; il jugea donc à propos de rétrograder. Ils arrivèrent, le 10, à deux heures après midi, harassés de fatigue. Nous perdîmes dans cette affaire un officier et un chasseur à pied, et une trentaine de blessés dont plusieurs dangereusement.

Nous apprîmes avec douleur que tous les Français de Damanhour avaient été égorgés par ces brigands, et que toutes les troupes répandues de ce côté s'étaient réfugiées à Ramanieh, où elles étaient sans cesse attaquées par les révoltés. Mais le chef de brigade Lefebvre fit des prodiges de valeur avec une petite colonne, culbutant et dispersant tous ces brigands avec une rapidité étonnante ; les militaires sous ses ordres en faisaient grand éloge.

Le 10, il partit d'Alexandrie un aviso et deux bâtiments génois. Le 11, le général Marmont fit une invitation à tous les Français de toutes armes et de tous emplois pour se joindre à lui, le 12, à la petite pointe du jour, au premier coup de canon tiré sur la hauteur du fort Général. On devait se porter ensuite au fort des Bains, travailler aux fortifications, et mettre ce fort en état de résister aux entreprises des ennemis. Le 12, à la pointe du jour, nous vîmes arriver à notre fort une colonne considérable; c'étaient les officiers généraux et autres, tous les corps de la garnison, toute la marine, les administrateurs, commissaires, employés, le pacha et tous les habitants européens qui venaient en foule pour travailler aux retranchements. A leur arrivée, les généraux, ainsi que tous les principaux chefs, mirent habit bas; à leur exemple, tout le monde travailla avec un courage vraiment étonnant. Le général fit venir du vin, de l'eau et de l'eau-de-vie qui furent distribués à tous les travailleurs. Dans le courant de cette journée, il se fit considérablement d'ouvrage, car chacun travaillait à l'envi l'un de l'autre; d'ailleurs, tous les Européens en connaissaient trop la nécessité pour ne pas s'employer dans un moment urgent et périlleux.

Le soir, avec autant de surprise que de satisfaction nous reçûmes des nouvelles satisfaisantes de notre armée, sur laquelle on avait répandu tant de gazettes.

ANNÉE 1799

Nous étions toujours entourés d'un grand nombre de brigands. Dans la nuit du 12 au 13, quantité d'habitants sortirent de la ville, pour se joindre aux ennemis; d'autres se rassemblèrent dans les mosquées pour former des complots. Le général Marmont en fut instruit et donna des ordres pour faire dissoudre tous les attroupements; les troupes furent averties d'être toujours, la nuit surtout, prêtes à prendre les armes, arrêter le premier Turc trouvé dans les rues passé huit heures du soir, lui faire appliquer la correction, et le tuer en cas de rébellion.

Journellement on travaillait aux fortifications; le canon annonçait l'entrée et la sortie du travail et chaque corps et administration se rendait aux lieux indiqués. Moitié des travailleurs furent employés au fort de l'Observation. Les nuits des 14, 15, 16 et 17, nous restâmes aux pièces de canon des avant-postes, car on disait que les brigands devaient attaquer. Un vent abominable aveuglait de poussière tous les travailleurs. Journellement on trouvait, en creusant la terre, les choses les plus curieuses et les plus antiques : monnaies, vases de prix, pierres écrites. Dans des tombeaux, on trouva plus de quarante toises cubes d'ossements; plusieurs os étaient remarquables de grosseur et de longueur. On trouva aussi des souterrains qui annonçaient d'anciennes habitations.

La peste commençait à s'éteindre; il arrivait

fort peu d'accidents parmi les Français; il y avait davantage à craindre avec les habitants.

Vers la fin du mois, différents détachements français cernèrent Damanhour. Cette petite ville, qui avait été le noyau du rassemblement des brigands, et qui avait contribué aux égorgements commis, fut livrée aux horreurs de la guerre; une partie fut brûlée et ravagée et quantité d'habitants furent massacrés. Les brigands s'étaient dispersés sur différentes provinces; on présumait qu'un grand nombre avaient filé sur la Syrie.

Dans le courant des deux premières décades de prairial, il se répandit encore les bruits les plus alarmants sur le sort de notre armée. Vers la fin du mois, un courrier du Caire apporta des nouvelles qui ranimèrent les esprits. Nous apprîmes que les Français avaient remporté des victoires éclatantes et occupaient un pays très fertile qui les dédommageait des grandes douleurs éprouvées en manquant d'eau et de pain dans le désert. L'armée tenait bloquée la ville de Saint-Jean-d'Acre depuis le 5 germinal.

Quelques jours après, nous reçûmes encore des nouvelles. L'armée avait levé le siège de Saint-Jean-d'Acre pour revenir en Égypte; cette fois, les détails des dangers et des maux qu'enduraient nos troupes, faisaient tressaillir. Nous apprîmes qu'après avoir sacrifié une quantité de nos braves, le général en chef, voyant le dégoût et la répugnance des soldats, abandonna le projet de prendre de vive force la ville de Saint-Jean-d'Acre qui exigeait un siège soutenu et un bombardement que nous ne pouvions faire faute d'artillerie et de munitions, puisque l'on était obligé de ramasser les boulets envoyés par les canonnières anglaises.

L'armée était partie le 3 *prairial* au matin, abandonnant quantité de malheureux Français dangereusement blessés, ainsi que des pestiférés. Cette contrainte douloureuse avait donné le spectacle le plus affreux.

La peste avait continué ses ravages en route. Ceux qui s'en trouvaient attaqués étaient abandonnés sur le sable, attendant la mort cruelle que les Arabes devaient leur apporter.

Le 5, à Jaffa, on avait fait sauter les fortifications de cette place, brûlant, brisant, noyant dans la mer toutes les munitions et effets d'artillerie. Dans cet endroit, on fut encore dans l'obligation d'abandonner sur les bords de la mer une grande quantité de blessés reprochant à l'armée de n'avoir ni courage, ni humanité, puisqu'elle partait avant de leur ôter un reste de vie.

On emmena néanmoins le plus possible de blessés, portés par des Turcs sur des civières. Ces malheureux supportèrent vingt journées à travers le désert.

Tous les différents corps de l'armée étaient totalement désorganisés par les pertes de l'expédition. Cela nécessita un doublement de compagnies. Le général en chef ordonna que tous les bataillons fussent formés de quatre compagnies de fusiliers et une compagnie de grenadiers, ce qui faisait par conséquent quinze compagnies par demi-brigade. Deux pièces de canon de 3 ou de 4 furent attachées à chaque demi-brigade, et cette artillerie fut servie par les soldats du corps instruits à cette manœuvre.

Le 15 *messidor*, il sortit du port d'Alexandrie deux bricks armés; on ignorait leur destination. Quelques jours après, nous apprîmes avec douleur qu'une djerme chargée de troupes, sur laquelle était le général de division Dammartin, avait été attaquée par les Arabes en descendant du Caire; une grande partie de nos gens furent tués ou blessés, le général fut grièvement blessé et eut un de ses adjoints tué. Néanmoins les brigands ne purent se rendre maîtres de la djerme qui parvint jusqu'à Rosette, où le général Dammartin mourut quelques jours après.

Les 20, 21 et 22, il y eut un grand changement de troupes à Alexandrie; les corps étaient sans cesse en marche, vu que les bataillons n'étaient relevés que par détachements. Il était dû dix mois de solde à la garnison, et on ne parlait nullement de payer.

Le 23, à la pointe du jour, il parut environ quatre-vingts bâtiments en mer. Ils portaient pavillon turc, et paraissaient être chargés de troupes. On distinguait, dans le nombre, une dizaine de vaisseaux et frégates; passant devant Alexandrie, ils filèrent du côté d'Aboukir.

Aussitôt on disposa tout pour la défense par terre et par mer. On fit descendre des bords tous les marins, on les forma en compagnies, ainsi que toutes les administrations, et des postes leur furent donnés dans les forts et batteries. La troupe de ligne forma une colonne mobile prête à marcher: quatre bouches à feu lui furent attachées. Le soir, parurent treize autres bâtiments qui prirent la route des premiers.

La journée du 24 fut assez calme; les bâtiments ennemis étaient toujours en croisière.

Le 25, arriva aux environs d'Alexandrie une petite colonne de troupes commandée par le général d'Estaing; nous vîmes dans le désert plusieurs coups de canon tirés par elle sur les Arabes qui cherchaient à couper le passage. Il y avait avec cette petite colonne environ cinquante dromadaires du corps nouvellement formé; l'ensemble de ces nouveaux cavaliers et leur rapidité à traverser les déserts étaient curieux, ils étaient fort utiles au service de l'armée.

Dans la nuit du 26 au 27, le général Marmont fut instruit que les Turcs, en croisière devant Aboukir, effectuaient une descente au delà d'Aboukir. Aussitôt les troupes prirent les armes et, à trois heures du matin, le général Marmont partit à leur rencontre avec quinze cents hommes et quatre bouches à feu pour s'opposer au débarquement.

Après avoir fait environ deux lieues, la colonne fit rencontre d'un espion qui portait dans un fagot une lettre du commandant du fort d'Aboukir donnant avis au général que les Turcs avaient effectué leur descente sur différents points. Le général, ne connaissant pas la force de l'ennemi, ne jugea pas à propos d'aventurer la garnison et préféra faire rétrograder. On rentra dans Alexandrie à sept heures du matin.

Dans la matinée, on entendit la canonnade du côté du fort d'Aboukir. Nous avions beaucoup à craindre pour ce fort, dont la garnison n'était forte que de deux cents hommes, et on évaluait l'ennemi à vingt-cinq mille hommes. A midi, la canonnade redoubla avec une vive fusillade. Ce roulement dura jusqu'à trois heures, à ce moment le feu cessa de toutes parts. Ce silence fit présumer que l'ennemi avait été repoussé ou que le fort d'Aboukir avait été pris d'assaut. La nuit se passa dans le plus grand calme.

Les 28 et 29, on resta dans la plus grande inquiétude, sans aucune nouvelle; le général envoyait espion sur espion; aucun ne revenait.

Le 30, nous apprîmes sans détails que le fort d'Aboukir était au pouvoir des Turcs. Cette fâcheuse nouvelle fut d'autant plus affligeante qu'il y avait tout à croire que les malheureux défenseurs avaient eu la tête tranchée.

Pendant les premières journées de *thermidor*, toutes les batteries et retranchements restèrent garnis de troupes, sur le bruit que quinze mille Turcs étaient en marche. Les habitants inquiétaient notre faible garnison, car ils paraissaient, par leurs dispositions, être dans l'intention de seconder les efforts de l'ennemi.

Cependant, on assurait que plusieurs divisions étaient en marche pour venir à notre secours, que le général Kléber était déjà à Rosette et le général en chef Buonaparte, à Ramanieh.

Le 5 au matin, on entendit plusieurs coups de canon du côté d'Aboukir, ce qui nous fit croire que déjà des Français étaient dans les environs. Le soir, des chasseurs à cheval arrivèrent avec plusieurs prisonniers turcs. Ils dirent que, le matin, ils furent tout près du camp ennemi, sans avoir été aperçus, et qu'à leur approche, les Turcs s'étaient mis à pousser des cris effroyables, en se sauvant dans leur camp, à droite et à gauche. C'était sur nos chasseurs que l'on avait tiré le canon, ils s'étaient retirés en faisant quelques Turcs prisonniers.

Dans la nuit du 5 au 6, le général en chef arriva. Le 6 au matin, tout était en mouvement dans la ville; il visita tous les forts, batteries et retranchements; il manifesta quelque mécontentement au commandant du génie, au sujet de différents forts, tels que ceux des Bains, Triangulaire et d'Observation. Il donna des ordres pour qu'une partie de la garnison se tînt prête à partir avec quatre pièces de 12, deux mortiers de 8 pouces, quantité de sacs à terre pour construire des batteries. Notre compagnie reçut ordre de se rendre au fort Triangulaire pour y relever celle de la 13e qui partait pour l'expédition.

A trois heures après midi, le général en chef se mit en marche avec cette petite colonne pour se porter devant Aboukir, et en faire le siège.

On connaît les résultats incroyables de la victoire remportée sous les murs d'Aboukir, l'armée turque entièrement détruite, treize mille hommes tués ou jetés à la mer, le capitan-pacha pris, des prises considérables en effets de campement, et quantité d'artillerie de campagne, entre autres, deux pièces anglaises superbes, présent de la cour de Londres à celle de Constantinople. Elles furent données à la cavalerie en reconnaissance de sa bravoure; les noms des régiments y furent gravés ainsi que celui du général Murat qui avait commandé leur charge sur les retranchements des Turcs.

Le général en chef Buonaparte montra, comme d'habitude, des talents et une fermeté à toute épreuve, tant pour sa bravoure que par sa hardiesse à attaquer un ennemi nombreux et retranché, avant que les divisions de l'armée fussent arrivées. Il fut encore, en cette occasion, respecté par les hasards de la guerre.

Les troupes arrivèrent et on se disposa à faire

le siège du fort. Des chaloupes canonnières anglaises étaient postées près du lac, pour protéger la garnison.

Le 8, la canonnade fut extrêmement vive; nos blessés, en grand nombre, étaient transférés à Alexandrie sur des djermes qui longeaient la côte. Le 9, l'ennemi tenta une sortie. Après avoir laissé un certain nombre de cadavres dans nos boyaux il fut contraint de rentrer. Ce même jour, le citoyen Cretin, général de brigade commandant le génie, fut tué durant le siège dans une reconnaissance; il fut enterré avec pompe sur les hauteurs de l'Observation qui porta le nom de fort *Cretin*.

A la même époque on donna le nom de fort Caffarelli au monticule appelé la hauteur *Général*. Caffarelli avait été tué au siège de Saint-Jean-d'Acre.

Le 10, au matin, partirent environ cent canonniers pour le siège d'Aboukir.

Dans la journée du 10, les Turcs firent une sortie vigoureuse; ils eurent la férocité de faire précéder leur marche par une cinquantaine de femmes du pays dans l'espoir que les Français oublieraient leur devoir pour s'occuper de la possession de ces femmes; mais la perte qu'ils éprouvèrent leur prouva que ces ruses ne valaient rien. Ils sortirent donc en poussant des hurlements affreux; leur grand nombre contraignit d'abord les troupes de tranchée à se replier. Pendant qu'ils s'occupaient à détruire nos batteries construites avec des sacs à terre, les troupes du camp arrivèrent et les firent rentrer en abandonnant sur le sable environ six cents cadavres. Nous eûmes dans cette affaire une cinquantaine de blessés et une trentaine de soldats qui, tombés au pouvoir des Turcs, eurent la tête tranchée. Une partie des femmes furent les premières victimes du combat, et les autres devinrent les esclaves de nos soldats.

Le soir, on embarqua pour Aboukir plusieurs pièces de 24, des mortiers de 12 et de 10 pouces, ainsi que quantité d'autres objets d'artillerie. Le général Buonaparte arriva, accompagné de ses guides à pied et à cheval. Le 11, il hasarda un brick qu'il fit partir pour France, chargé de dépêches au gouvernement.

Ce même jour, l'ennemi fit une sortie et fut, comme d'habitude, vivement reconduit. Le siège était toujours poussé avec vigueur. Cependant la flotte anglaise nuisait beaucoup à nos opérations par la quantité de boulets qu'elle envoyait dans le camp et dans les retranchements.

Le 12, l'ennemi tenta une sortie très meurtrière pour lui ; il perdit environ quatre cents hommes, nous eûmes quarante-cinq blessés et douze tués.

Le 13, à la pointe du jour, nos batteries de siège commencèrent à éloigner les canonnières anglaises. Nos pièces de 24 firent un dégât considérable dans le fort, et déjà les soldats turcs se jetaient à la mer pour gagner à la nage les embarcations. Les Anglais, mécontents de voir que le fort d'Aboukir allait retomber en notre pouvoir, forcèrent les fuyards à rentrer en tirant à mitraille sur ces malheureux.

Le 14, l'ennemi fut réduit à l'état le plus déplorable ; les bombes et les boulets culbutaient les tours et les murailles ; nos batteries, placées à vingt, trente, quarante et cinquante toises de l'entrée du fort, les contraignaient à se renfermer dans les casemates.

Le 15, la garnison du fort, forte encore de trois mille hommes, se rendit à discrétion ; ils implorèrent la générosité des Français, et furent, malgré leurs barbares habitudes, faits prisonniers de guerre. Ils sortirent dans l'état le plus pitoyable, demandant de l'eau. Nos troupes prirent possession du fort, monceau de pierres et de cadavres : foyer d'infection dans lequel on ne pouvait résister.

Le général en chef était à Alexandrie et devait partir le même soir pour se rendre au Caire, où étaient allés déjà plusieurs corps, entre autres la cavalerie. On disait qu'une armée ennemie venait par le désert de la Syrie.

Le 16, l'amiral anglais Sidney Smith envoya des parlementaires : leur arrivée fit différer le départ. Le jour et la nuit du 16 au 17 furent employés en conférence secrète. Le 17, un bâtiment chargé de dépêches fut expédié pour France.

Les Anglais ramenèrent à Alexandrie le capitaine du génie Vinache, pris dans le fort d'Aboukir lors de son invasion par les Turcs; il raconta que trente-deux Français seulement avaient échappé à la mort. Après avoir souffert tous les maux imaginables de la part des Turcs, il avait enfin obtenu d'être transféré sur un vaisseau anglais, où il fut très bien traité.

Dans le courant de la nuit, arrivèrent, au fort Triangulaire, les prisonniers turcs faits à Aboukir. Le 18, les troupes attachées au quartier général en chef partirent pour le Caire. Le 19, au soir, le général en chef les suivit avec son état-major.

On travaillait avec activité pour mettre deux frégates en état de faire route. Le 20, entra dans le port d'Alexandrie un bâtiment ragusain qui venait d'Italie. Les marins répandirent les nouvelles les plus défavorables : l'Allemagne et la Russie avaient déclaré la guerre à la République; la Hollande et l'Italie étaient retombées au pouvoir des ennemis; la Vendée était encore en insurrection; les îles de Corfou étaient au pouvoir des Russes. Ils dirent aussi que le gouvernement avait pris des mesures très sévères pour faire partir aux armées toute la jeunesse. Ces nouvelles, quoique suspectes, donnèrent beaucoup d'inquiétude.

Une grande quantité de soldats campés sous les murs d'Aboukir tombaient malades, car le

ANNÉE 1799 375

grand nombre de cadavres enterrés dans les sables et ceux que le flot rejetait sur la côte, remplissaient l'air d'une odeur pestilentielle.

Vers la fin du mois, il arriva plusieurs courriers du quartier général en chef, pour faire préparer deux frégates et trois bricks en état de faire longue route.

Des bruits se répandirent que, sous deux mois, toute l'armée devait partir pour France; tous les capitaines des bâtiments marchands et autres reçurent l'ordre de préparer leur bord et de faire de l'eau pour deux mois. Tous ces préparatifs mirent la joie dans le cœur.

Les jours suivants, on approvisionna extraordinairement les bricks et frégates déjà préparés; on fit embarquer beaucoup d'aveugles, les effets des généraux Murat et Marmont.

Le 5 *fructidor*, les bricks et frégates sortirent du port et furent mouiller en avant de la rade.

Le 6, à la pointe du jour, quelle fut notre surprise en apprenant que le général en chef Buonaparte, suivi de son état-major, des généraux Berthier, Lannes, Andréossy, Murat et Marmont, étaient arrivés nuitamment entre Alexandrie et le fort d'Aboukir. Rendus sur le bord de la mer, où des chaloupes les attendaient, le général en chef fit mettre pied à terre et donna ordre à son état-major et à ses guides de s'embarquer dans les chaloupes des frégates. Ces ordres furent à l'instant exécutés, et, lorsqu'ils eurent quitté la terre, ce fut avec autant de joie que de surprise qu'ils apprirent de Buonaparte qu'ils allaient en France. Tous leurs chevaux furent amenés à Alexandrie.

Dans la matinée, nous vîmes avec douleur les bricks et frégates gagner le large ; la consternation était générale : un départ exécuté comme une fuite dans des circonstances aussi critiques ; la Méditerranée couverte de nos ennemis, l'Égypte menacée de toutes parts, et, pour comble de maux, notre solde arriérée montant à une somme considérable. Les soldats murmurèrent, et chacun craignait des suites fâcheuses pour l'armée.

Cependant, on apprit que c'était le général Kléber qui prenait le commandement, et cette heureuse nouvelle calma singulièrement les esprits.

A cette époque, différents corps de troupes étaient répandus dans les campagnes pour faire rentrer les contributions ; quantité de grain était évacué sur Alexandrie.

L'armée, qui depuis longtemps avait la plus grande confiance dans la personne de son nouveau général, montra dans cette circonstance critique beaucoup de fierté ; chaque soldat voyait dans son général, un père, un ami, aussi capable que vertueux. En peu de temps, les finances furent restaurées ; les administrations civiles, réorganisées ; une grande épuration eut lieu parmi les employés ; la troupe fut en partie soldée ; de grandes mesures furent prises pour la faire de suite habiller ; tous les forts et places furent extraordinairement approvisionnés en munitions et en vivres, principalement Alexandrie. Enfin, le sage Kléber mit à exécution les moyens les plus militaires, pour mettre l'Égypte à l'abri d'insultes, et par conséquent assurer la sûreté de l'armée.

Le 28 fructidor, un détachement de notre compagnie se rendit à Rosette.

Le 1er *complémentaire*, le restant de la compagnie suivit le même mouvement que le détachement. Nous trouvâmes un très grand changement de pays; les habitants en général étaient beaucoup plus traitables qu'à Alexandrie; les vivres y étaient dans la plus grande abondance. Ce séjour nous fut très agréable.

Le général Kléber obtint des Anglais un cartel d'échange pour faire passer en France tous nos malheureux estropiés et aveugles.

Le 2 complémentaire, un détachement de notre compagnie reçut l'ordre de se rendre à Ramanieh, sous les ordres du général Rampon.

Le 1er *vendémiaire an VIII*, on célébra, dans toute l'étendue de l'Égypte, l'anniversaire de la République; le général en chef lui fit donner tout l'éclat possible au Caire. On remarqua le dévouement silencieux et la fermeté imposante de l'armée, ce qui ne contribua pas peu à la fête.

Les 17, 18, arrivèrent à Rosette tous les aveugles et les estropiés qui devaient sous peu passer en France. Par ordre du général Kléber, on forma au Caire une compagnie de janissaires syriens composée de cinquante-cinq hommes. L'ordre donné le 14 messidor dernier eut son exécution dans l'organisation de l'artillerie des demi-brigades ; deux pièces de campagne furent attachées à chacune d'elles.

Le personnel de l'artillerie de l'armée fut également réorganisé ; l'artillerie à cheval fut formée en escadrons, toute l'artillerie à pied forma le 2ᵉ bataillon du 4ᵉ regiment. Les compagnies d'artillerie de marine furent également formées en bataillon. Nos compagnies des demi-brigades furent également incorporées dans ce bataillon, et, par l'effet de ce changement, je fus nommé à l'emploi de garde d'artillerie.

Le 20 vendémiaire, je reçus l'ordre de me rendre près du directeur général de l'artillerie pour être employé dans ses bureaux.

Le 23, je partis de Rosette pour le Caire afin de toucher la solde due à notre compagnie, ce qui fut fait le 29. Les jours suivants, je fus prendre possession de mon nouvel emploi.

En ce moment, nous arrivèrent les détails des succès de la division Desaix dans la Haute-Égypte. Nous apprîmes en même temps que, le 28 fructidor, un convoi escorté par vingt-cinq hommes d'infanterie fut attaqué près de la citerne de Messoudiah, à deux lieues d'El-Arisch, par environ cent cinquante Mamelouks et Arabes à cheval et une centaine d'hommes à pied. L'officier com-

ANNÉE 1799

mandant l'escorte fut d'abord blessé et mis hors de combat. Le citoyen Beni, sergent de la 2ᵉ d'infanterie légère, le remplaça et fit, avec son petit peloton de braves, des prodiges de valeur. Quoique entouré d'ennemis, il parvint à gagner le bord de la mer et, de là, le château d'El-Arisch, n'ayant perdu qu'un seul homme tué, ainsi qu'un chameau. Il tua vingt hommes à l'ennemi et en blessa une grande quantité. Ce brave sergent fut promu au grade de sous-lieutenant.

Dans le commencement de *brumaire*, la peste revint dans Alexandrie ; aussitôt, les barrières et quarantaines furent établies à Rosette, Damiette et Boulaq.

Depuis quelque temps, une flotte turque croisait devant les côtes d'Égypte et menaçait d'un prochain débarquement. Le 8 brumaire, on compta cinquante-trois bâtiments, chargés de troupes turques, devant Damiette ; le surlendemain ils eurent l'audace d'effectuer une descente ; on les rejeta à la mer sans tirer un coup de fusil comme le montre la lettre transcrite ci-après :

Du camp de Leisbé, le 10 brumaire an VII.

Verdier, général de brigade, au général en chef Kléber :

J'avais eu l'honneur de vous faire connaître, mon général, que les braves que j'avais avec moi étaient disposés à ne compter leurs ennemis que quand ils auraient vaincu. Eh bien, ils ont tenu parole !

Ce matin, à la pointe du jour, trois mille Turcs ont été jetés sur la plage du premier convoi de chaloupes. Avant que le second convoi ait pu arriver, le premier a été attaqué et détruit ; huit cents hommes ont été pêchés dans la mer et faits prisonniers, le reste a péri par la baïonnette ou le sabre, car il ne s'est pas tiré un coup de fusil de notre côté.

Nous avons eu très peu d'hommes tués, mais parmi eux nous comptons avec un regret particulier le brave chef de la 2ᵉ demi-brigade d'infanterie légère, le citoyen Desnoyer.

Il paraît que l'ennemi se dispose à une nouvelle descente que l'intrépide valeur de nos soldats saura faire échouer comme la première.

Demain, j'aurai l'honneur de vous faire connaître les braves qui se sont distingués par quelques actions d'éclat : il y en a beaucoup, car, quinze minutes au moins, la baïonnette et le sabre ont joué dans une mêlée dont je n'ai point encore vu d'exemple.

Le général de division Desaix se rendit au Caire pour prendre le commandement d'une division destinée à agir contre le Grand Vizir qui s'acheminait vers l'Égypte. Plusieurs espions avaient rapporté que le Grand Vizir était parti de Damas avec une armée de soixante mille hommes pour se porter sur Gaza, où il devait établir son quartier général. La division, aux ordres du général Reynier, partit du Caire pour aller camper sur les bords du désert. Le 12 brumaire, le général Desaix partit du Caire avec deux bataillons de la 3ᵉ et cent cinquante dragons pour se porter du côté de Damiette.

Il parut à l'ordre du jour de l'armée la lettre suivante :

Le général en chef Kléber, à la deuxième demi-brigade d'infanterie légère :

Soldats! vous avez à pleurer un chef qui sut mériter en même temps votre amour et votre estime, je viens confondre mes regrets aux vôtres; vous savez combien il m'était cher. Mais lorsqu'un héros tombe, que reste-t-il à faire à ceux qui demeurent encore?... à le venger!

Soldats! que l'image de ce jeune guerrier soit sans cesse devant vos yeux, que le souvenir de sa brillante valeur ne cesse d'enflammer votre courage, et la Victoire, le croyant encore à votre tête, continuera à vous préparer des succès, des triomphes.

Soldats! avec la couronne que je pose sur la tombe du brave Desnoyer, recevez les témoignages de ma satisfaction de la manière distinguée dont vous vous êtes conduits à la journée du dix de ce mois.

L'Égypte alors était toujours remplie d'affligeantes nouvelles : on assurait que les armées russes et autrichiennes ravageaient les frontières de France; que l'intérieur de la République était divisé d'opinions et de partis; que la misère était à son comble, et qu'enfin, les frégates, où étaient nos généraux partis d'Égypte, avaient été prises par les Anglais à la hauteur des côtes de France.

A cette époque, il régnait un très mauvais esprit; les devins du Caire avaient prédit que, sous deux mois, il n'existerait pas un seul Français en Égypte. La peste, qui continuait à faire des ravages affreux, et la prévision que nous aurions une forte armée à combattre, achevait de faire prévoir une mauvaise fin ; car ayant perdu tout espoir de recevoir du renfort, notre perte était inévitable, même avec la victoire.

Le général Desaix fut envoyé par le général en chef auprès de l'amiral anglais, à bord du vaisseau *le Tigre* ; on ignorait le motif de sa mission.

L'armée fut habillée à neuf ; chaque corps eut une nouvelle tenue d'ordonnance, les uns en rouge, les autres en vert, etc., enfin de diverses couleurs, à cause du peu de drap qu'il y avait dans le pays.

Le premier frimaire, une scène affligeante se passa dans la 2ᵉ demi-brigade d'infanterie légère, à Damiette :

Les soldats, excités par des mauvais sujets, allèrent en armes demander à leurs chefs l'arriéré de leur solde ; on répondit qu'ordre était donné par le général en chef à la demi-brigade de se porter sur la frontière du désert, et que là on ferait droit à leur demande. Ils persistèrent à ne pas vouloir partir, avant d'être payés, disant néanmoins que, si l'ennemi se présentait, ils le recevraient comme d'habitude.

Les chefs et les généraux employèrent tous les moyens pour les ramener à l'ordre, mais leurs sollicitations devinrent inutiles ; les esprits s'animèrent, les propos et les gestes s'en mêlèrent ; leur désobéissance fut traitée comme une rébellion.

ANNÉE 1799

Sur le rapport qui fut fait au général en chef, il rendit l'arrêté suivant :

Kléber, général en chef, ordonne :

Art. 1er. — La 2ᵉ demi-brigade d'infanterie légère, qui, pour se déshonorer, n'attendit que la mort de son brave chef Desnoyer, est supprimée pour cause d'insubordination ; elle cessera désormais d'être portée sur les contrôles de l'armée.

Art. 2. — Tous les officiers et sous-officiers qui ne seront pas porteurs d'un certificat du général Verdier attestant qu'ils n'ont point participé à l'acte de désobéissance dont cette demi-brigade s'est rendue coupable, et qu'ils ont fait, au contraire, ce qu'il convenait pour ramener la troupe au sentiment de l'honneur, seront dégradés.

Art. 3. — Le chef de l'état-major général pourvoira à l'incorporation de cette troupe dans les demi-brigades de l'armée.

Art. 4. — Le général en chef se réserve de prononcer sur la 32ᵉ demi-brigade de bataille, ainsi que sur les détachements des 3ᵉ et 20ᵉ régiments de dragons qui auraient pris part à la sédition de la 2ᵉ légère, lorsqu'il aura été plus particulièrement instruit de leur conduite.

Art. 5. — Le général en chef témoigne sa satisfaction aux officiers, sous-officiers et dragons du 18ᵉ régiment qui ont donné, dans cette circonstance, l'exemple de la subordination et de la discipline qui doivent caractériser des troupes animées des sentiments de l'honneur et sans cesse jalouses de remplir leur devoir.

Signé : Kléber.

L'armée, étonnée, fut pénétrée du malheur de cette brave demi-brigade, qui s'était immortalisée dans les combats. Elle reçut ordre de venir à la citadelle du Caire, où elle fut dissoute.

Les chefs présents à l'insurrection furent provisoirement suspendus de leurs fonctions. Le général en chef prit des informations sur cet événement, et, quelques jours après, il donna l'ordre suivant :

Le général en chef, voulant avoir égard au vif repentir que lui a manifesté la grande majorité de la 2ᵉ demi-brigade légère, par l'empressement qu'elle a mis à lui faire connaître les auteurs et moteurs de la rébellion dont elle s'était rendue coupable le 1ᵉʳ frimaire, à Damiette, et considérant surtout que les officiers et sous-officiers n'ont en rien participé à cet oubli scandaleux de ses devoirs, ordonne : Que cette demi-brigade soit réorganisée et continue à être portée sur les états de l'armée avec les modifications suivantes, savoir :

Les trois bataillons de cette demi-brigade seront composés chacun de quatre compagnies de chasseurs seulement.

Les compagnies de carabiniers demeurent supprimées et incorporées dans les différents corps d'armée.

La musique demeurera attachée à la 61ᵉ demi-brigade. Les principaux coupables seront mis incessamment au conseil de guerre.

Les chefs de corps suspendus de leurs fonctions furent réintégrés dans leur place.

A la même époque, il y eut aussi une petite insurrection parmi les troupes d'Alexandrie, à l'occasion d'un bâtiment marchand, partant pour France, dans lequel étaient plusieurs officiers généraux et administrateurs, qu'on disait remplis d'argent. Ce bâtiment, après avoir levé l'ancre, fut obligé de reprendre sa première position, car les soldats, impatients de ne pas être soldés, voyaient avec douleur des hommes nouvellement enrichis partant avec des malles et des ballots d'un poids énorme, se retirer de l'Égypte avec des sommes considérables et, par conséquent, donner à croire aux habitants de la France que l'armée d'Orient était au milieu de l'abondance tandis qu'au contraire elle était réduite à l'état le plus déplorable. Une partie des militaires, gagnés et entraînés par quelques mauvais sujets, se portèrent aux batteries et tirèrent plusieurs coups de canon pour faire rentrer le bâtiment dans le port. Ce désordre continua toute la journée, et ce fut avec beaucoup de peine qu'on parvint à l'apaiser. Les auteurs de la rébellion furent livrés au conseil de guerre.

L'armée du Grand Vizir s'acheminait toujours vers El-Arisch, et de grandes dispositions étaient prises contre l'invasion dont on était menacé.

Le 3 *nivôse*, il partit du parc général un convoi considérable de munitions d'artillerie, avec les canonniers de la 11ᵉ compagnie du 4ᵉ d'artillerie. Le 5, les troupes stationnées au Caire et environs reçurent l'ordre de se tenir prêtes à se mettre en marche. Il arriva au Caire, près du général en chef, un envoyé du Grand Vizir. Le lendemain de leur conférence, le bruit courut qu'il y avait une suspension d'armes.

Le 6, le général en chef passa la revue de toutes les troupes et de l'artillerie de campagne qui étaient au Caire et environs. Le parlementaire du Grand Vizir assista à cette revue; on ne manqua pas de représenter le plus de forces qu'on pouvait opposer à l'armée turque. On exécuta des évolutions; on fit défiler une nombreuse artillerie, suivie d'une grande quantité de chameaux chargés de provisions de guerre et de bouche. L'armée habillée à neuf, sous différentes tenues, avait un aspect imposant et, quoique très faible, parut encore redoutable par ces manœuvres. Aussitôt la revue, plusieurs corps filèrent sur Belbeis. L'envoyé turc s'en retourna vers l'armée du Grand Vizir.

ANNÉE 1800

Le 11 nivôse il se répandit le bruit que le fort d'El-Arisch était tombé au pouvoir des Turcs, et que la garnison de ce fort avait éprouvé un sort cruel. Le convoi, parti le 3, fut obligé de rétrograder. Aussitôt les ordres furent donnés pour que toutes les troupes se missent en mouvement; l'armée fila sur Belbeis. La réserve d'artillerie de campagne et l'état-major général allaient partir lorsqu'un courrier vint apporter des nouvelles qui firent arrêter la marche des troupes.

Le 15, la troupe reçut l'ordre de se mettre en marche pour se porter sur les frontières du désert; ensuite elle reçut contre-ordre.

La malheureuse nouvelle de la prise d'El-Arisch ne se confirma que trop. Nous apprîmes qu'après sept jours de siège, l'ennemi parvint à faire une brèche praticable; que, dans ce douloureux moment, des infâmes étaient parvenus à mettre la désunion dans la garnison, à ce point qu'une partie avait été assez lâche pour seconder l'ennemi ; plusieurs scélérats avaient fait entrer des Turcs dans le fort par le moyen de cordes. La majorité des militaires restèrent fidèles à leur drapeau, et firent la résistance la plus opiniâtre ; mais, après avoir perdu la plus grande partie de leurs camarades, ils furent contraints de se rendre à ces monstres qui exercèrent contre eux toutes les cruautés les plus révoltantes. Un brave résolut à leur tuer du monde sans livrer nos munitions ; se retrancha dans le magasin à poudre et y mit le feu. L'explosion fut terrible pour quantité de Turcs. Très peu de Français échappèrent. Les Turcs rassemblèrent les têtes des hommes tués pour les présenter aux malheureux auxquels ils avaient laissé l'existence ; deux des derniers furent renvoyés au Caire, par le Grand Vizir, pour donner des détails.

La clef de l'Égypte, du côté de la Syrie, était donc au pouvoir des Turcs, mais cette perte n'était rien en raison des braves qui avaient péri. La majorité des troupes faisant partie de cette garnison appartenait à la 13e demi-brigade d'infanterie de ligne.

Le général Desaix était toujours auprès de l'amiral anglais ; on présumait que des négociations de paix étaient entamées pour l'évacuation de l'Égypte. Pour la troisième fois, les troupes du Caire, qui devaient agir contre l'armée ottomane, reçurent l'ordre de se mettre en marche pour se rendre à Belbeis, où devait se rallier l'armée. Le quartier général en chef se rendit également à la même destination. Arrivé à Belbeis, le général en chef fit assembler tous les officiers généraux de l'armée, leur fit connaître la situation de l'armée ennemie et les intentions du Grand Vizir sur le traité de paix. Ce dernier exigeant des conditions trop désavantageuses, les hostilités allaient recommencer, et, sous peu, une bataille déciderait du sort de l'armée du Grand Vizir. De plus, il promettait à l'armée que, sous quatre mois, elle serait rendue en France. La résolution du général fut partagée par toute l'armée et tous les soldats n'attendirent que le moment de se mesurer avec l'ennemi.

Les dispositions prises confirmèrent que vraiment nous avions lieu d'espérer de revoir encore notre chère patrie. L'allégresse était générale, chacun déjà comptait les moments, et cependant nous avions encore beaucoup de dangers à courir.

Le 25, les aveugles et estropiés destinés à retourner en France, et non encore rendus au lieu d'embarquement, partirent de Boulaq pour se rendre à Rosette. Le général en chef les fit payer de toute la solde due.

Ce même jour, le général de division Friant, commandant les troupes de la Haute-Égypte, descendit au Caire avec environ sept cents hommes, quatre pièces d'artillerie et quantité de chameaux. Il laissa la Haute-Égypte en grande tranquillité avec garnison française dans tous les forts.

Dans la nuit du 25 au 26, la petite colonne du général Friant partit du Caire pour rejoindre l'armée. Un détachement de trente hommes était parti de Gizeh pour aller dans un petit village à deux lieues, faire payer une contribution de bestiaux. Les paysans refusèrent et firent prendre la fuite au détachement français qui perdit un homme; un autre fut blessé.

L'armée fut camper sous Salahieh; le quartier général y fut établi et l'avant-garde fut postée à Katieh. Il se répandit le bruit que les négociations de paix étaient réentamées avec le Grand Vizir. Le 30, le général de division Lanusse arriva d'Alexandrie avec deux bataillons et deux pièces de canon. La peste faisait toujours de ce côté des ravages.

Le peu de troupes restées au Caire étaient sans cesse sous les armes, car Mourad-Bey avec un corps de troupes voltigeait dans la Haute-Égypte et quelquefois s'approchait de Gizeh. Le général Desaix, qui était toujours à bord d'un vaisseau anglais, fit passer au général en chef des nouvelles de France très satisfaisantes. Il faisait mention que le général Masséna avait complètement battu l'armée russe en Suisse; que le général Brune avait reconquis la Hollande et que nos troupes, avant peu, posséderaient les différents pays envahis par les puissances alliées dans la campagne dernière.

Le 5 *pluviôse*, tous les canonniers de Gizeh et environs reçurent l'ordre de rester dans les batteries jusqu'à nouvel ordre. D'après les apparences, tout donnait à croire que nous allions définitivement avoir la paix et évacuer l'Égypte.

Le 6, une petite colonne mobile de la Haute-Égypte descendit jusqu'à Gizeh. Les troupes nous dirent qu'elles avaient joint Mourad-Bey accompagné de ses Mamelouks, qu'elles leur avaient donné une chasse complète et les avaient mis en fuite. Le 8, avec joie nous apprîmes que le traité de paix entamé avec le Grand Vizir venait d'être conclu, et qu'un arrangement avait été fait avec l'amiral anglais pour assurer notre sûreté sur mer, pour retourner en France. D'après les conclusions du traité, l'Égypte devait être entièrement évacuée sous trois mois; l'armée emmenait avec elle son artillerie de siège, de place et de campagne, et généralement tout ce qui lui appartenait dans le pays; tous les objets laissés, estimés par des experts de part et d'autre, seraient payés par les Turcs à différentes époques. Le Grand Vizir devait compter aux Français des bourses au fur et à mesure de l'évacuation de l'Égypte. Enfin les conditions étaient très avantageuses. Cependant un petit nombre d'officiers supérieurs et autres se permirent de blâmer ce que le sage et vertueux Kléber venait de conclure, ce qui donna lieu à la proclamation suivante.

Kléber, général en chef, à l'armée :

Soldats! un concours de circonstances majeures, qu'il ne m'est pas permis encore de vous faire connaître, m'a déterminé à arrêter le cours de vos victoires et à négocier avec nos ennemis au lieu de les combattre. Ainsi, d'après le traité que je viens de conclure, dans quatre mois, vous reverrez votre patrie et vous continuerez à la servir de vos armes et de votre valeur d'une manière plus efficace que désormais vous eussiez pu le faire en ces contrées.

Soldats! si j'avais été consulté pour me charger du fardeau que m'a laissé le général Bonaparte [1], certes je ne l'aurais point accepté, car je sentais trop vivement que mes forces ne répondaient point à l'importance du poste que j'occupe dans des conjonctures aussi difficiles, mais il vous est connu que je ne pouvais opter.

J'ai toutefois la conviction consolante, que, si je n'ai pas fait pour vous tout ce que méritait votre courage et votre dévouement à la République, j'ai fait au moins tout ce qu'il était humainement possible de faire dans la situation pénible où j'ai trouvé l'armée. Ceux d'entre vous qui ne seront pas sourds à la voix de la raison me rendront justice; je suis peu jaloux de l'assentiment des autres.

Soldats! des engagements solennels et réciproques nous lient avec l'armée ottomane; j'ai la persuasion la plus intime qu'il n'entre dans la pensée du Vizir, ni d'aucun des chefs des musulmans de les trahir; mais, avec leurs institutions licencieuses, pourront-ils toujours répondre de la conduite de ceux qui leur sont

---

1. C'est au retour d'Egypte que le général Buonaparte modifia l'orthographe de son nom.

subordonnés? — Non! sans doute. — C'est donc à vous, qui vivez sous une discipline sage et raisonnée, à prévenir, à éviter des rixes qui peuvent entraîner après elles les plus graves inconvénients, les suites les plus funestes. Je ne laisserai impunie aucune insulte qui pourrait vous être faite, mais aussi je punirai suivant toute la rigueur des lois ceux d'entre vous qui en auraient provoquées.

Signé : Kléber.

On ne perdit pas un moment pour évacuer les forts de Katieh, Belbeis, Salahieh.

Le 17, le grand parc d'artillerie rentra à Gizeh.

Le 19, le quartier général arriva au Caire.

Le 20, nous apprîmes que les Mamelouks de Mourad-Bey, joints aux Arabes, avaient attaqué nos troupes dans la Haute-Égypte. Les Français, quoique faibles, repoussèrent les ennemis; mais, obligés de céder au grand nombre, ils se renfermèrent dans les forts; aussitôt il partit du Caire une petite colonne de 600 hommes avec quatre canons, pour leur porter du renfort.

L'avant-garde des troupes du Grand Vizir arriva à Katieh dans l'état le plus déplorable, manquant d'eau et de subsistances, montée sur des chevaux affreux, très mal armée et équipée, marchant dans le plus grand désordre, représentant enfin une bande de brigands affamés.

Le 29, la division aux ordres du général Rampon passa le Nil pour se rendre dans le Delta.

Les premiers jours de *ventôse*, les troupes du Grand Vizir arrivèrent sous les murs du Caire.

Déjà les forts de Katieh, Salahieh, Besbeis, Leisbé, Damiette, étaient en leur pouvoir, et on travaillait avec célérité à évacuer la citadelle du Caire, qui devait sous peu leur être remise ainsi que la ville du Caire, Boulaq, le Vieux-Caire, les forts dits *Camin, Sulkosky, Dupuy, Lecoy, l'Institut*, etc., etc., en un mot toute la rive droite du Nil.

Le 11, tous les dépôts de l'armée partirent pour Rosette avec tous les équipages et une grande partie des administrateurs. Le Nil était constamment couvert de barques qui servaient à l'évacuation de l'artillerie et autres objets. Quantité de voitures, de chariots, d'affûts de canon et autres articles étaient journellement brisés à l'arsenal; les Français préféraient mettre hors d'état tous ces objets que de les céder à nos ennemis. Souvent il arrivait des convois de grains et d'artillerie, que l'on évacuait de la Haute-Égypte. Les soldats turcs entraient journellement au Caire, et les habitants ne pouvaient voir sans effroi de pareils monstres; chez les marchands, ils se comportaient en brigands, partout insultant hommes et femmes.

Le 12, il y eut une insurrection dans la ville du Caire, occasionnée par des Osmanlis qui tuèrent un de nos grenadiers en patrouille pour mettre l'ordre chez un marchand de café, où étaient entrés plusieurs de ces brigands. Les Français saisirent leurs armes et firent feu sur tous les

ANNÉE 1800

Osmanlis qui se trouvaient répandus dans le quartier, et ce fut avec beaucoup de peine qu'on parvint à faire sortir tous ces monstres.

Les 13 et 14, il y eut encore des petites insurrections, dans la ville du Caire, causées par l'insolence des Turcs.

Dans la nuit du 14 au 15, arriva à Boulaq le citoyen Latour-Maubourg, chef de brigade et ancien aide de camp du général Lafayette. Cet officier arrivait de France, porteur de nouvelles intéressantes pour l'armée. Il nous apprit que le retour du général Bonaparte avait singulièrement étonné, qu'à son arrivée, la situation était des plus alarmante : les ennemis sur nos frontières, la guerre de la Vendée rallumée, partout la misère à son comble, point de commerce ni de travaux publics; des vexations de la part du gouvernement contre tous les honnêtes gens, et enfin les Français ne pouvant plus supporter l'anarchie. Il nous dit que le génie de Bonaparte avait chassé tous les hommes en place contraires au bien du peuple; qu'en un seul jour il avait fait changer de face le gouvernement, fait exiler les auteurs du malheur de la France, et avait présenté au peuple une nouvelle Constitution acceptée de tous les départements. Il dit aussi que, depuis cet heureux événement, la sérénité avait reparu sur tous les visages, que les pauvres, les riches, les enfants et les vieillards trouvaient dans les autorités des défenseurs et des appuis, que la confiance se rétablissait de jour en jour, que le commerce commençait à renaître, que les artistes étaient secondés et encouragés, et qu'enfin chacun espérait et voyait un avenir heureux dans le nouveau gouvernement.

Ces avantageuses nouvelles répandirent dans l'armée une satisfaction bien vive, mais aussi elle fut bien surprise qu'aucun de ces détails ne fût mis à l'ordre du jour, ainsi que le général en chef le faisait d'habitude.

L'évacuation se faisait toujours avec célérité; les forts de Suez et de Kosir furent remis. La ville du Caire, sa citadelle et les forts environnants, devaient être mis au pouvoir des Turcs le 22, à midi.

Les 17, 18 et 19, furent employés à évacuer l'artillerie et les magasins de la citadelle, ainsi que les forts du Caire; on y laissa toutes les pièces de canon de place.

Le 19 à deux heures après midi, le général en chef envoya contre-ordre pour l'évacuation. Aussitôt on fit remonter dans la citadelle et les forts toute l'artillerie, et même plus que ce qu'on en avait enlevé. Cependant les poudres, boulets, bombes et obus étaient déjà évacués à Alexandrie, et quantité d'objets d'artillerie très utiles à la guerre avaient été brisés pour procurer du bois dans les vaisseaux de transport.

Le 20, arriva à Gizeh la 32e demi-brigade. La division Rampon, qui était dans le Delta, reçut l'ordre de remonter au Caire, chacun ne savait que penser de ces mouvements rétrogrades. Le soir, les chefs des corps reçurent l'ordre d'approvisionner leurs troupes de cartouches, et de se tenir prêts à partir.

Le 21, à la pointe du jour, toutes les troupes furent camper sous les murs du Caire. Le soir, parut une proclamation du général en chef qui fit connaître le motif des mouvements de troupes :

Au quartier général du Caire, le 20 ventôse an VIII.

Kléber, général en chef, à l'armée :

Soldats ! le commandement de la flotte anglaise, dans la Méditerranée, ayant passé en d'autres mains, cette circonstance apporte quelque retard à l'exécution du traité que j'ai conclu avec le Grand Vizir. Il ne saurait durer longtemps, mais en attendant il faut nous tenir sur nos gardes et conserver cette attitude guerrière qui imprime le respect et l'effroi, lorsqu'il est nécessaire.

Soldats ! je suis chargé de veiller à votre conservation autant qu'à votre gloire ; je remplirai votre attente, mais j'exige de vous, dans toutes les conjonctures, confiance et obéissance.

Signé : KLÉBER.

Le 22, toutes les troupes levèrent le camp et furent campées à la Coubée, afin de couper passage à l'armée du Grand Vizir qui prétendait s'emparer du Caire. Mais le général Kléber qui voyait déjà différents points importants remis à cette armée de brigands, sentait qu'il était nécessaire de conserver le Caire jusqu'à ce que le passage sur mer fût assuré par les Anglais. Il résolut de ne point continuer l'évacuation sans avoir une garantie de l'exécution du traité. Quatre bouches à feu avec beaucoup de munitions de guerre partirent de Gizeh pour aller au camp.

Le même jour, le fameux Mourad-Bey arriva au quartier général en chef, avec un passeport du général Kléber. On ignorait le motif de ces surprenantes nouvelles. D'après les apparences, nous présumâmes que les intentions du général Kléber étaient de faire un accord avec Mourad-Bey pour qu'il vive en bonne intelligence avec l'armée.

Les 23, 24 et 25 furent employés à réarmer tous les forts.

Dans la nuit du 26 au 27, après avoir remis toutes les places de la Haute-Égypte au pouvoir des troupes du Grand Vizir, toutes les troupes françaises de ce pays, au nombre de trois mille hommes, arrivèrent à Gizeh avec une très grande quantité de barques chargées de munitions de guerre et de bouche; plusieurs barques s'étaient ensablées sur le Nil, et on fut contraint de jeter leurs munitions dans l'eau. Le général Belliard qui commandait cette colonne avait reçu des ordres précis du général en chef pour descendre au Caire avec sa troupe, dans le plus bref délai.

Ces troupes ramenèrent avec elles quantité de nègres et de négresses ; la plupart des tambours et musiciens étaient des petits nègres achetés par les corps.

Le 28, avec un étonnement extraordinaire, l'armée vit à l'ordre du jour une lettre de l'amiral anglais au général en chef de l'armée française en Égypte.

Kléber, général en chef, à l'armée :

Soldats ! voici la lettre qui vient de m'être adressée par le commandant en chef de la flotte anglaise dans la Méditerranée :

« A bord du vaisseau de Sa Majesté Britannique *la Reine Charlotte*, le 8 janvier 1800.

« Monsieur,

« Je vous préviens que j'ai reçu des ordres positifs de Sa Majesté de ne consentir à aucune capitulation avec l'armée française que vous commandez en Égypte et en Syrie, à moins qu'elle ne mette bas les armes, qu'elle ne se rende prisonnière de guerre, n'abandonne tous les vaisseaux et toutes munitions des ports et ville d'Alexandrie aux puissances alliées ; qu'en cas de capitulation, je ne dois permettre à aucune troupe de retourner en France avant qu'elle n'ait été échangée. Je crois également nécessaire de vous informer que tous les vaisseaux ayant des troupes françaises à bord, et faisant voile de ce pays munis de passeports signés par d'autres que ceux qui ont le droit d'en accorder, seront forcés par les officiers des vaisseaux que je commande de rentrer à Alexandrie. Enfin, que les bâtiments qui seront rencontrés retournant en Europe avec des passeports accordés en conséquence d'une capitulation particulière avec une des puissances alliées, seront retenus comme prises et tous les individus à bord considérés comme prisonniers de guerre.

« Signé : Keith. »

Soldats! nous saurons répondre à une telle insolence par des victoires; préparez-vous à combattre !

Signé : Kléber.

Cette lettre mit un terme aux incertitudes. Les Français, qui, depuis vingt jours, comptaient les heures et les minutes en attendant l'heureux moment du départ, éprouvèrent une grande douleur. Les soldats, animés d'un désespoir pareil à une rage, mirent de côté les petites provisions qu'ils avaient faites en tabac, café, etc., pour la traversée, saisirent leurs armes et leurs cartouches, et ne songèrent plus qu'à se battre.

Aussitôt le général en chef fit sommer le Grand Vizir de se retirer avec son armée au delà des déserts, mais ce dernier répondit qu'il prétendait prendre possession de l'Égypte; que lui, au contraire, eût à se retirer du Caire, ou qu'il allait attaquer l'armée française.

Les ordres furent donnés et les dispositions prises pour l'attaque. Malgré le grand nombre d'ennemis à combattre, nos soldats étaient assurés de la victoire.

La nuit du 28 au 29, l'armée, nombreuse de onze mille combattants, se mit en marche pour repousser l'armée du Grand Vizir, évaluée à soixante mille hommes.

Le 29, à la pointe du jour, l'ennemi fut attaqué sur tous les points et partout on vit les Turcs culbutés. La mousqueterie et la canonnade, rien qu'à mitraille, mirent l'ennemi en telle déroute qu'en moins de deux heures, l'armée avait disparu : une grande partie fut tuée; le reste prit une fuite si précipitée qu'ils furent obligés d'abandonner treize canons, quatre pièces anglaises, quantité d'équipages et de bestiaux. L'armée française poursuivit les débris de l'armée turque et arriva, dans la nuit du 29 au 30, sous les murs de Belbeis, qui fut obligé de se rendre à la première sommation des Français.

Le 29, au soir, il se fit un rassemblement à Boulaq, composé de la populace du pays et d'un grand nombre d'Osmanlis restés au Caire et dans les environs, au moment où l'armée turque fut attaquée. En moins d'un quart d'heure, la révolte éclata à Boulaq et au Caire. Partout les Français furent poursuivis et quantité d'entre eux ne purent échapper à la férocité de ces brigands. L'adjudant général Duranteau, qui commandait le peu de troupes restées au Caire, fit sonner l'alarme par quelques coups de canon, et donna l'ordre pour que tous les Français qui étaient au Caire et à Boulaq se réunissent dans la maison du général en chef, sur la place de l'Esbekieh. Une partie des troupes et des marins de Boulaq se réfugièrent dans l'île de la Quarantaine, entre Boulaq et Aïn-Babet.

Le soir, l'étendard de la révolte courut dans toutes les rues de la capitale, et bientôt la maison du général en chef, où étaient deux cents hommes, vit sa communication interceptée avec la citadelle et tous les forts environnants; un grand nombre d'Arabes se répandirent dans les jardins et chemins attenant à ces deux villes. Quantité d'Osmanlis et de Mamelouks qui avaient gagné la plaine, lors de la bataille, s'introduisirent dans la ville et augmentèrent le nombre des révoltes.

Nasif-Pacha, accompagné de tous les chefs de l'ancien gouvernement, fit son entrée par la porte des Victoires; il annonça au peuple que les Français avaient été taillés en pièces et qu'il venait prendre possession de la capitale au nom du sultan Sélim. Il avait avec lui dix mille cavaliers turcs, deux mille Mamelouks et dix mille habitants des villages circonvoisins qui s'étaient armés.

Ils célébrèrent le triomphe de leurs armes et la défaite des infidèles. Au récit d'aussi belles victoires, les esprits s'animèrent et chacun voulut contribuer au succès du Grand Vizir.

Cependant notre armée était en marche sur Salahieh, pour chasser les débris de l'armée turque jusque dans les sables du désert.

Dans la nuit du 29 au 30, les batteries de la citadelle envoyèrent quelques bombes sur le quartier de rassemblement.

Dans la même nuit, arriva le général Lagrange, avec une brigade d'infanterie; une partie de cette troupe gagna la place de l'Esbekieh, et plusieurs pièces de canon, mises en batterie, firent un très bon effet sur la populace qui voulait s'emparer du quartier général.

La révolte devint considérable; des barricades en maçonnerie furent faites dans toutes les rues, les maisons environnantes furent murées et crénelées pour servir de refuges et de retranchements aux révoltés.

La plupart des Grecs et chrétiens furent pillés et insultés par les brigands. Les Cophtes de la Syrie furent égorgés et tous les partisans des Français massacrés. Le bombardement redoubla sur tous les points et, à trois heures après midi, on parvint à mettre le feu dans la grande rue du bazar de Boulaq.

Le général en chef, instruit que les villes du Caire et de Boulaq étaient en insurrection, et ne paraissaient pas vouloir rentrer dans l'ordre, fit rétrograder plusieurs corps de troupes, commandés par le général Friant. Des courriers furent expédiés pour faire remonter d'Alexandrie des munitions de guerre. Tous les magasins et l'arsenal étaient dénués de tous ces objets si essentiels.

Les révoltés s'organisaient tous les jours; tous les corps de métiers travaillaient jour et nuit à la destruction des Français; plusieurs pièces de canon qu'ils s'étaient procurées dans le nombre de celles prises par notre armée à Matarieh, et laissées provisoirement sur le champ de bataille, faute de moyens de transport, furent placées dans des endroits de manière que tous les coups nous détruisaient du monde. Des massacres affreux se faisaient toujours des Cophtes, des Grecs et de tous nos partisans.

La canonnade et la fusillade étaient on ne peut plus vives, mais le bombardement allait très lentement, car nous étions pauvres en fer coulé; cependant le feu fut mis plusieurs fois par la bombe, la grande quantité de terre, qui entre dans la construction des maisons, l'empêcha de se propager.

Le général Friant résolut d'éloigner de la place de l'Esbekieh les ennemis qui, retranchés dans les rues et maisons voisines, nous détruisaient beaucoup de monde. Il fit armer de torches les soldats de la compagnie des dromadaires ainsi que des compagnies de grenadiers pour incendier toutes les maisons environnantes.

Le 2 *germinal*, à onze heures du matin, on commença l'attaque; en moins d'une heure, tout ce quartier fut en flammes; l'après-midi le feu du canon, de la mousqueterie et de l'incendie redoubla plus que jamais, de manière que la ville du Caire paraissait embrasée.

A Boulaq, l'incendie fit également un ravage affreux; le quartier le plus considérable fut dévoré.

Dans la nuit du 2 au 3, une sentinelle, tuée sur les remparts de Gizeh, causa une alerte; il faisait si noir que l'on ne pouvait découvrir la plaine; plusieurs coups de canon et une cinquantaine de coups de fusil, tirés au hasard sur des hommes, firent prendre la fuite aux Arabes.

A la pointe du jour, nous découvrîmes dans la campagne tous les habitants fuyant les villages avec leurs bestiaux que les Arabes voulaient enlever.

Le 6, le général en chef arriva au Caire avec plusieurs corps d'infanterie et une grande partie de la cavalerie. On assurait qu'Ibrahim et plusieurs autres beys étaient aussi dans la ville avec un grand nombre de Mamelouks. Le 7, le bombardement fut suivi avec plus d'activité.

Le général Kléber ne put faire entendre la vérité aux habitants et les propositions de paix furent rejetées.

Le 8, le feu fut constamment dans différents quartiers de la ville; les cris perçants de la populace se faisaient entendre jusque sur les bords du Nil. Le 9, après midi, les révoltés firent savoir au général en chef Kléber que leurs intentions étaient de capituler.

A dix heures du soir, le général envoya près d'eux un homme marquant du pays, pour traiter avec les chefs. Pour toute réponse, ils gardèrent avec eux l'envoyé du général.

Le 10, à deux heures du matin, le feu redouble;

des canons de 24, quinze mortiers et plusieurs obusiers de siège font un feu continuel sur la ville. A dix heures du matin, les assiégés renvoient pour capituler. A l'instant, le feu cesse de toutes parts, mais les révoltés saisirent cette occasion pour rétablir leurs barricades et retranchements.

Le soir, la paix fut conclue. Il fut décidé que les troupes du Grand Vizir, ainsi que les beys et Mamelouks, se retireraient dans la Syrie avec armes et bagages; que le nombre de chameaux nécessaires pour le transport de leurs vivres et bagages leur serait fourni pour traverser les déserts; que le lendemain, les troupes françaises prendraient possession des principaux postes du Caire.

Pendant la nuit du 10 au 11, on arrêta un convoi de chameaux, sortant du Caire, chargé d'objets précieux. C'était contre les conditions du traité.

Le 11, à la pointe du jour, les grenadiers furent, conformément au traité, pour s'emparer des premiers postes : les soldats turcs leur firent signe de se retirer en disant qu'ils ne voulaient plus capituler. Nos gens revinrent au quartier général pour faire part du refus. Dans la matinée, des négociations furent entamées de nouveau. A midi, le général en chef donna l'ordre pour que tous les forts et batteries se tinssent prêts à faire feu au premier coup de canon tiré du quartier général. Le restant de la journée et la nuit du 11 au 12 furent assez calmes; chacun espérait que la paix serait définitivement conclue.

Le 12, à la pointe du jour, un coup de canon, parti de la place de l'Esbekieh, annonça la rupture du traité. A l'instant les forts et les batteries grondèrent sur le Caire et sur Boulaq; le feu fut extrêmement violent pendant toute la journée. La nuit, le bombardement fut lentement entretenu jusqu'au lendemain matin.

Le 13, la canonnade reprit sa vigueur de la veille et l'incendie dans deux quartiers différents du Caire paraissait faire beaucoup de dégâts.

Dans la nuit du 13 au 14, on fit une forte attaque; le bombardement fit un ravage affreux; notre infanterie s'empara de plusieurs points importants où des mosquées servaient de refuge aux révoltés; un nombre considérable de ces derniers furent massacrés à la baïonnette. Par les positions qu'occupaient nos gens, un nombreux rassemblement se trouvait cerné dans un quartier de la ville qui nécessairement devait tomber au pouvoir des Français; mais des soldats se répandirent dans les maisons pour y piller. Les ennemis saisirent ce moment de désordre pour attaquer avec vigueur et contraignirent nos gens à abandonner leur nouvelle conquête en se reployant sur la place de l'Esbekieh. Par ce mouvement rétrograde, vingt grenadiers se trouvèrent cernés par une nombreuse populace et se voyaient au moment d'avoir la tête tranchée par ces brigands. Nos grenadiers, toujours intrépides, font un feu terrible, et, baïonnette en avant, foncent à travers une multitude d'hommes armés, traversent tout un quartier en culbutant ceux qui s'opposent à leur passage et parviennent sur la place de l'Esbekieh sans avoir perdu un seul homme. Plusieurs autres petits postes qui, comme eux, se trouvèrent cernés n'eurent pas autant d'avantage; aucun ne put échapper à la férocité de ces monstres. Nous perdîmes dans cette affaire environ soixante hommes.

Un bâtiment marchand de Smyrne étant arrivé, le capitaine, suspecté d'être espion des Anglais, fut mis en état d'arrestation.

Les 15 et 16, beaucoup de Mamelouks sortirent du Caire, pour rejoindre Mourad-Bey dans la Haute-Égypte. Ils nous dirent qu'il y avait une grande désunion entre les Mamelouks et les Turcs. Ces derniers commettaient toujours les plus grandes cruautés contre les partisans des Français.

Le 16, avec une grande surprise, on vit revenir de la ville un grenadier de la 75ᵉ, du nombre de ceux qui furent assaillis dans la journée du 14. Ce brave, voyant trancher la tête de ses camarades, résolut de se tuer, plutôt que de partager leur sort. Il allait se lancer dans les flammes d'un incendie lorsque, par le plus grand hasard, il reconnaît parmi la multitude des bourreaux, un Mamelouk qui avait été au service du général Bonaparte; il le nomma par son nom, et aussitôt le généreux Mamelouk lui fit un rempart de son corps. Pendant qu'il cherche à intercéder pour ce malheureux, il reçoit plusieurs coups de fusil dirigés sur le grenadier, et, malgré ses blessures, parvient à le sauver, le cache, et, à la faveur de la nuit, le fait passer du côté des Français. Ce fut un trait d'humanité bien rare pour un Mamelouk.

Le 17, le drapeau rouge fut déployé sur tous les minarets de la ville. A ce signal, les enfants et les vieillards des deux sexes prirent part à l'insurrection. De grands préparatifs furent faits pour une attaque générale; le serment fut prêté de ne pas déposer les armes avant d'avoir anéanti les Français. Le bombardement était toujours suivi autant que le permettait notre approvisionnement; de toutes les parties de la ville, on entendait des hurlements effroyables.

Une douzaine de militaires, indignes du nom de Français, eurent la scélératesse de déserter leur drapeau, pour se ranger du parti des brigands; ils guidaient la marche des révoltés et nous faisaient beaucoup de mal, ayant quelque connaissance de nos ressources et de nos positions; plusieurs même eurent l'insolence de sommer, en leur nom, des forts de se rendre.

Il nous arriva de Rosette un convoi de munitions d'artillerie; cette ressource précieuse rassura beaucoup, car nous étions très pauvres en munitions, et nous avions de grandes craintes que les convois fussent arrêtés par les habitants de la campagne.

Le siège commençait à donner des inquiétudes ; les habitants se familiarisaient avec le canon, et s'opiniâtraient ; les campagnes commençaient aussi à fermenter et nos moyens diminuaient. A Boulaq, on paraissait se régler sur le Caire pour résister.

Le 19, deux bataillons de la 9ᵉ et deux de la 22ᵉ légère arrivèrent au Caire, revenant de Salahieh. Ils rapportèrent que les débris de l'armée du Grand Vizir, jetés dans le désert par notre armée, avaient presque entièrement péri dans les sables ; plusieurs tribus d'Arabes les avaient poursuivis ; quantité avaient aussi péri faute de subsistance, et les Arabes avaient fait sur eux un butin immense.

Le 22 au soir, un feu considérable dévora différents quartiers de la ville. La 9ᵉ et la 22ᵉ s'emparèrent d'un poste important ; les révoltés tentèrent plusieurs fois de le reprendre, mais les baïonnettes les contraignirent à reculer avec beaucoup de pertes.

Le 23, arriva du Delta la 21ᵉ légère. Le soir, l'incendie fut considérable dans la ville. La nuit du 24 au 25, la ville du Caire fut extraordinairement bombardée. Ce ne fut qu'un roulement.

Le 25, à la pointe du jour, Boulaq fut vivement

attaqué. En moins d'une heure, les maisons furent en flammes. Sur les huit heures, ordre fut donné d'enlever les barricades à la baïonnette. La charge se fait entendre, nos soldats se précipitent sur les retranchements; en moins d'une heure, Boulaq est en notre pouvoir. Cependant les révoltés se réfugièrent dans les maisons, qui devinrent autant d'obstacles; on fut obligé d'y mettre le feu. La ville fut livrée au pillage et aux horreurs de la guerre. La plupart des habitants avaient fui. Le quartier des marchands et négociants n'était qu'un brasier, le reste des maisons s'était écroulé; enfin, le tout faisait horreur.

Le feu continuait à faire de grands ravages au Caire, spécialement dans les environs de la place de l'Esbekieh.

Mourad-Bey, avec ses Mamelouks, était campé du côté des Pyramides de Memphis, à trois lieues de Gizeh. Il fit descendre de la Haute-Égypte des grains et des bestiaux pour alimenter notre armée; il respecta religieusement le traité fait avec les Français. L'ordonnateur en chef Dauze se rendit près de lui, accompagné d'un détachement d'infanterie, pour affaire d'administration. Mourad-Bey demanda à voir manœuvrer nos fantassins: il fut extraordinairement surpris de la vivacité et de la précision de leurs manœuvres; il témoigna son contentement au détachement en le priant d'accepter une bourse de trente louis pour boire à sa santé.

Le 26, au soir, on fit de grands préparatifs pour attaquer le Caire, s'emparer des postes importants et incendier les quartiers que l'on ne pourrait pas conserver. Tout fut également préparé pour faire jouer une mine établie sous une grande maison, située à l'angle de la place de l'Esbekiek; elle servait de refuge aux insurgés.

L'attaque eut lieu une heure avant la nuit; la garnison de la citadelle fit une sortie, la division Reynier s'introduisit dans la ville par la Coubée et les autres troupes attaquèrent du côté de la place. Déjà notre infanterie s'avançait; des barricades étaient enlevées à la baïonnette; les ennemis avaient été attirés sur la maison qu'on voulait faire sauter. Mais il survint un orage si violent que les habitants même en furent étonnés; le tonnerre grondait fortement sur la ville, et paraissait vouloir seconder les Français. Le sol devint si mauvais pour les hommes de pied qu'il était impossible de se tenir debout. Cet inconvénients, joint aux craintes que l'incendie ne pût réussir rapport à l'humidité des roseaux, fit donner contre-ordre, toutes les troupes arrêtèrent leur marche et rentrèrent dans leurs positions.

Les 27 et 28 furent assez calmes. Nous apprîmes que beaucoup de bâtiments de transport turcs, dont les capitaines ignoraient la rupture du traité, étaient entrés dans les ports d'Alexandrie pour transporter de l'Égypte en France les troupes de la République. Toutes leurs provisions de bouche et de guerre vinrent fort à propos à notre secours. Il partit une petite colonne pour aller chasser de Suez les Arabes et les Anglais établis dans cette ville depuis notre évacuation.

Le général Belliard, avec une petite colonne, partit également pour chasser du Delta, de Damiette et du fort Leisbeh, les troupes qui y étaient retranchées. Ce brave général, avec douze cents hommes, attaqua les ennemis au nombre de douze mille, dans les environs du village de Chouara, le culbuta et s'empara de dix canons; Damiette et le fort Leisbeh tombèrent en son pouvoir. Des proclamations apprirent aux habitants de ces contrées la victoire des Français remportée sur l'armée du Grand Vizir.

La ville de Damiette fut imposée à une somme de 200 000 livres, soit en argent, soit en marchandises. L'insurrection avait pénétré jusque dans les villages; après différentes sommations, les insurgés répondirent qu'ils n'avaient d'ordre à prendre que du Grand Vizir. Le général Valentin, à la tête d'un corps de grenadiers, les réduisit successivement, imposant de fortes contributions.

Ces différents succès firent le meilleur effet dans la Basse-Égypte. Le calme rétabli, le général Belliard fut rappelé au Caire, où il arriva le 23, dans la matinée.

Le 28, au soir, le général en chef fit attaquer la ville du Caire sur tous les points. La division Reynier fit son attaque du côté de la porte des Victoires. On fonça sans brûler une amorce sur les retranchements ennemis, malgré une pluie de balles. S'emparant des premières tranchées, on fit une boucherie horrible de tous ceux qui voulurent résister. Avec le même sang-froid, on se rendit maître de la deuxième ligne de retranchements qui fut défendue avec une opiniâtreté extraordinaire. Mais rien ne put tenir. La division pénétra dans l'intérieur en culbutant tout. Des maisons murées et crénelées servaient de refuge; il fallut les incendier pour contraindre les ennemis à en sortir. Après en avoir détruit un nombre incalculable, on se rendit maître d'un quartier considérable de la ville.

La colonne qui attaqua du côté de la place de l'Esbekieh eut d'abord de grands avantages; la mine joua avec beaucoup de succès, ensevelissant quantité d'ennemis sous les décombres. Mais, par une malheureuse méprise, nos troupes ne purent percer plus avant et la jonction avec la division Reynier ne put avoir lieu. Cette affaire fut on ne peut plus meurtrière, car nos hommes étaient harassés d'avoir fait jouer la baïonnette. Le nombre d'hommes tués chez l'ennemi fut incalculable; on prit deux canons. Nous eûmes dans cette attaque environ six cents braves hors de combat.

Mourad-Bey, toujours en bonne intelligence avec le général Kléber, fit entrer en secret, au Caire, un de ses sujets pour engager Ibrahim-Bey et Nasif-Pacha à capituler; ces derniers envoyèrent trois parlementaires au quartier général: Kléber leur donna audience devant son état-major. Après avoir rejeté les exigences des assiégés, il les conduisit à une croisée d'où l'on voyait le Caire et Boulaq. Leur montrant cette dernière en brasier, il leur dit que tel serait bientôt l'état de la capitale si elle ne se soumettait. Les envoyés retournèrent dans le Caire pour faire part de ce qu'ils avaient vu et entendu. Ils revinrent un moment après avec des conditions qui ne purent encore être acceptées. Le bombardement redoubla.

Les 29 et 30 furent employés à enlever de Boulaq tous les objets utiles aux travaux de l'artillerie, du génie, de la marine et des subsistances militaires. Cette ville fut imposée par le général en chef à payer une contribution de 642,857 l. 2 fr. 10 c. en espèces et de 964,285 l. 14 fr. 3 centimes en marchandises, le tout payable sous dix jours.

Dans la nuit du 30 germinal au 1er floréal, la division Reynier s'introduisit plus avant dans la ville sans grande résistance. La perte des assiégés dans la journée du 28 avait tellement répandu l'effroi qu'ils paraissaient vouloir capituler.

Le 1er floréal, les parlementaires revinrent pour la troisième fois; les hostilités cessèrent et le lendemain une capitulation fut définitivement conclue. Il fut arrêté que, dans la journée, les habitants et les Osmanlis remettraient à l'armée française toute leur artillerie et leurs munitions de guerre ; qu'une partie de la ville et les postes les plus importants seraient occupés par nos troupes ; que, sous deux jours, les Osmanlis et les Mamelouks se rendraient à la Goubbeh pour prendre de suite la route de Salahieh, avec le nombre nécessaire de chameaux portant les subsistances indispensables pour traverser le désert. Les conditions du traité furent exactement suivies.

Le 3, un convoi considérable de djermes descendit le Nil pour aller à Rosette chercher des munitions de guerre. Le 4, les troupes parties pour l'expédition de Suez revinrent au Caire, après avoir laissé une garnison dans ce petit fort qui défend l'entrée d'un port sur la mer Rouge. Elles nous dirent qu'à leur approche les Arabes et les Anglais voulurent faire résistance, mais contraints de céder, ils prirent une fuite si précipitée qu'ils abandonnèrent sur les bords de la mer quantité de marchandises, telles que mousseline, café, sucre, etc., et environ cent cadavres sur le champ de bataille, parmi lesquels une douzaine d'Anglais. Chemin faisant, nos troupes avaient rencontré, près le fort d'Agcroud, Osman-Bey et Hassan suivi de deux cents Mamelouks et Arabes. Ce bey était passé à Suez pour conférer avec les Anglais et les engager à marcher avec lui sur le Caire. Après une courte fusillade dans laquelle on leur tua une trentaine d'hommes, ils prirent la fuite à la faveur de la nuit.

Le 5, les Mamelouks et les Osmanlis se mirent en marche, conformément au traité, et accompagnés par la division Reynier jusqu'au bord du désert. La panique était telle parmi eux que, malgré la supériorité de leur nombre, ils craignaient sans cesse d'être attaqués en plaine par nos soldats.

Le 6, au matin, le général en chef fit assembler l'armée dans les plaines de la Goubbeh, et, après différentes évolutions militaires que virent avec admiration les beys Osman-Bardessy et Osman-Ascar, il fit son entrée triomphale dans la ville du Caire, de la manière la plus guerrière. La musique et une grande canonnade précédèrent et accompagnèrent la marche de l'armée. Les habitants du Caire et de Boulaq, aussi étonnés qu'effrayés de nos victoires, attendaient avec crainte le châtiment; plus de trois cent mille âmes furent témoins de l'entrée victorieuse des vainqueurs.

Les ordres les plus sévères furent donnés à l'armée pour que les personnes et les propriétés fussent religieusement respectées. La capitale fut imposée à douze millions de contributions, tant en argent qu'en marchandises. Cette somme vint à propos pour subvenir aux besoins de l'armée qui, à cette époque, avait un arriéré de solde considérable, et tous ses magasins dénués des objets de première nécessité.

Le 8, fausse alerte causée par un détachement de Mamelouks de Mourad-Bey, qui avait été aperçu par les espions et annoncé comme une armée nombreuse. Aussitôt l'armée sortit du Caire; un moment après, on fut mieux instruit et les troupes françaises rentrèrent dans la ville.

Le 11, le général en chef Kléber, suivi de son état-major et de différents détachements à pied et à cheval, se rendit à Girgeh, situé sur les bords du Nil, à une lieue de Gizeh, lieu où il devait avoir une conférence avec Mourad-Bey. Une grande maison fut préparée pour l'entrevue. Il eut un long entretien et on nous en rapporta les premières paroles :

« Mourad-Bey, dit Kléber, depuis longtemps j'admirais avec vénération votre portrait, mais je vois avec un vif intérêt que l'artiste ne vous a pas imité aussi avantageusement qu'il le devait.

— Grand capitaine, répondit Mourad-Bey, il est vrai que mon portrait n'est pas bien ressemblant, et cependant il n'y a point de faute de la part de l'artiste, mais sachez que lorsque je fus peint je n'avais pas le bonheur d'être assis auprès du général Kléber. »

Mourad-Bey parut désirer voir manœuvrer nos troupes. Le général Kléber s'empressa de le satisfaire; les beys continuèrent à s'étonner de la précision et de la rapidité des évolutions; ils ne firent pas autant d'éloge de notre cavalerie. Les détachements reçurent une bourse pour boire à la santé de Mourad-Bey.

Ce généreux vieillard fit présent au général Kléber d'un superbe cheval orné d'un harnachement d'une magnificence extraordinaire; il lui donna également un poignard enrichi d'or et de pierreries de la plus rare beauté. Le général Damas, chef d'état-major général de l'armée, reçut aussi en présent un magnifique cheval richement orné.

Le soir, le général en chef rentra au Caire, et Mourad-Bey se retira dans la Haute-Égypte. D'après un traité d'alliance et de paix, Mourad-Bey prit possession d'une province de la Haute-Égypte.

Le 15, la division Reynier, après avoir conduit les Osmanlis jusqu'au désert, rentra dans la ville.

La peste s'était montrée à Rosette et à Damiette. Cependant, la tranquillité s'affermissait de jour en jour; le général Kléber donna des ordres pour faire fortifier les places et côtes de l'Égypte, principalement le Caire. Cette cité n'était aucunement reconnaissable; les quartiers de l'Esbekieh, des Cophtes, des Francs, de la Grande Mosquée, de la porte de la Victoire, de la place de la Citadelle, n'étaient plus que décombres. Quantité de maisons devaient encore être abattues afin de percer le Caire, d'un bout à l'autre, par de grandes rues qui devaient conduire dans les forts et faubourgs de la ville.

Le 18 floréal, le général Kléber fit connaître qu'il avait reçu des nouvelles de France, en mettant à l'ordre du jour la proclamation suivante :

Soldats! les intérêts de la République ont rendu nécessaire l'établissement d'une nouvelle constitution et je suis chargé de la proposer à votre acceptation. Je désire que votre adhésion soit unanime, et que, malgré la distance qui vous sépare de vos concitoyens, vous confondiez vos opinions, vos sentiments et vos vœux avec ceux de la nation entière.

Signé : Kléber.

Le 21, la 21e légère, la 88e, le 14e dragons, un détachement de dromadaires et plusieurs pièces de canon partirent de Gizeh, sous les ordres des généraux Donzelot et Zayonchek, pour aller prendre possession des places de la Haute-Égypte.

Le vaisseau anglais *le Cormoran* fut jeté sur les côtes d'Aboukir par un grand coup de vent; les Français y portèrent un prompt secours, et tirèrent des mains des Arabes l'équipage, fort de cent cinquante hommes, qui furent faits prisonniers de guerre.

Les contributions se levaient; leur produit paya l'arriéré de solde de l'an VII, et les quatre premiers mois de l'an VIII. Le tout fut acquitté en marchandises : café, sucre, savon, tabac, toile, mousseline, etc., etc.

Vers la fin de floréal, le général en chef Kléber donna de l'avancement aux généraux, officiers et soldats. Je reçus un brevet de lieutenant d'artillerie, pour entrer dans une compagnie de pontonniers.

Dans les premiers jours de *prairial*, le général en chef vint résider à Gizeh, dans la maison de Mourad-Bey, en attendant que son quartier général fût rétabli au Caire.

Le pont de bateaux fut entièrement terminé sur le Nil; une culée était située dans Gizeh et l'autre dans l'île Raouda, près le Meqias.

Le 12 prairial, la majorité des généraux français se réunirent chez le général en chef Kléber. Ce conseil de guerre donna matière à différentes nouvelles. Les uns dirent que les Anglais avaient envoyé le passeport pour l'armée, signé du gouvernement britannique, et que bientôt nous passerions en France. D'autres dirent qu'une escadre russe était en croisière devant les côtes de l'Égypte.

Dans la nuit du 12 au 13, la 61e et un régiment de dragons reçurent ordre de partir de suite pour Damiette.

Dans la nuit du 13 au 14, plusieurs régiments de cavalerie et deux demi-brigades d'infanterie passèrent le Nil à Boulaq, car, dans la même nuit, le pont de Gizeh avait été rompu par les grandes eaux.

Le lendemain 14, le pont fut raccommodé.

Le général en chef partit de Gizeh, sur une cange, pour se rendre à Ramanieh, où se faisait un rassemblement de troupes. On ne savait rien de positif, et il n'y avait aucune apparence de nouvelle invasion. La division Reynier resta seule au Caire.

Les Anglais du *Cormoran* arrivèrent à la citadelle. L'escadre anglaise, en croisière sur la Méditerranée, fit répandre des bruits pour exciter des troubles parmi les troupes françaises; ils essayèrent de faire persuader à l'armée qu'il ne tenait qu'à son général de se rendre en France, conformément au traité d'El-Arisch.

Le 22, le général en chef revint à Gizeh.

Le 23, les prisonniers de guerre anglais descendirent à Gizeh pour y être employés, avec salaire, aux travaux de l'artillerie.

Le 25, vers dix heures du matin, le général en chef Kléber partit de Gizeh, avec ses guides à pied et à cheval, pour se rendre au Caire, et y visiter la maison à laquelle il faisait travailler. Vers une heure après midi, étant à se promener dans le jardin avec le citoyen Protain, son architecte, un monstre se présente hypocritement à lui et demande à lui baiser la main; Kléber, occupé, ne le repoussa pas. Le scélérat profite de sa distraction et lui plonge un coup de poignard dans le flanc gauche. L'infortuné Kléber tombe évanoui dans son sang; Protain prend la défense du général en chef; mais, n'ayant pour toute arme que sa canne, il reçoit six coups de poignard, et, bientôt, est renversé. L'assassin frappe de nouveau le général Kléber, déjà blessé à mort, et prend la fuite; un canonnier des guides arrive, mais trop tard, court après le meurtrier et le trouve caché dans une citerne, dans l'eau jusqu'aux épaules; il est arrêté, garrotté, et chacun s'empresse de porter secours aux victimes.

Bientôt la désolation est répandue; la générale se fait entendre de tous côtés, les troupes prennent les armes en attendant des ordres; la consternation était dans les rangs et cependant on espérait la guérison des blessures. Mais bientôt on apprit que Kléber n'existait plus; au bout de trois heures, il était mort.

En apprenant ce revers, auquel les troupes avaient peine à croire, on fut plongé dans une douleur profonde; chacun disait : « Nous venons de perdre notre meilleur ami! » Les habitants du Caire restèrent calmes.

Le canon fut chargé d'annoncer dans toute l'Égypte la mort du vertueux Kléber; un coup de canon était tiré de la citadelle toutes les demi-heures.

Le citoyen Menou, le plus ancien divisionnaire, prit le commandement provisoire de l'armée. La majorité des militaires apprirent cette nouvelle avec un grand étonnement.

Le 26, parut la proclamation suivante :

Au quartier général du Caire, le 26 prairial an VIII.

Abdallah-Jean Menou, général de division, commandant en chef l'armée, par intérim, à l'armée :

Soldats ! un horrible attentat vient de vous enlever un général que vous chérissiez et respectiez ; un ennemi qui ne mérite que le mépris et l'indignation du monde entier, un ennemi qui n'avait pu vaincre les Français commandés par le brave Kléber, a eu la lâcheté de lui envoyer un assassin.

Je vous dénonce, je dénonce au monde entier le Grand Vizir, chef de cette armée que vous avez détruite dans les plaines de Matarieh et d'Héliopolis. C'est lui qui, de concert avec son agha des janissaires, a mis le poignard à la main du nommé *Soleiman-El-Alepi* qui, parti de Gaza depuis trente-deux jours, nous a enlevé hier par le plus noir des assassinats celui dont la mémoire doit être chère à tout bon Français.

Soldats ! Kléber avait dissipé, en marchant à votre tête, cette nuée de barbares qui, de l'Europe et de l'Asie, étaient venus fondre sur l'Égypte. Kléber, en dirigeant vos invincibles cohortes, avait reconquis l'Égypte en dix jours de temps. Kléber avait tellement restauré les finances de l'armée que tout l'arriéré était payé et la solde mise au courant. Kléber, par les règlements les plus sages, avait réformé une grande partie des abus presque inévitables dans les grandes administrations. Le plus bel hommage que vous puissiez rendre à la mémoire du brave Kléber est de conserver cette attitude fière et imposante qui fait trembler vos ennemis partout où vous portez vos pas, c'est de vous soumettre vous-mêmes à cette discipline qui fait la force des armées, c'est de vous rappeler sans cesse que vous êtes des républicains, et que partout vous devez donner l'exemple de la moralité et de l'obéissance à vos chefs, comme vous donnez partout celui du courage et de l'audace dans les combats.

Soldats ! l'ancienneté de grade m'a porté provisoirement au commandement de l'armée ; je n'ai à vous offrir qu'un attachement sans bornes à la République, à la liberté et à la prospérité de la France.

J'invoquerai les mânes de Kléber, j'invoquerai le génie de Bonaparte et, marchant au milieu de vous, nous travaillerons tous de concert pour l'intérêt de la République.

L'armée connaîtra incessamment tous les détails de l'horrible assassinat, ainsi que de la procédure qui a eu lieu pour la recherche et la punition de l'assassin et de ses complices.

Signé : Abdallah-Jean Menou.

Le 28, les devoirs funèbres furent rendus ; toutes les troupes armées se rendirent sur la place de l'Esbekieh ; au bruit de la canonnade, une musique funèbre accompagna le cortège sur la place d'Ibrahim-Bey, lieu où une tombe avait été préparée pour l'incomparable Kléber. Jamais cérémonie ne fit autant d'impression : généraux, officiers, soldats, administrateurs, employés et même étrangers à l'armée ne purent retenir leurs larmes.

Le citoyen Fourier, membre de l'Institut national, y prononça le discours suivant :

Français ! au milieu de ces apprêts funéraires, témoignages fugitifs mais sincères de la douleur publique, je viens vous rappeler un nom qui vous est cher et que l'histoire a déjà placé dans ses fastes ; trois jours ne se sont point encore écoulés depuis que vous avez perdu Kléber, général en chef de l'armée française en Orient. Cet homme que la mort a tant de fois respecté dans les combats, dont les faits militaires ont retenti sur les rives du Rhin, du Jourdain et du Nil, vient de périr sans défense sous les coups d'un assassin.

Lorsque vous jetterez désormais les yeux sur cette place, dont les flammes ont presque entièrement dévoré l'enceinte, et qu'au milieu de ces décombres qui attesteront longtemps les ravages d'une guerre terrible et nécessaire, vous apercevrez cette maison isolée où cent Français ont soutenu pendant deux jours entiers tous les efforts d'une capitale révoltée, ceux des Mamelouks et des Ottomans, vos regards s'arrêteront malgré vous sur le lieu fatal où le poignard a tranché les jours du vainqueur de Maëstricht et d'Héliopolis.

Vous direz : c'est là qu'a succombé notre chef et notre ami ; sa voix tout à coup anéantie n'a pu nous appeler à son secours ! — Oh ! combien de bras en effet se seraient levés pour sa défense ! — Combien de vous eussent aspiré à l'honneur de se jeter entre lui et son assassin ! Je vous prends à temoin, intrépide cavalerie qui accourut pour le sauver sur les hauteurs de Corain et dissipa en un instant la multitude d'ennemis qui l'avaient enveloppé ! Cette vie qu'il devait à votre courage, il vient de la perdre par une confiance excessive qui le portait à éloigner ses gardes et à déposer ses armes.

Après qu'il eut expulsé les troupes de Nasif-Pacha, Grand Vizir de la Porte, il vit fuir ou tomber à ses pieds les séditieux, les traîtres ou les ingrats. C'est alors que, détestant les cruautés qui signalent les victoires de l'Orient, il jura d'honorer par la clémence le nom français qu'il venait d'illustrer par les armes.

Il observa religieusement cette promesse et ne connut point de coupables ; aucun d'eux n'a péri ; le vainqueur seul expire au milieu de ses trophées. Ni la fidélité de ses gardes, ni cette contenance noble et martiale, ni le zèle sincère de tant de soldats qui le chérissaient, n'ont pu le garantir de cette mort déplorable. Voilà donc le terme d'une belle et si honorable carrière ! C'est là qu'aboutissent tant de travaux, de dangers et de services éclatants.

Un homme agité par la sombre fureur du fanatisme est désigné dans la Syrie, par les chefs de l'armée vaincue, pour commettre l'assassinat du général français. Il traverse rapidement le désert, il suit sa victime pendant un mois, l'occasion fatale se présente et le crime est consommé.

Négociateurs sans foi, généraux sans courage, le crime vous appartient, il sera aussi connu que votre défaite ! Les Français vous ont livré leurs places sur la foi des traités ; vous touchiez aux portes de la capitale, lorsque les Anglais ont refusé d'ouvrir la mer : alors vous avez exigé des Français qu'ils exécutassent un traité que vos alliés avaient rompu ; vous leur avez offert le désert pour asile ! L'honneur, le péril, l'indignation ont enflammé tous les courages : en trois jours vos armées ont été dissipées et détruites, vous avez perdu trois camps et plus de soixante pièces de canon, vous avez été forcés d'abandonner toutes les villes et les forts depuis Damiette jusqu'au Saïd.

La seule modération du général français a prolongé le siège du Caire, ville malheureuse où vous avez laissé répandre le sang des hommes désarmés ; vous avez vu se dissiper ou expirer dans les déserts cette multitude de soldats rassemblés du fond de l'Asie. Alors vous avez confié votre vengeance à un assassin !

Mais, quel secours, citoyens, nos ennemis attendent-ils de ce forfait ? En frappant le général victorieux, ont-ils cru dissiper les soldats qui lui obéissent, et si une main abjecte suffit pour faire verser tant de pleurs, pourrait-elle empêcher que l'armée française ne soit commandée par un chef digne d'elle? Non! sans doute, et s'il faut dans ces circonstances plus que des vertus ordinaires, si pour recevoir le fardeau de cette mémorable entreprise il faut un esprit élevé qu'aucun préjugé ne peut atteindre, un dévouement sans réserve à la gloire de sa nation, citoyens, vous trouverez ces qualités réunies dans son successeur. Il possédait l'estime de Bonaparte et de Kléber; il n'y aura aucune interruption ni dans les honorables espérances des Français, ni dans le désespoir de leurs ennemis.

Armée, qui réunissez les noms de l'Italie, du Rhin et de l'Égypte, le sort vous a placée dans des circonstances extraordinaires, il vous donne en spectacle au monde entier, et ce qui est plus encore, la Patrie admire votre sublime courage! Elle consacrera vos triomphes par sa reconnaissance. N'oubliez point que vous êtes ici même sous les yeux de ce grand homme que la fortune de la France a choisi pour fixer les destinées de l'État ébranlé par les malheurs publics. Son génie n'est point borné par les mers qui nous séparent de notre patrie; il subsiste encore au milieu de vous; il vous aime et vous excite à la valeur, à la confiance dans vos chefs sans laquelle la valeur est inutile, à toutes les vertus guerrières dont il vous a laissé tant et de si glorieux exemples. Puissent les douceurs d'un gouvernement prospère couronner les efforts des Français.

C'est alors, guerriers estimables, que vous jouirez des honneurs dus aux vrais citoyens, vous vous entretiendrez de cette contrée lointaine que vous avez deux fois conquise, et des armées innombrables que vous avez détruites, soit que la foudroyante audace de Bonaparte aille les chercher jusque dans la Syrie, soit que l'invincible courage de Kléber les dissipe dans le cœur même de l'Égypte.

Que de glorieux et touchants souvenirs vous aurez à rapporter dans le sein de vos familles! Puissent-elles jouir d'un bonheur qui adoucira l'amertume de vos regrets! Vous mêlerez souvent à vos récits le nom chéri de Kléber, vous ne le prononcerez jamais sans être attendris et vous direz : « Il était l'ami et le compagnon des soldats, il ménageait leur sang, il diminuait leurs souffrances. » Il est vrai qu'il s'entretenait chaque jour des peines de l'armée et ne songeait qu'au moyen de les faire cesser. Combien n'a-t-il pas été tourmenté par les retards alors inévitables de la solde militaire! Indépendamment des contributions extraordinaires, objets des seuls ordres sévères qu'il ait jamais donnés, il s'est appliqué à régler les finances et vous connaissez les succès de ses soins. Il en a confié la gestion à des mains pures et désignées par l'estime publique, et méditait une organisation générale qui embrassait toutes les parties du gouvernement.

La mort l'a interrompu brusquement au milieu de cet utile projet; il laisse une mémoire chère à tous les gens de bien; personne ne désirait plus et ne méritait mieux d'être aimé; il s'attachait de plus en plus à ses anciens amis, parce qu'ils lui offraient des qualités semblables aux siennes. Leur juste douleur trouvera du moins quelque consolation dans l'estime de l'armée et l'unanimité de vos regrets.

Réunissez donc tous vos hommages, car vous ne composez qu'une seule famille. Guerriers que votre pays a appelés à sa défense, vous tous, Français, qu'un sort commun rassemble sur cette terre étrangère, vos hommages s'adressent aussi dans cette journée aux braves qui, dans les champs de la Syrie, d'Aboukir et d'Héliopolis ont tourné vers la France leurs derniers regards et leurs dernières pensées.

Soyez honoré dans ces obsèques, vous qu'une amitié particulière unissait à Kléber, ô Caffarelli! modèle de désintéressement et de vertus, si compatissant pour les autres, si stoïque pour soi-même.

Et vous, Kléber, objet illustre, et dirai-je infortuné? de cette cérémonie qui n'est suivie d'aucune autre, reposez en paix, ombre magnanime et chérie, au milieu des monuments de la gloire et des arts ! Habitez une terre depuis si longtemps célèbre ! que votre nom s'unisse à ceux des Germanicus, de Titus, de Pompée et de tant de grands capitaines et de sages qui ont laissé, ainsi que vous, dans cette contrée d'immortels souvenirs.

Aussitôt après les funérailles, on justicia l'assassin et plusieurs de ses complices, reconnus au courant de l'interrogatoire.

Une commission avait été nommée pour faire subir un interrogatoire à l'assassin du général, et, de sa déclaration, ressortirent les détails ci-après.

Le Grand Vizir, honteux et même déshonoré d'avoir été battu et chassé de l'Égypte avec quatre-vingt mille hommes qui déjà avaient pris possession de plusieurs places fortes, par une armée française forte de quatorze mille combattants, résolut de se venger en faisant assassiner le chef de cette armée qu'il n'avait pu vaincre. Pour accomplir son criminel dessein, il crut devoir mettre dans ses intérêts Ahmed-Aga, disgracié et emprisonné à Gaza depuis la prise d'El-Arisch. Ce dernier se rendit à Jérusalem pour assurer la réussite de son dessein. A ce moment, un jeune homme de vingt-quatre ans, nommé

Soleiman-El-Alepi, natif d'Alep, se présenta chez l'Aga, demandant sa protection pour son père, depuis longtemps maltraité par Ibrahim, pacha de cette ville. Il interrogea ce jeune homme, vit en lui du fanatisme et pensa qu'il tremperait ses mains dans le sang d'un infidèle, pour avoir son appui. Il lui parla de la mission dont il voulait le charger, en lui promettant de grandes récompenses. Soleiman consentit et fut envoyé de suite à Gaza, auprès de Yassin-Aga pour recevoir de l'argent et un chameau : il arriva à Gaza les premiers jours de floréal, et y resta dix jours logé dans une mosquée. Yassin-Aga lui donna quarante piastres et un dromadaire. Il arriva en six jours en Égypte, armé de son poignard. Il fut logé à la Grande Mosquée du Caire, où il fut reçu par les lecteurs du Coran, auxquels il fit part de son projet. L'assassin attendit trente et un jours, et se détermina à aller à Gizeh, où était le général en chef Kléber. Le lendemain de son arrivée, le général Kléber se rendit au Caire; Soleiman le suivit pendant toute la route; on fut même obligé de le repousser plusieurs fois. Enfin, il parvint à accomplir son crime le 25 prairial an VIII, à une heure après midi. Par jugement, trois chefs religieux furent condamnés à avoir la tête tranchée, et Soleiman à avoir le poing coupé et à être empalé. L'exécution eut lieu le 28. Arrivé sur la plaine de l'Institut, l'assassin eut le poing coupé et fut empalé, puis élevé au bout d'une perche de trente pieds de haut. Les têtes tranchées des trois complices furent élevées sur des perches placées triangulairement et faisant face au patient. Les trois cadavres et le poignet furent brûlés au pied de l'échafaud, et la fumée fit souffrir mille tourments au patient empalé qui poussait des hurlements affreux. Son cadavre et les trois têtes furent laissés en pâture aux oiseaux de proie. Exposés sur un monticule dominant toute la plaine, ces monstres étaient hideux à voir.

Les troupes attristées rentrèrent dans leurs casernes respectives. A cette époque, les généraux avaient à se garder des assassins, car, à Menouf, un Turc s'adressa à un soldat de garde et lui demanda le commandant. Ce soldat, croyant que c'était le commandant du poste qu'il demandait, lui montre le caporal en lui disant : « Le voilà. » Aussitôt le Turc le frappe d'un poignard; sa victime tombe évanouie dans son sang. L'assassin, arrêté et interrogé, déclara que c'était le commandant des troupes de Menouf qu'il avait eu dessein d'assassiner. Ce scélérat fut aussi empalé.

Dans les premières journées de *messidor* un parlementaire anglais arriva au Caire par les déserts d'El-Arisch; le général en chef Menou le reçut fort mal et lui signifia de repartir de suite. Quantité de vaisseaux turcs étaient en croisière devant les côtes d'Alexandrie.

Dans le courant de messidor, il se fit des rassemblements de brigands dans les environs du Caire; quantité de Français furent arrêtés, dévalisés et plusieurs même assassinés. Il paraissait que dans le nombre de ces brigands, il y avait beaucoup de Français qui, dans les temps, avaient déserté et pris le parti de faire ce métier. Des mesures furent prises pour arrêter ces scélérats.

Il parut à l'ordre du jour la proclamation suivante :

Le général en chef Menou à l'armée française d'Orient :

Généraux, officiers, sous-officiers et soldats! la vérité tout entière doit vous être connue, la voici : Le gouvernement français, ayant appris, en l'an VI, que les ennemis de la République formaient des projets pour s'emparer de l'île de Malte et de l'Égypte, résolut de les prévenir; les intérêts du commerce du Levant, dont les bénéfices s'élevaient annuellement à près de cinquante millions, commandaient impérieusement cette mesure.

L'expédition de Malte et de l'Égypte fut ordonnée; Bonaparte en fut chargé. Il avait été arrangé qu'au même instant que partirait l'armée, un ambassadeur français se rendrait à Constantinople pour instruire le Grand Seigneur des motifs de l'invasion de l'Égypte. Par une fatalité dont on ne peut que soupçonner la cause, l'ambassadeur ne fut point envoyé à Constantinople, le Grand Seigneur ne fut point instruit des motifs du gouvernement. Nos ennemis, les Russes et les Anglais, profitèrent avec adresse de cette circonstance et forcèrent le Grand Seigneur à entrer dans la coalition qui, depuis plusieurs années, combat contre notre Liberté. Des armées turques, dirigées par des

Anglais, vinrent débarquer à Aboukir et à Damiette ; vous les renversâtes dans la mer. Une autre armée, commandée par le Grand Vizir en personne, s'achemina par la Syrie. Des négociations eurent lieu ; une capitulation, sur laquelle je ne me permets aucune réflexion, fut conclue : vous savez avec quelle perfidie elle fut rompue ; vous vous rappelez avec quelle indignation vous apprîtes que l'on voulait vous faire prisonniers de guerre, comme si vous aviez perdu deux ou trois batailles, et partout vous étiez triomphants.

L'armée ottomane s'avança ; vous l'attaquâtes à Matarieh et Héliopolis ; elle fut dissipée en un instant ; quelques restes de cette horde se jetèrent dans le Caire ; vous fûtes obligés de faire le siège de cette ville ; elle capitula après un mois de blocus. Vous savez par quel horrible attentat, un chef dont nous respectons tous la mémoire vous fut enlevé ; on n'avait pu vous vaincre en bataille rangée, vos infâmes ennemis ont eu recours au poignard, croyant par ce noir attentat désorganiser l'armée de la République. Ils ne savent pas que l'assassinat ne fait que redoubler votre audace et votre courage. Tout l'Orient dût-il se rassembler, vous vengerez dans son sang celui de votre général !

Mais qui dirigera désormais notre conduite, qui nous dictera ce que nous avons à faire ? Celui qui seul en a le droit : le gouvernement de la République française. C'est à lui seul qu'il appartient de ratifier ou de rejeter tout ce qui pourrait avoir été conclu, tout ce qui pourrait l'être à l'avenir, entre l'armée française et les puissances ennemies. Tous ceux (et je suis certain que c'est tous), tous ceux, dis-je, qui ne voudront entendre que la voix de l'honneur, celle de l'attachement à la République et à l'intérêt national, sentiront qu'il ne peut exister d'autre voie légale et honorable de conclure un traité quelconque avec nos ennemis. Si je ne consultais que mon intérêt privé, si j'oubliais pour un instant que je suis républicain, si je pouvais préférer à la prospérité publique ce qui m'est personnel, ainsi que vous, je ne balancerais pas un instant à vouloir retourner dans mon pays; mais nous, braves républicains, ni vous ni moi ne pensons pas ainsi. L'intérêt seul de la République nous dirigera; s'il le faut, nous combattrons et nous vaincrons. Si l'on veut négocier, nous écouterons les propositions qui nous seront faites, mais aucun traité ne pourra être mis à exécution, qu'il ne soit ratifié par le gouvernement. Vous connaissez tous Bonaparte, il vous a tant de fois conduits à la victoire! C'est lui qui, en sa qualité de premier consul de la République, doit diriger notre conduite, éclairer notre marche. Il saura tout, et, placé au centre, il nous fera connaître la volonté nationale.

Je viens de vous parler le langage de la vérité; je n'en connaîtrai jamais d'autre. En suivant les exemples de Bonaparte et de Kléber, je tâcherai de mériter votre confiance et votre estime; je ne passerai pas un instant sans m'occuper de vous, sans chercher ce qui peut vous être utile. Kléber avait commencé à rétablir les finances; j'achèverai son ouvrage; désormais votre solde sera journellement assurée, les dettes anciennes seront payées. Je tâcherai de détruire tous les abus, mais rappelez-vous qu'un instant fait le mal, et qu'il faut un temps considérable pour le réparer.

Obéissance aux chefs de tous les grades, discipline exacte et moralité : c'est ce que je demande à l'armée, c'est ce que je suis en droit d'exiger d'elle; mais nous sommes républicains, nous saurons en avoir les vertus. Quand, un jour, nous serons de retour dans notre patrie, nous nous glorifierons tous d'avoir fait partie d'une expédition qui, aujourd'hui, devient d'un si grand poids dans la balance politique de l'univers.

Signé : Abdallah-J. Menou.

Le général Menou, dans cette proclamation, ne fit pas plaisir à l'armée, en parlant ainsi du traité conclu par Kléber.

La peste faisait toujours des ravages à Rosette et à Damiette; chaque jour était marqué par la mort de plusieurs Français.

Le général en chef prit de grandes mesures pour établir beaucoup d'ordre dans toutes les branches des administrations, restaurer les finances et enfin améliorer le sort du soldat, en achevant les grandes opérations d'administration commencées avant lui.

Le Nil augmentait de degré en degré depuis le commencement de prairial, et bientôt allait sortir de son lit pour arroser les terres fertiles de l'Égypte. On fit, vers la fin de fructidor, les apprêts pour la fête de l'ouverture du canal qui conduit l'eau au Caire; des banquets furent préparés sous le fort de l'Aqueduc, à Boulaq; des barques furent décorées pour la fête annuelle en reconnaissance de l'inondation du Nil. L'ouverture du canal fut fixée au 28 fructidor. La veille, 27, une quantité prodigieuse de barques ornées de rubans et d'étoffe se rassemblèrent à Boulaq. De tous côtés, des fusées et des pétards annoncèrent la fête de la crue des eaux; les habitants donnaient toute la splendeur possible à cette fête. Une grande partie passaient les deux nuits à danser et à faire leurs espèces d'orgies. Le soir, toutes les barques remontèrent le Nil pour se rendre au Vieux-Caire, une multitude de musiciens accompagnèrent leur marche. Nos bricks et djermes armés tirèrent le canon, une grande fusillade retentit sur les barques depuis Boulaq jusqu'à destination ; la nuit, dans l'île de Raouda, on dansa et on chanta au son glapissant d'une musique indigène.

Le 28 fructidor, à la pointe du jour, le canon se fit entendre de tous les forts et batteries ; les généraux et les principaux chefs de l'Égypte se rendirent avec pompe au lieu où l'on crève la digue du canal ; des détachements de la garnison assistèrent à la marche, au son d'une grande canonnade. Toutes les musiques des demi-brigades précédèrent et accompagnèrent le cortège jusqu'au fort de l'Aqueduc, où déjà étaient trois cent mille âmes, au moins, pour assister à l'ouverture du canal. La canonnade annonça encore la chute des eaux ; une multitude de tambourins et autres musiciens du pays concouraient à la cérémonie. Puis les eaux gagnèrent à grands flots la place de l'Esbekieh et différents autres bassins. L'eau du Nil en traversant les différents quartiers du Caire emportait toutes les immondices de cette ville et ensuite tous les habitants remplissaient leurs citernes pour un an.

Aussitôt la place de l'Esbekieh remplie d'eau, quantité de petites barques y furent lancées, ainsi que sur les canaux. C'était une grande satisfaction pour les habitants de s'y promener à la rame, accompagnés d'une musique. C'était ce qu'ils appellent « faire la fantasia ».

Avec une satisfaction bien vive, nous apprîmes que le fameux brick *le Lodi* était encore une fois de retour de France, malgré les menaces et la surveillance des Anglais. C'était la quatrième fois que ce brick parvenait en Égypte. Il nous rapporta d'heureuses nouvelles ; le général en chef mit à l'ordre du jour la lettre suivante :

Menou, général en chef, à l'armée :

J'apprends à l'instant qu'un bâtiment parti de France est entré dans le port d'Alexandrie. Partout les armées françaises sont victorieuses ; une bataille telle que l'histoire ne nous en rapporte pas de semblable, nous a rendus maîtres de l'Italie : c'était Bonaparte qui commandait en personne. Au Rhin, même succès. Dans la Vendée, les habitants mêmes des provinces autrefois insurgées ont repoussé les Anglais qui tentaient une descente. Le gouvernement intérieur est respecté et obéi ; partout la confiance est tellement revenue que les finances sont dans le meilleur état. Lorsque les détails me seront parvenus je les ferai connaître à l'armée.

Le soir on tira le canon en réjouissance de l'arrivée du *Lodi*, et des bonnes nouvelles qu'il apportait.

Le 5e *jour complémentaire*, au soleil couchant, les canons de tous les forts et batteries de l'Égypte annoncèrent le premier jour de la neuvième année de la République française.

ANNÉE 1800

Le 1ᵉʳ *vendémiaire an IX*, toutes les troupes de la garnison du Caire s'assemblèrent à la Goubbeh ; l'état-major général s'y rendit accompagné des chefs des administrations, des cheiks et principaux du pays, et suivi d'une foule immense d'habitants. L'armée étant rassemblée, le général en chef, Menou, prononça le discours suivant :

Généraux, officiers, sous-officiers, soldats et vous tous Français qui êtes ici rassemblés, c'est aujourd'hui que commence la neuvième année à dater de l'époque mémorable où la France indignée du joug sous lequel elle gémissait depuis tant de siècles, brisa ses fers, détruisit la royauté et fonda la République.

C'est aussi à dater de la même époque, que se forma cette orgueilleuse coalition qui voulut, tout à la fois, et détruire la France et étouffer la Liberté dans son berceau. Étouffer la Liberté ! Non ! la Liberté, semblable à ces torrents qui, se précipitant du haut des montagnes, renversent tout ce qui s'oppose à leur cours, la Liberté a pénétré partout ; sa voix a retenti dans tout l'univers : j'en atteste un million de Français qui ont combattu pour elle ! J'en atteste les braves soldats qui m'entourent ! Vous tous qui avez rempli l'Europe entière de votre nom et de votre gloire, ne faites-vous pas flotter dans l'Orient l'étendard de la Liberté ! Ces couleurs sacrées que je vois au milieu de vos bataillons, ne sont-elles pas le signal de la civilisation pour une partie du monde, jadis célèbre, depuis anéantie et consumée par le despotisme, mais que vous allez faire renaître de ses cendres !

J'en atteste celui qui tant de fois vous conduisit à la victoire ; ô toi, Bonaparte ! les destins t'avaient donc désigné pour rallumer en France le feu sacré de la

Liberté que des événements sur lesquels il faut peut-être jeter le voile de l'oubli, que des événements, dis-je, dont les causes sont encore inconnues aux Français d'Orient, étaient sur le point d'éteindre! Tu avais donc reçu cette grande et magnifique mission dont tu viens de t'acquitter si brillamment dans les plaines de Marengo!

Soldats! qu'il me soit permis ici d'interrompre un moment le cri de la Victoire, pour le changer en cri funèbre : Desaix est mort!... Desaix est mort! mais il est mort au champ d'honneur. Son courage l'avait entraîné à la tête d'un corps de braves, au milieu des plus épais bataillons des ennemis. La victoire chancelait; son bras l'a fixée; mais c'est aux dépens de sa vie. O toi, Kléber! son compagnon d'armes et de gloire, si du fond du tombeau, où t'a fait descendre un vil assassin, tu pouvais entendre les regrets des soldats que tu conduisis à la victoire dans les champs d'Héliopolis; si tu pouvais entendre leurs cris de détresse, ton âme étonnée s'affligerait avec eux de la perte d'un héros, ton ami; mais, j'en suis certain, elle répéterait avec eux les cris de la Liberté! oui, de la Liberté qui vient d'être fondée sur des bases inébranlables dans les plaines d'Italie. Elle répéterait avec eux le chant de la Victoire qui annonce les triomphes de Moreau, ton autre ami et compagnon d'armes dans les campagnes de la Germanie.

Soldats! n'ayez donc plus de craintes pour la Liberté; le génie de Bonaparte et les bras des Français l'ont conquise pour toujours! La République existe et bientôt la paix vous conduira au terme de vos travaux. Ici, soldats, je vais vous répéter quelques passages de la lettre du gouvernement au général en chef de l'armée d'Orient : « Sur les rives du Danube et du Pô, nos armées d'Europe, partout victorieuses, marchent à la conquête de la paix; vos triomphes sur le Nil y contribueront puissamment. Les circonstances sont telles enfin qu'il n'est pas probable que six mois se passent sans que ce grand bienfait ne vienne consoler l'humanité et mettre un terme glorieux aux travaux qui assurent à l'armée d'Orient l'admiration de la postérité, autant que la reconnaissance nationale. Ici, ajoute le Gouvernement, la République compte sur l'armée d'Orient, comme l'armée d'Orient peut compter sur la République; elle se repose sur le courage et sur la constance des braves qui la composent et qui doivent sentir que leur séjour en Égypte est un devoir important que leur imposent la gloire et l'intérêt de la République. »

Soldats! je répondrai au premier consul que je suis votre caution; que la République peut compter sur vous à la vie et à la mort; que des hommes qui, avant de venir en Égypte, avaient déjà conquis l'Allemagne et l'Italie; que des hommes qui, sous les ordres de Bonaparte, ont bravé l'horreur des déserts, la faim, la soif et d'horribles maladies; que des hommes qui ont dispersé les hordes réunies des barbares de l'Asie, comme le vent disperse la poussière; que des hommes qui tous sont couverts de cicatrices honorables; qu'une armée, enfin, qui n'est composée que des vétérans de la République, n'est conduite par d'autres principes que par ceux de l'honneur et de l'attachement inviolable à la Patrie!

Vive la République!

Signé : MENOU.

Après ce discours, l'armée fit des évolutions, exécuta des feux de mousqueterie, l'artillerie tira de son côté; le défilé termina la cérémonie.

L'après-midi, il y eut des joutes d'eau sur la place de l'Esbekieh, qui alors formait un vaste bassin. Le soir, grand feu d'artifice sur le milieu de la même place; les rues et lieux publics furent illuminés et la journée fut terminée par un grand bal public dans la maison du général en chef. Les militaires reçurent une journée de solde et une ration d'eau-de-vie en gratification.

La peste faisait toujours ses ravages dans les provinces de Damiette, Rosette et Alexandrie.

Le 11 brumaire, on célébra les funérailles du général Desaix, mort à la bataille de Marengo, le jour de l'assassinat de Kléber. Une pyramide fut élevée dans les plaines de la Goubbeh en l'honneur du vainqueur de la Haute-Égypte. Le vertueux Desaix était aimé et chéri de l'armée d'Orient; il avait rempli l'Égypte du bruit de ses exploits.

L'armée se rassembla dans les plaines de la Goubbeh; une forte canonnade, des feux de mousqueterie et une musique lugubre donnèrent de l'éclat à cette cérémonie funèbre. Le général en chef s'y rendit en grande pompe, accompagné d'un corps de troupes très considérable, des grands et principaux du pays et des chefs de toutes les administrations civiles et militaires.

Le citoyen Fourier, secrétaire perpétuel de l'Institut, prononça le discours suivant :

Français! la voix de la Patrie éplorée vient encore une fois se faire entendre; elle prononce, au milieu de ce deuil triomphal, le nom de Desaix, général de division dans les armées de la République. Il parut tout à coup en Italie dans l'un des plus grands événements de la guerre, où il semblait qu'il vînt représenter l'armée d'Égypte; il eut l'honneur de commencer la victoire et aussitôt après, il expira sur le champ de bataille.

La vertu n'eut jamais des titres plus évidents à l'admiration et aux regrets. Desaix fut grand dans un temps fertile en actions extraordinaires, où l'intrépidité est une qualité nationale qui ne distingue personne. Il servit souvent de modèle et eut plutôt des imitateurs que des rivaux. Comme sa modestie lui conciliait sur-le-champ ceux que sa supériorité pouvait offenser, il n'excita jamais l'envie; bonheur rare dont peu de grands hommes ont joui et que la fortune accorde à quelques-uns comme une prérogative naturelle.

On est porté à croire que, puisqu'il était homme, il ne fut point exempt de défauts; mais s'il en eut, ils échapperont à l'impartialité de l'histoire. On n'a connu de lui que des qualités estimables et de nobles sentiments; la simplicité et la bonté étaient ses habitudes naturelles; il ne se montrait extraordinaire que dans les grandes circonstances; on le voyait intrépide à la tête des avant-gardes, infatigable et opiniâtre dans les marches, terrible dans la déroute de l'ennemi. Le reste de sa vie coulait uniformément, et il ne conservait de sa grandeur que l'élévation des vues et du caractère.

Il s'appliquait, dans les loisirs que lui laissait la guerre, à devenir utile pendant la paix; c'est dans ces temps plus calmes qu'il s'exerçait aux vertus civiles, s'efforçant, pour ainsi dire, de se confondre dans la foule des gens de bien.

La science du gouvernement était l'objet ordinaire de ses études, mais une pente naturelle le ramenait aux récits des faits militaires. Qui fut plus sensible que lui à l'honneur du nom français? Quel tribut d'admiration ne payerait-il point aujourd'hui à l'armée d'Égypte, dont l'héroïque constance répond à l'attente de la Patrie, sous les yeux du monde entier? Il fut heureux, du moins, en ce qu'il n'a connu que les triomphes de cette armée; il n'a point eu la douleur d'apprendre le crime qui lui a enlevé un chef illustre et chéri.

Desaix connaissait les moindres détails de toutes les actions d'éclat, et, lorsque la fortune lui avait refusé de participer à une victoire, il fallait du moins qu'il vît le champ de bataille; il semblait qu'il devait concourir à ce qui se faisait de grand et d'utile. Il eût envié de pouvoir dans le même temps porter nos armes au delà du Rhin, disperser les Ottomans à Héliopolis et vaincre à Marengo; il aurait voulu être le contemporain de tous les héros.

L'admiration, l'amitié et le désir d'obtenir, en l'imitant, une gloire immortelle, l'unissaient au premier général de l'armée d'Orient, qui lui accorda l'honneur de conquérir le Saïd. Desaix fit jouir de la paix la plus profonde le pays où il porta nos armes; homme sensible et guerrier philosophe, il regardait le bonheur de civiliser comme le seul prix digne de la victoire; il pensait que l'on doit des respects à tous les peuples, de quelque manière qu'on arrive sur leur territoire. Il avait repoussé les Mamelouks au delà des déserts et des rochers de Semne; dès ce moment, il n'y eut plus de conquérant dans la Haute-Égypte, et il eût été difficile de reconnaître s'il était le vainqueur, ou s'il n'était point un ancien ami à qui les habitants donnaient une honorable hospitalité.

Les lettres, qui ne perdent jamais le souvenir de ce qu'on a fait pour elles, ne laisseront point effacer sa mémoire; il les aimait, il les a servies; elles lui doivent cette sécurité inaccoutumée avec laquelle on a observé les monuments de l'ancienne Égypte, dans les lieux où jusque avant lui l'âme était partagée entre l'admiration et le sentiment du péril de sa vie.

Je ne rappellerai point les traitements injustes qu'il éprouva de la part des ennemis, lors de son passage en Europe ; il n'est pas toujours donné aux âmes communes de pouvoir offenser un grand homme, et leurs injures ne l'ont pas atteint.

Les triomphes des armées françaises étaient tous présents à sa mémoire, et, l'âme remplie de tant de souvenirs, il pensait que l'on distinguerait difficilement ses propres actions parmi cette multitude de faits éclatants qui se trouvent accumulés et pressés dans le court intervalle de quelques années. Il craignit de n'avoir point assez fait pour vivre dans la postérité ; ses regrets sont un hommage rendu à la gloire militaire de son siècle et surtout au héros qu'il avait choisi pour modèle. Desaix pensa que toutes les places de l'immortalité étaient occupées par ses contemporains et n'osa reconnaître la sienne ; mais l'histoire ne manquera point à ses vertus. Son nom a retenti sur les rives du Rhin ; il a été porté jusqu'aux rochers de la Nubie qui marquent les anciennes limites de l'Empire romain ; il est écrit en lettres immortelles sur la terre de Marengo ; il est consacré par la douleur de la Patrie et la reconnaissance empressée de tous les bons citoyens.

Si Desaix venait à paraître au milieu de vous avec cet extérieur simple et modeste qui convenait si bien à cette âme extraordinaire, il vous dirait : « O mes amis et mes compagnons d'armes, j'ai contemplé votre gloire et j'ai craint d'être oublié ; reprenez tous ces lauriers que vous venez déposer sur ma tombe, ils vous appartiennent et c'est vous que ces inscriptions honorent. Je vous reconnais, guerriers, qui illustrâtes la retraite de la Bavière, et vous qui concourûtes à la défense de Kehl. Vainqueurs d'Italie, j'ai vu sans regret couler mon sang dans une contrée remplie de vos souvenirs ; et vous qui marchâtes avec moi dans le Saïd, tous les succès que vous m'attribuez sont le prix de vos travaux et de votre courage. »

Tels furent, citoyens, les sentiments de ce grand homme de guerre; il pensait avec raison que les monuments qui perpétuent la mémoire des généraux sont des titres de gloire pour les soldats. C'est ainsi que la Patrie élève des autels à beaucoup de vertus ignorées,... elle n'honore point un seul homme lorsqu'elle assemble les trophées d'un guerrier illustre; elle célèbre moins son nom que ses grandes actions, et les mêmes hommages s'adressent à tous ceux qui ont concouru aux services éclatants qu'il a rendus.

Malem Jacoub, intendant des Cophtes et général des légions chrétiennes de l'Égypte, transmit au général Menou une lettre, en arabe, ainsi conçue :

Dans les moments lugubres où l'âme de tout bon républicain déplore la perte de l'intrépide et vertueux Desaix, aux plaines de Marengo, permettez, citoyen général, que, compagnon de ses travaux de la conquête du Saïd, je répande aussi quelques pleurs sur sa tombe. En ces moments de ma plus profonde tristesse, les expressions manquent à ma douleur, mais les faits vont suppléer à mon silence.

Desaix! on t'élève en France un monument; Jacoub, que tu aimais et qui te chérissait comme un autre soi-même, en payera le tiers, quelle que soit la somme qu'il puisse coûter. Si ce monument, comme il faut l'espérer, transmet avec vérité à la postérité les combats que tu livras pour conquérir et soumettre la Thébaïde, la postérité apprendra aussi que Jacoub combattant à tes côtés mérite ton estime... Hélas, depuis longtemps il t'avait dévoué son cœur!

Signé : Malem Jacoub.

Parmi tous les Français résidant en Égypte il fut fait une souscription pour contribuer aux dépenses des monuments qu'on devait élever, à Paris, en l'honneur de Desaix et de Kléber. Une grande partie de l'armée donna cinq jours de paye.

Menou fut confirmé, par le premier consul, général en chef de l'armée d'Orient. La grande majorité de l'armée apprit cette nouvelle avec beaucoup d'indifférence. Menou s'occupait sans cesse des besoins du soldat; excellent administrateur, il restaura les finances et encouragea les arts et métiers en Égypte. Mais, au point de vue militaire, on craignait qu'il ne fût pas à hauteur de ses fonctions au cas où l'Égypte serait encore envahie.

Il se faisait de grands travaux; plusieurs forts étaient mis en état de défense; on démolissait les maisons pour déblayer les forts du Caire et pour établir des communications entre les portes et les forts de cette immense cité. La direction des ponts et chaussées travaillait à faire des routes du Caire à Boulaq, de Boulaq à Gizeh, etc., etc. Il s'établissait journellement de nouvelles fabriques : verreries, brasseries, toiles et mouchoirs, chapeaux, draps. Le citoyen Comté fit construire, à Gizeh, un foulon pour le drap qui promettait beaucoup. Enfin l'industrie travaillait de plus en plus pour rendre florissante la nouvelle colonie.

En réponse à plusieurs demandes des invalides,

le général Menou leur écrivit la lettre ci-jointe :

Le général en chef aux vétérans et invalides de l'armée d'Orient :

Braves soldats! les cicatrices honorables dont vous êtes couverts, attestent que vous avez toujours marché dans le chemin de l'honneur; plusieurs d'entre vous, consultant peut-être plus leur courage que leurs forces, m'ont fait demander à prendre les armes, si les ennemis voulaient encore éprouver le terrible effet des baïonnettes françaises. Vous serez satisfaits, des armes vous seront délivrées, non pour marcher en campagne contre les ennemis, mais pour attendre de pied ferme et faire rentrer dans le néant tous ceux qui oseraient insulter nos remparts.

Ainsi vous ne cesserez pas un seul instant de servir la République et d'acquérir de nouveaux droits à la reconnaissance nationale.

Le chef de l'état-major général donnera des ordres pour que des armes soient tenues prêtes à vous être délivrées.

Signé : Menou.

Avec peine nous apercevions de plus en plus que la mésintelligence régnait entre Menou et un grand nombre de généraux.

Le général de division Damas fut remplacé, dans ses fonctions de chef d'état-major, par le général Lagrange.

La peste se déclara, à Gizeh, d'une manière terrible, et cependant la saison de ce cruel fléau n'était pas encore arrivée. Plusieurs compagnies d'ouvriers, employées aux travaux de l'arsenal, en furent grièvement attaquées.

ANNÉE 1801

Avec satisfaction, nous apprîmes que deux frégates, de Toulon, étaient entrées dans le port d'Alexandrie; qu'elles apportaient des troupes, des munitions de guerre et de bonnes nouvelles de l'armée. La paix avec l'Allemagne et la Russie nous fut confirmée, ainsi que le rétablissement de la confiance, de l'ordre, dans l'intérieur depuis le retour du général Bonaparte. Nous apprîmes également que, dans la rue Saint-Nicaise, à Paris, des scélérats avaient fait sauter un baril de poudre, au moment même où passait le premier consul.

A l'exception d'une compagnie de canonniers de côtes, tous les militaires arrivés sur les frégates étaient des conscrits qui, sans doute, sortaient des prisons de France, car ils étaient couverts de misère et de vermine. A leur arrivée, il fallut les habiller des pieds à la tête; ils furent incorporés dans les différents corps de l'armée. Il y avait aussi une quinzaine de femmes françaises qui venaient rejoindre, les unes leur ami, les autres leur mari.

Quelques jours après, arriva une troisième frégate chargée de troupes de ligne, partie de Brest depuis dix-sept jours. Ces militaires confirmèrent les nouvelles données par les premiers arrivés; ils dirent, de plus, qu'une division de vaisseaux, commandée par l'amiral Ganteaume, était en route avec un renfort très considérable. Nouvelle d'autant plus satisfaisante que nos forces diminuaient tous les jours à cause de la peste, et nous étions menacés d'un débarquement des Turcs et des Anglais. Depuis longtemps, des lettres d'Europe annonçaient que les Anglais faisaient, à Minorque, un rassemblement de troupes destinées à envahir l'Égypte; on savait également qu'à Constantinople on organisait une armée pour marcher de concert avec la flotte anglaise; que le Grand Vizir, depuis sa défaite dans les plaines de Matarieh et d'Héliopolis, cherchait à réorganiser, en Syrie, les débris de son armée pour venir en Égypte, à travers les déserts, seconder les efforts des troupes de débarquement.

La peste se propageait de plus en plus; de fréquents accidents arrivaient dans les différents corps de l'armée. Tous ceux qui en étaient malheureusement atteints étaient conduits au lazaret, dans l'île devant Boulaq; plusieurs barques servaient à ce transport. Journellement il en partait et jamais on n'en voyait aucun revenir. Les ordres les plus stricts furent donnés pour empêcher la communication entre les Français et les habitants; quantité de ces derniers avaient été enterrés dans leur maison; voulant éviter d'être mis en quarantaine, ils gardaient chez eux leurs morts, ce qui contribua beaucoup à propager le fléau.

Dans les premiers jours de ventôse, il parut, vers les côtes d'Aboukir, une flotte considérable portant pavillon anglais. La division Friant, qui occupait Alexandrie et les environs, se répandit sur la côte pour s'opposer aux reconnaissances des ennemis et leur ôter la communication qu'ils auraient pu avoir, soit avec des Arabes, soit avec des espions.

Un colonel anglais, dans une chaloupe, cherchait à reconnaître la côte, son embarcation fut coulée bas.

Le 11, les Anglais tentèrent une descente, mais la grosse mer, jointe à nos troupes, ne leur permit point d'effectuer leur débarquement.

Le 17, par un temps plus favorable, ils tentèrent de nouveau une descente qui, malgré la grande résistance de la faible division Friant, jeta à terre un premier convoi de six mille hommes d'infanterie. Notre division, obligée de céder, se retira après avoir perdu un certain nombre de braves, parmi lesquels, l'intrépide adjudant général Martinet. Cependant une partie de l'armée, la cavalerie surtout, qui, au lieu de descendre le Nil, était restée dans l'inaction, aurait dû être mise en mouvement aussitôt que la flotte avait été aperçue.

Le général en chef, instruit de ce qui s'était passé vers Aboukir, fit précipiter le départ de la division Lanusse qui se porta, à marches forcées, vers le point du débarquement. Par des dispositions militaires qu'on ne pouvait comprendre, la division Reynier reçut l'ordre de se rendre sur les bords du désert de la Syrie.

Le général en chef, le grand parc d'artillerie, une partie de la cavalerie et différents corps de l'armée étaient en mouvement pour se porter du côté d'Aboukir, et chacun paraissait surpris de la lenteur du mouvement.

Le général Reynier, qui déjà était assuré qu'aucune troupe du Grand Vizir n'était apparue et qu'il était impossible qu'une armée turque traversât les déserts comme une hirondelle, sans avoir été aperçue, jugea urgent de se porter en forces sur le point du débarquement, de battre les Anglais et de revenir ensuite sur les bords du désert attendre de pied ferme les Ottomans.

Les troupes de la Haute-Égypte descendirent et, jointes à deux demi-brigades de la division Reynier, de son artillerie et de sa cavalerie qui avaient quitté les bords du désert, se mirent en marche pour faire jonction avec l'armée qui avait réuni ses forces à Ramanieh et qui était restée plusieurs jours dans cette position, attendant, sans doute, que l'ennemi eût gagné quelques positions avantageuses.

Cependant la division Lanusse, partie la première du Caire, avait fait jonction avec la division Friant, en présence de l'ennemi.

Le 22, à la pointe du jour, les ennemis firent des mouvements pour gagner des hauteurs et par ce moyen couvrir le fort d'Aboukir, et intercepter plusieurs passages. Le général Lanusse ordonna à deux bataillons de la 4e légère, soutenus de plusieurs bouches à feu, de se porter à la rencontre des Anglais et de s'opposer à leur passage. L'artillerie mit d'abord beaucoup de désordre parmi les rangs ennemis, mais les deux bataillons, qui à peine avaient eu le temps de se déployer, furent bientôt dans l'obligation de rétrograder, laissant environ trois cents hommes sur le champ de bataille. Le 22e chasseurs à cheval et la 61e demi-brigade de ligne firent alors une charge qui mit leur première ligne dans le plus grand désordre. La seconde ligne s'avança dans l'ordre de bataille pour secourir la première; celle-ci se rallia, et après avoir exécuté avec précision un passage de ligne, les Anglais contraignirent les Français à la retraite. Cependant nos soldats manifestèrent dans cette action un sang-froid et un courage sans exemple; mais le mauvais emploi de nos troupes qui ne donnèrent, dans ce combat, que par corps et par portions, fut seule cause de ce revers. Nous eûmes dans cette affaire environ mille trois cent cinquante hommes hors de combat.

L'ennemi prit position sur des hauteurs respectables et se mit en devoir d'assiéger Aboukir par terre et par mer.

Le général en chef se mit en marche de Ramanieh avec un corps de troupes considérable; il fit jonction avec les divisions Lanusse et Friant, qui avaient pris position sur les hauteurs de Pompée, près d'Alexandrie. Les ennemis au nombre de quinze mille hommes étaient en présence dans un camp retranché militairement. La force de notre armée, sur les hauteurs de Pompée, pouvait s'élever à neuf mille hommes, tant cavalerie qu'infanterie, nombre plus que suffisant pour anéantir les Anglais qui n'avaient pour toutes ressources que des plaines de sable et devaient se procurer tous les vivres dont ils avaient besoin, jusqu'à l'eau, des vaisseaux qui étaient en croisière devant Aboukir. Mais le peu d'accord qui régnait entre le général en chef et une partie de nos généraux prouva bien le contraire.

Le 30 ventôse, l'armée française se mit en mouvement et prit ses dispositions. Les demi-brigades, qui déjà avaient beaucoup souffert dans les affaires précédentes, reçurent l'ordre d'attaquer l'ennemi dans son camp. La résistance fut opiniâtre; le camp ennemi était hérissé de canons, bien supérieurs en nombre et en calibre à notre artillerie de campagne; tout annonçait que la journée serait chaude. Mais, qui pouvait prévoir que l'on tirerait si peu d'avantage de l'audace de nos bataillons, qui constamment restèrent l'arme au bras sous le feu !

Le général Roise, prudent dans les mesures, mais intrépide dans le combat, était à la tête de sa cavalerie et n'attendait que le moment où l'ennemi serait ébranlé. De leur coté, nos demi-brigades n'attendaient que le moment de charger en masse, tandis qu'au contraire elles n'attaquèrent qu'individuellement.

Le général Roise reçut ordre du général en chef de marcher sur le camp anglais avec sa cavalerie; il répondit à l'officier porteur de l'ordre : « Dites au général Menou que l'ennemi n'est pas encore ébranlé et, par conséquent, que le moment n'est pas encore venu de charger avec succès. »

Un moment après, il reçut l'ordre exprès pour la deuxième fois ; il dit à l'officier : « Allez dire au général en chef que je vais exécuter ses ordres, mais que moi et ma cavalerie, nous sommes perdus. » Effectivement, le général Roise, après avoir fait des prodiges de valeur, après avoir forcé deux retranchements, après avoir enfin détruit et culbuté un grand nombre d'Anglais, succomba ainsi que la majorité de ses cavaliers.

Pendant ce combat meurtrier, l'infanterie, au lieu d'être employée à forcer l'ennemi, ainsi qu'elle le désirait, restait en bataille sous les batteries anglaises, elle fut criblée de boulets et de mitraille pendant trois heures entières, sans avoir la satisfaction de brûler une amorce.

Après avoir éprouvé des pertes considérables, l'armée française fut contrainte de reprendre sa première position. L'ennemi, qui également éprouva de grandes pertes, resta dans son camp.

Parmi le nombre de braves que nous perdîmes, nous eûmes à regretter les généraux Lanusse, Roise, Baudot et Sormet; parmi nos blessés, étaient les généraux Silly et Boussard. On rapporte que le général Lanusse, grièvement blessé et encouragé par le général Menou, lui répondit : « Va ! je suis f... et ta colonie aussi ! »

Cette terrible affaire mit la consternation parmi les Français : une perte aussi considérable en soldats, officiers et généraux, mettait l'armée dans l'impossibilité de livrer d'autre bataille. L'esprit de désunion entre les généraux croissait de jour en jour et en faisait naître des inquiétudes légitimes.

Les Anglais perdirent aussi plusieurs généraux, entre autres Abercromby, leur général en chef.

Les nouvelles du Caire furent des plus alarmantes. Les lettres particulières que l'on recevait de l'armée s'exprimaient ainsi : « Jetez vos équipages dans le Nil et fuyez,... ou vous êtes perdus ! »

On avait été induit en erreur en croyant la capitale et les environs en pleine insurrection.

Depuis plusieurs jours, le peu de troupes restées dans le cœur de l'Égypte étaient sous les armes, attendant de pied ferme des colonnes innombrables de Turcs que l'on disait avoir aperçues dans les déserts. La consternation était générale; les employés, les savants, les artistes, les cafetiers, les cantiniers et généralement tous ceux qui n'étaient attachés à aucun corps, se réfugièrent à la hâte, les uns à Alexandrie et les autres à la citadelle du Caire.

Enfin, plusieurs décades se passèrent dans le plus grand calme. Ce temps ne contribua pas peu à réorganiser l'armée; une quantité de soldats sortirent des hôpitaux; on arma tous les marins et employés, on fit de grands et considérables retranchements. Le général Belliard, qui alors commandait la place du Caire et tous les environs, montra comme d'habitude beaucoup de zèle et d'intelligence. On travailla avec activité à faire un camp retranché à Boulaq, depuis le bord du Nil jusqu'au quartier des Cophtes, et un autre, place de l'Esbekieh, au Caire.

Les dromadaires furent envoyés en reconnaissance pour s'assurer si l'ennemi était en marche par les déserts. Après plusieurs découvertes et rapports d'espions, on fut parfaitement instruit que le Grand Vizir, à la tête d'une armée considérable d'Ottomans et de brigands de la Syrie, était en marche pour envahir le Caire, et que cette horde avait été aperçue au delà d'El-Arisch.

Floréal an IX. — On redoubla de surveillance et d'activité. Les généraux s'assemblèrent et après avoir mûrement réfléchi sur les moyens de défense à prendre dans des circonstances aussi critiques, et ayant aussi peu de troupes à opposer aux ennemis, ils décidèrent qu'à l'approche de l'armée du Vizir, on ferait sauter les forts éloignés du Caire, tels que Salahieh, Belbeis, Suez, etc., etc., et que les troupes de garnison rentreraient au camp retranché de Boulaq, pour y arrêter de pied ferme les efforts des ennemis.

Les ordres furent donnés et exécutés; les garnisons de la Haute-Égypte, de Salahieh et de Belbeis arrivèrent au Caire, après avoir mis ces forts hors d'état de défense. Celle de Suez faillit périr dans les déserts, faute d'eau pour boire; afin d'éviter les ennemis, cette petite colonne fut dans l'obligation de passer par la vallée de l'Égarement, désert inconnu même des habitants les plus proches voisins. Nos gens partirent donc de Suez, après avoir pris le guide le mieux instruit. Étant enfoncés dans ce désert, l'adjudant général s'aperçut que le guide s'égarait et faisait faire beaucoup de chemin. Cette erreur était d'autant plus inquiétante que déjà les soldats manquaient d'eau et restaient en arrière sur le sable; des vents brûlants leur coupaient la respiration, ils allaient périr sans pouvoir se secourir les uns les autres. L'adjudant général menaçait de brûler la cervelle au guide que l'on accusait de mauvaise foi. Celui-ci donnait toujours beaucoup d'espoir; mais lorsque la mort est si voisine, on perd facilement courage. Quantité de nos braves avaient déjà bu de leur propre sang après avoir tué des ânes pour en boire aussi le sang. Jamais spectacle ne fut plus effrayant; presque tous les soldats s'étendaient sur le sable. Au moment où le général, désespéré, allait brûler la cervelle au guide, ce dernier, avec un sang-froid surnaturel, dit, en lui montrant une citerne : « Tiens, regarde! » Aussitôt le général saute à bas de son cheval et fait tirer des coups de fusil pour annoncer aux soldats qu'on avait trouvé de l'eau. Les premiers arrivés se mirent à boire comme des éponges, et, après avoir recouvré leurs forces, retournèrent jusqu'à deux lieues pour rapporter des camarades abandonnés qui allaient expirer; arrivés à la citerne ces malheureux burent abondamment, et enfin la colonne parvint au Caire, ayant perdu une douzaine d'hommes.

Les généraux Rampon et Friant furent nommés lieutenants généraux de l'armée; les généraux de division Reynier et Damas, les ordonnateurs Dauré et Sartelon furent mis en arrestation, ainsi que plusieurs autres citoyens, par l'ordre de Menou.

Les deux armées étaient toujours en présence, chacune de son côté se retranchait et ralliait ses forces. Parmi les troupes anglaises, il y avait beaucoup d'émigrés et de déserteurs français.

Les troupes du Grand Vizir étaient à Belbeis et

à Salahieh; elles paraissaient attendre le mouvement de l'armée anglaise avant d'agir contre nous.

Une colonne anglaise fut s'emparer de Rosette et des hauteurs environnantes; le peu de troupes qui y était se replia sur Ramanieh.

Douze mille hommes des troupes de Constantinople débarquèrent et effectuèrent une descente près le fort Julien; cette petite forteresse, après avoir résisté aux attaques de l'ennemi, fut contrainte de céder à la force. La garnison fut faite prisonnière de guerre.

Chacun murmurait contre les mauvaises dispositions prises pour arrêter la marche des ennemis, car il était connu de toute l'armée que tant que les Anglais n'occuperaient que des terres arides, ils ne pourraient subsister dans le pays et seraient par conséquent obligés de nous attaquer pour s'emparer des terres cultivées. Mais il fallut que les Anglais se fussent emparés de la clef du Delta et, par suite, des greniers du pays, pour que le général Menou s'aperçût qu'il eût dû couvrir ce point important par un corps de troupe suffisant pour les forcer à rester dans les sables. Cependant une petite colonne aux ordres du général Lagrange, chef de l'état-major, se mit en marche pour arrêter les progrès des ennemis; elle vint prendre position sur des hauteurs, près Ramanieh, sur la rive gauche du Nil.

Nous avions sur ce fleuve une petite flottille qui eut un rude choc à soutenir contre celle des

Anglais, bien supérieure en nombre et en artillerie.

Les troupes du Grand Seigneur entraient en Égypte sur tous les points; elles s'étaient répandues dans le Delta et cherchaient à intercepter nos convois sur le Nil. Les troupes de Damiette se refugièrent dans le fort El-Esbeh.

Le corps ennemi, qui occupait les hauteurs et la ville de Rosette, recevait tous les jours du renfort et nous avions très peu de monde à lui opposer. La flottille anglaise avait en partie détruit la nôtre.

Le 17 floréal, l'ennemi se mit en mouvement pour débusquer nos troupes; nous étions trop faibles pour risquer l'engagement; le général Lagrange donna des ordres pour effectuer la retraite sur Gizeh. Très peu de troupes restèrent dans le fort de Ramanieh; le commandant reçut l'ordre de faire une légère résistance et de faire la capitulation la plus avantageuse pour nos pauvres blessés et malades.

Une grande partie des bagages de l'armée fut abandonnée sur le Nil.

Les troupes du Caire, de Boulaq et de Gizeh avaient à faire face aux ennemis de l'intérieur et de l'extérieur. Pour surcroît de malheur, nous avions la peste. Chaque jour, Gizeh était marqué par la mort de dix, douze ou quinze Français; au Caire, les mêmes accidents réduisaient les troupes; la 9ᵉ demi-brigade en était horriblement attaquée. Le nombre d'habitants enlevés par cette cruelle maladie était incalculable; les rues du Caire étaient couvertes de pestiférés.

Le 20, au matin, avec grande surprise, on vit arriver sous les murs de Gizeh la colonne du général Lagrange, dont on n'avait pas appris la retraite. Les troupes de cette division, harassées de fatigue, furent prendre quelques jours de repos dans l'île de Raoudah.

Plusieurs convois de djermes qui étaient sur le Nil furent arrêtés par les Turcs, lors de la retraite de la division Lagrange. Ces barques se trouvaient sur le canal de Ménouf, et n'ayant pu voir le mouvement rétrograde de cette division, ils tombèrent entre les mains des Turcs. Un convoi assez considérable, sur lequel étaient les états-majors de l'artillerie à pied et à cheval, une centaine d'hommes parmi lesquels une quinzaine d'officiers, fut également arrêté par les Turcs, mais il fut assez heureux pour résister jusqu'à ce que les Anglais arrivent à leur secours; tous se rendirent prisonniers de guerre, mais au moins ils évitèrent la mort.

La garnison du fort de El-Ezbeh, depuis assaillie par les Turcs, fut sommée pour la dernière fois de se rendre. Les Français demandèrent sursis jusqu'au lendemain matin, et, à la faveur de la nuit, ils gagnèrent quatre petits bâtiments marchands nouvellement arrivés d'Europe et mirent à la voile dans l'espoir d'arriver en France.

La division Lagrange resta au bivouac sous les sycomores de l'île de Raoudah.

Dans la nuit du 21 au 22 floréal, toutes les troupes aux ordres des généraux Belliard et Lagrange se réunirent à la Goubbeh et se mirent en marche pour aller attaquer ou au moins reconnaître les forces du Grand Vizir, qui étaient dans les environs de Belbeis. Les soldats, qui depuis plusieurs mois étaient en bataille ou en marche par des chaleurs excessives, étaient horriblement fatigués. Malgré leurs maux et privations de tous genres, ils partirent avec une gaieté et un courage vraiment étonnants!

La colonne, après avoir fait environ cinq lieues, rencontra une nuée de Turcs à pied et à cheval. La canonnade les dispersa d'abord; plusieurs de leurs canons voulurent répondre à l'attaque, et le moment paraissait favorable pour les leur enlever; mais, voyant que ces mauvaises troupes ne voulaient point engager le combat et que leur but était de se jeter sur le Caire, comme une bande de brigands, le général Belliard qui commandait ne jugea pas à propos de percer plus avant, et après avoir reconnu leurs forces et leur artillerie, il fit rétrograder les troupes qui prirent position dans le camp retranché de Boulaq.

Toute communication était interceptée avec l'armée. Cependant le général Belliard résolut d'envoyer à Alexandrie un détachement de dromadaires, en passant par des déserts presque inconnus.

Prairial an IV. — La peste, qui faisait toujours un ravage affreux, jointe aux pertes causées par la guerre, nous enlevait journellement vingt, vingt-cinq, trente hommes. Les habitants n'avaient pas vu de longtemps une épidémie aussi destructive; elle était terrible dans la Haute-Égypte. Des villages entiers restèrent sans habitants; partout les terres étaient incultes faute de bras. Enfin, à force de perdre camarades et amis, nous regardions notre existence comme un songe, aucun n'osait croire au bonheur de revoir un jour notre chère patrie.

Le détachement de dromadaires envoyé à Alexandrie revint à Gizeh au bout de quinze jours. Nous apprîmes que les troupes du général Menou étaient formidablement retranchées sous les murs d'Alexandrie; que les généraux, officiers et soldats étaient réduits à une ration de subsistance très médiocre et de mauvaise qualité; que la plus stricte économie était établie et surveillée par le général en chef en personne. Nous apprîmes également que les généraux Reynier, Damas et l'ordonnateur en chef Daure avaient été renvoyés en France sur des bâtiments particuliers, par le général Menou, qui les accusait d'avoir entravé ses opérations.

Toutes ces discordes entre les chefs de l'armée ne contribuèrent pas peu aux revers qu'elle venait d'éprouver. Ces généraux avaient leurs partisans et leurs amis. Heureusement, les soldats, qui n'envisageaient que la défaite des ennemis, ne prirent aucune part à cette fatale désunion.

Le général Belliard, à la veille d'être entouré par trois formidables colonnes ennemies, allait avoir à maintenir la nombreuse population de la capitale qui déjà fermentait contre le manque de vivres. N'ayant que très peu d'approvisionnements en munitions de guerre et de bouche, et se voyant, enfin, privé de toute communication sans espoir de renforts, il envoya de nouveau, près du général en chef, un aide de camp accompagné d'un détachement de dromadaires, pour savoir la marche qu'il avait à tenir. Mais le général Menou, toujours expéditif, retint près de lui l'aide de camp, et le renvoya au bout de quelques jours sans lui avoir donné plus de solution que la première fois.

Vers la fin de floréal, les ennemis vinrent camper à trois lieues en avant de Boulaq. Les Anglais occupaient la rive gauche du Nil; les Mamelouks et Osmanlis occupaient la rive droite. Ces derniers étaient divisés en deux armées, la première commandée par le Capitan-Pacha et l'autre par le Grand Vizir. Une flottille très considérable marchait de front avec ces armées et prenait toujours position entre elles.

Entre Boulaq et Embabeh, nous avions établi une estacade, protégée par des batteries de gros calibre, pour empêcher le passage de la flottille anglaise et turque. On travaillait sur tous les points avec beaucoup d'activité; des redoutes et des retranchements étaient établis à Gizeh, dans l'île Raoudah, à Ibrahim-Bey, etc.

Chaque jour, l'ennemi levait son camp et s'avançait, à petite marche, vers Boulaq et Embabeh. Les 28 et 29, il était tout près de Boulaq; ses grand'gardes se battirent tout le long du jour avec nos avant-postes; une nombreuse cavalerie était répandue dans les plaines et cherchait à sonder le terrain pour savoir le nombre et le calibre de nos pièces d'artillerie. Leurs tentatives furent sans succès, car il fut défendu, sur toute la ligne, de tirer le canon à moins de nécessité absolue.

Le 30 prairial, les ennemis firent un mouvement général; une colonne formidable vint s'établir sous les murs de Gizeh. Le général Lagrange était chargé de la défense de cette place et de ses dépendances; c'était alors un point important.

Notre position dans les environs du Caire était de plus en plus critique. Entouré d'un nombre d'ennemis incalculable, on avait à défendre un terrain très considérable hors d'état de résister à des attaques sérieuses et combinées. La citadelle du Caire était un point de retraite, ainsi que l'enceinte d'Ibrahim-Bey; mais ces deux points n'offraient pas assez de ressources pour y renfermer des troupes qui n'avaient point de secours à espérer. D'un autre côté nous étions très pauvres en argent, munitions de guerre et de bouche, principalement en poudre et en fer coulé. La populace du Caire causait aussi des inquiétudes.

On estimait le camp ennemi, sous les murs de Gizeh, à dix-huit ou vingt mille hommes, tant Anglais que Turcs, et à trente-cinq ou quarante mille sous les murs de Boulaq. Et nous pouvions être sept mille Français, en état de porter les armes, pour lutter contre ces soixante mille hommes et maintenir une innombrable population.

Cependant les soldats paraissaient aussi tranquilles que s'ils n'avaient eu qu'un nombre égal d'ennemis à combattre. Généraux, officiers et soldats n'attendaient que le moment d'en venir aux prises, pour que, d'une manière ou d'une autre, un terme fût mis à leurs maux. Le 2 messidor, l'ennemi fit un mouvement en appuyant sa gauche au fort Sulkosky; une petite colonne vint attaquer ce fort, mais le canon la contraignit à s'éloigner.

Le même jour, un officier du 22ᵉ chasseurs à cheval eut un court entretien avec un officier anglais (ils se tiraillaient depuis le matin); ils se dirent beaucoup de choses obligeantes de part et d'autre.

On apprit que la peste continuait ses ravages dans la Haute-Égypte; on portait le nombre des morts à trois cent mille, de ce côté seulement; on assura que Mourad-Bey, ainsi qu'un grand nombre de ses Mamelouks, avaient péri. Cette mort inspira de nouvelles craintes, car il était probable que son successeur serait un ennemi de plus.

Le 3 *messidor*, un capitaine du 22ᵉ chasseurs à cheval fut envoyé en parlementaire auprès des Anglais. Vers les dix heures du matin, nous vîmes revenir le capitaine français accompagné de deux officiers anglais. Ils s'arrêtèrent tous trois sous un petit arbre situé sur la rive gauche du Nil, à trois cents toises de la place de Gizeh. L'officier français envoya une ordonnance au quartier général de Gizeh. Le général Morand renvoya auprès des Anglais le chef de brigade du génie Toussard, et, après un quart d'heure d'entretien, les parlementaires rentrèrent chacun auprès de leur général.

L'après-midi, un autre parlementaire fut envoyé de nouveau aux Anglais.

Le soir, l'ordre fut donné à deux compagnies de carabiniers de la 2ᵉ demi-brigade légère et à une compagnie du 22ᵉ régiment de chasseurs à cheval de nettoyer leur armement et fourniment pour paraître le lendemain matin dans la meilleure tenue. Nous ignorions le motif de ces apprêts; cependant on présumait que c'était une entrevue que devait avoir le général Belliard avec les généraux anglais et turcs.

Le 4, au matin, les troupes averties la veille reçurent l'ordre de se rendre au lieu où les parlementaires avaient eu un entretien le jour précédent. Pareil nombre de soldats anglais s'y rendirent, et de suite on dressa trois grandes tentes, ce qui nous donna à croire qu'il y aurait une conférence entre les généraux des armées.

Vers les dix heures, les généraux de brigade Donzelot et Morand, ainsi que le chef de brigade Lareyer, se rendirent au lieu de la conférence; ils y restèrent avec les généraux anglais et turcs jusqu'à six heures du soir. A leur retour, quelle ne fut pas notre surprise d'apprendre qu'il y avait suspension d'armes pendant trois jours. Les généraux ne s'arrêtèrent point à Gizeh, et se rendirent en grande diligence auprès du général Belliard, au Caire. Tout annonçait que des négociations allaient être entamées.

Dans la nuit du 4 au 5, le général Belliard convoqua en conseil de guerre tous les généraux et chefs de corps. Chacun donna son avis et fit connaître ses ressources; après avoir longtemps réfléchi, il fut arrêté que des négociations seraient entamées avec les puissances alliées.

Les 5, 6, 7 et 8 messidor, les commissaires continuèrent de s'assembler au lieu de conférence et arrêtèrent la convention. Elle fut signée, le 8 messidor an IX, ou 27 juin 1801, par les généraux : Donzelot, Morand, Tareyre, chef de brigade, John Hope, brigadier général, Anglais, Osman-Bey, et Isaac-Bey, pour la Turquie.

Approuvée le 9 par le général Hutchinson, par

Hussein-Pacha et par le général Belliard, cette convention causa autant de surprise que de satisfaction.

Les habitants du Caire, auxquels le général Belliard fit une superbe proclamation, se comportèrent fort bien dans toutes ces circonstances; aucun événement fâcheux ne troubla les opérations; les dispositions furent prises pour évacuer suivant les conditions du traité.

Des barques furent envoyées à Gizeh pour l'évacuation sur le Nil. Heureusement, la peste s'était éteinte. Cependant, nous avions encore un grand nombre de malades, à l'hôpital du lazaret; ils se rendirent à Rosette pour y être embarqués sur des bâtiments séparés de l'armée.

Il se fit une cérémonie funèbre pour la translation, à Gizeh, du corps du vertueux Kléber; il fut déposé dans une barque, au milieu du Nil, pour de là être transféré en France avec l'armée. Des détachements de tous les corps assistèrent à cette cérémonie, au bruit de la canonnade, à laquelle les Anglais répondirent par une grande salve d'artillerie. Le cercueil fut couvert d'un voile noir et gardé par une compagnie de grenadiers. Dans l'armée, on répétait sans cesse : « C'est aujourd'hui que nous connaissons l'étendue de sa perte ! »

Le 20, les forts, la ville et la citadelle du Caire furent évacués. Le 25, au soir, la rive droite du Nil fut entièrement livrée aux armées alliées.

Le même jour, en qualité de commissaire, je fis la remise aux Anglais, des ponts et dépendances sur le Nil, ainsi que de l'atelier, des bois, barques et attirail de l'équipage de ponts.

Le 26, à la pointe du jour, l'armée se mit en marche en côtoyant la rive gauche. Notre compagnie étant chargée de conduire un nombre de barques, nous partîmes. L'armée fut accompagnée dans sa route par une colonne anglaise et par un corps turc. Une flottille considérable escortait notre convoi, sur le Nil. Le Capitan-Pacha voyageait comme nous par eau, et tous les jours nous voyions ce personnage sur une barque richement décorée et suivie d'une escorte nombreuse.

Les journées de marche étaient fixées par les Anglais; tous les repos se faisaient sur le bord du Nil, et comme il faisait très chaud, les séjours étaient fréquents.

Le 9 *thermidor*, la colonne arriva près de Rosette; les troupes y restèrent plusieurs jours et ce fut là que les corps reçurent leur désignation pour embarquer à la Maison-Carrée, près d'Aboukir.

Nous apprîmes que le général Menou n'avait pas voulu recevoir l'officier chargé de lui communiquer la convention conclue pour la portion d'armée du Caire; on nous dit même qu'il avait vomi toutes sortes d'imprécations contre le général Belliard et les troupes sous ses ordres.

Nous apprîmes également qu'il avait fait mettre à l'ordre du jour des outrages contre le chef de brigade des dromadaires, qui toujours avait montré du talent et du courage; il l'accusait de lâcheté et de trahison.

Le 10, je fus à Rosette pour y voir un de mes amis qui était à l'hôpital. Ce fut avec douleur que je vis la situation de tous nos malades; ceux qui avaient le plus de santé étaient obligés de soigner les autres, sans bouillon, sans tisanes, ni aucun médicament. Ils attendaient patiemment leur tour pour embarquer, et cependant ils avaient tout à craindre de périr sur mer, car ils étaient en partie atteints du flux de sang.

J'étais encore une fois attaqué des maux d'yeux; ce maudit mal m'avait pris en partant de Gizeh, et j'avais horriblement souffert le long de la route; cependant il y avait du mieux, et j'espérais que l'air de la mer me guérirait.

Le 12 au soir, les troupes commencèrent à filer. Notre compagnie reçut ordre de partir sur un convoi de djermes chargées de munitions d'artillerie, pour le Boghas. De là, on devait les conduire sur le vaisseau anglais *le Braakel*, bâtiment à nous destiné pour passer en France.

A quatre heures, nous mimes à la voile et fîmes route jusque sur les bords du Boghas, où nous passâmes le restant de la nuit, non pas sans inquiétude, car la mer était un peu grosse, ce qui rendait le Boghas périlleux. Ce lieu où le Nil se jette dans la mer est très dangereux, par la raison que les vagues de la mer refoulent les sables, ce qui fait des montagnes mouvantes où les barques s'ensablent avec risque d'être submergées. Les Anglais voulurent braver ce danger et souvent furent victimes de leurs vaillantises.

Nous étions à la veille de quitter l'Égypte dans laquelle nous avions eu tant de maux et de privations. L'Égypte qui, enfin, deux fois conquise, devenait de plus en plus florissante et devait un jour être une des riches contrées de la France, par ses terres fertiles et ses productions, nous voyait fuir après une honorable convention. Notre double chagrin était de laisser une grande partie de l'armée enfermée dans Alexandrie, éprouvant de grandes privations et devant nécessairement beaucoup souffrir d'un siège...

Le 13, à la pointe du jour, le temps était calme et paraissait favorable pour passer le Boghas. Le patron de notre barque exigea l'allégement de son embarcation; sans quoi il ne répondait pas du passage; nous jetâmes plusieurs caisses de munitions à l'eau, et nous mîmes à la voile. On passa le Boghas avec assez de bonheur, quoique ayant touché plusieurs fois le sable. Nous vîmes périr, sans pouvoir lui porter secours, un malheureux canonnier qui flottait sur une planche, entre les eaux du Nil et la mer; cet infortuné était tombé d'une barque, devant la nôtre; nous vîmes aussi quantité de débris annonçant qu'une autre barque venait de périr.

On arriva enfin près d'Aboukir, où il y avait une quantité prodigieuse de vaisseaux anglais et turcs. Nous abordâmes le vaisseau anglais *le Braakel* et nous y embarquâmes, avec nos munitions d'artillerie; nous fûmes d'abord bien reçus par les officiers qui nous firent dîner avec eux.

Le 14, la 4ᵉ demi-brigade d'infanterie légère s'embarqua à ce bord, à l'exception de quatre compagnies. Le soir, le général de division Lagrange, ainsi que son état-major, vint également embarquer.

Nous fûmes très serrés sur ce vaisseau qui était de construction hollandaise; il avait cinquante-quatre canons. Ce bâtiment était armé en flûte, afin qu'on y fût plus au large.

Nous reçûmes les subsistances sur le pied des troupes anglaises; la ration était composée de pois, de lard, de bœuf salé, de bouillie; tantôt l'un, tantôt l'autre; de tout, très peu et pas cuit. Ces sortes d'aliments étaient si mal préparés qu'il m'était impossible d'en manger. Nous avions aussi une médiocre ration de mauvais biscuit et de petit vin blanc.

Le 15, le capitaine du vaisseau passa la troupe en revue; il fit placer les soldats dans l'entrepont de 36, et les officiers, à la sainte-barbe. Chacun prit sa petite place pour toute la traversée.

Le 16, à la pointe du jour, la première division

des transports mit à la voile pour France. Notre vaisseau fut le commandant de cette division.

Nous eûmes pour commencer des vents contraires; il fallut tirer sur l'île de Chypre. On longea l'île de Rhodes. Le vent fut absolument contraire pendant dix jours, au bout desquels, avec des vents variables, on gagna les côtes de Candie; on y resta jusqu'au 7 fructidor, sans pouvoir faire route. Enfin le vent du nord permit de faire route sur Malte. Mais cette faveur ne dura pas : il survint un calme, suivi d'un vent contraire qui fit revenir sur Candie. De là, on revint sur la Barbarie, d'où un grand coup de vent nous fit regagner Candie.

Le 12, un officier de la 4ᵉ demi-brigade mourut sur le pont; c'était le quatrième Français que nous perdions à notre bord, par suite des mauvais aliments et du peu de secours qu'on pouvait leur donner.

Le 14, nous vîmes, dans les environs des petites îles de Gozzi, près de Candie, un bâtiment marchand qui envoya sa chaloupe à notre bord; elle portait un officier de santé français et un capitaine de la 9ᵉ demi-brigade. Ils dirent qu'ils n'avaient plus que pour six jours d'eau à boire, que déjà six hommes étaient morts et qu'ils avaient de nombreux malades. Ils demandèrent de l'eau et des médicaments; notre vaisseau ne put donner que des médicaments, avec le conseil d'approcher une terre aussitôt que le vent le permettrait. Il est bon d'observer que ces grands vents nous avaient séparés; chaque bâtiment de la division marchait à sa guise.

Les 14 et 15, grand calme.

Dans la nuit du 15 au 16, vent nord-ouest très violent; on fit route sur la Barbarie. Le 16, vent de nord-est; on se porta sur Malte. Les 17, 18 et 19, on fit bonne route, mais lente. Le 20, calme de vingt-quatre heures. Le 21, vent d'ouest qui fit tourner le cap sur la Sicile. Le 23, grand calme. La nuit du 23 au 24, vent d'ouest qui nous fit approcher du détroit de Messine.

Les 24 et 25, on croisa devant la Sicile, dans les environs du mont Etna d'où nous vîmes sortir une fumée très épaisse; on voyait également sortir des flammes.

Le 26, un petit vent d'est nous protégea pour faire route sur Malte. Le 27, grand calme. Les vivres devenaient très rares et le capitaine commençait à être inquiet; il donna des ordres sévères pour que la ration fût diminuée et l'eau strictement rationnée. Cependant les soldats ne pouvaient pas faire d'excès de cette denrée, car il était presque impossible de la boire, tant elle était puante et malpropre.

Dans la nuit du 27 au 28, un vent d'est nous fit continuer notre route sur Malte, où le capitaine voulait relâcher pour y faire de l'eau et des vivres.

Le 28, à la pointe du jour, nous aperçûmes

Malte, avec l'espoir d'y boire de l'eau fraîche et d'y acheter quelques petites provisions.

A deux heures après midi, on entra dans le port de Malte, que je ne pus revoir sans admiration, comme chacun de nous.

On ne pourrait croire ce que nous éprouvâmes en entendant les cloches de la ville, il n'est aucun de nous qui ne se crût rajeuni de dix ans au son du carillon.

Dans le port de la quarantaine, il y avait plusieurs transports chargés de nos troupes, comme nous, venus pour faire des vivres frais. Avec bonheur, on mangea du pain, des fruits; nous étions si affamés que toute notre crainte était d'étouffer.

Le 29, le capitaine commença à faire ses provisions. Le même jour, nous perdîmes un sergent; c'était le neuvième Français qui mourait.

Le 30, un régiment d'infanterie anglaise s'embarqua pour l'Égypte sur un vaisseau, une frégate et deux bâtiments de transport. Journellement il arrivait des bâtiments de notre convoi; dans le nombre, plusieurs avaient souffert de la faim et surtout de la soif.

Le vent violent était très favorable pour faire route sur France; il semblait que c'était par contrariété que le vent devenait propice, parce que nous étions à l'ancre.

Le *4 complémentaire*, à quatre heures du soir, entra dans le port une frégate anglaise, sur laquelle était l'amiral Smith, il annonça la reddition d'Alexandrie. Cette nouvelle fut confirmée par une salve de vingt et un coups de canon à la batterie. Le soir, on apprit que la garnison française avait capitulé, aux mêmes conditions que notre colonne, avec cette différence que ces troupes n'emmenèrent que dix pièces de campagne et abandonnèrent beaucoup d'objets que la division Belliard eut l'avantage de rapporter avec elle.

Cette nouvelle ne causa point de surprise, car nous étions assurés que cette place ne pouvait résister longtemps.

Le 5e jour complémentaire, à sept heures du matin, toute la marine du port fit une grande canonnade en réjouissance de la prise d'Alexandrie.

A dix heures, l'amiral Smith vint à notre bord pour y voir Clark, capitaine de notre vaisseau, ainsi que le général Lagrange; il devait partir le même jour avec sa frégate, pour porter à Londres la nouvelle de la prise d'Alexandrie.

Le vent ne discontinua pas d'être favorable, pendant le temps que nous restâmes dans le port de Malte. Vers les midi, nos provisions entièrement faites, on leva les ancres. Aussitôt en pleine mer, survint le calme.

Le 1er *vendémiaire*, s'éleva un vent du nord qui contraignit, comme d'habitude, à faire fausse route. Les 2, 3, 4 et 5, il nous retint devant les côtes de Sicile. Le 6, grand calme. Le 7, par un vent frais, nous tirâmes des bordées de la côte de Sicile au cap Bon, en passant près la petite île de Pantellaria.

Le 8, avec un petit vent d'est, nous fîmes bonne route; longeant la Sicile, les petites villes de Mazzara et de Milazzo, et des plaines cultivées à l'européenne. On gagna la pointe nord de la Sicile.

Le 9, vent frais sud-ouest, route sur l'île de Sardaigne. Le 10, vent du nord extrêmement violent. La nuit du 10 au 11, calme très contrariant. Le 11, un petit vent sud-est nous conduisit à l'île de Saint-Pierre, dépendance de la Sardaigne.

Les 12 et 13, on longea la Sardaigne avec un vent frais très favorable. Le 13, au soir, grande pluie. Ce fut pour nous un vrai plaisir, car depuis longtemps nous n'avions vu pareille chose.

Le 14, très gros temps, ciel obscur, coup de vent nord-ouest très violent qui contraignit à faire mauvaise route. Dans la nuit du 14 au 15, orage et grain violent qui causa beaucoup de maux à l'équipage. Le 15, un gros vent du nord, contraire. Dans la nuit du 15 au 16, vent nord-ouest si extraordinaire qu'on eût dit notre vaisseau sur le point d'être englouti. Une vergue du mât d'artimon vint à casser par le milieu; en tombant sur le pont, elle donna une telle secousse qu'on crut le vaisseau échoué. Beaucoup de militaires voulurent ouvrir les sabords pour se jeter à la nage. Il y eut un grand désordre.

Le 16, le vent s'apaisa, mais la mer était toujours agitée. Nous vîmes, à environ une lieue de notre vaisseau, une trombe ou colonne d'eau considérable, qui nous annonçait de l'orage.

La nuit du 16 au 17, le vent sud-ouest s'étant levé, nous fîmes bonne route en laissant la Corse sur notre gauche.

Le 17, très bon vent qui nous donnait l'espoir de mouiller bientôt dans un port de France.

Le 18, avec une joie et une satisfaction inexprimables, nous entrâmes en rade de Toulon. Pour comble de bonheur, nous apprîmes à notre arrivée la paix avec l'Angleterre et la Porte ottomane.

A peine l'ancre était-elle jetée que j'écrivis à ma chère mère. Depuis mon départ, je n'avais reçu qu'une seule lettre d'elle, et encore vieille de date. Le commandant du port de Toulon envoya l'ordre de se rendre à Marseille, où se faisait la quarantaine. Nous apprîmes avec beaucoup de plaisir que la situation de la France était tranquille; personne n'était inquiété, ni pour les cultes, ni pour les opinions; en se conformant aux lois, chacun y était en sûreté.

Le 20, trois bâtiments de guerre sortirent de Toulon pour aller annoncer la paix dans tous les ports de la Méditerranée.

Le vent était toujours contraire pour nous rendre à Marseille. Croira-t-on que les chefs des administrations de Toulon n'ont jamais voulu nous faire distribuer, pendant notre séjour dans le port, ni pain, ni eau, ni même du bois pour faire la soupe des malades !!! Le général Lagrange eut beau écrire au préfet que depuis longtemps sa troupe était réduite à de mauvais aliments et que, de plus, en vertu du traité, les Anglais ne voulaient plus faire aucune distribution. Eh bien ! on ne fit droit à aucune observation. Les soldats étaient outrés. S'il n'avait tenu qu'à nous, les auteurs de nos maux auraient été réduits au mauvais biscuit et à l'eau puante de notre vaisseau, pendant le reste de leur vie. Le 21, au soir, sortie du port pour passer la nuit à l'entrée de la rade.

Le 22, dans la matinée, vent contraire, et, le reste de la journée, temps calme. Par une petite brise de terre, on fut jusqu'à la Ciotat.

Le 23, un petit vent frais fit gagner la rade de Marseille ; le soir, nous fûmes au mouillage où étaient beaucoup de bâtiments de notre convoi. Le lazaret de Marseille était plein, il fallut attendre que leur quarantaine fût terminée pour débarquer et faire la nôtre dans leurs enclos. Notre traversée avait duré soixante-treize jours.

Nous reçûmes des vivres frais. La ration fut composée de pain, vin et viande. Je laisse à deviner avec quelle avidité on mangea. Le 26, les troupes du général Robin, qui étaient dans l'enclos, sortirent du lazaret. Le même jour, on fit les funérailles de Malem Jacoub, général des légions chrétiennes en Égypte, mort pendant la traversée.

Le 27, nous sortîmes enfin pour nous rendre à la quarantaine. Ce fut avec satisfaction et surprise que nous vîmes cet édifice; il fait honneur aux commerçants du Levant.

Les 27, 28, 29 et 30, les troupes débarquèrent et se joignirent à nous dans l'enclos Neuf. Nous nous mîmes en pension chez un restaurateur qui ne pouvait jamais venir à bout de nous rassasier, tant nous étions affamés. Cependant les vivres étaient fort chers, surtout dans une quarantaine, où la livre ne vaut jamais que dix sous.

Plusieurs bâtiments marchands arrivèrent chargés de troupes françaises sortant des prisons de Constantinople. Les récits de leurs souffrances faisaient tressaillir.

Le 6 *brumaire*, il fit si gros temps qu'un bâtiment chargé de malades fut jeté à la côte; ce ne fut qu'avec beaucoup de peine qu'on recueillit tous ces malheureux.

Le même jour, on apprît que le général de brigade Léopold Berthier était arrivé à Marseille, chargé de s'occuper des besoins et de recevoir les réclamations de l'armée.

Le 9, les troupes qui étaient dans le grand enclos, avec le général Belliard, sortirent de la quarantaine pour entrer à Marseille. Le même

ANNÉE 1801

jour, le corps du général Kléber fut transféré au fort d'If ; trois salves d'artillerie et de mousqueterie furent tirées en son honneur.

Les 10, 11 et 12, il tomba tellement de pluie, que les inondations ravagèrent toute la campagne ; quantité d'habitants et d'habitations furent submergés. Jamais on ne vit un désastre pareil.

Plusieurs bâtiments, venant d'Alexandrie, entrèrent dans la rade chargés des troupes du général Menou. Le 18, on fit la fête de la Paix, à Marseille ; dans notre enclos, nous tirâmes vingt et un coups de canon.

Je fus voir plusieurs anciens camarades arrivant d'Alexandrie ; ils me dirent que l'armée avait considérablement souffert du scorbut, à Alexandrie et dans la traversée. Le 21, nous passâmes au parfum, pour sortir du lazaret le lendemain matin. C'était pour nous si grande fête que nous passâmes la nuit à nous divertir.

Le 22, entrée dans Marseille. Je ne puis peindre l'effet que produisit sur nous la vue d'un peuple policé et d'habitations européennes ; nous avions peine à croire nos yeux.

J'obtins, du général, de rester dans cette ville avec mon détachement jusqu'à ce que le restant de notre compagnie, venant d'Alexandrie, fût sorti de quarantaine.

J'avais reçu une lettre de ma chère mère, en réponse à celle écrite de Toulon. Elle m'annonçait que sa réception avait causé une grande joie dans la famille qui, depuis trois ans, désespérait de jamais me revoir. J'appris, par mon ami Folliot, la mort de mon frère Louis. Je fus très affligé de cette perte qui m'avait toujours été cachée depuis quatre ans et demi[1]. J'écrivis au ministre de la guerre, Berthier, en le priant de m'accorder un congé limité pour me rendre dans mes foyers.

Le 7, les Syriens et les Mamelouks, venus avec nous d'Égypte, sortirent de la quarantaine. Le 9, ce fut le tour des troupes venues d'Alexandrie ; le 22, beaucoup de troupes sortirent du lazaret avec le détachement de notre compagnie, que nous attendions pour nous rendre à Grenoble.

Le gouvernement envoya, à Marseille, des étoffes pour habiller toute l'armée d'Égypte. Le 27, nous partîmes de Marseille pour Grenoble.

---

1. On voit par une lettre du maire de Corbeil au général Duroc, du 14 floréal an X, que le troisième fils de Mme veuve Bricard, ayant fait tout ce qu'il avait pu pour servir, mais n'ayant pas pu y parvenir parce qu'il n'avait pas l'âge, éprouva un tel chagrin qu'il en perdit la tête et se noya.

Cette lettre a été retrouvée par M. Haro dans les archives de la mairie de Corbeil.

ANNÉE 1802

Le 6 *nivôse*, près de Valence, nous fîmes rencontre d'une demi-brigade de la République helvétique.

Le 11, nous arrivâmes à Grenoble, où nous attendait l'ordre d'aller à Strasbourg. Comme j'espérais recevoir à Grenoble le congé demandé au Ministre, j'étais contrarié d'aller plus loin. Je fus trouver le général Molitor qui, avec beaucoup de peine, m'accorda un congé limité au 1er germinal.

Le corps d'officiers du 4e régiment d'artillerie àpied donna un superbe repas aux officiers d'artillerie arrivant à Grenoble; nous fûmes naturellement invités. Le 13, notre compagnie partit pour sa nouvelle destination. Moi, je fus obligé de rester plusieurs jours à Grenoble pour quelques affaires. J'en partis, le 17, par la diligence, pour me rendre à Lyon, où j'arrivai le 18. Le 23, j'arrivais enfin à Corbeil, à deux heures après midi.

A mon arrivée, je ne vis que désastres. La première chose qui me frappa, ce fut l'écroulement du pont de Corbeil, que la crue des eaux avait entraîné. La chute du pont avait ébranlé les fondations de la maison appartenant à ma mère, et en avait renversé une partie. La maison en face, également située sur la culée du pont, fut aussi ruinée. Je fus obligé de traverser la Seine dans un petit batelet. Enfin, j'eus le bonheur d'embrasser ma mère et mes sœurs, qui, malgré les inquiétudes causées par les inondations, jouissaient de la santé la plus parfaite. Je renonce à dépeindre la joie et l'émotion que nous eûmes à nous revoir et le chagrin que nous avions de penser aux absents; cette fois nous espérions être réunis pour toujours. La soirée fut pleine d'un bonheur sans mélange, doublé par le souvenir des craintes passées, car depuis longtemps, nous avions perdu l'espérance de nous revoir.

A Paris, les amis et les parents me comblèrent d'amitié et d'offres obligeantes. J'eus la douce satisfaction de retrouver le cousin Petitpont et l'ami Hervé; comme moi, ils n'avaient pas manqué de traverses et de fatigues durant la guerre. Le 15 pluviôse, je reçus du Ministre de la guerre, Berthier, un congé limité jusqu'au premier floréal, ainsi que mon brevet définitif de lieutenant de pontonniers d'artillerie. Mes intentions n'étant pas de continuer la carrière militaire, j'écrivis à mon capitaine, à Strasbourg, pour qu'il veuille bien demander, en mon nom, au directeur d'artillerie, de me faire comprendre dans le nombre des officiers supprimés. Le directeur d'artillerie fit part de ma demande au Ministre. J'attendais avec impatience la décision et voyais que bientôt mon congé serait expiré; je fus voir le général Gassendi, chef de la division de l'artillerie à la Guerre. Après m'avoir engagé à rester au service, il finit par me faire expédier, quelques jours après, la lettre ci-dessous :

Paris, le 7 germinal an X.

Le général de brigade, chef de la division de l'artillerie, au citoyen Bricard, lieutenant de pontonniers, à Corbeil (Seine-et-Oise) :

Le Ministre me charge de vous prévenir, citoyen, que, conformément aux dispositions de l'arrêté des Consuls du 18 vendémiaire dernier, sur l'organisation de l'armée, vous avez été réformé, le nombre des officiers du premier bataillon de pontonniers s'étant trouvé au complet fixé par cet arrêté. Vous recevrez le traitement de réforme dans le lieu où vous vous êtes retiré.

Je vous salue,

Signé : Gassendi.

Cette lettre me fit écrire de nouveau à mon capitaine pour le prier de m'envoyer un congé de réforme en règle, et je résolus de reprendre à Paris mon état de tapissier, le premier floréal[1].

---

1. Joseph Bricard, né à Corbeil le 18 août 1772, est décédé à Paris le 21 février 1853.

<u>ARMÉE D'ORIENT</u> 9ᵉ DEMI-BRIGADE D'INFANTERIE

COMPAGNIE DE CANONNIERS

Nous, membres composant le Conseil d'administration de la neuvième demi-brigade d'infanterie de bataille, certifions et attestons à qui il appartiendra, que le citoyen Louis-Joseph Bricard, fils de Jean-Honoré et de Marie-Anne Mativet, sa mère, âgé de vingt-sept ans, taille de cinq pieds un pouce, natif de Corbeil, département de Seine-et-Oise, est entré dans la compagnie de canonniers du 5ᵉ bataillon de Paris, le 1ᵉʳ septembre 1792, a été fait caporal le 4 mars 1793, passé fourrier le 24 avril 1793; a été promu au grade de sergent-major, à l'organisation des compagnies de canonniers volontaires sur le même pied que celles des régiments d'artillerie conformément à la loi, au 18 ventôse, deuxième année, a servi sans interruption dans la susdite compagnie qui fait partie de notre demi-brigade, avec l'honneur, le zèle et la bravoure qui caractérisent un vrai soldat républicain et qu'enfin il est existant audit corps.

C'est pourquoi nous lui avons délivré le présent pour lui servir et valoir où besoin sera.

Fait à Belbeis, le 15 nivôse an VII.

Le capitaine commandant ladite compagnie,

Signé : Jacques.

Vinche, capitaine,   Deguin, caporal,
Rosey, lieutenant,   Bourgeot, caporal.
Marpande, chef.

ARTILLERIE

ARMÉE D'ÉGYPTE

LIBERTÉ — ÉGALITÉ

‹ *Au quartier général du Caire, le 1ᵉʳ vendémiaire an VIII.*

SONGIS, général de brigade,
commandant l'artillerie de l'armée,

Nomme le citoyen Bricard, sergent-major des canonniers de la neuvième demi-brigade, à l'emploi de conducteur d'Artillerie [1], pour en remplir les fonctions sous les ordres du chef de brigade Faultrier, directeur général du Parc.

Il jouira en conséquence à dater de ce jour, premier vendémiaire an VIII, du traitement affecté à cet emploi.

Signé : Songis.

---

1. Le terme *conducteur d'artillerie* n'avait pas alors le sens actuel, mais celui de contremaître, de chef de travaux, comme le conducteur dans les Ponts et Chaussées.

ARMÉE D'ORIENT   LIBERTÉ — ÉGALITÉ

N° 188
R C   RÉPUBLIQUE FRANÇAISE

Au quartier général du Caire, le 27 floréal an VIII de la République française,

DAMAS, général de division, chef de l'état-major de l'armée.

Nomination du citoyen Bricard, conducteur d'Artillerie, au grade de 2ᵉ Lieutenant vacant à la 1ʳᵉ compagnie de pontonniers d'Artillerie.

Le général en chef, voulant donner une marque de satisfaction du gouvernement, au citoyen Bricard, conducteur d'artillerie, ancien sergent-major de la compagnie de canonniers de la neuvième demi-brigade de ligne, pour ses bons services tant aux armées du Nord, d'Italie et d'Égypte que sur les bons témoignages qui lui ont été rendus par le général de division Songis, commandant l'Artillerie de l'armée, le nomme au grade de 2ᵉ lieutenant vacant à la 1ʳᵉ compagnie de Pontonniers d'Artillerie.

Il jouira en conséquence à dater de ce jour des émoluments et prérogatives attachés à son nouveau grade.

Le Ministre de la Guerre est prévenu de cette nomination et la confirmation lui en est demandée par le général en chef ainsi que le brevet définitif.

Signé : Damas.

INFANTERIE DE LIGNE   CERTIFICAT DE SERVICES   ARMÉE D'ORIENT

D^{on} ROBIN   9e DEMI-BRIGADE

Nous, membres composant le Conseil d'administration de la 9e demi-brigade d'infanterie de ligne, certifions que le citoyen Louis-Joseph BRICARD, fils de Jean-Honoré et de Marie-Anne Malivet, natif de Corbeil, département de Seine-et-Oise, est entré au service en qualité de canonnier dans le ci-devant 5e bataillon de Paris, faisant partie de cette demi-brigade, le.. 1er septembre 1792 (vieux style);

Fait caporal, le.................................. 4 mars 1793 ;
— fourrier, le.................................. 24 avril 1793 —
— sergent-major, le........................... 18 ventôse an II —

Y a servi sans interruption jusqu'au 1er vendémiaire an VIII, époque à laquelle il est passé conducteur d'artillerie par ordre du général de division Songis, commandant l'artillerie de l'armée, par suite d'une organisation, conformément aux ordres du général en chef Bonaparte; a fait les campagnes de 1792, 1793, des ans II, III, IV en Allemagne, an V en Italie, ans VI, VII, VIII, IX en Égypte; s'est conduit pendant ce temps avec l'honneur, le zèle et la bravoure qui caractérisent un vrai républicain.

En foi de quoi, lui avons délivré le présent pour lui servir et valoir.

Au camp, sous le fort Camin, en Égypte, le 15 messidor an IX de la République française.

HAUET,   POINSIGNON,   BONIFACE,   DUPAYE,
Sergent-major.   Sergent.   Capitaine.   Capitaine.

                  MINARD,   PEPIN,   GRANDPIERRE,
                  Caporal.   Chef de brigade. Chef de bataillon.

Vu : le général de brigade,
DONZELOT.

Nº —

BUREAU
du
PERSONNEL
de
L'ARTILLERIE
—

NOTA. — Les réponses à faire au Ministre doivent relater exactement la date des lettres qu'on en a reçues, et porter en marge l'indication ci-dessus du bureau, afin d'éviter tout retard dans l'expédition des affaires.

LIBERTÉ — ÉGALITÉ

RÉPUBLIQUE FRANÇAISE

Paris, le 7 nivôse an X de la République française, une et indivisible.

Le Ministre de la Guerre,

Au citoyen BRICARD, lieutenant de pontonniers de 2ᵉ classe, en quarantaine à Marseille.

Je vous préviens, citoyen, que par arrêté du 27 du mois dernier, le premier Consul vous a confirmé dans le grade de lieutenant de Pontonniers de 2ᵉ classe, que vous avez mérité et obtenu à l'armée d'Orient le 27 floréal an VIII. Le même arrêté porte que dans le cas où vous ne vous trouveriez pas placé en qualité de titulaire de cette classe, vous prendrez seulement rang pour passer à votre tour à une des premières places qui viendraient à vaquer, et ne jouirez jusque-là que des appointements de l'emploi dans lequel vous serez en activité.

Je vous salue,

Signé : BERTHIER,

Le général de brigade chef de la division de l'artillerie,

Signé : GASSENDI.

ERRATA

Page 21, ligne 22 : *le 31*, lire *le 30*
— 48, — 24 : *imterceptées*, lire *interceptées*
— 61, — 12 : *Mormael*, lire *Mosmael*
— 168, — 22 : *1re demi-brigade*, lire *2e demi-brigade*
— 394, — 2 : *Leisbé*, lire *El-Ezbeh*
— 397, — 27 : *Coubée*, lire *Goubbeh*
— 412, — 10 : *Coubée*, lire *Goubbeh*
— 413, — 8 : *Leisbeh*, lire *El-Ezbeh*
— 416, — 28 : *Agcroud*, lire *Ageroud*
— 417, — 15 : *Osman Ascar*, lire *Osman-Asker*

TABLE DES MATIÈRES

Introduction. I
Septembre 1792. 1
Année 1793 25
Année 1794 85
Année 1795 145
Année 1796 178
Année 1797 (Campagne d'Italie) 254
Année 1798   (id.)   285
Année 1799 349
Année 1800 387
Année 1801 449
Année 1802 485
Certificats et pièces diverses . . . . . 488 à 492

Coulommiers. — Imp. Paul Brodard.

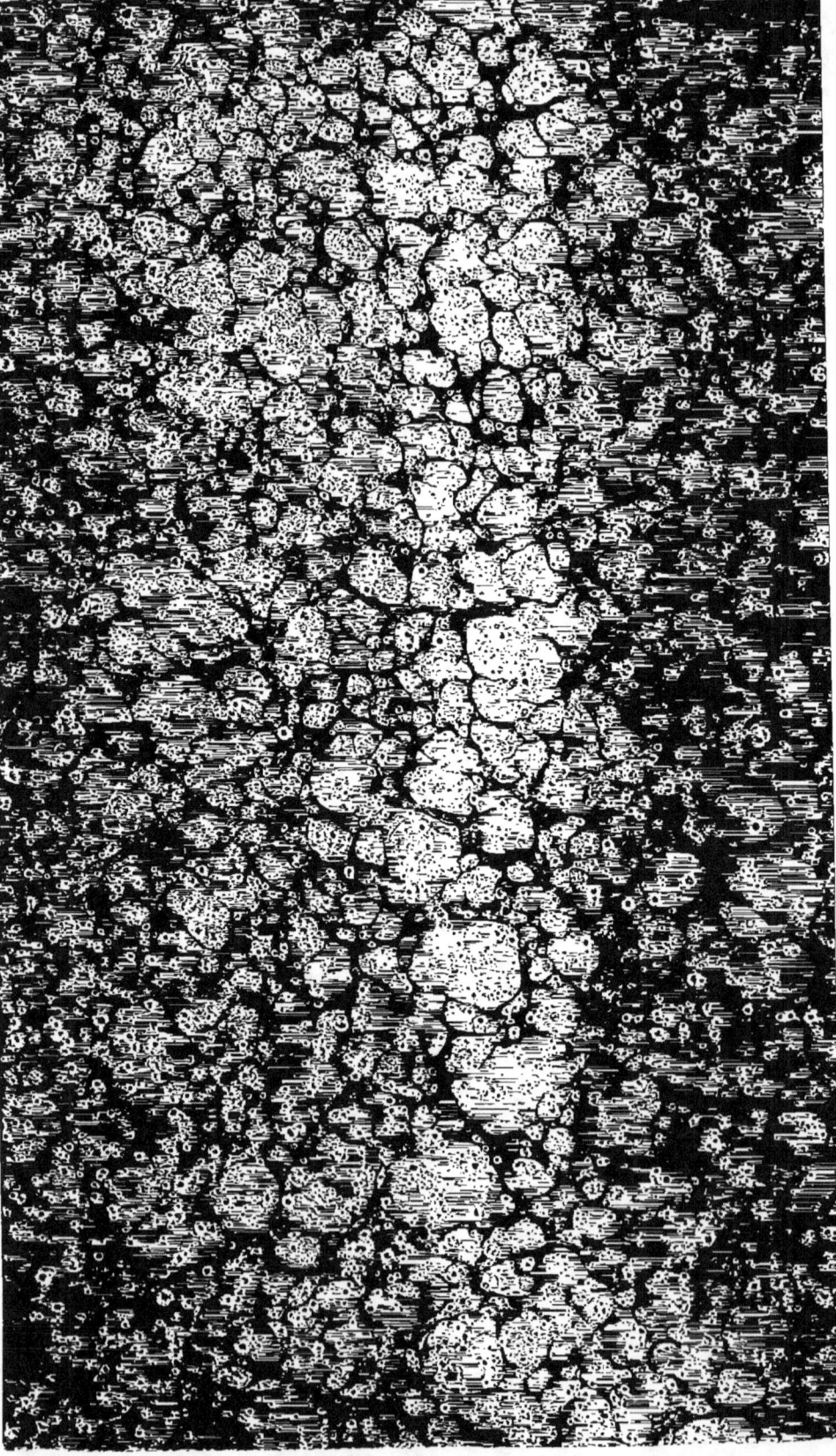